高等职业教育铁道机车专业“十三五”规划教材
全国高职院校专业教学创新系列教材
——铁道运输类

电力机车规章与操纵

DIANLI JICHE GUIZHANG YU CAOZONG

主编◎陈 凡 薛振洲 李 健
主审◎何成才

西南交通大学出版社
·成 都·

图书在版编目（CIP）数据

电力机车规章与操纵 / 陈凡，薛振洲，李健主编.
—成都：西南交通大学出版社，2017.8
高等职业教育铁道机车专业“十三五”规划教材 全国高职院校专业教学创新系列教材——铁道运输类
ISBN 978-7-5643-5696-5

Ⅰ. ①电… Ⅱ. ①陈… ②薛… ③李… Ⅲ. ①电力机车－高等职业教育－教材 Ⅳ. ①U264

中国版本图书馆 CIP 数据核字（2017）第 211375 号

高等职业教育铁道机车专业“十三五”规划教材
全国高职院校专业教学创新系列教材——铁道运输类

电力机车规章与操纵

主编 陈 凡 薛振洲 李 健

责 任 编 辑	李 伟
特 邀 编 辑	张芬红
封 面 设 计	墨创文化
出 版 发 行	西南交通大学出版社 （四川省成都市二环路北一段 111 号 西南交通大学创新大厦 21 楼）
发行部电话	028-87600564 028-87600533
邮 政 编 码	610031
网 址	http://www.xnjdcbs.com
印 刷	四川煤田地质制图印刷厂
成 品 尺 寸	185 mm × 260 mm
印 张	21.5
字 数	532 千
版 次	2017 年 8 月第 1 版
印 次	2017 年 8 月第 1 次
书 号	ISBN 978-7-5643-5696-5
定 价	68.80 元

课件咨询电话：028-87600533
图书如有印装质量问题 本社负责退换

高等职业教育铁道机车专业“十三五”规划教材

编 委 会

前 言

我国铁路运输事业正在飞速发展，随着铁路运输规模的扩大，需要补充大量具有专业技能的合格的年轻机车乘务员。为保证铁路行车安全，铁路总公司制定了包括《铁路技术管理规程》在内的一系列行车规章制度。电力机车乘务员作为直接驾驶列车的最重要的行车岗位人员，担负着安全、正点地完成运输任务的重要职责，尤其应该掌握与行车密切相关的一系列规章制度。此外，电力机车是铁路运输的主要设备，具有技术含量高、操纵复杂的特点。电力机车乘务员必须经过专业培训，才能从事电力机车的驾驶工作。本书所涵盖的知识点，也是电力机车乘务员岗位副司机资格考试和司机资格考试的主要考点。

安全是铁路运输永恒的主题，规章是安全的根本保证。本书结合铁道机车车辆专业人才培养方案和职业教育教材现状编写，涵盖《铁路技术管理规程》《铁路机车运用管理规程》《铁路机车操作规则》的主要内容。为适应职业教育的需要，编者力求体现当代职业教育新理念；为紧跟铁路运输行业发展，尽量使教材保持一定的知识与技术领先。全书注重贴近机车乘务员工作，贴近现场实际，强调教材对机车乘务员工作的针对性、实用性和有效性，追求内容的规范化、条理化和系统化，使读者通过对本书的学习，对行车规章和机车操纵有比较全面系统的掌握，为从事机车乘务员工作奠定良好的知识基础。

全书共分为 9 章，主要内容包括行车闭塞法、铁路行车信号、编组列车、列车运行、调车工作、机车管理与运用、电力机车整备保养作业、电力机车乘务员一次乘务作业过程、行车安全装备等内容。每章都配备了事故案例，让学习者能从事故案例中加深对知识点的理解。

参加本书编写的人员有武汉铁路职业技术学院陈凡（负责编写第一章、第二章、第三章），西安铁路职业技术学院薛振洲（负责编写第七章、第八章、第九章），湖南高速铁路职业技术学院李健（负责编写第四章、第五章、第六章）。全书由武汉铁路职业技术学院何成才教授主审。本书在编写过程中得到了武昌南机务段职工教育科有关人员的大力帮助，在此表示衷心的感谢！

由于编者水平有限，书中难免有不妥之处，敬请所有关注和使用本书的专家、同仁、学生提出宝贵意见。

编 者

2017 年 6 月

目　录

第一章　行车闭塞法

为了保证列车运行安全和提高行车效率，在组织列车运行时，通过人工或设备控制，使一个区间（或闭塞分区）在同一时间内，只有一个列车占用的方法，称为行车闭塞法。

第一节　行车闭塞法概述

一、行车闭塞法的概念

1. 实行行车闭塞法的必要性

铁路线路的设置有单线行车区段和双线行车区段。在单线行车区段的线路上列车运行时，上下行列车均在同一条线路上行驶。而在双线行车区段的线路上列车运行时，上下行列车分别在两条线路上行驶，但同方向运行的列车往往由于列车等级及速度不同而发生让车和越行等情况。可见，如果没有采取安全合理的措施，无论在单线区段上，还是在双线区段上，列车与列车必然存在发生正面冲突、追尾等事故的可能性。

为了保证列车运行的安全，使同方向列车不致发生追尾冲突，对向列车不致发生迎面相撞，列车运行必须有间隔；同时，在满足列车长度、速度、密度、制动力和信号显示距离等条件下，划分列车运行间隔有利于提高铁路通过能力。

为此，《铁路技术管理规程》明确规定：列车运行是以车站、线路所所划分的区间及自动闭塞区间的通过信号机所划分的闭塞分区作为间隔。即将铁路正线分别用车站、线路所和自动闭塞区间的通过信号机（三者统称为分界点），划分为站间区间、所间区间和闭塞分区，作为列车运行的间隔。

因此，行车闭塞可以理解为，在一定的时间内，对于正线上运行的某趟列车来说，它运行在一个虚拟的或人为的封闭线路空间里（站间区间、所间区间或闭塞分区），在这段时间内，该线路空间是被这趟列车独占的，是不允许其他列车进入的；对于其他列车来说，这段时间内该线路空间是封闭的，不得进入。通过行车闭塞法为正线上所有运营的列车划分行车间隔，保证它们之间相互不会发生冲突。

2. 实现行车闭塞法的办法

保持列车运行之间有一定间隔距离的办法，有空间间隔法和时间间隔法两类。

（1）空间间隔法，按一定的空间间隔开行列车。即在正常情况下，每个区间（或闭塞分区），在同一时间内只准有一列列车占用。

（2）时间间隔法（又称隔时续行法），按一定的时间间隔开行续行列车。即第一列列车发车后，经过一定的时间，再发出下一列列车。

我国铁路列车运行采用空间间隔法，只有在一切电话中断的特殊情况下，才准许采用时间间隔法，并且要有严格的安全保护措施。

3. 区间及闭塞分区的界限划分

（1）站间区间，车站与车站间的线段。

车站是办理旅客、货物运输业务及与列车运行有关的各项行车作业的铁路运输基层生产单位。

①单线站间区间，以进站信号机柱中心线为车站与区间的分界点，如图 1-1 所示。

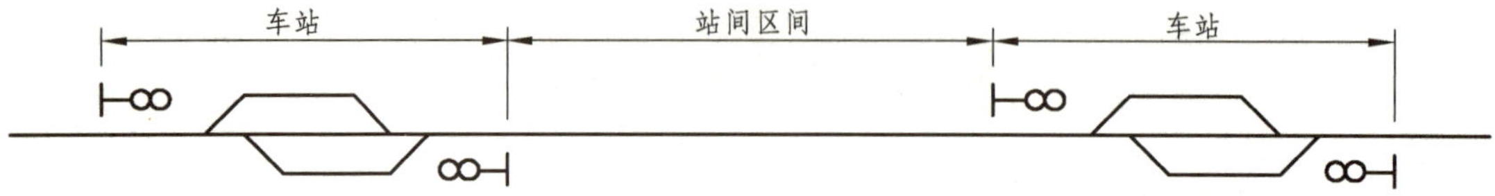

图 1-1　单线站间区间界限示意图

②双线或多线站间区间，分别以各线的进站信号机柱或站界标的中心线为车站与区间的分界线，如图 1-2 所示。

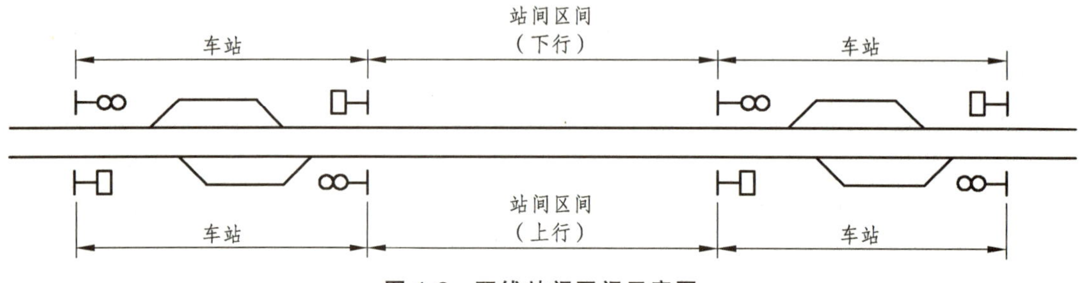

图 1-2　双线站间区间示意图

在双线或多线站间区间，站界是按上下行正线分别确定的；即一端以进站信号机柱中心线为界，另一端以站界标的中心线为界。

（2）所间区间，两线路所间或线路所与车站间的线段。

线路所是为提高区间通过能力或管理区间分歧道岔而设置的。线路所只有正线，没有配线，一般不办理客货运业务。线路所只设有通过信号机（无管辖地段），办理列车的通过。线路所也可以有管辖地段（该线路所设有进站及出站信号机）。

① 单线所间区间，以该线上的通过信号机柱的中心线为所间区间的分界线。设有进站信号机的线路所，所间区间的分界方法与站间区间相同。

线路所只设有通过信号机，无管辖地段的示意图如图 1-3 所示。

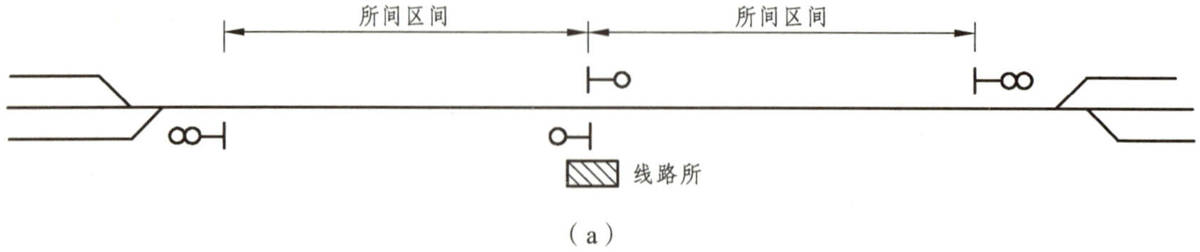

（a）

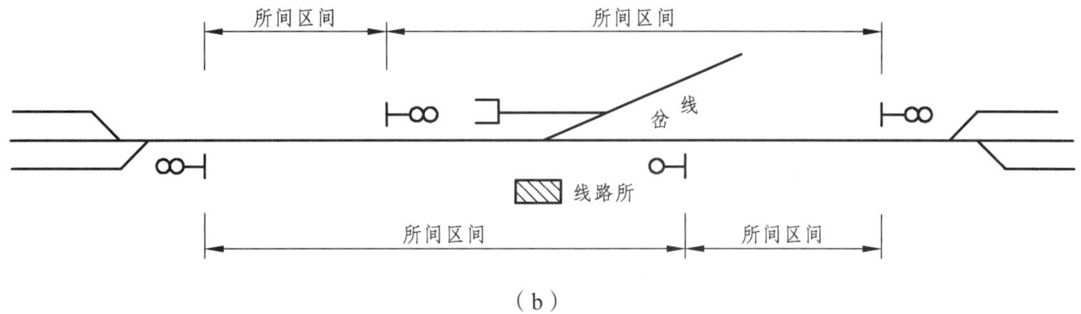

（b）

图 1-3　单线区间只设有通过信号机的所间区间界限示意图

线路所设有进、出站信号机，并有管辖地段的示意图如图 1-4 所示。

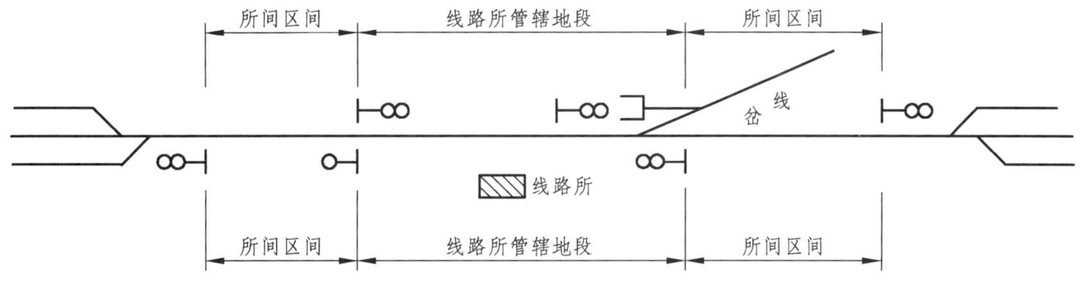

图 1-4　单线区间设有进、出站信号机的所间区间界限示意图

② 双线所间区间，其划分方法与单线所间区间相同。

线路所只设有通过信号机，无管辖地段的示意图如图 1-5 所示。

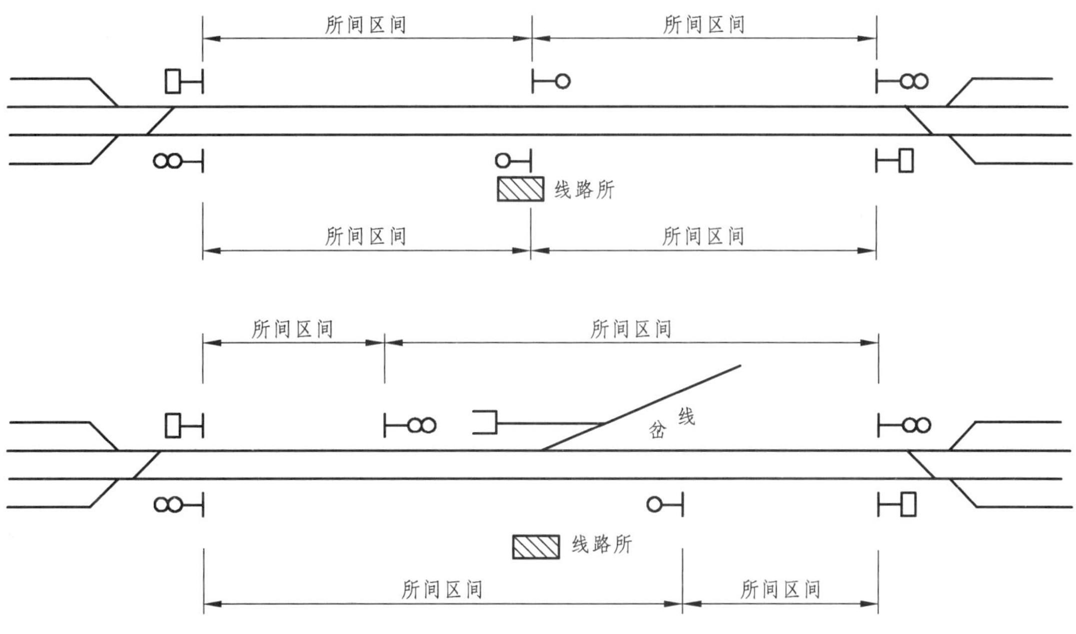

图 1-5　双线区间设有通过信号机所间区间界限示意图

线路所设有进、出站信号机，并有管辖地段的示意图如图 1-6 所示。

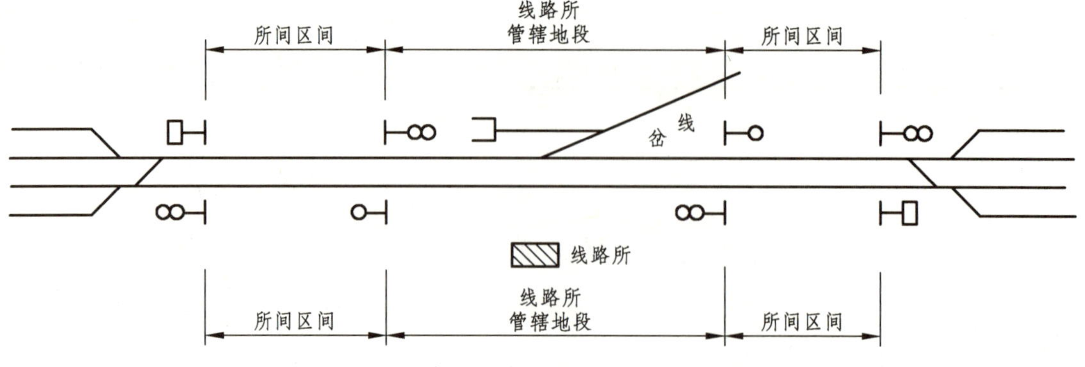

图 1-6　双线区间设有进、出站信号机的所间区间界限示意图

（3）闭塞分区，自动闭塞区间的两架通过色灯信号机间或进站信号机与通过色灯信号机间的线段。

自动闭塞区间的闭塞分区，以该线上同方向相邻的两架通过色灯信号机柱的中心线为分界线。

① 单线区间闭塞分区分界线，如图 1-7 所示。

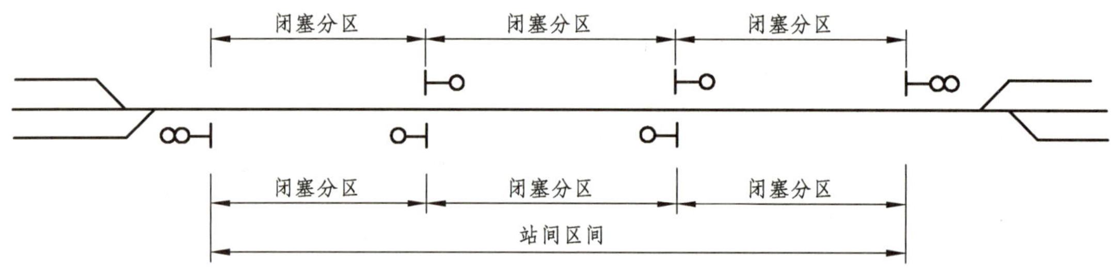

图 1-7　单线区间闭塞分区界限示意图

② 双线区间闭塞分区分界线，如图 1-8 所示。

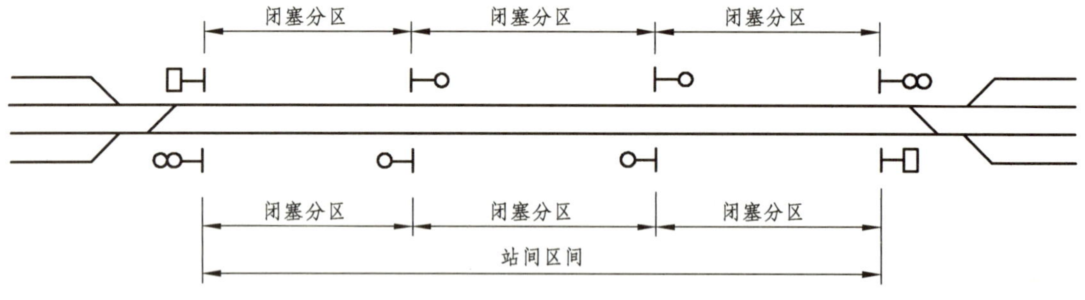

图 1-8　双线区间闭塞分区界限示意图

二、行车闭塞法的种类

根据我国《铁路技术管理规程》规定，行车闭塞法分为行车基本闭塞法和行车代用闭塞法两类。

1. 基本闭塞法

车站均须装设基本闭塞设备。基本闭塞设备是控制一个区间（或闭塞分区）同一时间内，只准许一列列车运行的设备。

我国铁路采用的行车基本闭塞法有自动闭塞、自动站间闭塞、半自动闭塞 3 种。

其中，自动闭塞以闭塞分区作为列车间隔；自动站间闭塞、半自动闭塞都是以站间区间作为列车间隔。这 3 种列车运行间隔都属于空间间隔法。

闭塞设备的具体设置条件如下：

（1）在单线区段，应采用半自动闭塞或自动站间闭塞，繁忙区段可根据情况采用自动闭塞。

（2）在双线区段，应采用自动闭塞。

一个区段内，原则上应采用统一类型的闭塞方式。

2. 代用闭塞法

电话闭塞法是在基本闭塞法停用的条件下，主要靠人工检查确认和联系制度来保证实现列车运行空间间隔的代用闭塞法。使用电话闭塞法行车须有列车调度员的命令，并严格按照有关电话闭塞法接发列车规定的程序、制度办理行车作业。

原则上不采用隔时续行法行车。由于按时间间隔法行车，不易严格保持后行列车和前行列车的安全间隔，如果办理疏忽或司机操纵不当，很容易发生追尾事故，因此，规定隔时续行法原则上不使用。在特殊情况下必须使用时，由铁路局规定并制定具体行车办法和安全措施。

第二节　铁路线路的分类与管理

一、线路分类

为了完成铁路运输的客货运任务和进行行车作业并保证各项作业安全，应修建和设置不同的线路。铁路线路分为正线、站线、段管线、岔线、安全线及避难线。

1. 正　线

连接车站并贯穿或直股伸入并直股伸出车站的线路为正线。正线分为区间正线及站内正线，连接车站的部分为区间正线，贯穿或直股伸入并直股伸出车站的部分为站内正线（见图 1-9）。Ⅱ道为正线。为区别于其他站线，站内正线所在股道用罗马数字编号。其他站线股道使用阿拉伯数字编号。

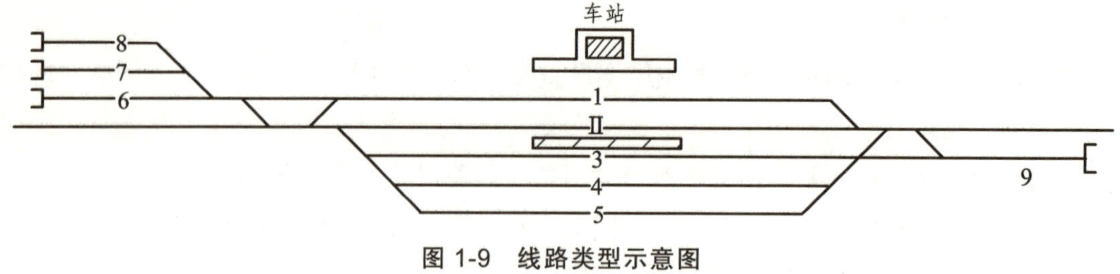

图 1-9　线路类型示意图

1，3—到发线；Ⅱ—正线；4，5—调车线；6，7，8—货物线；9—牵出线

对于单线铁路来说，不管是区间还是车站内，正线只有一条，如图 1-9 所示即为单线铁路；对于双线铁路来说，不管是区间还是车站内，正线都有两条。

2. 站　线

车站内除设有正线外，还根据业务性质、运量大小及技术作业的需要，分别铺设其他配线，这些配线统称为站线，如到发线、调车线、牵出线、货物线及指定用途的其他线等。

（1）到发线是指供列车到达、出发使用的线路，如图 1-9 中的 1 道和 3 道。

（2）调车线是指进行列车编组与解体作业使用的线路，如图 1-9 中的 4 道和 5 道。

调车线与到发线的区别在于，调车线两端只安装有调车信号机，没有安装出站信号机，而到发线两端安装有出站信号机。因此，调车线只能用来调车作业，不能用来接发列车。

（3）牵出线是指设在调车场的一端，并与到发线连接，专供车列解体、编组及转线等牵出使用的线路，如图 1-9 中的 9 所指示的线路。例如，站内 5 道有车辆需要调动到 4 道时，则机车须先把 5 道车辆牵出到 9 号牵出线，等待相关道岔转换好以后，机车再从 9 号牵出线上把车辆推进到 4 道。

（4）货物线是指专供办理货物装卸车使用的线路，如图 1-9 中的 6、7、8 三个股道。在货物线上装卸货物作业，通常不会影响车站的接发列车作业和调车作业。

（5）站内指定用途的其他线路是指站内救援列车停留线、机车走行线、机车等待线、车辆站修线、轨道衡线、加冰线、换装线、货物洗刷线、驼峰迂回线等。

3. 段管线

段管线是指供机务、车辆、工务、电务等段专用，以及动车段（所）专用，并由其管理的线路，如机车整备线、机车转头用的三角线、转盘线以及机车车辆检修作业用的库线、工务、电务轨道车库线等。

4. 岔　线

岔线是指在区间内或站内接轨，通往路内外单位（厂矿企业、砂石场、港湾、码头及货物仓库）的专用线路，如图 1-6 和图 1-10 所示。

岔线在区间内与正线接轨，既影响通过能力，又不便于管理，所以规定新建岔线不应在区间内与正线接轨。特殊情况必须在区间内接轨时，须经铁路总公司批准，并在接轨地点开设车站（线路所）或设辅助所，以便加强对道岔的管理。因路内施工而设置的临时性的区间出岔，应按期拆除。

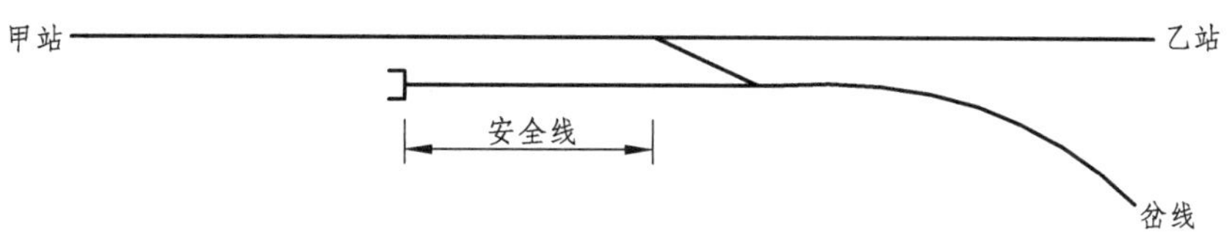

图 1-10　安全线、岔线示意图

5. 安全线

安全线是为了防止列车或机车车辆从一条进路进入另一列车或机车车辆占用的进路而发生冲突的一种安全隔开设备，为特殊用途线。安全线有效长，一般应不少于 50 m，约为 1 台机车加两辆货车的长度，并要求向车挡方向不应采用下坡道，如图 1-10 所示。

机车车辆因制动原因进入安全线并不能保证其本身安全，只是起隔开作用，以保证其他机车车辆的安全。

岔线、段管线与正线、到发线接轨时，为了保证正线、到发线列车通行或调车作业通行时不致与岔线相关作业的机车车辆发生冲突，应在接轨处铺设安全线。

如岔线与正线或到发线接轨，当站内有平行进路及隔开道岔，并有联锁装置时，可不设安全线。

在进站信号机外制动距离内为超过 6‰下坡道的车站，应在正线或到发线接车方向末端设置安全线，以保证下坡进站的列车不致闯入前方区间，与正线上对向进站的列车或站内发出的列车发生冲突。

6. 避难线

避难线是在长大下坡道上能使失控列车安全进入的线路，为特殊用途线。避难线是为防止长大下坡道上失去控制的列车发生冲突或颠覆而设置的，应根据线路情况，计算确定在区间或站内设置避难线。避难线宜设在车站出站端；困难条件下可设在进站端，如图 1-11 所示。

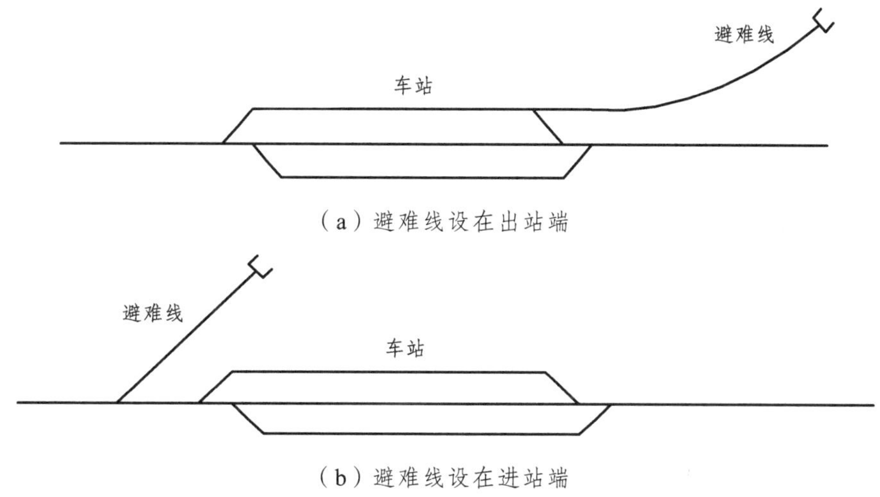

（a）避难线设在出站端

（b）避难线设在进站端

图 1-11　避难线示意图

二、行车方向

在行车工作中，为便于管理、指挥、办理作业和运用统计，必须规定列车运行方向。确定列车运行方向的基本原则，是以开往北京方向的列车为上行列车；反之，为下行列车。有些线路按上述原则仍不易确定列车运行方向时，根据线路情况由铁路总公司规定。

枢纽地区往往有若干条支线、联络线和环线，列车运行方向较为复杂，而且枢纽地区的线路和车流情况各不相同，因此，运行方向由铁路局规定。

为区别列车的种类、性质和运行方向，对每一列车必须编定车次，上行列车编为双数，下行列车编为单数。在同一列车运行线路中有不同的运行方向时，为便于掌握，在与整个方向不符的个别区间，准许不改变车次，仍使用原车次。

我国铁路规定在双线区间按左侧单方向行车，这个运行方向称为正方向，相应的闭塞设备、列车信号机等行车设备也是按此设置的，在行车安全上有着可靠的保证；同时根据我国铁路成对行车的特点，列车在各自的线路上运行时，互不干扰，能够保证最大的通过能力，发挥最大的效益。

双线区间反方向运行时，需改变线路原正常运行方向，对运输安全、效率都有不利影响。所以规定只限于整理列车运行时才准许采用。

为了保证旅客列车运行安全，对旅客列车反方向运行应严加限制，不允许将旅客列车反方向运行作为一般整理列车运行的措施。因此规定旅客列车仅在正方向区间的线路封锁施工、发生自然灾害或因事故中断行车等特殊情况下，经铁路局调度所值班主任准许，方可反方向运行。

三、车站线路的管理

为了便于车站线路的使用，保证列车及调车作业的机车车辆正确进入有关线路，确保安全作业，应对车站内的线路及道岔进行编号。

1. 股道编号

编号时为区别正线与站线，规定正线用罗马数字编号（Ⅰ、Ⅱ…），站线用阿拉伯数字编号（1、2、3…）。

（1）单线铁路的车站，从靠近站舍（信号楼）的线路起，向远离站舍（信号楼）方向顺序编号（包括正线在内）；位于站舍（信号楼）左右或后方的股道，在站舍前的股道编完后，再由正线一侧向外顺序编号，如图 1-12 所示。

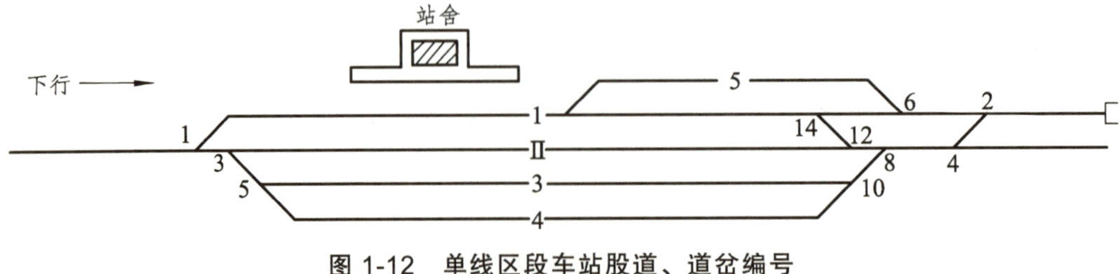

图 1-12　单线区段车站股道、道岔编号

（2）双线铁路的车站，从正线起按列车运行方向分别向外顺序编号，上行为双数，下行为单数，如图 1-13 所示。

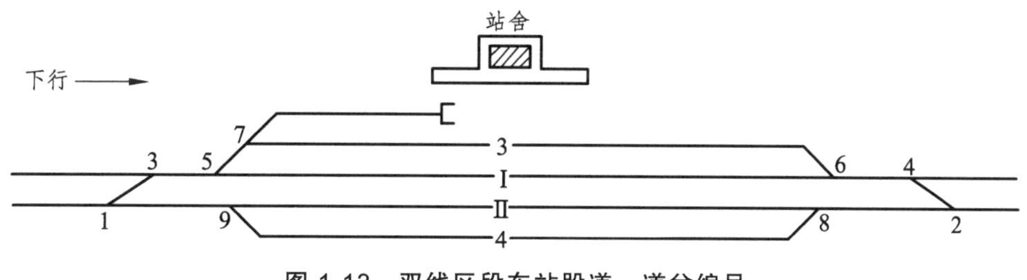

图 1-13　双线区段车站股道、道岔编号

（3）尽头式车站，站舍位于线路一侧时，从靠近站舍的线路起，向远离站舍方向顺序编号。站舍位于线路终端时，面向终点方向由左侧线路起顺序向右编号，如图 1-14 所示。大站上股道较多，应分别按车场各自编号。

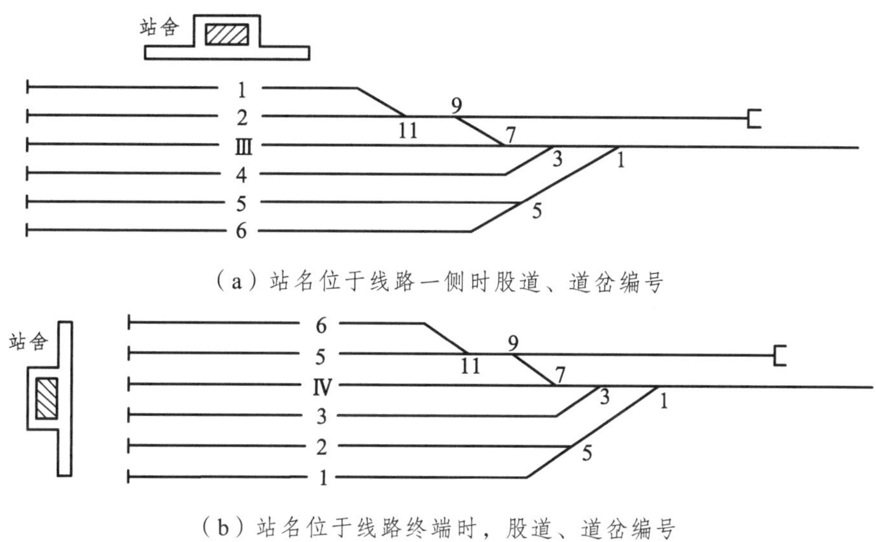

（a）站名位于线路一侧时股道、道岔编号

（b）站名位于线路终端时，股道、道岔编号

图 1-14　尽头工车站股道、道岔编号

2. 道岔编号

道岔是车站主要行车设备之一。道岔的扳动是否正确，直接关系到行车安全，必须明确道岔使用管理责任。所以规定站内的道岔均由车站负责管理和使用，车站与其他单位管理的线路相衔接的道岔（包括衔接处起隔开作用的防护道岔），也应由车站管理。其他部门不得擅自更改道岔编号，设备管理部门未经车站同意不得扳动道岔。

（1）道岔编号按上、下行咽喉统一顺序编号。由上行列车到达方向起，顺序编为双号；由下行列车到达方向起，顺序编为单号，如图 1-12 和图 1-13 所示。

上、下行方向的划分：车站值班员室（信号楼）位于车站中心附近时，以车站值班员室（信号楼）中心线为界；车站值班员室（信号楼）距站中心较远时，以车站（车场）中心线为界。

（2）尽头站向线路终点方向顺序编号，上行列车到达的方向编为双号，下行列车到达的方向编为单号，如图 1-14 所示。

（3）每一道岔应有单独的号码。渡线道岔（见图 1-13 中的 1、3 号道岔，2、4 号道岔），以及同一连接线上的数个道岔（见图 1-12 中的 3、5 号道岔，8、10 号道岔）均应连续编号。

（4）一个车站有几个车场时，每个车场的道岔必须单独编号。为区别车场、道岔号码，使用三位及以上数字。第一位数字表示车场号码，后面的数字表示道岔编号。遇到两个车场共用一个咽喉区时，可根据作业情况划分。

（5）联锁区内的道岔号码应连续编排，在联锁道岔编完后，适当地预留一些号码，再编排联锁道岔。

3. 道岔定位

道岔应规定经常保持向某一线路开通的位置，这个位置称为定位；向另一线开通的位置称为反位。道岔的定位是道岔管理的重要环节，是正确准备进路的辅助措施。所以使用完了以后，应及时恢复定位，避免错扳或忘扳而造成事故，以保证行车安全。在双线车站，还可以减少扳动道岔次数，提高准备进路效率。

根据现场实际工作中安全生产的经验，规定道岔定位的原则如下：

（1）单线车站正线进站道岔定位为由车站两端向不同线路开通的位置，如图 1-15 所示。

图 1-15　单线车站进站道岔定位示意图

可防止非集中操纵的道岔因忘扳而使两对向列车进入站内同一线路；在办理相对方向同时接车时，任何一端的列车一旦操纵不当冒进进站信号机，亦可防止进入同一线路。

（2）双线车站正线进站道岔，为各正线开通的位置。因双线车站大部分列车都在正线上到发或通过，因此定位于正线可减少道岔扳动次数，如图 1-16 所示。

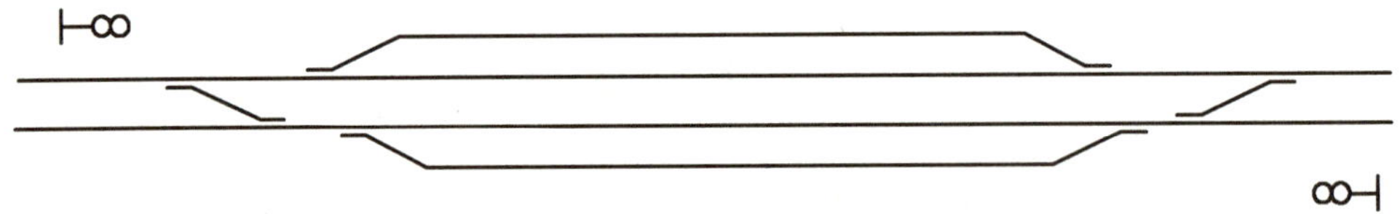

图 1-16　双线车站进站道岔定位示意图

（3）区间内及站内正线为列车运行的主要线路，由于进入区间内岔线的列车或机车车辆很少，在车站通过列车原则上应在正线上办理。所以规定区间内及站内正线上的其他道岔（通向安全线、避难线的道岔除外），为正线开通的位置，如图 1-17 所示。

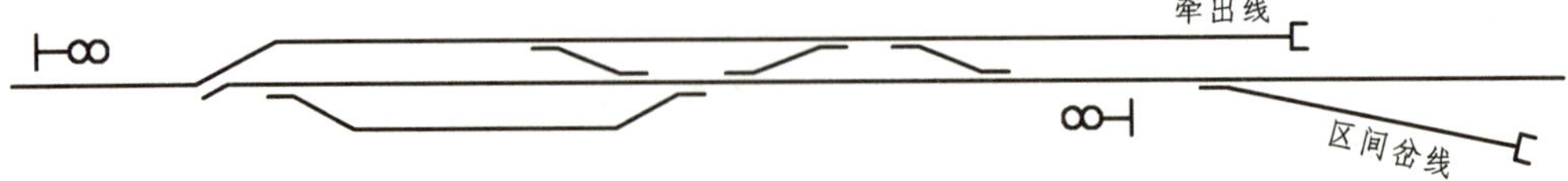

图 1-17　站内、区间内其他道岔定位示意图

（4）安全线是为了防止列车冒进另一进路，发生与其他列车或机车车辆冲突而设置的一种线路设施。安全线是进路隔开设备之一，其有效长度不小于 50 m。下列地点应设置安全线：①工业企业线、岔线在区间与正线接轨；②工业企业线、岔线在站内与正线或到发线接轨；③进站信号机外制动距离内为超过 6‰的下坡道时，为满足双方向同时接车和同方向同时发接列车的需要，应在接车方向末端设置安全线，这样可防止下坡进站列车与其他列车碰撞，如图 1-18 所示。

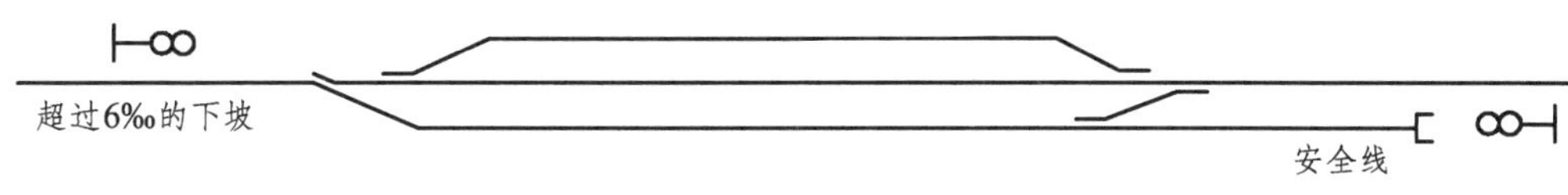

图 1-18　安全线定位示意图

避难线是为了防止列车在陡长下坡道上因制动装置失灵失去控制、发生颠覆或与前方车站上其他列车冲突而设置的线路。当相邻车站站坪以外，区间线路的平均坡度大于或等于 15‰时，就需要根据线路平纵横断面，通过牵引计算，验算失控列车的速度；当速度达到颠覆速度或溜行到前方车站仍不能停车时，则需设置避难线，同时确定避难线的位置和长度，如图 1-19 所示。

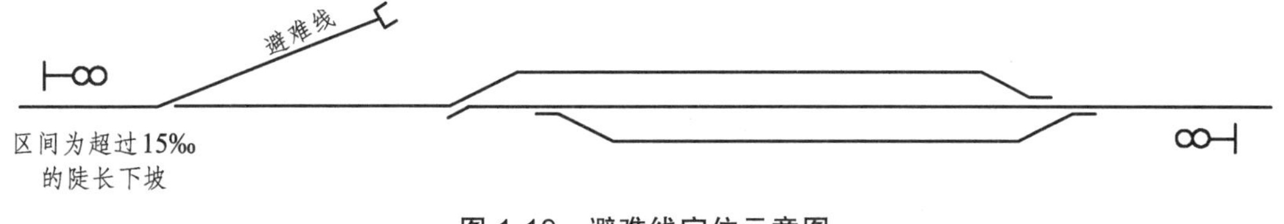

图 1-19　避难线定位示意图

（5）到发线主要用于接发列车，为减少扳动和确保接发列车安全，规定到发线上的中岔为到发线开通位置。到发线上的中岔指的是在一条到发线有效长范围内设置的通往其他线路的道岔；两条纵向衔接在一起的到发线的中间道岔不属于中岔。

（6）除以上 5 项外，其他由车站负责管理的道岔定位，由车站根据具体情况规定。规定时，要考虑行车安全和工作方便等因素，并符合科学管理的要求。

第三节　自动闭塞

一、自动闭塞的作用原理

自动闭塞是根据列车运行及有关闭塞分区的状态，自动变换通过信号机显示而司机凭信号行车的闭塞方式。采用自动闭塞的区段，将站间区间划分为若干个小区间，叫作闭塞分区。每个闭塞分区入口处（始端）装设通过信号机（见图 1-20）。

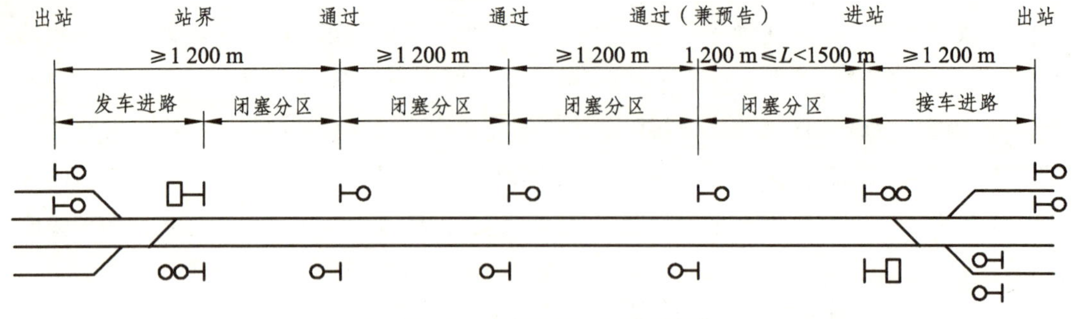

图 1-20　自动闭塞示意图

在整个闭塞区段，各闭塞分区都设有轨道电路（或计轴器）。通过轨道电路（或计轴器）将列车运行与通过信号机的显示联系起来，根据列车运行自动变换通过信号机的显示，在列车运行过程中自动完成闭塞作用，无须人工参与。不论列车运行在区间什么位置，其所在闭塞分区后方第一架通过信号机总是显示红灯。若该闭塞分区后方两个闭塞分区空闲，则后方两架通过信号机依次显示黄灯和绿灯（四显示自动闭塞为绿黄灯）。这种方式不需要办理闭塞手续，又可开行追踪列车，既保证了行车安全，又提高了运输效率。

二、自动闭塞的优点

（1）由于两站间的区间允许续行列车追踪运行，大幅度提高了行车密度，显著提高了区间通过能力和线路运输能力。

（2）由于不需要办理闭塞手续，简化了办理接发列车的程序，因此大大减轻了车站值班员的劳动强度。

（3）由于通过信号机的显示能直接反映运行列车所在位置以及闭塞分区的线路状态（占用或空闲），因而确保了列车在区间运行安全。

三、自动闭塞的技术要求

（1）自动闭塞区段的轨道电路（或计轴器），应不间断地检测所在闭塞分区的占用（或空闲）状态。相邻的几个闭塞分区的占用（或空闲）状态的数据，经过逻辑运算来决定这几架通过信号机的显示。

（2）自动闭塞设备应满足以下要求：当闭塞分区被占用或采用轨道电路传输信息的设备失效时，防护该闭塞分区的通过信号机应自动关闭，在双方向运行的区段，在此种情况下不得改变运行方向；在双向运行的自动闭塞区段，当一个方向的出站及通过信号机开放后，则相反方向的出站信号机应不能开放，反方向通过信号机应在灭灯状态；在双向运行的自动闭塞区段，当设备故障、错误办理或外电干扰时，应不出现敌对发车。

当进站或通过信号机灭灯时，其前方一架通过信号机应自动显示红灯。

（3）当自动闭塞分区长度小于制动距离时，应设红灯重复或完全重复显示。

四、自动闭塞的分类

按照信号显示方式分类，自动闭塞可分为三显示自动闭塞和四显示自动闭塞。

（1）三显示自动闭塞有 3 种灯光显示，即红灯、黄灯和绿灯。红灯显示说明其防护的闭塞分区被占用，也可能是该分区设备或线路发生故障；黄灯显示则说明其前方只有一个闭塞分区空闲；绿灯显示则说明其前方有两个及以上闭塞分区空闲，如图 1-21 所示。

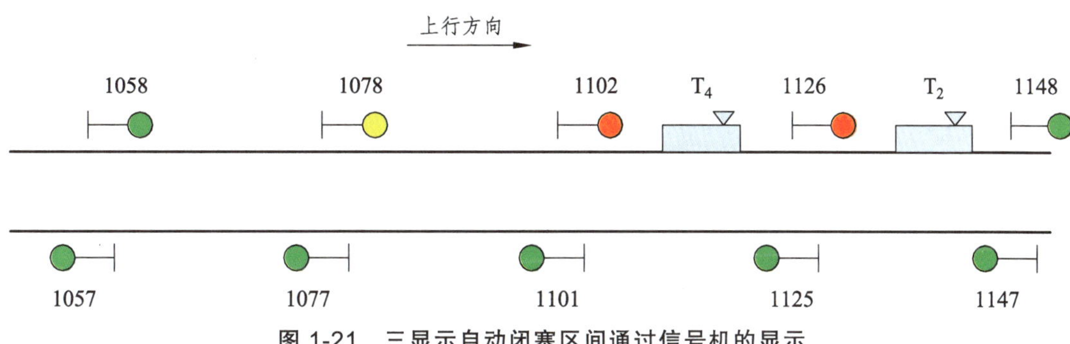

图 1-21　三显示自动闭塞区间通过信号机的显示

（2）四显示自动闭塞在三显示自动闭塞基础上增加了一个绿黄灯显示，它显示的意义为前方有两个闭塞分区空闲，要求高速列车和重载列车减速运行，以使列车在抵达黄灯显示下时不大于规定的黄灯允许速度，保证在显示红灯的通过信号机前安全停车。而四显示的绿灯显示意义则为前方有 3 个及以上闭塞分区空闲。进站（含反方向进站）、接车进路信号机还能显示两个黄色灯光，如图 1-22 所示（其中●表示该灯位灯光熄灭，即不着灯，下同）。

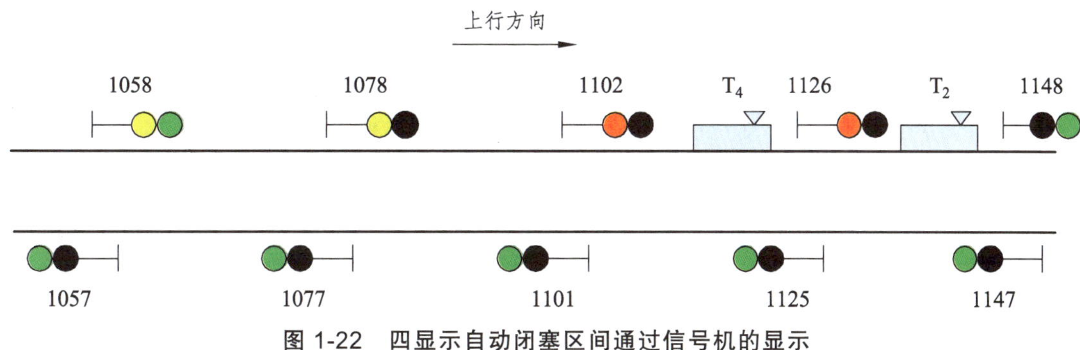

图 1-22　四显示自动闭塞区间通过信号机的显示

通过色灯信号机经常显示绿色灯光，随着列车驶入、驶出闭塞分区而自动转换。但进出站信号机的显示一般仍由车站实行人工控制，只有当连续放行通过列车时，才改由列车运行控制。

五、自动闭塞的行车凭证

1. 正常情况下的行车凭证

列车由车站进入区间、由一个闭塞分区进入另一个闭塞分区的依据，叫作行车凭证。

使用自动闭塞法行车时，列车进入闭塞分区的行车凭证为出站或通过信号机显示的允许运行的信号。

自动闭塞区段的车站，办理发车前应向接车站预告；单线自动闭塞区段的车站，还须得到列车调度员的同意。已向接车站预告，但列车不能出发时，发车站须通知接车站取消预告。

2. 非正常情况下的行车凭证（见表 1-1）

表 1-1 自动闭塞区段非正常情况下的行车凭证

<table>
<tr><th>列车出发情况</th><th>行车凭证</th><th>发给行车凭证的依据</th><th>附带条件</th></tr>
<tr><td>（1）出站信号机故障时发出列车</td><td rowspan="3">绿色
许可证</td><td rowspan="3">（1）监督器表示第一个闭塞分区空闲，不表示时为接到前次列车到达邻站的通知或前次列车发出后不少于 10 min 时间；
（2）确认道岔位置正确及进路空闲；
（3）单线须取得对方站确认区间内无迎面列车的电话记录号码</td><td rowspan="3">从监督器上不能确认第一个闭塞分区空闲时，车站应发给司机书面通知，司机以在瞭望距离内能随时停车的速度，最高不超过 20 km/h，运行到第一架通过信号机，按其显示的要求执行</td></tr>
<tr><td>（2）由未设出站信号机的线路上发出列车</td></tr>
<tr><td>（3）超长列车头部越过出站信号机发出列车</td></tr>
<tr><td>（4）发车进路信号机发生故障时发出列车</td><td rowspan="2">绿色
许可证</td><td rowspan="2">确认道岔位置正确及进路空闲</td><td rowspan="2">列车到达次一信号机按其显示的要求执行</td></tr>
<tr><td>（5）超长列车头部越过发车进路信号机发出列车</td></tr>
<tr><td>（6）自动闭塞作用良好，监督器故障时发出列车</td><td rowspan="2">出站信号机显示的允许运行的信号</td><td></td><td>与邻站车站值班员及本站信号员联系</td></tr>
<tr><td>（7）双线双向闭塞设备的车站，反方向发出列车</td><td>（1）区间占用表示灯表示区间空闲；
（2）双线反方向行车的调度命令</td><td>反方向发车进路表示器显示正确（进路表示器故障时通知司机）</td></tr>
</table>

注：在四显示区段，因设备不同，执行上述条款困难时，可按铁路局规定办理。

《铁路技术管理规程》（以下简称《技规》）规定的绿色许可证的格式如图 1-23 所示。

许 可 证

第..........号

在出站（进路）信号机故障、未设出站信号机、列车头部越过出站（进路）信号机的情况下，准许第..........次列车由..........线上发车。

站（站名印）车站值班员（签名）

年　　月　　日填发

注：① 绿色纸（规格 90 mm×130 mm），复写一式两份，司机一份，存根一份；

② 不用的字句抹消。

图 1-23 绿色许可证

《技规》规定的书面通知的格式如图 1-24 所示。

<table>
<tr><td>

书 面 通 知

第__________次司机：
监督器上不能确认第一个闭塞分区空闲，以在瞭望距离内能随时停车的速度，最高不超过 20 km/h，运行至第一架通过信号机，按其显示的要求执行。

站（站名印）车站值班员（签名）
年　　月　　日填发

</td></tr>
</table>

注：白色纸（规格 90 mm×130 mm），复写一式两份，司机一份，存根一份。

图 1-24　书面通知

六、自动闭塞区间通过信号机显示停车信号或信号故障时的行车规定

（1）自动闭塞区间通过信号机显示停车信号（包括显示不明或灯光熄灭）时，列车必须在该信号机前停车，司机应使用列车无线调度通信设备通知车辆乘务员（随车机械师）。停车等候 2 min，该信号机仍未显示允许运行的信号时，即以遇到阻碍能随时停车的速度继续运行，最高不超过 20 km/h，运行到次一架通过信号机（进站信号机），按其显示的要求运行。在停车等候同时，必须与车站值班员、列车调度员联系，如确认前方闭塞分区内有列车时，不得进入。

（2）装有容许信号的通过信号机，显示停车信号时，准许铁路局规定停车后起动困难的货物列车，在该信号机前不停车，按上述速度通过。当容许信号灯光熄灭或容许信号和通过信号机灯光都熄灭时，司机在确认信号机装有容许信号时，仍按上述速度通过该信号机。

（3）装有连续式机车信号的列车，遇通过信号机灯光熄灭，而机车信号显示允许运行的信号时，应按机车信号的显示运行。

（4）司机发现通过信号机故障时，应将故障信号机的号码通知前方站（列车调度员）。车站值班员（列车调度员）发现或得到区间通过信号机故障的报告后，在故障修复前，对尚未进入区间的后续列车，改按站间组织行车。

第四节　半自动闭塞

一、半自动闭塞的作用原理

半自动闭塞是利用装在区间两端车站行车室内的半自动闭塞机和两站相对出站信号机之间实现互相控制的一种闭塞设备。此种设备的行车闭塞作用一部分是人工操纵（办理闭塞及

开放出站信号机)，另一部分是靠运行列车自动完成的(出站信号机在列车进入闭塞轨道电路时自动关闭)，故称为半自动闭塞。

出站信号机不仅和发车进路上的道岔相互联锁，而且受本站闭塞机的控制。只有发车进路正确，区间空闲，经过两端车站值班员双方办理规定的闭塞手续后，出站信号机才能开放。列车进入区间后，出站信号机自动关闭，在列车未到达对方车站以前(区间有车占用)，两站相对出站信号机都不能开放，从而保证了“同一区间在同一时间内，只能有一列列车占用”这一原则的实现。半自动闭塞原理如图 1-25 所示。

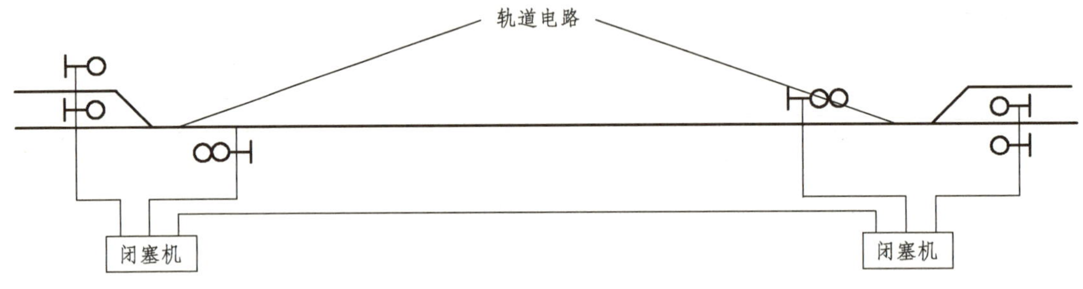

图 1-25 半自动闭塞原理示意图

二、半自动闭塞的特点

半自动闭塞的最大优点是保证了两站间的区间内同时只有一列列车运行，不可能发生侵线、追尾等事故。

(1)使用半自动闭塞法发出列车时，列车进入区间的行车凭证为出站信号机或线路所通过信号机显示的允许运行的信号。发车站的出站信号机必须经两站同意，办理闭塞手续后才能开放，列车进入区间，出站信号机自动关闭；而且在列车未到达接车站以前，向该区间发车用的所有信号机都开放不了，这就保证了两站间的区间内同时只有一列列车运行。

(2)出站信号机不能任意开放，它受闭塞机控制，只有区间空闲时，双方办理闭塞手续后(双线半自动闭塞为前次列车的到达复原信号)才能开放。列车出发离开车站时，出站信号机自动关闭，并使双方闭塞机处于“区间闭塞”状态，直到列车到达接车站办理到达复原时止。

三、半自动闭塞的行车凭证

1. 正常情况

使用半自动闭塞法行车时，列车凭出站信号机或线路所通过信号机显示允许运行的信号进入区间。

开放出站信号机或通过信号机前，双线区段必须得到前次列车到达前方站的到达信号；单线区段必须得到接车站的同意闭塞信号。

发车站办理闭塞手续后，列车不能出发时，应将事由通知接车站，取消闭塞。

2. 特殊情况

超长列车头部越过出站信号机，而未压上出站方面轨道电路时，因能使用半自动闭塞法，所以列车占用区间的行车凭证仍然为出站信号机显示允许运行的信号，但应发给司机准许列车头部越过出站信号机发车的调度命令，其格式如图 1-26 所示。

调 度 命 令

年　　月　　日　　时　　分　第　　号

受令处所		调度员姓名	
内　容			

（规格 110 mm × 160 mm）　　受令车站..............车站值班员.............

图 1-26　调度命令

遇发车进路信号机故障或超长列车头部越过发车进路信号机发车时，列车越过发车进路信号机的行车凭证为半自动闭塞发车进路通知书，其格式如图 1-27 所示。

半自动闭塞发车进路通知书

第________号

1. 在列车头部越过发车进路信号机的情况下，准许第________次列车由________线发车。
2. 在________发车进路信号机故障的情况下，准许第________次列车越过该发车进路信号机。

站（站名印）车站值班员（签名）

年　　月　　日填发

注：① 白色纸（规格 90 mm × 130 mm），复写一式两份，司机一份，存根一份；
② 不用的字句抹消。

图 1-27　半自动闭塞发车进路通知书

在有几个车场的车站，相互办理接发列车的车场之间，装设有发车进路信号机，使列车由一个车场发往另一个车场（一般为技术站或作业量较大的中间站）。因有关车场间的设备条件相对复杂，不宜统一制定发车进路信号机故障时的行车办法，所以发车进路信号机故障时的行车办法，由铁路局规定并纳入《车站行车工作细则》（简称《站细》）。

四、半自动闭塞的技术要求

1. 出站（通过）信号机的开放条件

（1）双线半自动闭塞区间。发车站必须得到前次列车到达前方站的到达信号后，才有权发车。因为前次列车驶过接车站接车轨道电路，闭塞机才可以解锁并开通区间。所以发车站（线路所）只有得到前次列车到达前方站的到达信号后，才可以开放出站或通过信号机发车。

（2）单线半自动闭塞区间。发车站必须在闭塞机上得到接车站的同意闭塞信号后，才能开放出站或通过信号机。而接车站只能在区间空闲时，才能发出同意闭塞信号，并在其发出同意闭塞信号后，该站（线路所）向该区间的出站或通过信号机不能开放。这样就可避免同一时向同一区间发出对向的列车。所以，单线半自动闭塞区间任何一端车站（线路所），在开放出站或通过信号机前，必须得到接车站的同意闭塞信号。

2. 半自动闭塞取消闭塞的办法

（1）双线半自动闭塞的车站取消闭塞。

集中联锁的车站。开放出站信号后如需取消发车时，车站值班员须通知发车人员、司机，确认列车没有出发，关闭出站信号，发车进路解锁后，将事由通知接车站，即可取消闭塞。

电气联锁的车站。开放信号后因故需取消闭塞时，车站值班员须通知发车人员、司机，确认列车没有出发，关闭出站信号，按下闭塞按钮使发车表示灯亮黄灯，即可通知接车站取消闭塞；然后由接车站值班员登记破封，拉出故障按钮，再拉出闭塞按钮，办理区间复原。

（2）单线半自动闭塞的车站取消闭塞。

如发车站已请求发车（发车表示灯亮黄灯），需要取消闭塞时，经两站车站值班员联系同意后，由发车站拉出闭塞按钮（或按下复原按钮），两站表示灯熄灭，闭塞机复原。

如接车站已按下闭塞按钮（发车表示灯亮绿灯），但发车站未开放出站信号机时，亦由发车站拉出闭塞按钮（或按下复原按钮），闭塞表示灯熄灭，闭塞机复原。

如开放出站信号机后，需取消闭塞时，集中联锁的车站，经两站联系，发车站值班员确认列车没有出发，关闭出站信号机，拉出闭塞按钮（或按下复原按钮），双方闭塞表示灯熄灭，闭塞机复原；电锁器联锁的车站，双方站车站值班员确认列车没有出发，由发车站值班员登记破封，使用事故按钮办理复原。

单线半自动闭塞的简要办理过程如表 1-2 所示。

表 1-2　半自动闭塞办理程序

发车站	接车站
1. 车站值班员用闭塞电话向接车站请求发车	
	2. 车站值班员同意接车
3. 按一下闭塞按钮，发车表示灯亮黄灯，电铃鸣响	
	4. 接车表示灯亮黄灯亮，电铃鸣响
	5. 按一下闭塞按钮，接车表示灯变为亮绿灯

续表

发车站	接车站
6. 发车表示灯为亮绿灯，电铃鸣响。车站值班员在发车进路准备妥当后开放出站信号机	
7. 列车出发进入发车轨道电路区段，出站信号机自动关闭，发车表示灯变为红灯	
	8. 接车表示灯亮灯，电铃鸣响。在进路准备妥当后，开放进站信号机
	9. 列车进入接车轨道电路区段，接车表示灯和发车表示灯均亮红灯
	10. 确认列车整列到达后，关闭进站信号机，按一下闭塞按钮，接车表示灯和发车表示灯均熄灭
11. 接车表示灯红灯熄灭，电铃鸣响	
	12. 通知邻站列车到达时刻

第五节　自动站间闭塞

一、自动站间闭塞的作用原理

自动站间闭塞是在半自动闭塞基础上发展起来的新型闭塞设备，区间两端站的出站信号机或线路所通过信号机和相关检查区间空闲设备构成联锁关系，其中主要采用轨道检查装置自动检查区间空闲，列车以站间区间或所间区间为间隔运行，通过办理发车进路和检查列车出清区间的方式，自动实现区间闭塞和区间开通。

轨道检查装置主要有计轴设备和区间长轨道电路。

（1）计轴设备通过设置在区间两端站的计轴磁头，对进入区间和车站的列车轴数进行记录，并经过传输线路将两端站所记录的轴数进行核对，当两端站记录的轴数一致时，即确认列车整列到达，区间空闲，自动开通区间。发出由区间返回的列车时，由发车站自行检查。当计轴设备记录进出区间的列车轴数不一致时，即判定区间占用。当计轴设备发生故障不能正常计轴或判定区间占用时，不能自动解除闭塞。

（2）区间长轨道电路由三部分组成，包括上、下行接近区段轨道电路（双线时为接近和发车区段轨道电路）和中间区段轨道电路，通过轨道电路对区间是否占用、线路是否良好进行检查。在这 3 段轨道电路都空闲时，排列发车进路，开放出站信号，自动完成闭塞。在列车到达前方站（返回发车站）3 段轨道电路都空闲后，自动开通区间。当区间任何一段轨道电路处于占用状态时，不能开放出站信号机，自动办理闭塞；列车虽已到达前方站（返回发车站），但不能解除闭塞开通区间。出站信号机开放后，如果区间轨道电路因故障等原因处于占用状态时，便自动关闭。

二、自动站间闭塞的特点

（1）有区间占用检查设备。

（2）站间或所间区间同一时间只许有一列列车占用。

（3）办理发车进路时自动办理闭塞手续。

（4）自动确认列车到达和自动恢复闭塞。

三、自动站间闭塞的行车凭证

使用站间自动闭塞法发出列车时，由于列车按站间间隔运行，列车进入区间的行车凭证为出站信号机或线路所通过信号机显示的允许运行的信号。

自动站间闭塞须与集中联锁设备结合使用，采用相关设备如轨道检查装置自动检查区间空闲，发车站办理发车进路后即自动构成站间闭塞。列车到达接车站或返回发车站并出清区间后，自动解除闭塞。

由于自动站间闭塞在全路应用的时间不长，相关设备在制式上也不完全统一，使用区段的行车组织方式不完全相同，因此行车组织办法不宜在全路进行统一，应由各铁路局根据设备的不同，结合运输组织方式、行车工作等要求制定行车组织办法、作业标准。

四、自动站间闭塞的技术要求

（1）由于自动站间闭塞发车前不需办理闭塞手续，排列发车进路开放出站信后，即可发出列车，同时列车需按站间间隔行车，因此发车站在办理发车进路前，须确认区间空闲和接车站未办理同一区间或线路的发车进路，否则不能开放信号，形成自动站间闭塞。为使接车站做好接车准备工作，发车站应向接车站发出预告。

（2）自动站间闭塞区间，发车站办理预告后即是“区间闭塞”，接车站必须做好接车准备。如果列车预告后因特殊情况不能发出时，发车站必须通知接车站取消预告。这样不仅避免长时间占用区间，方便接车站进行其他作业，也能为其他列车运行提供条件。

第六节　电话闭塞法

一、电话闭塞法的作用原理

电话闭塞法是当基本闭塞法不能使用时，所采用的代用闭塞法。

电话闭塞法由两站车站值班员利用站间闭塞电话，以电话记录的方式办理闭塞的方法。一般而言，电话闭塞没有机械、电气设备的控制，全凭制度和人为控制，安全性较差。

二、电话闭塞法的使用条件

当基本闭塞法不能使用时，应根据列车调度员的命令采用电话闭塞法行车。遇列车调度电话不通时，闭塞法的变更或恢复，应由该区间两端站的车站值班员确认区间空闲后，直接以电话记录办理。列车调度电话恢复正常时，两端站车站值班员应及时向列车调度员报告。

遇下列情况，应停止使用基本闭塞法，改用电话闭塞法行车：

（1）基本闭塞设备发生故障导致基本闭塞法不能使用、自动闭塞区间内两架及以上通过信号机故障或灯光熄灭时。

① 自动闭塞设备发生故障，不能保证列车按自动闭塞法行车时，应停止使用基本闭塞法，改按电话闭塞法行车。

自动闭塞区间两架及以上通过信号机发生故障或灯光熄灭时，列车虽可按有关规定运行，但势必会造成列车在区间一再停车，不仅会降低列车运行速度，而且危及行车安全。因此，遇两架及以上通过信号机故障或灯光熄灭时，对照自动闭塞设备发生故障办理，改按电话闭塞法行车。

② 自动站间闭塞、半自动闭塞设备故障，如出站信号机内方轨道电路故障、出站信号机故障或灯光熄灭，由于不能形成半自动闭塞控制条件或不能开放出站信号机作为列车占用区间的行车凭证，因此，应停止使用基本闭塞法，改按电话闭塞法行车。

（2）无双向闭塞设备的双线区间反方向发车或改按单线行车时。

① 反方向发车时，由于无反方向闭塞设备，必须改按电话闭塞法行车。

② 无双向闭塞设备的双线区间改按单线行车时，虽然正方向闭塞设备可以使用，但反方向行车时无闭塞设备保证安全，办理上容易混淆，极易引发错误，所以也要停止使用基本闭塞法，改按电话闭塞法。

（3）发出由区间返回的列车，或发出挂有由区间返回后部补机的列车时。

发出由区间返回的列车，或发出挂有由区间返回后部补机的列车时，由于列车不能进入前方站，不能压上接车站轨道电路，导致不能正常使用闭塞设备办理复原，列车返回发车站后须由车站值班员使用事故按钮办理人工复原，安全系数较低，因此须停止使用基本闭塞法，改按电话闭塞法行车。

（4）自动站间闭塞、半自动闭塞区间，由未设出站信号机的线路上发车，或超长列车头部越过出站信号机并压上出站方面轨道电路发车时。

自动站间闭塞、半自动闭塞列车占用区间的行车凭证，为出站信号机或线路所通过信号机显示的允许运行的信号。由未设出站信号机的线路上发车，或超长列车越过出站信号机压上出站方向轨道电路发车时，因无法取得占用区间的行车凭证须改按电话闭塞法行车。

（5）在夜间或遇降雾、暴风雨雪，为消除线路故障或执行特殊任务，开行轻型车辆时。

轻型车辆装有绝缘车轴，不能通过轨道电路确定其位置，为确保安全，轻型车辆仅限昼间封锁施工作业时使用，此时不按列车办理。同样为确保安全，在夜间或遇降雾、暴风雨雪等天气不良、瞭望条件不好的情况下，为消除线路故障或执行特殊任务须使用轻型车辆时，应按列车办理，此时应停止使用基本闭塞法，改按电话闭塞法行车。

（6）自动站间闭塞设备故障，半自动闭塞设备良好时，可根据调度命令改按半自动闭塞法行车。

三、电话闭塞法的特点

（1）电话闭塞不论单线或双线，均按站间区间（车站与车站间单线上，以进站信号机柱中心线为车站与区间的分界线；双线或多线站间区间的各线上，分别以各该线的进站信号机柱或站界标的中心线为车站与区间的分界线）办理。

（2）由于电话闭塞没有机械、电气设备的控制，都靠制度加以约束，办理闭塞手续必须严格。出站信号机不能开放，需要填写行车凭证，接发列车进路在一般情况下也失去联锁（为了保证行车安全，通过技术方法使进路、道岔和信号机之间按一定程序、一定条件建立起的既相互联系而又相互制约的关系），除人工确认进路正确外，还要按规定加锁。

（3）为保证同一区间、同一线路、同一时间内不会误用两种不同的闭塞法，在停用基本闭塞法改用电话闭塞法或恢复基本闭塞法时，均须根据列车调度员的调度命令办理。在列车调度员电话不通，得不到调度命令的情况下，应由该区间两端的车站值班员确认区间空闲后，以电话记录办理。列车调度电话恢复正常时，两端站车站值班员应及时向列车调度员报告。

（4）确认区间空闲（是指区间未被列车、机车车辆占用或相邻两站未办妥闭塞手续及出站、跟踪调车手续）是改变行车闭塞法的最基本的前提，无论列车调度员，还是区间两端车站值班员，在办理停用基本闭塞法改用电话闭塞法或恢复基本闭塞法时，都要确认区间空闲，以避免一个区间放入两列列车。

四、电话闭塞法的行车凭证

使用电话闭塞法行车时，列车占用区间的行车凭证为路票，如图 1-28 所示。当挂有由区间返回的后部补机时，另发给补机司机路票副页。

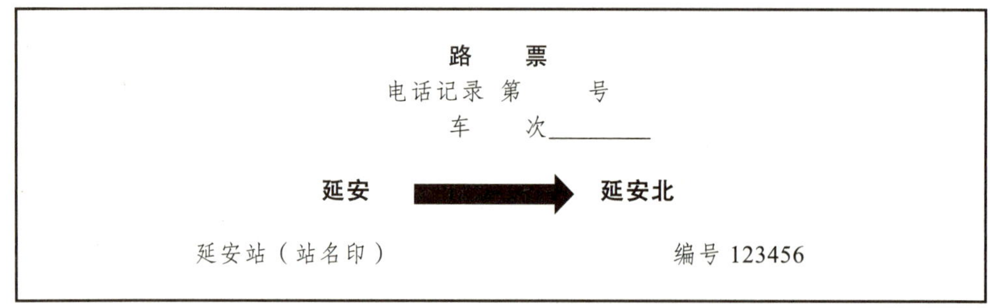

路　票

电话记录 第　　号

车　次________

延安 → 延安北

延安站（站名印）　　　　编号 123456

注：① 路票（规格 75 mm × 88 mm）为预先印好区间（即站名）和编号的硬卡片；
② 加盖副字戳记者，为路票副页。

图 1-28　路　票

单线或双线反方向发车（包括正方向首列发车）时，根据《行车日志》查明区间已空闲，并取得接车站承认的电话记录号码，在发车进路准备妥当后，方可填发路票。双线正方向发车（首列除外）时，根据收到的前次发出的列车到达的电话记录号码，在发车进路准备妥当后，即可填发路票。

五、电话闭塞法的技术要求

由于电话闭塞法安全性低，因此车站值班员在办理电话闭塞时，必须严肃认真，正确填写有关记录与行车凭证，并须注意下列事项：

（1）认真填记办理闭塞手续的应记事项。在办理闭塞前，首先应确认区间确已空闲，然后再以电话的方式向接车站请求闭塞，在接到接车站发出的同意接车的电话记录，并于本站的电话记录——《行车日志》内登记后，方算确定区间闭塞。电话记录就成了填写占用区间凭证的原始依据。列车到达后，发车站只有接到接车站发来的列车到达的电话记录并登记后，方算区间已空闲。

（2）收发电话记录，由负责办理闭塞人员亲自登记或签收。电话记录的填记正确与否，直接影响行车。原则上应由车站值班员亲自掌握，负责登记签名后，方可由指派人员传送。

（3）在传送及收受电话记录时，必须由车站值班员亲自以闭塞电话或列车调度电话的方式办理。

（4）路票是司机进入区间的唯一凭证，应由车站值班员或指定的助理值班员填写。有后部补机在途中返回时，另发给补机司机路票副页。

填写路票必须根据接车站承认闭塞的电话记录号码填写。路票填写好后应逐项逐字地检查和相互核对。也就是车站值班员除根据电话记录检查外，还应与助理值班员、作业员和指定办理行车的人员相互检查，检查人要认真负责，如遇车站仅有一名车站值班员办理行车时，可与车站两端的扳道员对照复检，并与承认闭塞的车站值班员互相对照检查，以防止未和邻站办理闭塞而填写路票的情况发生。检查核对完全正确后签名。

填写路票时，要内容齐全，字迹清楚，不得涂改。当填写错误时，应在路票上画“×”注销，重新填写。

使用路票必须选准使用的区间，正确填写电话记录号码、车次并加盖站名印。为防止双线反方向、两线或多线区间电话闭塞法行车时，错误办理列车方向，双线反方向行车时，应在路票上加盖“反方向行车”章；两线、多线区间使用路票时，应在路票上加盖“××线行车”章。

对由区间返回的列车，路票应填写往返车次。当发出挂有需由区间返回的后部补机的列车时，应填路票一式两份（仅编号顺序不同），发给补机的路票右上角须加盖㓷字戳记作为副页，这是补机司机返回原发站的行车凭证。

（5）在以电话办理闭塞时，车站应设有表示牌，揭挂于闭塞电话附近，用以表示区间闭塞或开通。

（6）双线区段在未得到列车调度员的命令前，绝对不准发出反方向列车。

第七节　一切电话中断时的行车

一、一切电话中断时的概念

不论是采用基本闭塞法还是采用电话闭塞法，当车站办理行车工作时，均应通过闭塞机或行车闭塞电话与邻站办理闭塞手续，都离不开电话通信的基本条件。现实中，由于自然灾害或其他原因，可能发生一切电话中断的情况，而列车运行是不允许中断的。因此，为保证铁路运输的连续性，制定了一切电话中断时的行车方法。

二、一切电话中断时的行车办法及凭证

由于自然灾害或其他原因，车站行车室内的一切电话中断，与邻站及列车调度员均无法联系时，必须采用特定的方法保证不间断行车，并发给列车占用区间的特定凭证。这种特定行车方法，就是单线行车按书面联络法，双线行车按时间间隔法。特定的凭证就是红色许可证，如图 1-29 所示。

许 可 证

第……号

现在一切电话中断，准许第……次列车自……站至……站，本列车前于……时……分发出的第……次列车，邻站到达通知已/未收到。

通 知 书

1.第……次列车到达你站后，准接你站发出的列车。

2.于……时……分发出第……次列车，并于……时……分再发出第……次列车。

站（站名印）车站值班员（签名）

年　　月　　日填发

注：① 红色纸（规格 90 mm×130 mm），复写一式两份，司机一份，存根一份；

② 不用的字句抹消。

图 1-29　红色许可证

由于单线区间是双向行车制，两相邻站都有权向同一区间发车，因此必须通过书面联络来确定列车的运行。双线区间是上、下行分别按正方向行车，而且由于电话中断，列车调度员不能发布调度命令，不能办理列车反方向运行，所以可按时间间隔法行车。在这种情况下，不论单线或双线，列车进入区间的凭证均为红色许可证。红色许可证，既是列车占用区间的凭证，又附有与邻站联络行车的通知书，同时还具有提醒司机注意行车的作用。

红色许可证包括许可证和通知书两部分。司机通过它可了解到本列车前后的列车运行情况和计划，以便本列车在区间被迫停车后能采取相应措施，保证行车安全。

一切电话中断后，在自动闭塞区间，如闭塞作用良好，从设备上能保证行车安全，车站值班员从监督器上也能确认和监督列车运行情况时，列车运行仍按自动闭塞法行车，不使用红色许可证。但在单线自动闭塞区间，自动闭塞设备良好时，不使用自动闭塞法行车，应按书面联络法行车，使用红色许可证。双线自动闭塞区间，自动闭塞作用良好时，按自动闭塞法行车，并需填发红色许可证的通知书告知续发列车情况。车站可通过列车无线调度通信设

备与列车司机直接联系，了解后续列车的运行情况等，列车在车站可不停车。当列车无线调度电话临时故障时，为加强联系，需向司机交代情况，说明注意事项，列车需在车站停车。

三、一切电话中断时行车办法的技术要求

1. 书面联络法行车

在一切电话中断后，第一列列车的发车权为优先发车站所有。下列车站可以优先发车：

（1）已办妥闭塞而尚未发车的车站。

（2）未办妥闭塞时的车站。

① 单线区间为开下行列车的车站。

② 双线改为单线行车时，为该线原定发车方向的车站。

③ 同一线路、同一方向运行的列车，有上、下行两种车次时，由铁路局规定优先发车的车站。

第一列列车的发车权为优先发车的车站所有，如优先发车的车站没有待发列车时，应主动用红色许可证的通知书通知非优先发车的车站。非优先发车的车站，如有待发列车时，应在得到通知书以后方可发车。

第一列列车的发车站，在发车前应查明区间已空闲，并在红色许可证的通知书上记明下一列列车的发车权。在已办妥闭塞而尚未发车的车站发车时，持有行车凭证的列车，还应发给红色许可证的通知书；如无行车凭证，列车应持红色许可证开往邻站。以后开行的列车，均凭红色许可证的通知书上记明的发车权办理。

红色许可证的通知书，应采取最快的方法传送，优先方向车站如无开往区间的列车时，在确认区间空闲后，可使用重型轨道车或单机传送。

2. 时间间隔法行车

（1）双线按时间间隔法行车，是指前一列车发出后不论是否到达前方站，准许间隔一定的时间，再向该区间发出次一列列车的行车办法。

（2）在电话中断后，为了保证行车安全，防止两端站同时向同一区间、同一线路放行对向列车，规定双线按时间间隔法行车时，只准发出正方向的列车。

（3）在自动站间闭塞、半自动闭塞区间或自动闭塞设备故障停止使用的情况下，电话中断后发出第一列列车时，在发车前必须查明区间是否空闲，以防止在电话中断前发出的列车在区间被迫停车或退行、邻站越出站界调车未完毕、邻站发出反方向列车未到达本站等尚未腾空区间，即发出第一列列车，以致发生列车冲突事故。

3. 连续发出同方向运行列车的间隔时间

电话中断后，无论是单线区间还是双线区间，连续发出同一方向的列车时，均难以得到前次列车到达邻站的通知，发车站无法确知前行列车是否到达。因此，规定连续发出同方向运行列车的间隔时间，按区间规定运行的时间另加 3 min。这样，在一般情况下前行列车可以到达前方站，构成区间空闲，即使前行列车未到达前方站，也可以保证有足够的安全间隔。

按区间规定运行时间另加 3 min 是给接车站安排后行列车准备进路的时间，或前行列车在区间被迫停车时的防护时间。在区间规定运行时间较短的情况下，为了确保与前行列车的安全间隔，所以规定连续发出同方向运行列车的间隔时间最少不能少于 13 min。

在双线自动闭塞区间，自动闭塞设备作用良好时，车站值班员可以通过监督器了解离去列车在区间的位置情况，因此，仍按自动闭塞法行车。

4. 一切电话中断时禁止发出的列车

一切电话中断时，行车组织指挥和站间联系困难，行车安全缺乏保证，只能开行一些必要的列车。所以对一些可能引起不安全因素的列车禁止向一切电话中断车站的相邻区间发出。

（1）禁止发出在区间内停车工作的列车。

由于电话中断后，对列车在区间运行的情况很难掌握，如果发出在区间停车工作的列车，就可能影响邻站待发的重要列车出发。因此，这种列车禁止开行，但准许发出到区间救援的列车。

（2）禁止发出开往区间岔线的列车。

开往区间岔线的列车开出后，如待其返回或继续开往前方站，再发出其他列车，则占用区间的时间太长。如按预定时间再发出其他列车，前行列车一旦没有进入岔线，就有可能发生列车追尾冲突事故。从岔线返回时，也很难和车站联系。因此这种列车禁止开行。

（3）禁止发出须由区间返回的列车。

因为这种列车要在区间内停车进行某种作业，占用区间时间长，返回时间不易掌握，将会影响待发的其他列车。

（4）禁止发出挂有须由区间返回的后部补机的列车。

由于邻站无法掌握补机返回发车站的时间，邻站发出待发列车时，就不能确保行车安全。

（5）禁止发出列车无线调度通信设备故障的列车。

在车站电话中断情况下，如果再发出列车无线调度通信设备故障的列车，会明显增加不安全系数。

5. 封锁区间的行车方法

（1）在电话中断时间内，如因列车在区间内发生事故或线路发生故障，造成行车中断时，必须立即组织抢救和抢修。接到请求的车站值班员不必与邻站协商，立即封锁区间。同时将封锁区间障碍地点及是否开行救援列车等事项，以书面（应加盖站名印及车站值班员签名或盖章）通知封锁区间的相邻站。如开行救援列车时，以车站值班员的书面命令（用《铁路技术管理规程》附件 4 调度命令用纸）作为进入封锁区间的凭证。

抢修或抢救工作完了，应及时开通封锁区间。此时，由接到开通封锁区间请求的车站值班员，立即以书面通知封锁区间的相邻站。

（2）单线区间电话良好，而对某个车站用各种电话呼唤 5 min 得不到应答，为了避免发生列车堵塞，规定由列车调度员查明该站及两相邻区间确无列车（包括单机、大型养路机械、重型轨道车）后，方可向不应答站的两端邻站发出封锁相邻区间的调度命令，将相邻区间合并为一个区间，按封锁区间的办法向不应答车站办理行车，并以调度命令作为进入区间的凭证。

向不应答车站发出的列车，由于事先无法了解该站接车进路是否已准备，是否发生事故、灾害或其他情况等，为确保安全，不论进站信号机是否开放，必须在进站信号机外停车，待判明情况，并确认接车进路已准备妥当后再进入站内。列车进站后，司机或该站的车站值班员，应将经过情况及时报告列车调度员。此时，不应答站的车站值班员如能恢复正常工作，就失去了再继续封锁区间的必要性，列车调度员应以命令开通封锁区间，恢复正常行车。

【本章小结】

本章对行车闭塞法进行了系统地讲解，主要介绍了自动闭塞、半自动闭塞、自动站间闭塞及电话闭塞的行车办法和行车凭证，需重点理解、准确掌握使用电话闭塞法行车和一切电话中断时的行车办法和行车凭证。同时，本章还介绍了铁路线路的分类和管理，为后续相关知识点的学习打下基础。本章的重点是各种行车闭塞法的行车凭证。

【事故案例】

京广线“7 · 10”旅客列车追尾重大事故

一、事故概况

1993 年 7 月 9 日，华北地区中南部普降大到暴雨。当晚，大风夹带暴雨将京广线安阳至广武间大树刮倒，砸坏铁路自动闭塞供电设备，造成该区段行车自动闭塞设备大面积停电，改用特定闭塞法行车。当天 21 时 40 分，列车调度员下达第 1828 号调度命令：“新乡南场至老田庵各站停止基本闭塞法，改用特定闭塞法。”23 时 50 分，因新乡站等部分区段恢复供电，列车调度员再次下达命令，将原 1828 号调度命令内容改为：“七里营至老田庵各站间停止基本闭塞法，改用特定闭塞法。”没有做到一事一令，这为事故的发生埋下了隐患。

7 月 10 日 2 时 40 分，石家庄机务段北京型 3168 号机车牵引的北京开往成都的 163 次旅客列车行至新乡南场，机车乘务员再次接到 1828 号调度命令后，误认为是重复的调度命令，没有仔细阅读、认真确认命令内容，仍将已经恢复正常的新乡南场至七里营基本闭塞区间，误读为特定闭塞区间，并擅自关闭机车信号和自动停车装置，运行精神不集中，遇黄灯不减速、红灯不停车。当 163 次旅客列车以 80 km/h 的速度行至新乡南场——七里营站间 K608+950 处时，与在七里营站外慢行等信号的 2011 次货物列车尾部剧烈相撞。

二、事故原因

（1）163 次旅客列车乘务员业务不熟，精力不集中，作业中错误理解调度命令和误判区间，违章关闭机车信号和自动停车装置，遇黄灯不减速、红灯不停车，擅闯有列车占用的自动闭塞分区。

（2）调度部门行车指挥混乱。

三、事故教训

（1）机车乘务员日常对行车规章学习不够、理解不深、把握不准，以致接到调度命令后，不明白“特定闭塞法”的含义，匆忙翻阅《技规》寻找答案，分散了注意力。

（2）麻痹大意，违章蛮干。163次机车乘务员接到1828号调度命令后，没有认真确认调度命令内容，将七里营至老田庵间按特定闭塞法行车误认为是新乡南场至老田庵间，且擅自关闭了机车信号和自动停车装置，把已经恢复正常行车的区间误认为是非正常行车区间，遇黄灯不减速、红灯不停车，当以80 km/h的速度行进发现前方100 m处的2011次货物列车时，一切措施都为时已晚。

（3）调度命令漏填车次，未起到终点提示作用；漏发运转车长，没有发挥运转车长的互控、联控作用。

【复习思考题】

1. 什么是行车闭塞法？
2. 什么是空间间隔法和时间间隔法？
3. 行车闭塞法有哪几种？
4. 什么是自动闭塞法？
5. 使用自动闭塞法行车时，正常情况下的行车凭证是什么？
6. 使用自动闭塞法行车时，在哪些情况下发车要发给司机绿色许可证？
7. 自动闭塞区间通过信号机显示停车信号（包括显示不明或灯光熄灭）时，如何行车？
8. 使用半自动闭塞法行车时，正常情况下的行车凭证是什么？
9. 使用自动站间闭塞法行车时，列车进入区间的行车凭证是什么？
10. 在哪些情况下，应停止基本闭塞法而改用电话闭塞法行车？
11. 使用电话闭塞法行车时，列车占用区间的行车凭证是什么？
12. 车站一切电话中断时的行车办法是什么？
13. 一切电话中断时，禁止发出哪些列车？
14. 什么是正线？什么是站线？
15. 站线分哪些种类？
16. 列车的运行方向是如何规定的？列车车次与列车运行方向有什么关系？
17. 车站股道是如何编号的？
18. 车站道岔是如何编号的？

第二章　铁路行车信号

铁路行车信号是保证行车安全，提高区间和车站通过能力，对编组站解编能力的自动控制及远程控制技术的总称，其主要功能是保证行车安全，提高运输效率。铁路行车信号担负着铁路各种行车设备的控制和行车信息的传输，是铁路信息技术的重要组成部分。

铁路运输必须高度集中和统一指挥，才能保证列车按规定的速度安全、迅速和不间断地运行。信号是指示列车运行及调车作业的命令，它通过颜色、形状、位置、灯光及音响等来表示。信号起着传递信息，准确预告运行条件的重要作用。各种信号机和信号表示器的灯光排列、颜色和外形尺寸，必须符合国家标准、铁路行业标准及铁路总公司规定的标准，所以要求行车有关人员必须严格按信号的指示进行工作，任何单位、任何人都不得违反。

第一节　铁路行车信号基础知识

信号是指示列车运行及调车作业的命令，有关行车人员必须严格执行。

信号显示方式及使用方法，应按《技规》的规定执行。《技规》以外的显示方式，须经铁路总公司批准，方可采用。

对地区性联系用的手信号，不便统一规定，根据具体情况，由铁路局批准，并纳入《行车组织规则》。

一、铁路信号的种类

铁路信号分为视觉信号和听觉信号两大类。

（一）视觉信号

用信号机、信号旗、信号灯、信号牌、信号表示器、信号标志及火炬等显示的信号，都属视觉信号。视觉信号的颜色及其意义如下：

我国铁路采用红色、黄色、绿色作为铁路信号的基本颜色。

（1）红色——停车；

（2）黄色——注意或减速运行；

（3）绿色——按规定速度运行。

为满足各种信号显示需要及区分不同信号而采用下列辅助颜色。

（1）月白色——用于引导信号及调车信号；

（2）蓝色——用于容许信号及调车信号；

（3）紫色——用于道岔表示器；

（4）白色——用于表示器（进路、发车、发车线路、调车）、手信号及列车标志。

（二）听觉信号

1. 听觉信号的概念

听觉信号是以口笛、号角、机车、动车组和自轮运转特种设备的鸣笛，发出长短不同、组合方式不同的声响，以表示不同的含义。

2. 听觉信号的作用

（1）一种是以长短声有一定规律的音响，反映行车的作业要求，如牵引信号一长一短声、惰行信号一长二短声等；

（2）另一种是起警报作用，提醒有关人员注意，如警报信号一长三短声、紧急停车信号连续短声等。

二、信号装置的种类

信号装置一般分为信号机和信号表示器两类。

1. 信号机

信号机是用来防护站内进路，防护区间，防护危险地点的，具有严格的防护意义。

（1）信号机按类型分为色灯信号机、臂板信号机和机车信号机。

（2）信号机按用途分为进站、出站、通过、进路、预告、接近、遮断、驼峰、驼峰辅助、复示、调车信号机。

其中，进站、出站、进路、通过、驼峰、调车等信号机，都能独立构成信号显示，指示列车或调车车列运行的条件，叫作主体信号机。预告和复示信号机不能独立存在，而是附属于主体信号机，叫作从属信号机。预告信号机从属于进站信号机、所间区间的通过信号机和遮断信号机。复示信号机从属于进站、出站、进路、驼峰、调车等信号机。

2. 信号表示器

信号表示器是对行车人员传达行车或调车意图，或对信号进行某些补充说明所用的器具，没有防护意义。

信号表示器分为道岔、脱轨、进路、发车、发车线路、调车及车挡表示器。

三、信号机的设置

（1）信号机的设置位置。

信号机设在列车运行方向的左侧或其所属线路的中心线上空。反方向运行进站信号机可设在列车运行方向的右侧，其他特殊地段因条件限制，需设于右侧时须经铁路局批准。

在确定设置信号机地点时，除满足信号显示距离的要求外，还应考虑到该信号机不致被误认为邻线的信号机。

（2）高柱信号机和矮型信号机的设置规定。

铁路信号机应采用色灯信号机。色灯信号机均应采用高柱信号机。在下列处所可采用矮型信号机：

① 不办理通过列车的到发线上的出站、发车进路信号机。

② 道岔区内的调车信号机及驼峰调车场内的线束调车信号机。

③ 自动闭塞区段，隧道内的通过信号机。

特殊情况需设矮型信号机时，须经铁路局批准。

四、信号机及表示器的显示距离

（1）进站、通过、接近、遮断信号机不得小于 1 000 m。

（2）高柱出站、高柱进路信号机不得小于 800 m。

（3）预告、驼峰、驼峰辅助信号机不得小于 400 m。

（4）调车、矮型出站、矮型进路、复示信号机，容许、引导信号机及各种表示器不得小于 200 m。

在地形、地物影响视线的地方，进站、通过、接近、预告、遮断信号机的显示距离，在最坏的条件下不得小于 200 m。

五、影响信号显示的处理

在昼间遇有降雾、暴风雨雪及其他情况，致使停车信号显示距离不足 1 000 m，注意或减速信号显示距离不足 400 m，调车信号及调车手信号显示距离不足 200 m 时，应使用夜间信号。

因为昼间信号是以物体的形状、位置为显示方式，它要借助其他光源（主要是太阳光）的反射。当遇有上述情况，其他光源照度降低，信号的形状、位置就反射不出来。而夜间信号为一点光源，不需反射其他光源的光就能清晰地看到，为保证行车安全，提高运输效率，故应使用夜间信号。

因隧道内无阳光照射，光线较暗，用昼间信号机不易瞭望，故规定隧道内采用夜间或昼夜通用信号，以提高信号显示距离。在条件许可，有较好的供电条件时，应优先采用昼夜通用信号。

六、信号机的定位

信号机的定位是指无列车运行的条件下，信号机经常保持的位置或状态。使用完毕后须立即恢复到规定的位置，即定位。

（1）进站、出站、进路、调车、驼峰、驼峰辅助信号机，均以显示停车信号为定位；线路所的通过信号机以显示停车信号为定位，其他通过信号机以显示进行信号为定位。

（2）接近信号机、进站预告信号机、非自动闭塞区段通过信号机的预告信号机及通过臂板，以显示注意信号为定位。

（3）遮断、遮断预告、复示信号机以无显示为定位。

（4）在自动闭塞区段内的车站（线路所），如将进站、正线出站信号机及其直向进路内的进路信号机转为自动动作时，以显示进行信号为定位。

七、信号机的关闭时机

信号机的关闭时机，对行车安全、运输效率有直接关系，针对不同性质的信号机，对其关闭时机有明确规定。

（1）集中联锁车站的进站、进路、出站、通过信号机，当机车或车辆第一轮对越过该信号机后自动关闭。

（2）调车信号机在调车车列全部越过调车信号机后自动关闭。当调车信号机外方不设轨道占用检查装置或虽设轨道占用检查装置而占用时，应在调车车列全部出清调车信号机内方第一轨道区段后自动关闭，根据需要也可在调车车列第一轮对进入调车信号机内方第一轨道区段后自动关闭。

（3）引导信号应在列车头部越过信号机后及时关闭。

（4）非集中联锁车站的进站信号机及线路所通过信号机，在列车进入接车线轨道区段后自动关闭，出站信号机应在列车进入出站方面轨道区段后自动关闭。

（5）非集中联锁车站，由手柄操纵的信号机。进站信号机在确认列车全部进入接车线警冲标内方,出站信号机在列车全部越过最外方道岔并确认列车全部进入出站方面轨道区段后，恢复手柄，关闭信号。

（6）特殊站（场）执行上述规定有困难时由铁路局规定。

八、信号机非正常显示时的规定

（1）进站、出站、进路和通过信号机，对车站（场）、区间或铁路线路平面交叉处所起防护作用。

当防护区间、车站的信号机没有清晰准确的指示，列车盲目进入时，将造成严重后果。所以规定当以上信号机的灯光熄灭、显示不明或显示不正确时，均应视为停车信号，列车不准越过该信号机，以保证行车安全。

（2）进站预告信号机或接近信号机用于预告进站信号机的显示状态。

当该信号机没有清晰准确地预告进站信号机是在开放状态时，应准备在进站信号机前停车，否则将可能造成严重后果。所以进站预告信号机或接近信号机的灯光熄灭、显示不明或显示不正确时，均视为进站信号机为关闭状态。

非自动闭塞区段通过信号机的预告信号机的灯光熄灭、显示不明或显示不正确时，视为通过信号机为关闭状态。

九、信号机的无效标记

新设尚未开始使用及应撤除尚未撤掉的信号机，均应装设信号机无效标并应熄灭灯光；如为臂板信号机须将臂板置于水平位置。

信号机无效标为白色的十字交叉板。高柱色灯信号机的无效标装在机柱上，矮型色灯信号机的无效标装在信号机构上，臂板信号机的无效标装在臂板上，如图 2-1 所示。

图 2-1　信号机无效标

在新建铁路线上，新设尚未开始使用的信号机（进站信号机暂用作防护车站时除外），可撤下臂板或将色灯机构向线路外侧扭转 90°并熄灭灯光作为无效。

十、同方向相邻两架信号机间的距离小于制动距离时的处理

特殊地段因条件限制，同方向相邻两架指示列车运行的信号机（预告、遮断、复示信号机除外）间的距离小于制动距离时，按下列方式处理：

（1）在列车速度不超过 120 km/h 的区段，当两架信号机间的距离小于 400 m 时，前一架信号机的显示，必须完全重复后架信号机的显示；当两架信号机间的距离在 400 m 以上，但小于 800 m 时，后架信号机在关闭状态时，则前一架信号机不准开放。

（2）在列车运行速度超过 120 km/h 的区段，两架有联系的信号机间的距离小于列车规定速度级差的制动距离时，应采用必要的降级或重复显示措施。

第二节　固定信号

固定信号是指固定安装在一定位置上的用于指示列车运行及调车工作的信号。它包括进站、出站、进路、通过、预告、接近、容许、遮断、调车、驼峰、驼峰辅助、驼峰复示、进站复示、出站复示及引导信号等。

一、进站色灯信号机

1. 进站色灯信号机的作用

所有车站入口处均应设进站信号机，用以指示列车能否进站及进站的运行条件。

（1）防护车站。在进站信号机未开放前，列车不得进入站内。

（2）指示列车进站的运行条件。列车经道岔的直向位置还是侧向位置进站，正线通过或准备停车等。

（3）锁闭接车进路有关道岔及敌对信号。当进路有关道岔开通位置不对或敌对进路信号未关闭时，信号机不能开放，信号机开放后进路道岔锁闭，敌对信号不能开放。

2. 进站色灯信号机的设置

（1）进站信号机应设在距进站最外方道岔（列车进站时遇到的第一个道岔）尖轨尖端（顺向为警冲标）不少于 50 m 的地点。这是考虑一台机车挂 1 ~ 2 辆货车在站内一股道转向另一股道不致越出进站信号机，如图 2-2 所示。

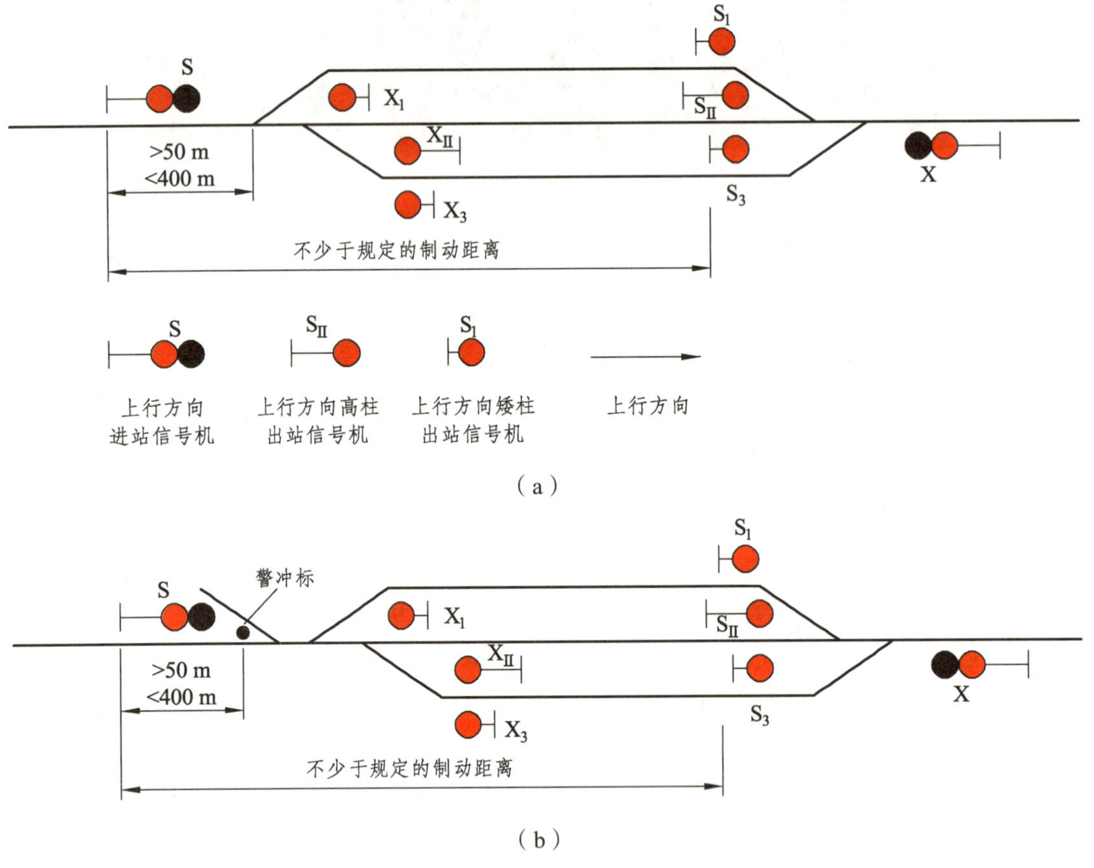

图 2-2　进站信号机的设置位置

（2）经常利用正线进行调车作业的车站，可适当延长进站信号机与进站道岔的距离，以便调车时调车车列不致越出进站信号机，减少办理越出站界调车的手续。但延长后，会影响咽喉区的通过能力，所以延长的距离原则上不超过 400 m。

（3）进站信号机与其后方第一架信号机（进路或出站）间必须大于规定的制动距离，特殊情况下少于规定制动距离时，进站信号机与进站道岔的距离应适当加长，但原则上不超过 400 m。

（4）进站信号机应尽量避免设在停车后起动困难的上坡道上、地势险峻地点、隧道内、桥梁上，以及在列车停车后不能全部出清桥梁和隧道的停车地点。

（5）双线自动闭塞区间反方向运行，因进站信号机前方未设色灯预告信号机，应在进站信号机外方设预告标。预告标应设在进站信号机外方 900 m、1 000 m、1 100 m 处。

3. 进站信号机的外形及灯位

进站信号机一般采用高柱双机构（两个二显示机构），带引导信号机构。从上到下灯位依次是黄、绿、红、黄、月白。当采用矮型信号机时，如双线双向自动闭塞区段的反方向进站信号机，采用一个四显示机构和一个三显示机构，四显示灯位为绿、黄、空、黄，三显示为红、空、月白，三显示机构靠近线路。

4. 进站信号机的编号

进站信号机的命名是按列车运行方向进行的，上行用 S 表示，下行用 X 表示。若在车站一端有多个方向的线路接入，则在 S 或 X 的右下角加上该信号机所述线路名的汉语拼音字头，如东郊方面的下行进站信号机编为 X_D、反方向的上行进站信号机编为 S_F 或 S_N。若在同一方向有几条线路引入，出现并置的进站信号机时，则应加缀区间线路名称（单方向可不加）或顺序号。如山海关方面的上行进站信号机编为 S_{S2}、S_{S4}，北京方面的下行进站信号机编为 X_{B1}、X_{B3}（上行用双数，下行用单数）。

5. 进站色灯信号机的显示及含义

（1）三显示自动闭塞、半自动闭塞、自动站间闭塞区段进站色灯信号的显示及含义。

① 一个绿色灯光——准许列车按规定速度经正线通过车站，表示出站及进路信号机在开放状态，进路上的道岔均开通直向位置，如图 2-3 所示（其中黄色光带代表列车进路，下同）。

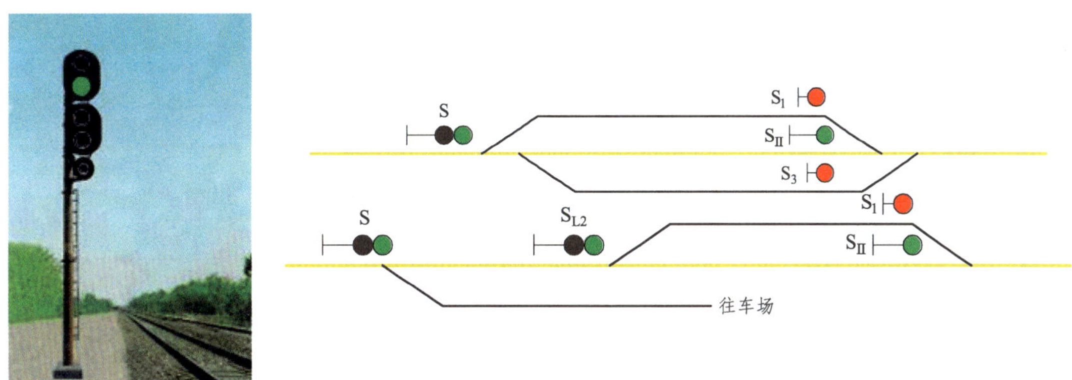

图 2-3 进站信号机显示一个绿色灯光

② 一个绿色灯光和一个黄色灯光——准许列车经道岔直向位置，进入站内越过次一架已经开放的信号机准备停车，如图 2-4 所示。

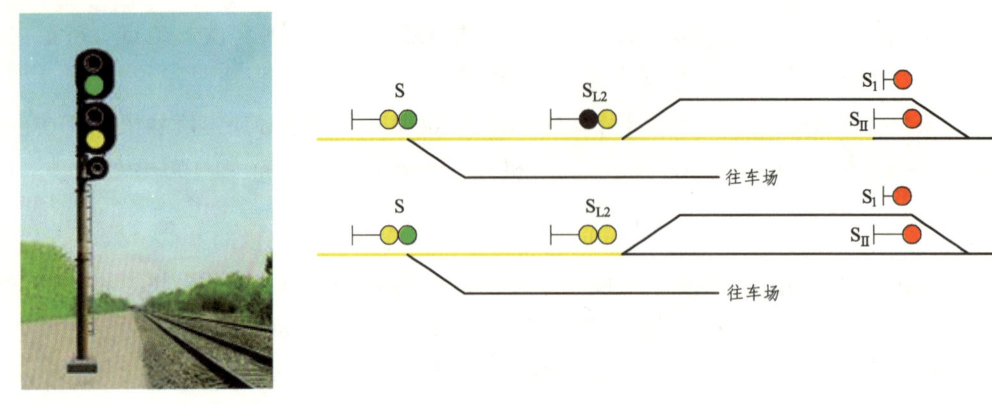

图 2-4　进站信号机显示一个绿色灯光和一个黄色灯光

③ 一个黄色灯光——准许列车经道岔直向位置，进入站内正线准备停车，如图 2-5 所示。

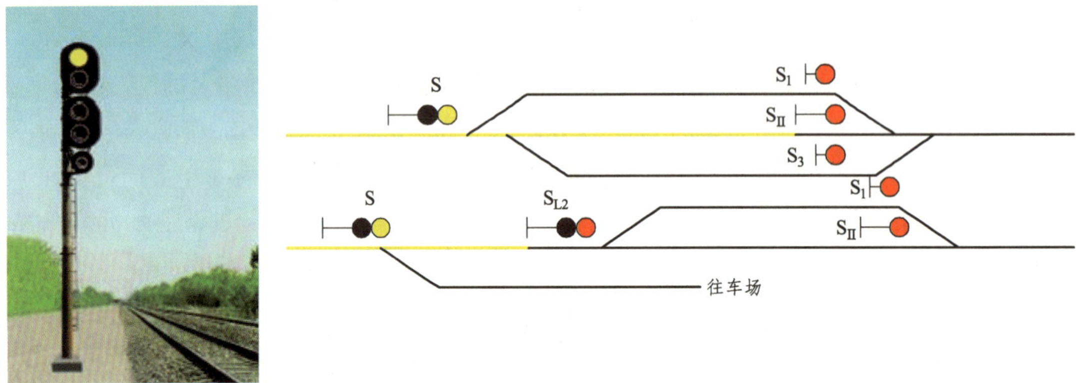

图 2-5　进站信号机显示一个黄色灯光

④ 一个黄色闪光和一个黄色灯光——准许列车经 18 号及以上道岔侧向位置，进入站内越过次一架已经开放的信号机，且该信号机防护的进路经道岔的直向位置或 18 号及以上道岔的侧向位置，如图 2-6 所示。

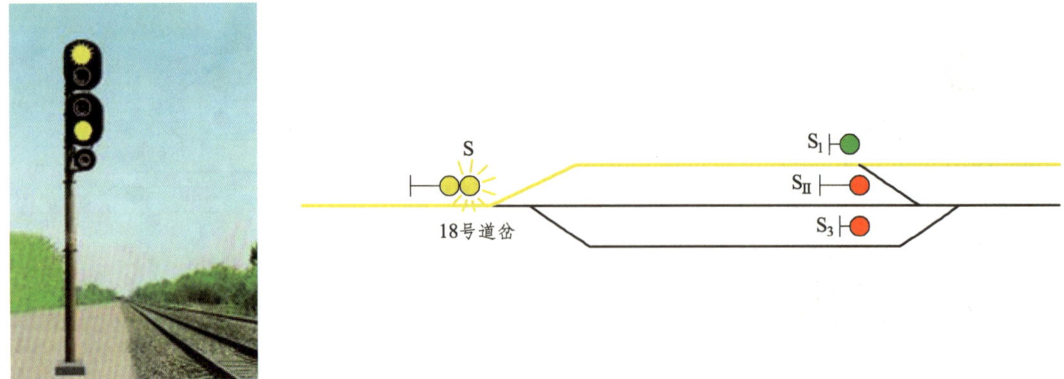

图 2-6　进站信号机显示一个黄色闪光和一个黄色灯光

⑤ 两个黄色灯光——准许列车经道岔侧向位置（但不满足上述第④项条件）进入站内准备停车，如图 2-7 所示。

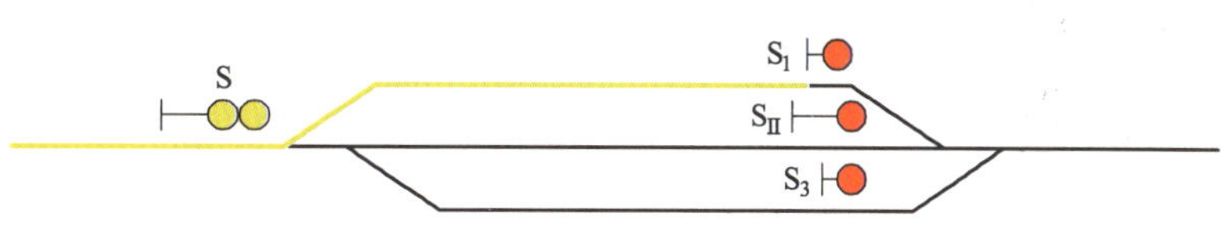

图 2-7　进站信号机显示两个黄色灯光

⑥ 一个红色灯光——不准列车越过该信号机，如图 2-8 所示。

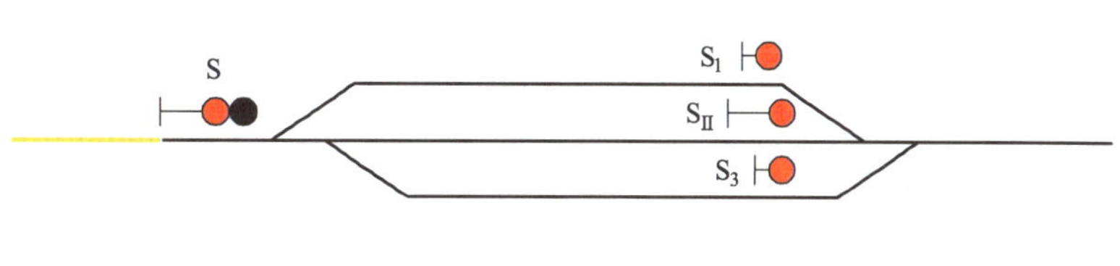

图 2-8　进站信号机显示一个红色灯光

（2）四显示自动闭塞区段进站色灯信号机的显示及含义。

① 一个绿色灯光——准许列车按规定速度经道岔直向位置进入或通过车站，表示运行前方至少有 3 个闭塞分区空闲，如图 2-3 所示。

② 一个绿色灯光和一个黄色灯光——准许列车按规定速度经道岔直向位置进入站内，表示次一架信号机经道岔直向位置开放一个黄灯，如图 2-4 所示。

③ 一个黄色灯光——准许列车按限速要求经道岔直向位置进入站内正线准备停车，如图 2-5 所示。

④ 一个黄色闪光和一个黄色灯光——准许列车经过 18 号及以上道岔侧向位置，进入站内越过次一架已经开放的信号机，且该信号机防护的进路经道岔的直向位置或 18 号及以上道岔侧向位置，如图 2-6 所示。

⑤ 两个黄色灯光——准许列车按限速要求越过该信号机，经道岔侧向位置（但不满足上述第④项条件）进入站内准备停车，如图 2-7 所示。

⑥ 一个红色灯光——不准列车越过该信号机，如图 2-8 所示。

（3）进站及接车进路、接发车进路色灯信号机的引导信号显示一个红色灯光及一个月白色灯光——准许列车在该信号机前方不停车，以不超过 20 km/h 的速度进站或通过接车进路，并须准备随时停车，如图 2-9 所示。

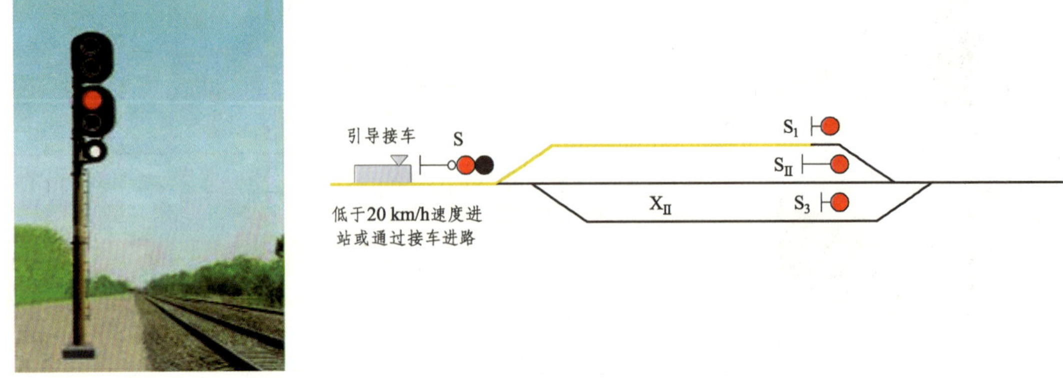

图 2-9　进站信号机显示一个红色灯光和一个月白色灯光

二、出站色灯信号机

1. 出站色灯信号机的作用

（1）防护区间或闭塞分区并指示列车运行条件。

（2）作为列车占用区间的行车凭证。

（3）锁闭发车进路上的有关道岔及敌对信号，保证在信号开放后进路安全可靠。

（4）指示列车在站内停车位置。

2. 出站色灯信号机的设置

（1）在车站的正线和到发线上应装设出站信号机。出站信号机应设在每一发车线的警冲标内方（对向道岔为尖轨尖端外方）适当地点，如图 2-10 所示。适当地点是指在设置出站信号机时在不影响轨道电路正常作用前提下，应尽量少占用线路有效长。

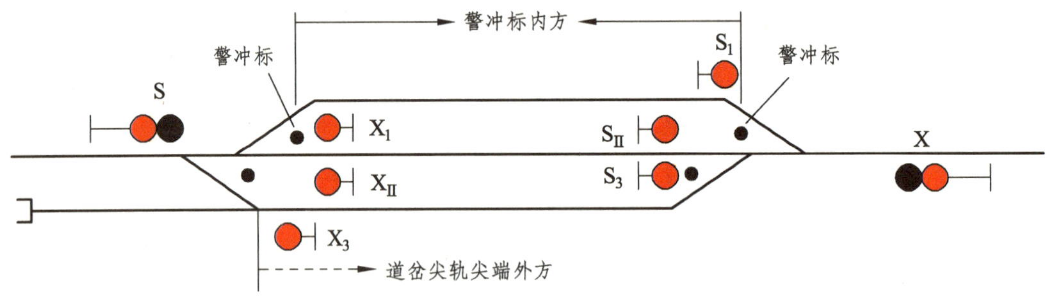

图 2-10　出站信号机的位置

（2）在调车场的编组线上，必要时可设线群出站信号机。

3. 出站信号机的外形及灯位

出站信号机的灯光配列有各种不同的情况：半自动闭塞区段的出站信号机、半自动闭塞区段的双方向出站信号机、四显示自动闭塞区段的出站信号机、四显示自动闭塞区段的双方向出站信号机，以及两个以上方向的各种闭塞区段的出站信号机。集中联锁车站的出站信号机一般又兼作调车信号机。

半自动闭塞区段的出站信号机采用一个三显示机构，灯位自上而下为绿、红、月白。当有两个发车方向时，增加一个绿灯，高柱采用两个二显示机构，灯位自上而下为绿、红、绿、月白。矮型采用一个三显示机构和一个二显示机构（靠近线路），二显示灯位自上而下是月白、红，三显示机构上、下两个均为绿灯，中间间隔一个空灯位。

四显示自动闭塞区段的出站信号机，高柱机构采用两个二显示机构，灯位自上而下为绿、红、黄、月白。矮型信号机采用一个三显示机构和一个二显示机构，将三显示机构设于左侧，上面为绿灯，下面为红灯，中间间隔一个空灯位，二显示机构灯位自上而下是月白、红。四显示自动闭塞区段的双方向出站信号机，当次要方向为半自动闭塞时，高柱增加一个绿灯，上面为三显示机构，灯位自上而下为绿、红、黄、绿、月白。矮型采用一个四显示机构和一个二显示机构，四显示机构灯位自上而下是绿、空、绿、黄。当两个方向均为自动闭塞时，只能装设进路表示器。

任何情况下的出站信号机，若发车方向有两个以上，只能装设进路表示器。

4. 出站信号机的编号

出站信号机的编号按运行方向，上行用 S 表示，下行用 X 表示，并在 S 或 X 右下角缀以股道号，如 $S_{Ⅱ}$，X_3。线群出站信号机需加缀所属线群的股道号，如 $S_{5\text{-}7}$。当有数个车场时，则先加车场号，再在右下角缀以股道号，如 S_{I2} 、 X_{II3}。

5. 出站色灯信号机的显示及含义

（1）半自动闭塞或自动站间闭塞区段出站信号机的显示及含义。

① 一个绿色灯光——准许列车由车站出发，如图 2-11 所示。

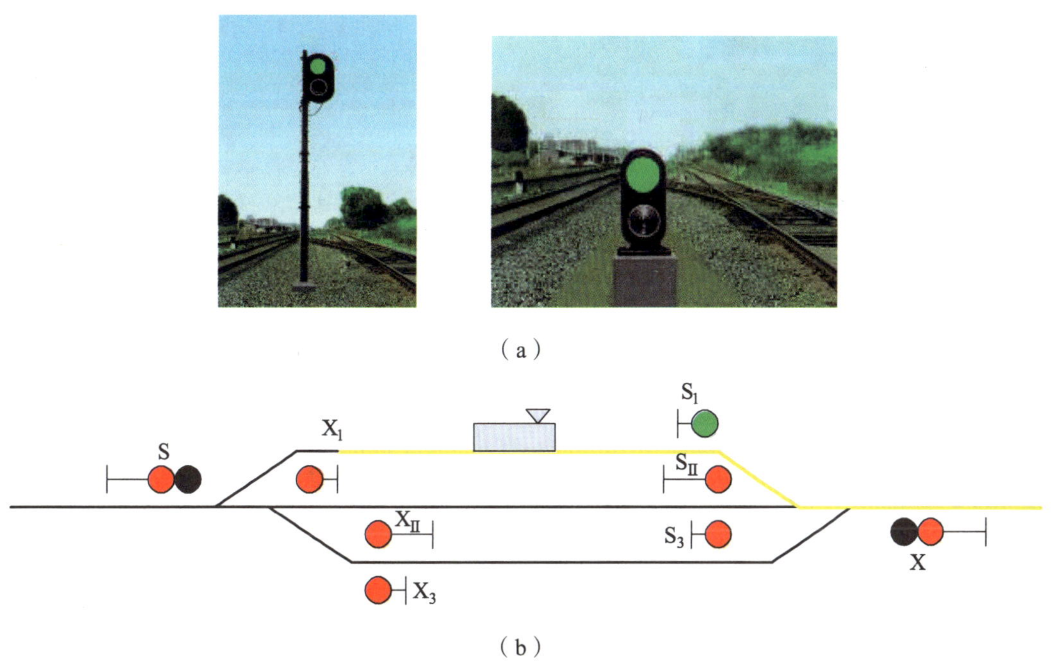

（a）

（b）

图 2-11 半自动闭塞（自动站间闭塞）区段出站信号机显示一个绿色灯光的发车进路

② 两个绿色灯光——准许列车由车站出发，开往次要线路，如图 2-12 所示。

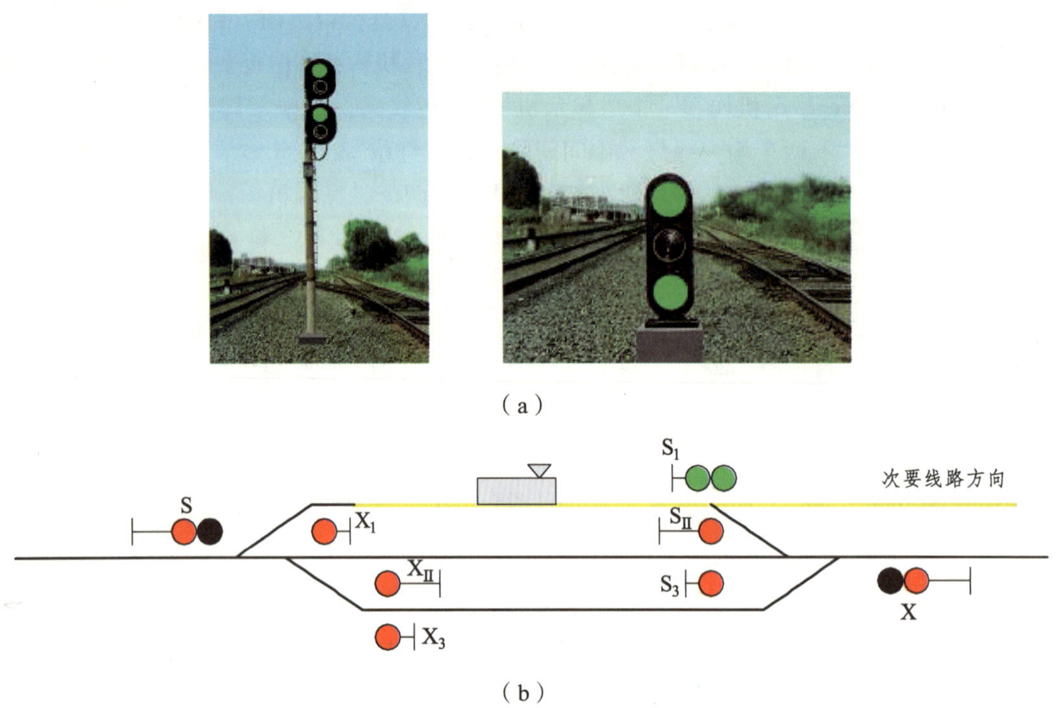

（a）

（b）

图 2-12　半自动闭塞（自动站间闭塞）区段出站信号机显示两个绿色灯光的发车进路

③ 一个红色灯光——不准列车越过该信号机，如图 2-13 所示。

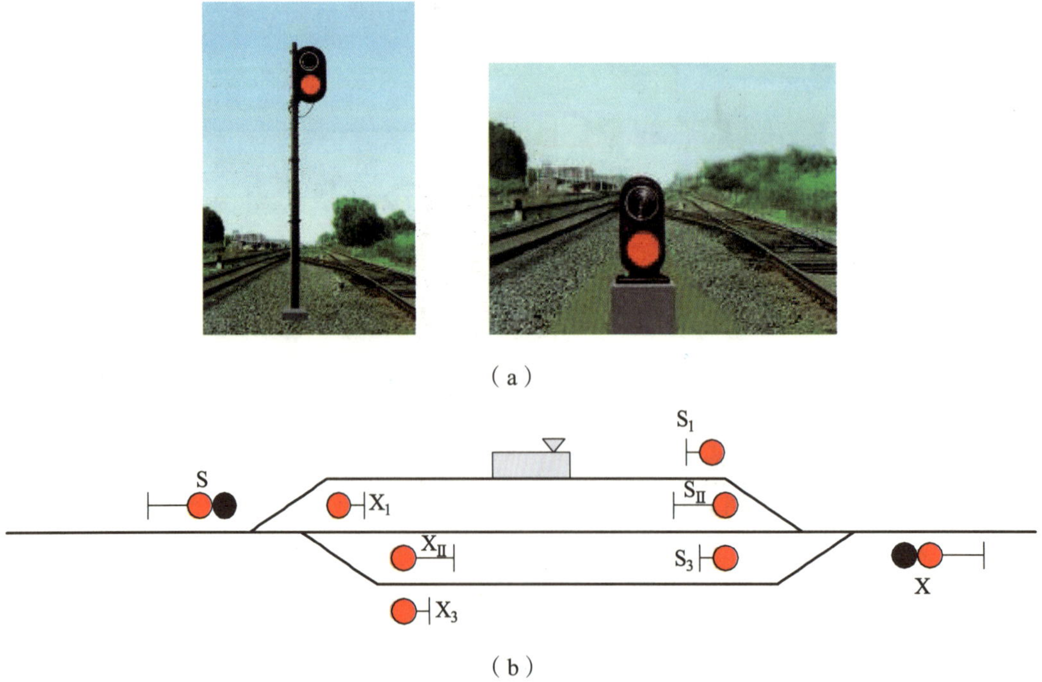

（a）

（b）

图 2-13　半自动闭塞（自动站间闭塞）区段出站信号机显示一个红色灯光表示不允许发车

④ 在兼作调车信号机时，一个月白色灯光——准许越过该信号机调车，如图 2-14 所示。

图 2-14　半自动闭塞（自动站间闭塞）区段出站信号机显示一个月白色灯光

（2）三显示自动闭塞区段出站信号机的显示及含义。

① 一个绿色灯光——准许列车由车站出发，表示运行前方至少有两个闭塞分区空闲，出站信号机的显示如图 2-15（a）所示，前方进路情况如图 2-15（b）所示。

（a）

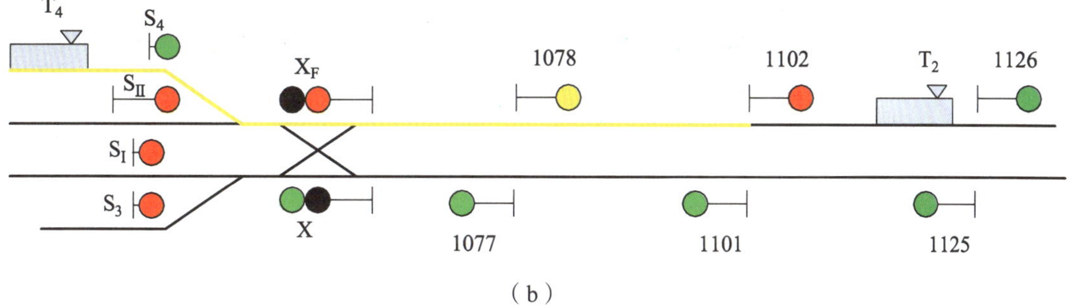

（b）

图 2-15　三显示自动闭塞区段出站信号机显示一个绿色灯光的发车进路

② 一个黄色灯光——准许列车由车站出发，表示运行前方有一个闭塞分区空闲，信号显示如图 2-16（a）所示，前方进路情况如图 2-16（b）所示。

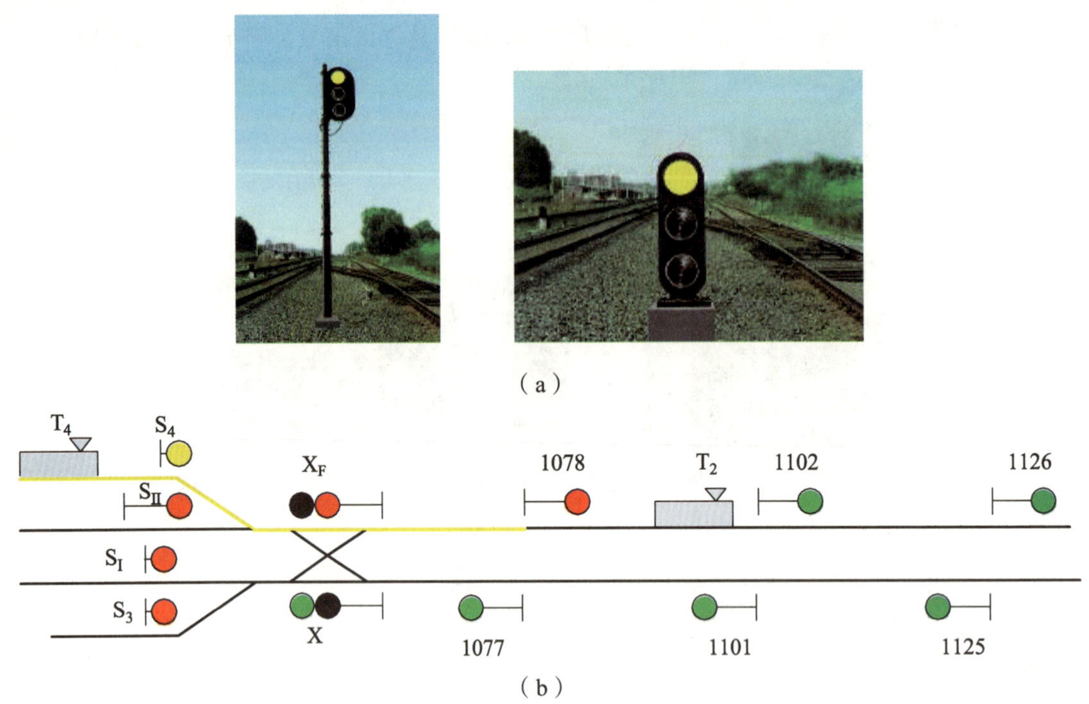

图 2-16　三显示自动闭塞区段出站信号机显示一个黄色灯光的发车进路

③ 两个绿色灯光——准许列车由车站出发，开往半自动闭塞区间，信号显示如图 2-17（a）所示，前方进路情况如图 2-17（b）所示。

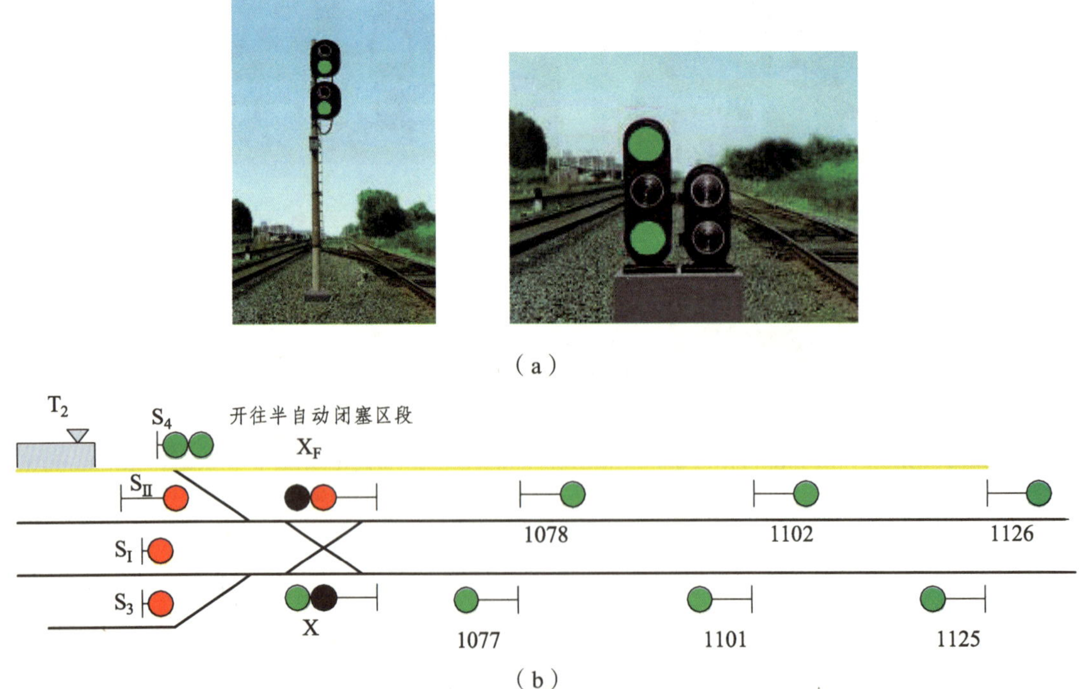

图 2-17　三显示自动闭塞区段出站信号机显示两个绿色灯光的发车进路

④ 一个红色灯光——不准列车越过该信号机，信号显示如图 2-18（a）所示，进路情况如图 2-18（b）所示。

（a）

S_4 X_F 1078 1102 1126

T_4 S_{II} T_2

S_I

S_3 X 1077 1101 1125

（b）

图 2-18　三显示自动闭塞区段出站信号机显示一个红色灯光表示不准列车越过该信号机

⑤ 在兼作调车信号机时，一个月白灯光——准许越过该信号机调车，如图 2-19 所示。

图 2-19　三显示自动闭塞区段出站信号机兼作调车信号机时显示一个月白色灯光表示准许越过该信号机调车

（3）四显示自动闭塞区段出站信号机的显示及含义。

① 一个绿色灯光——准许列车由车站出发，表示运行前方至少有 3 个闭塞分区空闲，信号显示如图 2-20（a）所示，前方进路情况如图 2-20（b）所示。

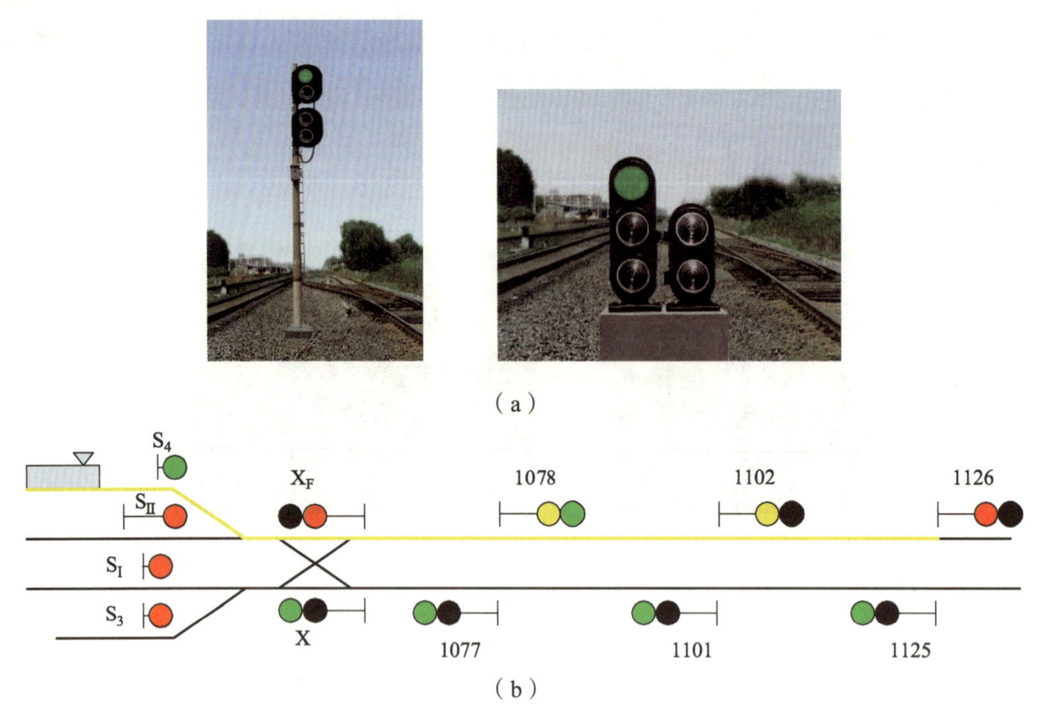

图 2-20　四显示自动闭塞区段出站信号机显示一个绿色灯光的发车进路

② 一个绿色灯光和一个黄色灯光——准许列车由车站出发，表示运行前方有两个闭塞分区空闲，信号显示如图 2-21（a）所示，前方进路情况如图 2-21（b）所示。

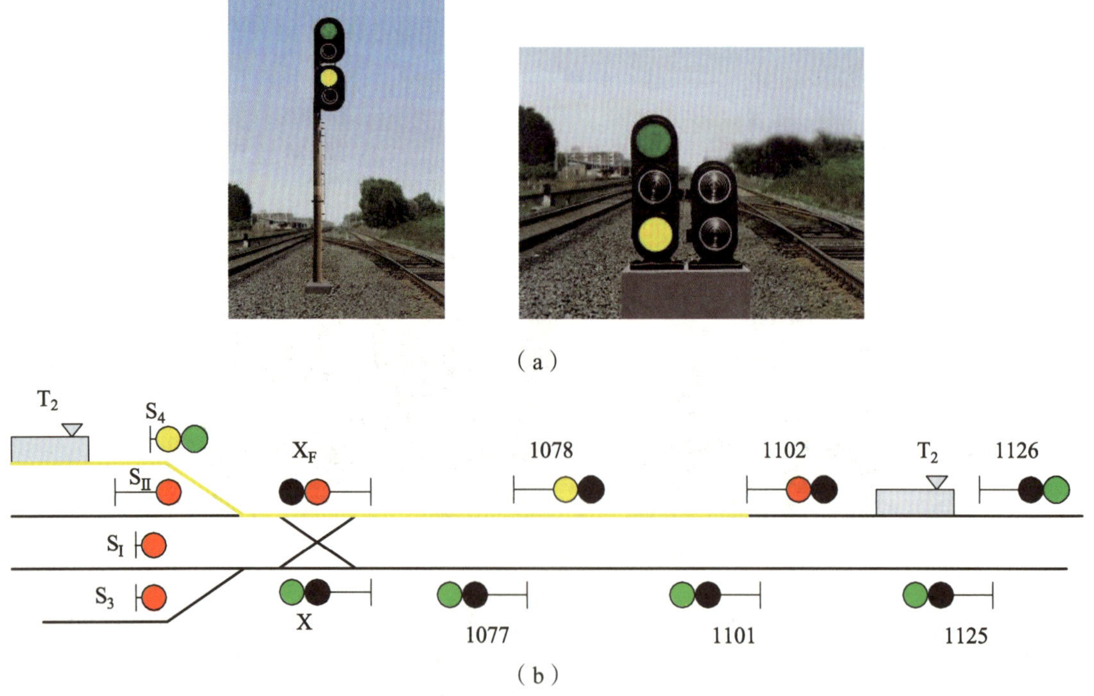

图 2-21　四显示自动闭塞区段出站信号机显示一个绿色灯光和一个黄色灯光的发车进路

③ 一个黄色灯光——准许列车由车站出发，表示运行前方有一个闭塞分区空闲，信号显示如图 2-22（a）所示，前方进路情况如图 2-22（b）所示。

（a）

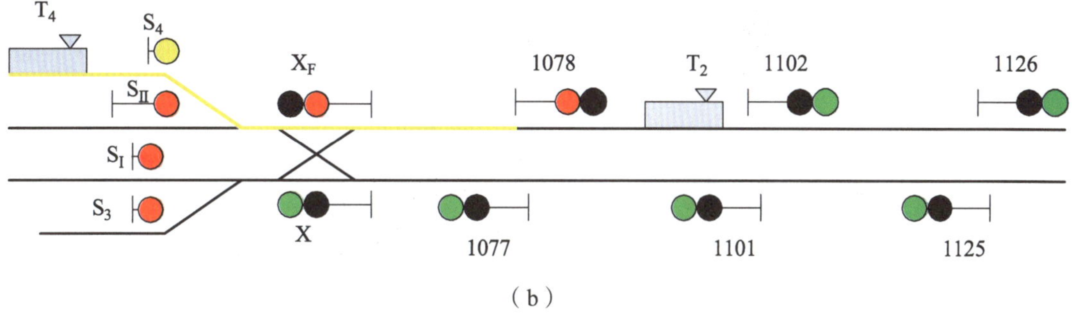

（b）

图 2-22　四显示自动闭塞区段出站信号机显示一个黄色灯光的发车进路

④ 两个绿色灯光——准许列车由车站出发，开往半自动闭塞或自动站间闭塞区间，信号显示如图 2-23 所示，前方进路情况如图 2-17（b）所示。

图 2-23　四显示自动闭塞区段出站信号机显示两个绿色灯光

⑤ 一个红色灯光——不准列车越过该信号机，信号显示如图 2-24 所示。

图 2-24　四显示自动闭塞区段出站信号机显示一个红色灯光

⑥ 在兼作调车信号机时，一个月白色灯光——准许越过该信号机调车，信号显示如图 2-25 所示。

图 2-25　四显示自动闭塞区段出站信号机兼作调车信号时显示一个月白色灯光

三、进路色灯信号机

（一）进路色灯信号机的作用

1. 接车进路色灯信号机

（1）防护车场之间的进路。

（2）对到达列车指示运行条件。

（3）锁闭接车进路上的敌对道岔及敌对信号，保证在信号开放后进路安全可靠。

2. 发车进路信号机

指示列车能否由一个车场向另一个车场发车，即对出发列车指示运行条件。

（二）进路色灯信号机的设置

（1）为了提高通过能力，更好地利用配线，在有两个及以上车场的车站，每一个车场的出口或入口处适当地点，均应设置进路色灯信号机。

（2）进路信号机如果位于进站信号机与接车线之间，为接车进路信号机；如果位于发车线与出站信号机之间，为发车进路信号机；而位于正线上的进路信号机，对本车场来说是发车进路信号机，对前方车场来说则是接车进路信号机，因此，这种信号机又叫作接发车进路信号机。接发车进路色灯信号机具有接车进路色灯信号机和发车进路色灯信号机的双重功能。接发车进路色灯信号机在接车和列车通过时按接车进路色灯信号机办理；在发车时按发车进路色灯信号机办理，如图 2-26 所示。

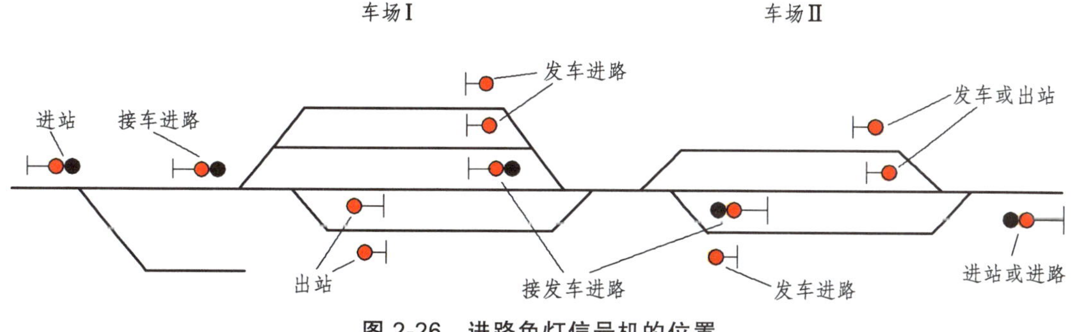

图 2-26　进路色灯信号机的位置

（3）当两个车场间线路紧密衔接，在车场入口处不能装设接车进路色灯信号机时，可在相邻车场出口处的正线上装设接发车进路色灯信号机。

（4）当两个车场间线路较长，为了提高站内通过能力，除了在车场入口处的正线上装设接车进路色灯信号机外，还应在相邻车场出口处的正线上装设接发车进路色灯信号机。

（5）进路色灯信号机不论是作接车、发车还是接发车用，其设置位置均应设在其后方第一个道岔尖轨尖端前方（顺向为警冲标内方）的适当地点。进路色灯信号机与进站、出站信号机间的距离，原则上不少于 800 m。

（6）接车进路信号机和接发车进路信号机必须采用进站色灯信号机的机构，即双机构带引导信号的形式。

（三）进路信号机的外形及灯位

进路信号机的机构和灯光配列与进站信号机相同，但接车进路信号机通常兼作调车信号机，为避免与引导信号相混淆，应将调车机构设于信号机下部，也可单独设矮型调车信号机。两种情况下都要将蓝灯封闭。

发车进路信号机的机构和灯光配列与出站信号机相同，只是没有两方向发车的情况。有两方向发车的是出站兼发车进路信号机，它与双方向的出站信号机相同。

（四）进路信号机的编号

接车进路信号机的命名按列车运行方向，上行为 S_L，下行为 X_L。当有并置或连续布置的接车进路信号机，则在其右下角加顺序号，如 S_{L2}、S_{L4}、X_{L1}、X_{L3} 等（上行用双数，下行用单数）。

发车进路信号机按列车运行方向命名，上行用 S，下行用 X 表示，并在 S 或 X 右下角先加车场号，再加股道号。如 I 场的上行 3 股道发车信号，信号为 S_{I3}；Ⅱ场下行 4 股道发车进路信号机为 X_{II4}。

（五）进路色灯信号机的显示及含义

（1）接车进路及接发车进路色灯信号机的显示与进站色灯信号机相同。

（2）三显示自动闭塞、半自动闭塞、自动站间闭塞区段的发车进路色灯信号机的显示及含义。

① 一个绿色灯光——准许列车由车站经正线出发，表示出站和进路信号机均在开放状态，如图 2-27 所示。

图 2-27　发车进路色灯信号机显示一个绿色灯光

② 一个绿色灯光和一个黄色灯光——准许列车越过该信号机，表示该信号机列车运行前方次一架信号机在开放状态，如图 2-28 所示。

图 2-28　发车进路色灯信号机显示一个绿色灯光和一个黄色灯光

③ 一个黄色灯光——准许列车运行到次一架信号机之前准备停车，如图 2-29 所示。

图 2-29　发车进路色灯信号机显示一个黄色灯光

④ 一个红色灯光——不准列车越过该信号机，如图 2-30 所示。

图 2-30　发车进路色灯信号机显示一个红色灯光

（3）四显示自动闭塞区段发车进路色灯信号机的显示及含义。

① 一个绿色灯光——表示该信号机列车运行前方至少有两架信号机经道岔直向位置在开放状态，如图 2-27 所示。

② 一个绿色灯光和一个黄色灯光——表示该信号机列车运行前方次一架信号机经道岔直向位置在开放状态，如图 2-28 所示。

③ 一个黄色灯光——准许列车运行到次一架信号机之前准备停车，如图 2-29 所示。

④ 一个红色灯光——不准列车越过该信号机，如图 2-30 所示。

（4）接车进路、发车进路及接发车进路色灯信号机兼作调车信号机时，一个月白色灯光——准许越过该信号机调车，如图 2-31 所示。

图 2-31　接车进路、发车进路及接发车进路色灯信号机兼作调车信号机时显示一个月白色灯光

四、通过色灯信号机

（一）通过色灯信号机的作用

（1）防护闭塞分区或所间区间，当信号机开放后，作为列车进入闭塞分区或所间区间的行车凭证。

（2）指示列车运行条件。

（二）通过色灯信号机的设置

（1）通过信号机应设在闭塞分区或所间区间的分界处。自动闭塞区段的通过信号机，不应设在停车后可能脱钩、牵引供电分相的处所，也不宜设在起动困难的地点。

（2）自动闭塞区段信号机设置位置和显示关系应根据列车牵引计算确定，并应满足列车运行速度规定的制动距离和线路通过能力的要求。

（3）在自动闭塞区段内，当货物列车在设于上坡道的通过信号机前停车后起动困难时，在该信号机上应装设容许信号。在进站信号机前方第一架通过信号机上，不得装设容许信号。

（4）三显示自动闭塞区段的进站信号机前方第一架通过信号机的机柱上，应涂 3 条黑色斜线；四显示自动闭塞区段的进站信号机前方第一架、第二架通过信号机的机柱上，应分别涂 3 条、1 条黑色斜线。

（三）通过色灯信号机的外形及灯位

半自动闭塞区段的出站信号机采用一个三显示机构，灯位自上而下为绿、红、月白。当有两个发车方向时，增加一个绿灯，高柱采用两个二显示机构，灯位自上而下为绿、红、绿、月白。矮型采用一个三显示机构和一个二显示机构（靠近线路），二显示灯位自上而下是月白、红，三显示机构上、下两个均为绿灯，中间间隔一个空灯位。

四显示自动闭塞区段的出站信号机，高柱机构采用两个二显示机构，灯位自上而下为绿、红、黄、月白。

通过信号机为高柱机构。

三显示自动闭塞区段，通过信号机采用一个三显示机构，灯位自上而下为黄、绿、红。

四显示自动闭塞区段，通过信号机采用一个三显示机构，灯位自上而下为绿、红、黄。

半自动闭塞区段，通过信号机采用一个二显示机构，灯位自上而下为绿、红。

防护分歧道岔的线路所通过信号机，其机构外形和显示方式，应与进站信号机相同，引导灯光应予封闭。

（四）通过色灯信号机的编号

区间通过信号机的编号，是以其坐标千米数和百米数组成的，下行方向编为单数，上行方向编为双数。例如，在 100 km+350 m 处并置的通过信号机，下行方向的编号为 1003，上行方向的编号为 1004。

区间正线有分歧道岔前的通过信号机（包括自动闭塞或其他闭塞方式），以 T 字命名，并在其右下角缀以运行方向，如 T_S、T_X；当有数架并存时，则再加缀顺号，如 T_{S2}、T_{S4}、T_{X1}、T_{X3}。

（五）通过色灯信号机的显示及含义

1. 半自动闭塞及自动站间闭塞区段

（1）一个绿色灯光——准许列车按规定速度运行（显示方式见图 2-32，但机构为二显示）。

（2）一个红色灯光——不准列车越过该信号机（显示方式见图 2-34，但机构为二显示）。

2. 三显示自动闭塞区段

（1）一个绿色灯光——准许列车按规定速度运行，表示运行前方至少有两个闭塞分区空闲，如图 2-32 所示。

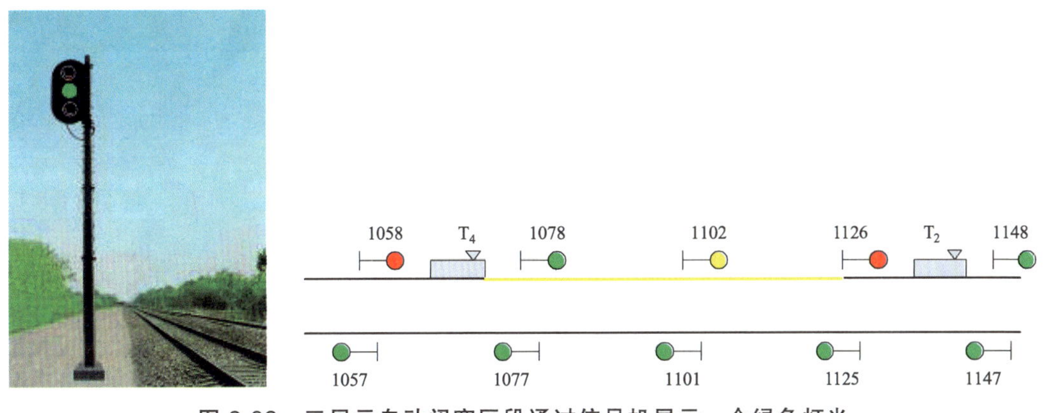

图 2-32　三显示自动闭塞区段通过信号机显示一个绿色灯光

（2）一个黄色灯光——要求列车注意运行，表示运行前方有一个闭塞分区空闲，如图 2-33 所示。

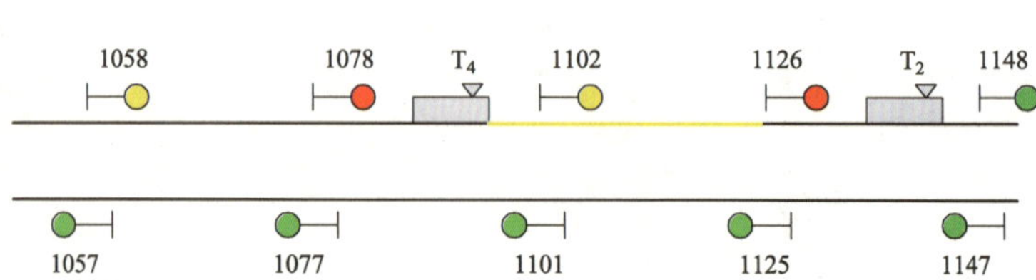

图 2-33　三显示自动闭塞区段通过信号机显示一个黄色灯光

（3）一个红色灯光——列车应在该信号机前停车，如图 2-34 所示。

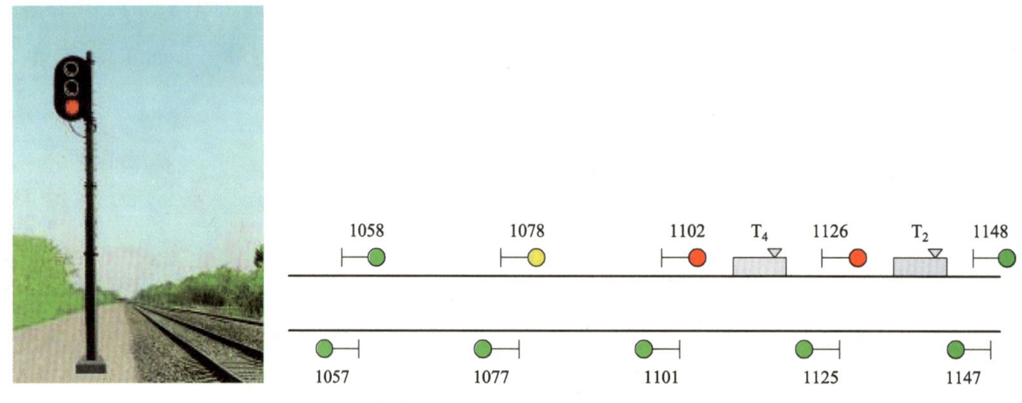

图 2-34　三显示自动闭塞区段通过信号机显示一个红色灯光

3. 四显示自动闭塞区段

（1）一个绿色灯光——准许列车按规定速度运行，表示运行前方至少有 3 个闭塞分区空闲，如图 2-35 所示。

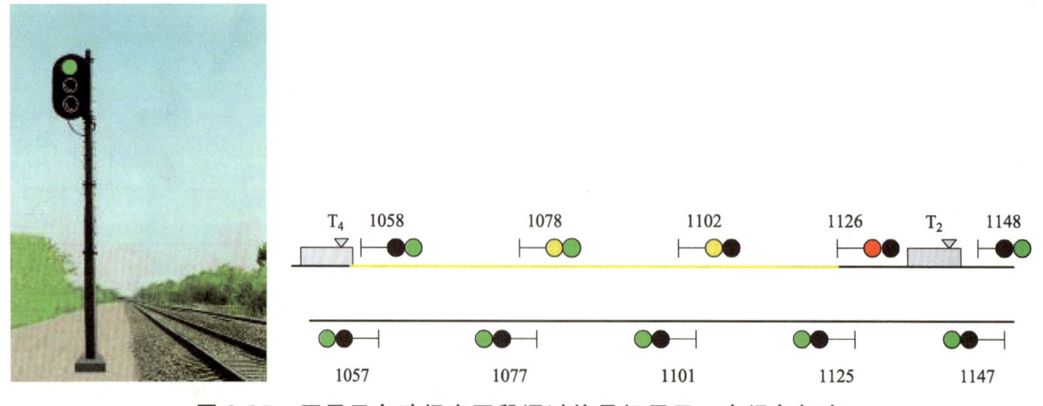

图 2-35　四显示自动闭塞区段通过信号机显示一个绿色灯光

（2）一个绿色灯光和一个黄色灯光——准许列车按规定速度运行，要求注意准备减速，表示运行前方有两个闭塞分区空闲，如图 2-36 所示。

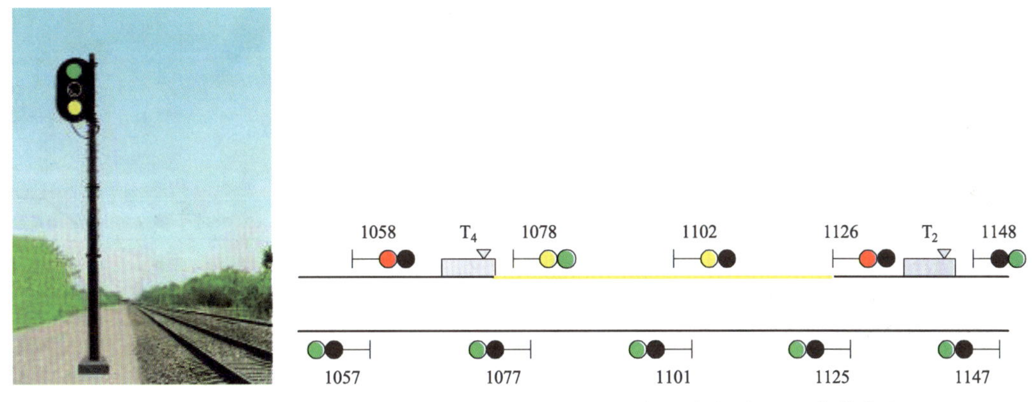

图 2-36 四显示自动闭塞区段通过信号机显示一个绿色灯光和一个黄色灯光

（3）一个黄色灯光——要求列车减速运行，按规定限速要求越过该信号机，表示运行前方有一个闭塞分区空闲，如图 2-37 所示。

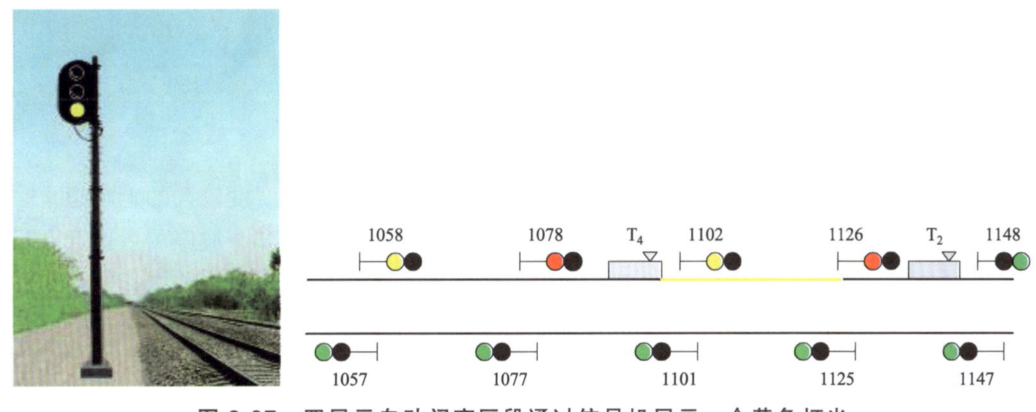

图 2-37 四显示自动闭塞区段通过信号机显示一个黄色灯光

（4）一个红色灯光——列车应在该信号机前停车，如图 2-38 所示。

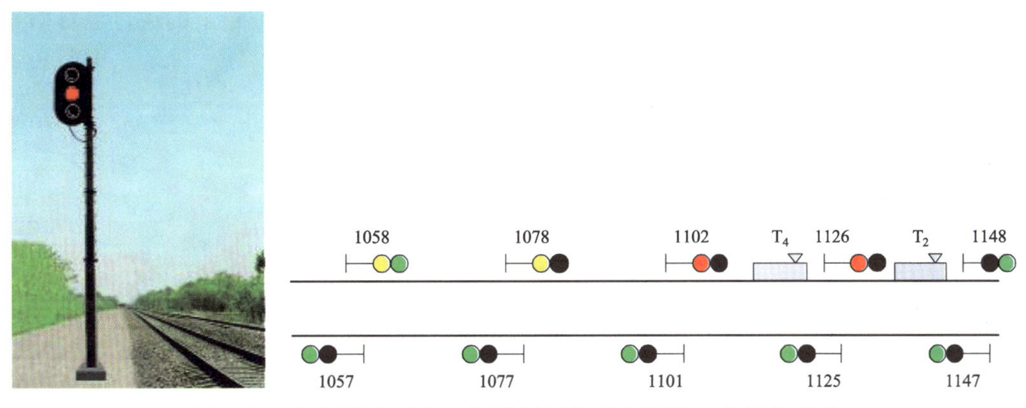

图 2-38 四显示自动闭塞区段通过信号机显示一个红色灯光

4. 线路所防护分歧道岔的色灯信号机开放经道岔侧向位置的进路

（1）一个黄色闪光灯和一个黄色灯光表示分歧道岔为 18 号及以上，开往半自动闭塞或自动站间闭塞区间，或开往自动闭塞区间且列车运行前方第一闭塞分区空闲，允许列车以不超过 80 km/h 的速度越过该信号机，如图 2-39 所示。

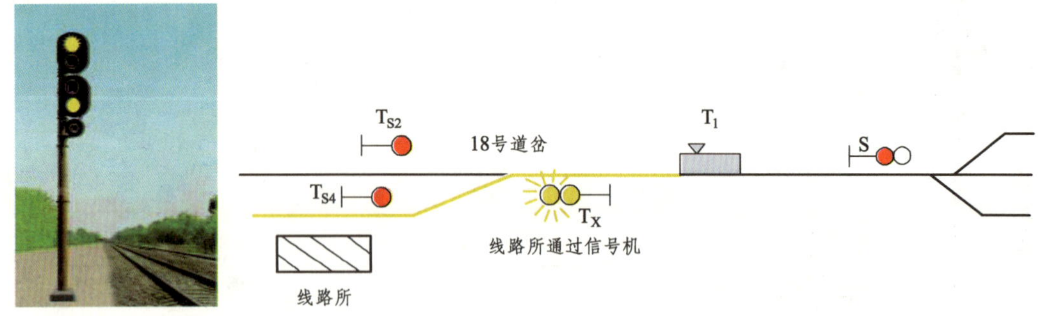

图 2-39　分歧道岔通过信号机显示一个黄色闪光灯和一个黄色灯光

（2）不满足上述（1）条件时，显示两个黄色灯光，表示允许列车按规定的侧向道岔限制速度越过该信号机并做好停车准备。

该信号机显示红色灯光时，不准列车越过。

五、容许色灯信号机

1. 容许色灯信号机的作用

由于行车的需要，在双线自动闭塞区段，有的通过信号机设在坡度较大的上坡道上，若该通过信号机显示红灯，牵引质量较重的货物列车在该信号机前停车（坡停）后再起动就比较困难，对行车安全和行车秩序造成不利影响。容许信号准许铁路局规定停车后起动困难的货物列车，在该通过信号机显示红灯的情况下不停车，按规定的限制速度通过该信号机，以保证行车安全和行车效率。因此，这里的容许色灯信号机是指的装有容许信号的通过色灯信号机，属于通过信号机里面特殊的一种。

2. 容许色灯信号机的设置

容许信号设在自动闭塞区段内，货物列车停车后起动困难的上坡道上的通过色灯信号机机柱上，采用方形背板，如图 2-40 所示。

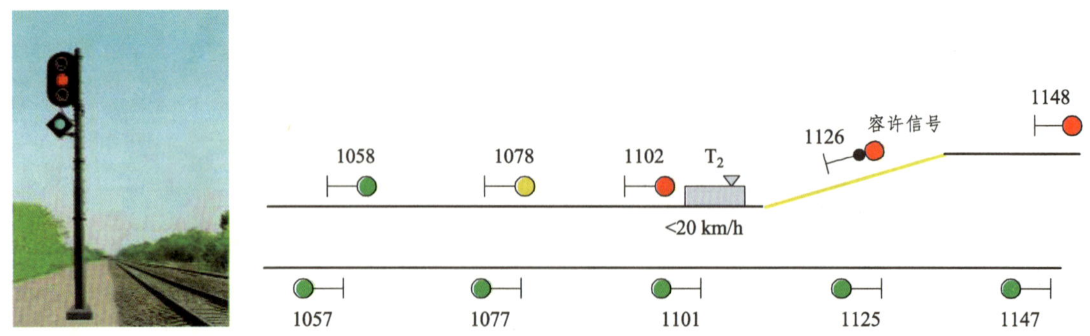

图 2-40　装有容许信号的通过信号机主体信号显示一个红色灯光、容许信号显示一个蓝色灯光

进站信号机前方第一架通过信号机不允许装设容许信号，以免前方列车机外停车发生追尾事故。

3. 容许色灯信号机的外形及灯位

容许信号是附着在通过信号机上的附属信号，通过信号是其主体信号。因此，容许信号的灯圈比其主体信号的灯圈小，并且容许信号的灯位在主体灯位的下方，为区别于其他信号，容许信号采用黑色的方形背板。容许信号只有一个灯位，只能显示蓝灯或无显示，如图 2-40 所示。

4. 容许色灯信号机的编号

容许色灯信号机是通过信号机中的一种，因此，容许色灯信号机的编号规则与通过信号机的编号规则相同。

5. 容许色灯信号机的显示及含义

（1）容许信号显示一个蓝色灯光——准许铁路局规定停车后起动困难的货物列车在通过色灯信号机显示红色灯光的情况下不停车，以不超过 20 km/h 的速度越过该信号机，运行到次一架通过色灯信号机，并随时准备停车，如图 2-40 所示。

（2）容许信号熄灭或容许信号和通过信号机灯光都熄灭时，司机在确认通过色灯信号机上装有容许信号时，仍按上述限制速度（不超过 20 km/h）通过该信号机。在按上述规定运行时，要做好遇到障碍能随时停车的准备。当发现该通过信号机内方有列车时，不得越过该信号机。

（3）按上述规定速度（不超过 20 km/h）运行到次一架通过信号机前时，若无异常情况，则按次一架信号机显示的要求运行。若次一架信号机开放，则不再限制速度低于 20 km/h；若次一架信号机关闭且未装容许信号，则应该停车。

六、遮断色灯信号机

1. 遮断色灯信号机的作用

遮断信号机是为防护道口、桥梁、隧道以及塌方落石等危险地点而设置的信号机。

在繁忙的道口上，若汽车、拖拉机等机动车因故障而停留在道口，或者在道口散落有货物，一时又移不开时，为了能立即指示列车在道口外方停车，有必要设置遮断信号机（见图 2-41）。

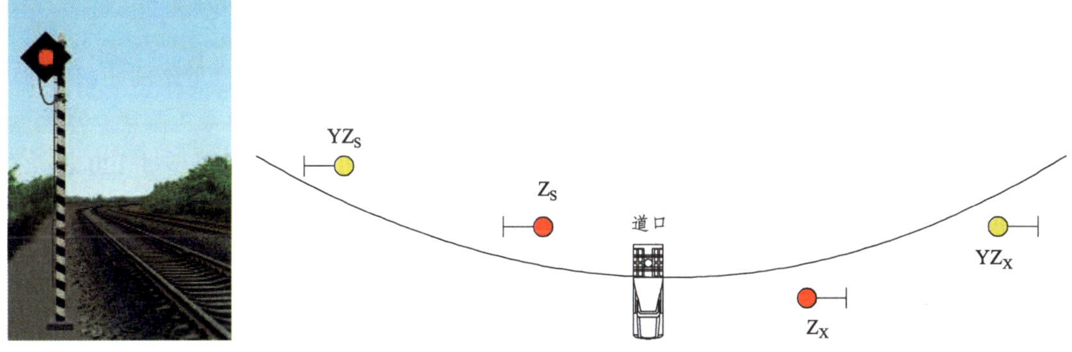

图 2-41　防护繁忙道口的遮断信号机显示一个红色灯光

在较大的桥隧建筑物和可能危及行车安全的塌方落石地点，一般均设有固定值班的看守人员，昼夜巡视。一旦发生危及行车安全的情况时，为了能及时向列车发出停车信号，要求列车在障碍地点前停车，也需要设置遮断信号。

2. 遮断信号机的设置

在以下地点应设置遮断信号机：

（1）繁忙的有人看守的道口两端；

（2）人看守的较大型的桥隧建筑物两端；

（3）专人巡视的可能危及行车安全的塌方落石地点两端。

遮断信号机距离它所防护的地点的距离不得少于 50 m。此外，遮断信号机的外方一般设有遮断信号机的预告信号机。

3. 遮断信号机的外形及灯位

为了避免和其他信号机混淆，遮断及其预告信号机采用黑色方形背板并在机柱上涂以黑白相间的斜线。遮断信号机及其预告信号机一般都是高柱的，只有一个灯位。遮断信号机只能显示红灯或无显示；遮断信号机的预告信号机只能显示黄色灯光或无显示。

4. 遮断信号机的显示及含义

遮断色灯信号机显示一个红色灯光——不准列车越过该信号机；不着灯时，不起信号作用（见图 2-41）。

七、预告色灯信号机

1. 预告色灯信号机的作用

地面信号常常受到地形条件和气候条件的影响，以至于显示距离难以满足运营要求。因此，对进站信号机、线路所通过信号机、遮断信号机等绝对信号机，应根据实际需要，装设预告信号机。列车运行中先接近预告信号机，越过预告信号机后才接近其防护的主体信号机，因此，预告信号机具有向司机提前预告其防护的主体信号机显示状态的作用，给司机预判的时间，能有效防止列车冒进主体信号机。但预告信号机仅能反映其防护的主体信号是开放还是关闭两种状态，并不能反映更多的信息。

2. 预告信号机的位置

预告信号机设在其防护的主体信号机外方适当地点。半自动闭塞、自动站间闭塞区段，进站信号机为色灯信号机时，应设色灯预告信号机或接近信号机。遮断信号机和半自动闭塞、自动站间闭塞区段线路所通过信号机，应装设预告信号机。列车运行速度不超过 120 km/h 的区段，预告信号机与其主体信号机的安装距离不得小于 800 m，当预告信号机的显示距离不足 400 m 时，其安装距离不得小于 1 000 m。

3. 预告信号机的外形及灯位

预告信号机采用高柱二显示机构，灯位自上而下是绿、黄。矮型预告信号机设于桥隧上，须经批准后才能使用。

4. 预告信号机的编号

预告信号机的编号，第一个字母为 Y，后面缀以主体信号的编号，如 YS、YX、YXD。

5. 预告信号机的显示及含义

（1）一个绿色灯光——表示主体信号机在开放状态。

如图 2-42 所示，预告信号机 YS 显示绿色灯光时，仅表示其防护的进站信号机 S 在开放状态，进站信号机显示的有可能是一个绿色灯光，有可能是一个黄色灯光，有可能是两个黄色灯光，也可能是一个黄色灯光和一个黄色闪光灯，还可能是一个绿色灯光和一个黄色灯光。

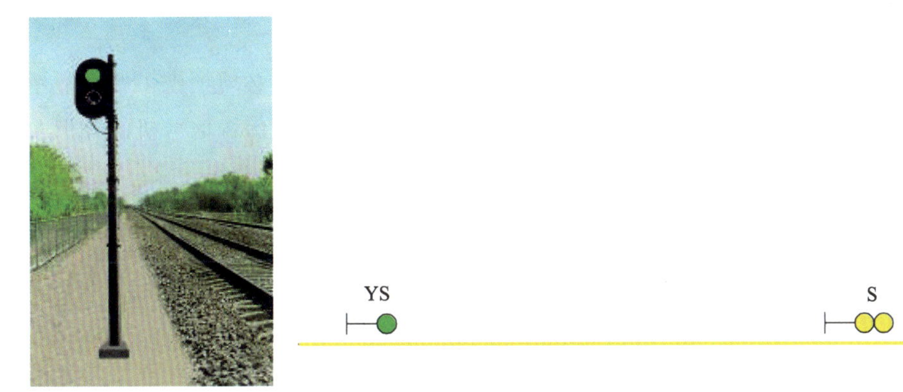

图 2-42　进站信号机的预告信号机显示一个绿色灯光

（2）一个黄色灯光——表示主体信号机在关闭状态。

如图 2-43 所示，预告信号 YS 显示黄色灯光时，表示其防护的进站信号机 S 处在关闭状态，也就是进站信号显示红色灯光。

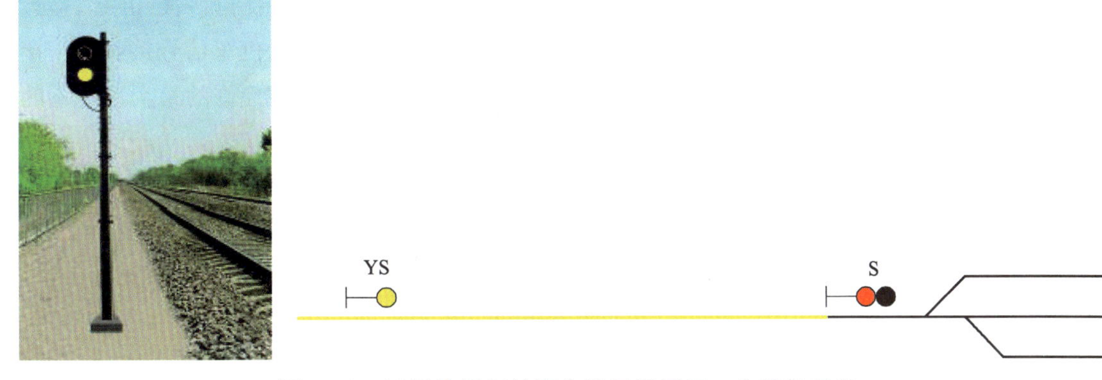

图 2-43　进站信号机的预告信号机显示一个黄色灯光

（3）遮断信号机的预告信号机显示一个黄色灯光——表示遮断信号机显示红色灯光（关闭状态），如图 2-44 所示。不着灯时，不起信号作用，也就是说遮断信号机的预告信号机不着灯，表示其防护的遮断信号机也不着灯，表示遮断信号机所防护的道口、桥梁、隧道、塌方落石地点线路正常，安全畅通。

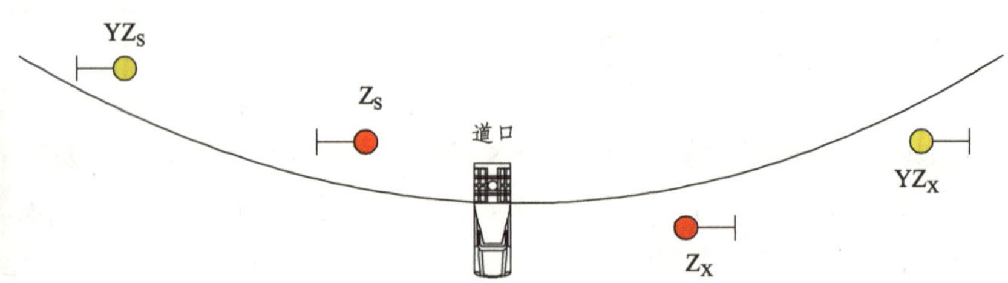

图 2-44　遮断信号机的预告信号机显示一个黄色灯光

（4）线路所通过信号机是为了提高通过能力而设置的，列车接近时必须预先了解其显示状态，才能安全通过。线路所通过信号机的预告信号机与进站信号机的预告信号机的外形及显示含义相同。

八、接近色灯信号机

1. 接近色灯信号机的作用

接近信号机的作用类似于预告信号机，但预告信号机仅能反映主体信号是开放还是关闭两种状态，而接近信号机不仅能反映其防护的进站信号机是开放状态还是关闭状态，还能反映该进站信号机所显示的运行条件。对于速度超过 120 km/h 的线路，接近信号机有利于司机对进站信号机的状态预判，确保行车安全并提高行车效率。

2. 接近色灯信号机的设置

列车运行速度超过 120 km/h 的区段，应设置两段接近区段，在第一接近区段和第二接近区段的分界处，设接近信号机，在第一接近区段入口内 100 m 处，设置机车信号接通标。接近信号机与其主体信号机（进站信号机）的安装距离不得小于该线路上允许的最大速度下的紧急制动距离。

3. 接近色灯信号机的外形及灯位

接近色灯信号机一般为高柱三显示机构，自上而下依次是绿、封闭、黄灯位排列，分别显示绿、绿黄、黄，不设红灯位。

4. 接近信号机的编号

接近信号机的编号，第一个字母为 J，后面缀以主体信号机的编号，如 JS 或 JX。

5. 接近色灯信号机的显示及含义

（1）一个绿色灯光——表示进站信号机开放一个绿色灯光或一个绿色灯光和一个黄色灯光，如图 2-45 所示。

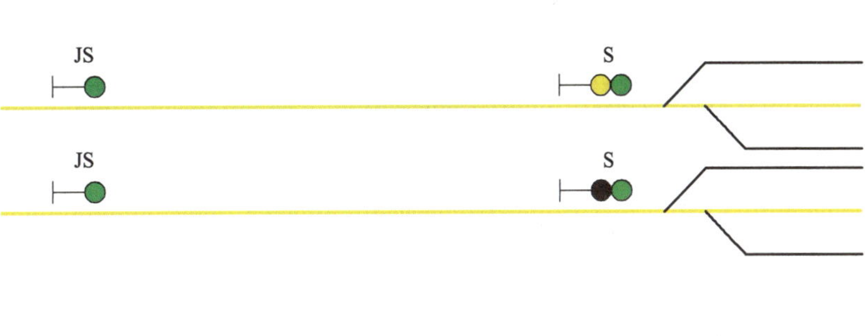

图 2-45　接近信号机显示一个绿色灯光

（2）一个绿色灯光和一个黄色灯光——表示进站信号机开放一个黄色灯光，如图 2-46 所示。

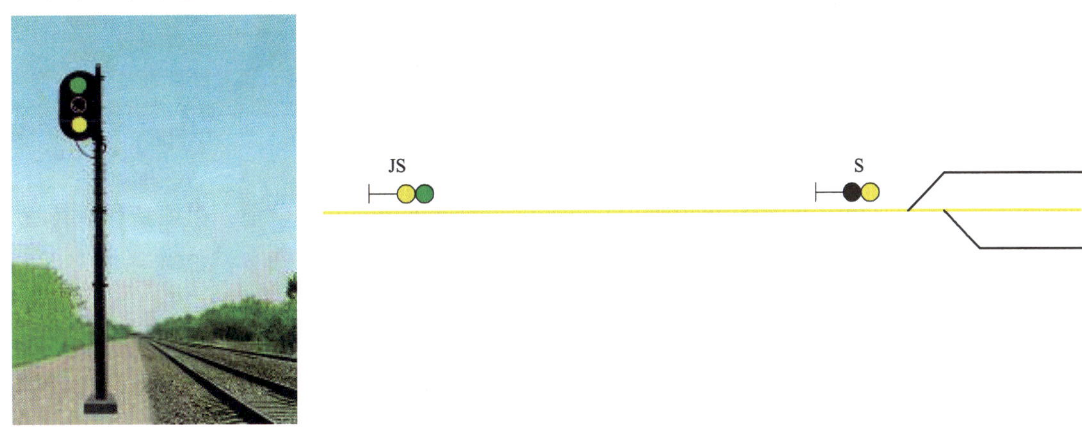

图 2-46　接近信号机显示一个绿色灯光和一个黄色灯光

（3）一个黄色灯光——表示进站信号机在关闭状态或表示进站信号机显示两个黄色灯光或一个黄色闪光和一个黄色灯光，如图 2-47 所示。

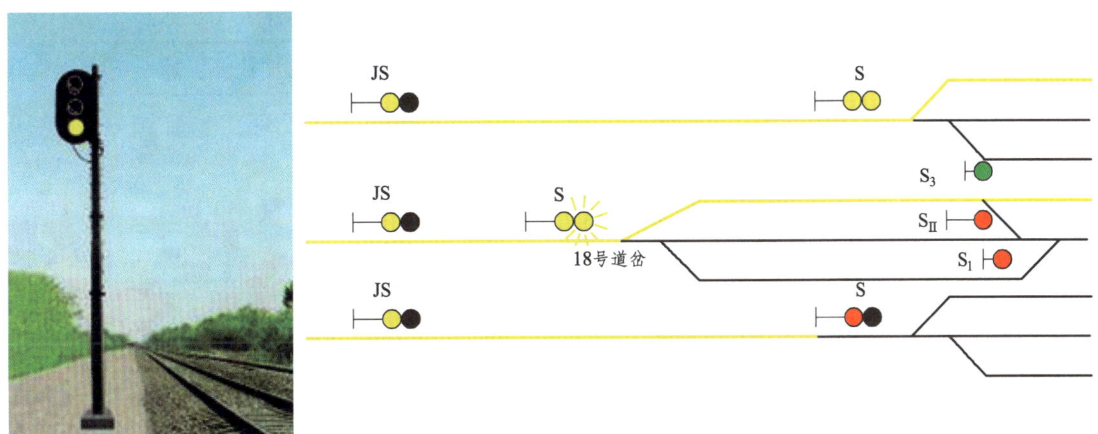

图 2-47　接近信号机显示一个黄色灯光

九、调车色灯信号机

1. 调车色灯信号机的作用

调车色灯信号机用来指示调车车列可否越过该信号机进行调车作业。在调车作业中，每个调车信号机所起到的具体作业亦有所不同，按其用途可分为以下 3 种：

（1）调车起始信号机。

设于完整调车作业进路的起点，由到发线、调车线、牵出线、专用线等向咽喉道岔区调车时，均需设该信号机，如图 2-48 中的 S_1（出站信号兼作调车信号）。

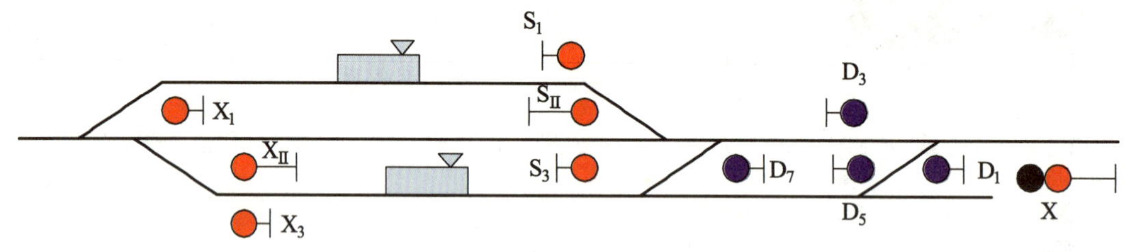

图 2-48　调车信号机的设置

（2）调车折返信号机。

指挥车辆折返用，如图 2-48 中的 D_7，一般设置于折返道岔尖轨前，以缩短作业行程，提高作业效率。如调车作业由一道转出，进二道或三道，则牵出时只需要尾部越过 D_7 信号机，而不需要越过 D_1 信号机。

（3）调车阻挡信号机。

增加平行作业能力，提高车站的通过能力，如图 2-49 中的 D_3。在 D_3 的阻挡作用下，一道和三道能同时向正线牵出。

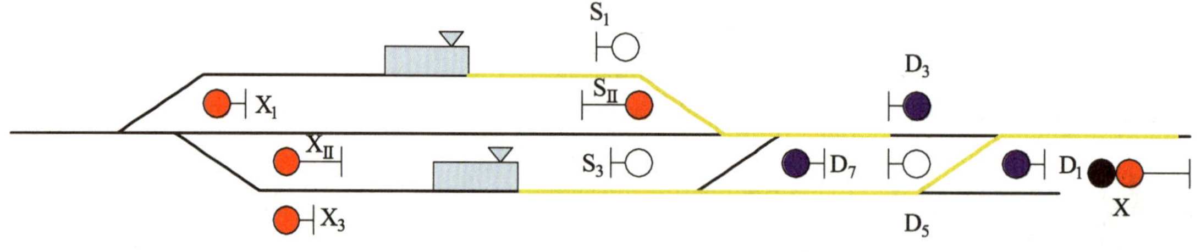

图 2-49　调车阻挡信号机及平行调车进路

2. 调车色灯信号机的设置

根据调车作业的需要，在电气集中联锁的车站可装设调车色灯信号机，其设置地点应根据车站调车工作的特点确定。

在较大的车站，列车在站内运行时，有时要经过几架调车信号机，为避免调车信号的显示影响列车运行，调车信号的灯光与列车运行信号的灯光在颜色上有所区别。因红、黄、绿 3 种颜色已作为列车信号灯光使用，所以调车信号机的显示用月白色和蓝色灯光。

3. 调车信号机的外形及灯位

调车信号机采用二显示机构，自上而下是月白、蓝灯。设于岔线入口处的调车信号机可用红灯代替蓝灯。设在尽头式到发线上的尽头调车信号机，采用矮型三显示机构，外形同列车用的信号机，自上而下是空灯位、红灯、月白灯。

4. 调车信号机的编号

调车信号机的编号以 D 来表示，在其右下角缀以顺序号。从列车到达方向顺序编号，上行咽喉用双号，下行咽喉用单号，如 D_1、D_3、D_2、D_4 等。若有数个车场时，则每个车场所属的调车信号机均用百位数表示，以百位数表示车场，如Ⅰ场的 D_{101}、D_{103}，Ⅱ场的 D_{202}、D_{203} 等。如果同一咽喉区调车信号机超过 50 架，则超出部分的调车信号机编为 D_{1101}、D_{1103}、D_{2100}、D_{2102} 等，此时，千位数表示车场号。

5. 调车信号机的显示及含义

（1）一个月白色灯光——准许越过该信号机调车，如图 2-50 所示。

图 2-50　调车信号显示一个月白色灯光

（2）一个月白色闪光灯光——装有平面溜放调车区集中联锁设备时，准许溜放调车，如图 2-51 所示。

图 2-51　调车信号显示一个月白色闪光灯

（3）一个蓝色灯光——不准越过该信号机调车，如图 2-52 所示。

图 2-52　调车信号显示一个蓝色闪光灯

十、驼峰色灯信号机、驼峰色灯辅助信号机及驼峰色灯复示信号机

（一）作　用

（1）驼峰色灯信号机的作用。

驼峰信号机用来指示驼峰调车机车能否进行推送溜放调车作业及调车作业的运行条件。

（2）驼峰色灯辅助信号机的作用。

① 辅助驼峰调车司机瞭望信号；

② 兼作到达列车的停车信号和非驼峰推送作业的调车信号；

③ 在一定条件下，还可以兼作出站及进路信号机使用。

（3）驼峰色灯复示信号机的作用。

在有峰前到达场的编组站，当驼峰辅助信号机的显示距离不能满足推峰作业要求时，根据需要可在到达场每股道上再装设一架驼峰色灯复示信号机，以辅助推峰作业的调车司机瞭望信号。

（二）设　置

（1）驼峰色灯信号机的设置。

驼峰色灯信号机设在峰顶平台与加速坡连接处的峰顶线路最高处，如图 2-54 所示。

（2）驼峰色灯辅助信号机的设置。

驼峰色灯辅助信号机设于峰前到达场每条到发线靠近驼峰的一端，如图 2-54 所示。

（3）驼峰色灯复示信号机。

驼峰色灯复示信号机设于峰前到达场每条到发线中间适当地点。

（三）外形及灯位

（1）驼峰色灯信号机的外形及灯位。

驼峰色灯信号机一般采用高柱双机构（两个二显示机构），从上到下灯位依次是绿、红、黄、月白。

（2）驼峰色灯辅助信号机的外形及灯位。

驼峰色灯辅助信号机的外形及灯位与驼峰色灯信号机相同。

（3）驼峰色灯复示信号机及驼峰色灯辅助信号机的复示信号机的外形及灯位。

驼峰色灯复示信号机及驼峰色灯辅助信号机的复示信号机也采用高柱双机构（两个二显示机构），其灯位排列与驼峰信号机相同，为区别于其他信号机，驼峰色灯复示信号机采用黑色的方形背板，如图 2-53 所示。

图 2-53　驼峰色灯复示信号机无显示

（四）编　号

（1）驼峰色灯信号机的编号。

在单推驼峰，驼峰信号机编号为 T。在双推驼峰，分别编号为 T_1、T_2，如图 2-54 所示。

（2）驼峰色灯信号机的复示信号机的编号。

驼峰色灯信号机的复示信号机的编号以 F 开头，后跟它所在的驼峰信号机的编号，如 FT_1。

（3）驼峰色灯辅助信号机的编号。

驼峰色灯辅助信号机的编号为 TF，下缀所在线路股道编号，如 TF_3，如图 2-54 所示。

（4）驼峰色灯辅助信号的复示信号机的编号。

驼峰色灯辅助信号的复示信号的编号以 F 开头，后跟它所在股道的驼峰辅助信号机的编号，如 FTF_3，如图 2-54 所示。

（五）信号显示及含义

驼峰色灯信号机及其辅助信号机、复示信号机显示下列信号：

（1）一个绿色灯光——准许机车车辆按规定速度向驼峰推进，如图 2-54 所示。

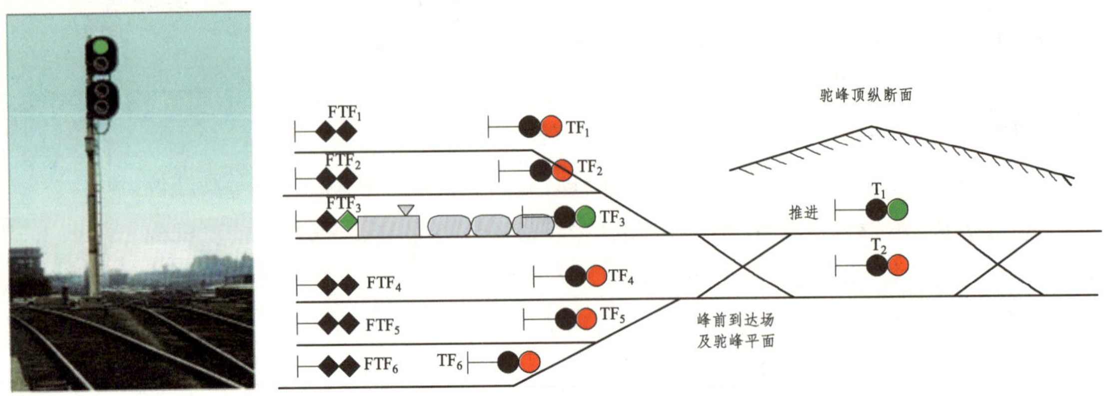

图 2-54　驼峰、驼峰辅助、驼峰复示色灯信号机均显示一个绿色灯光

（2）一个绿色闪光灯光——指示机车车辆加速向驼峰推进，如图 2-55 所示。

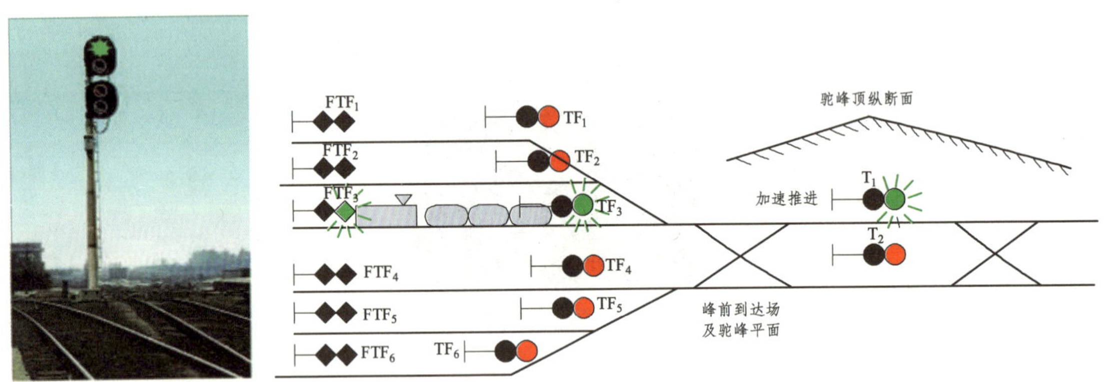

图 2-55　驼峰、驼峰辅助、驼峰复示色灯信号机均显示一个绿色闪光灯

（3）一个黄色闪光灯光——指示机车车辆减速向驼峰推进，如图 2-56 所示。

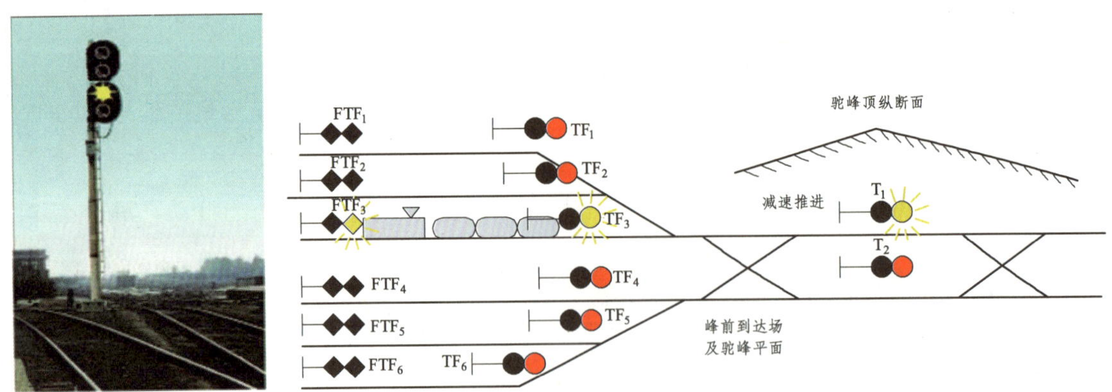

图 2-56　驼峰、驼峰辅助、驼峰复示色灯信号机均显示一个黄色闪光灯

（4）一个红色灯光——不准机车车辆越过该信号机或指示机车车辆停止作业，如图 2-56 所示。

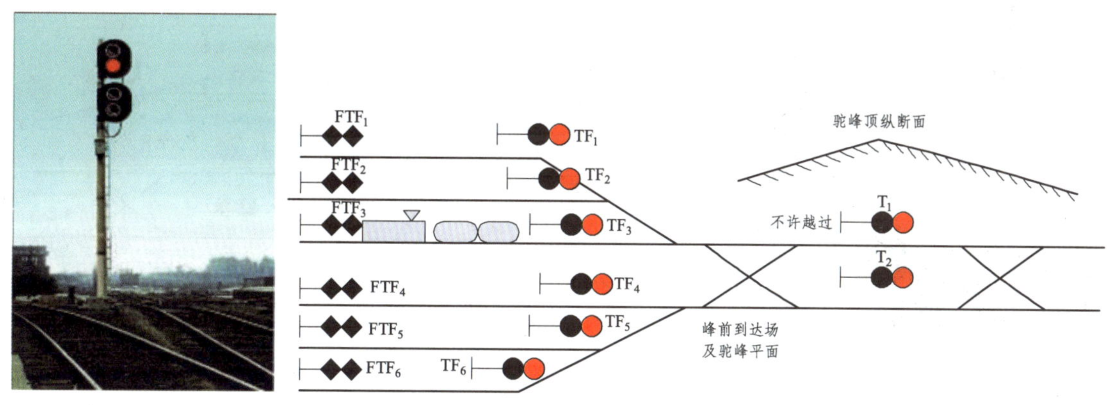

图 2-57　驼峰、驼峰辅助色灯信号机均显示一个红色灯光

（5）一个红色闪光灯光——指示机车车辆自驼峰退回，如图 2-58 所示。

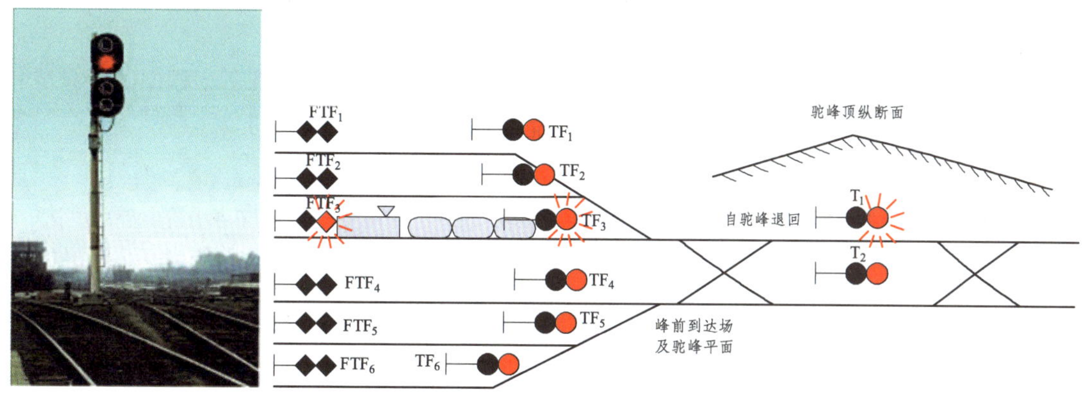

图 2-58　驼峰、驼峰辅助、驼峰复示色灯信号机均显示一个红色闪光灯

（6）一个月白色灯光——指示机车到峰下，如图 2-59 所示。

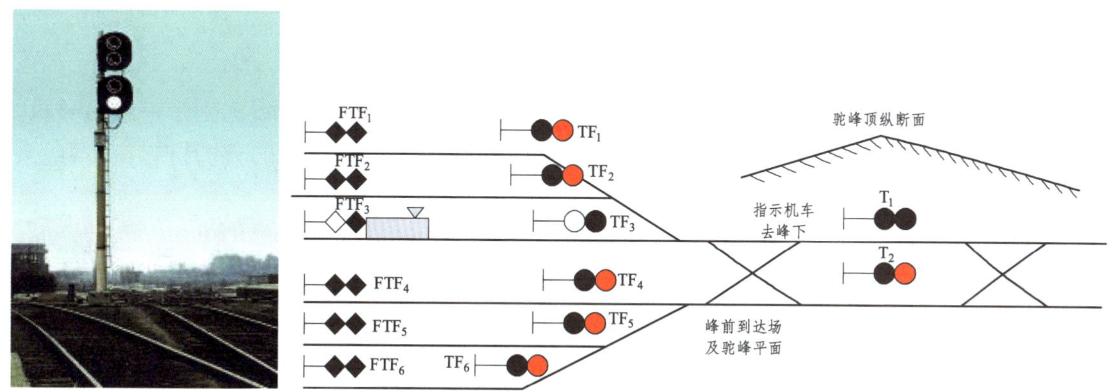

图 2-59　驼峰、驼峰辅助、驼峰复示色灯信号机均显示一个月白色灯光

（7）一个月白色闪光灯光——指示机车车辆去禁溜线或迂回线，如图 2-60 所示。

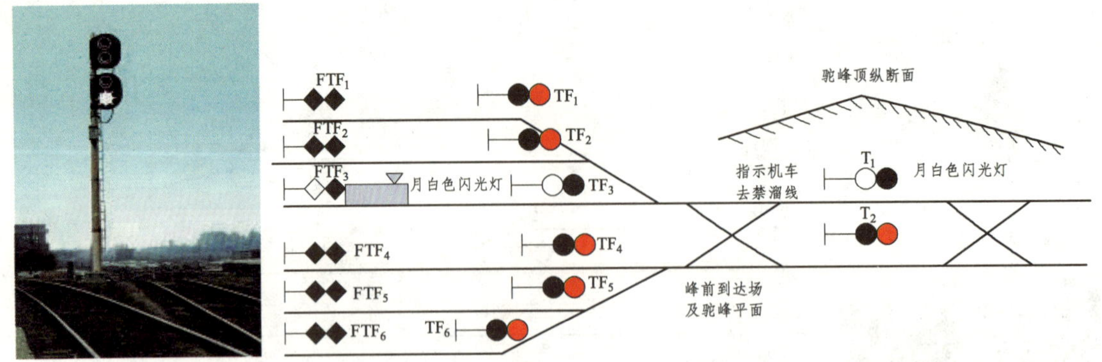

图 2-60　驼峰、驼峰辅助、驼峰复示色灯信号机均显示一个月白色闪光灯

驼峰色灯信号机的复示信号机平时无显示（见图 2-53）。驼峰色灯辅助信号机平时显示红色灯光，对进入峰前到达场的列车起停车信号作用。

当办理了驼峰推送进路后，驼峰色灯辅助信号机、驼峰色灯复示信号机灯光显示均与驼峰色灯信号机显示相同。

驼峰色灯辅助信号机及其复示信号机显示一个黄色灯光——指示机车车辆向驼峰预先推送。当办理驼峰推送进路后，其灯光显示均与驼峰色灯信号机显示相同。

十一、色灯复示信号机

1. 色灯复示信号机的作用

复示主体信号机的显示。

2. 色灯复示信号机的设置

进站、出站、进路、调车信号机因受地形、地物影响达不到规定的显示距离时，应在主体信号机显示能达到的最远处设置复示信号机，以保证信号的连续显示。在极特殊的情况下，进站信号机及其复示信号机显示距离之和仍不足 200 m 时，可装设第二架复示信号机。

3. 色灯复示信号机的外形及灯位

进站、出站、进路、驼峰及调车色灯复示信号机均采用方形背板，以区别于一般信号机。

（1）进站复示信号机为灯列式结构，一个机构内有 3 个呈等边三角形的月白灯，一般采用高柱信号机，如图 2-61 所示。

（2）出站、进路复示信号机为单显示机构，绿灯，如图 2-64 所示。

（3）调车复示信号机为单显示机构，月白灯，如图 2-65 所示。

4. 色灯复示信号机的编号

复示信号机的编号，第一个字母是 F，后缀以主体信号机的编号，如进站复示信号机 FX、出站复示信号机 $FS_{Ⅱ}$、调车复示信号机 FD_{103}。

5. 色灯复示信号机的显示及含义

（1）进站、接车进路、接发车进路信号机的色灯复示信号机的显示及含义。

① 两个月白色灯光与水平线构成 60°角显示——表示主体信号机显示经道岔直向位置向正线接车的信号，如图 2-61 所示。

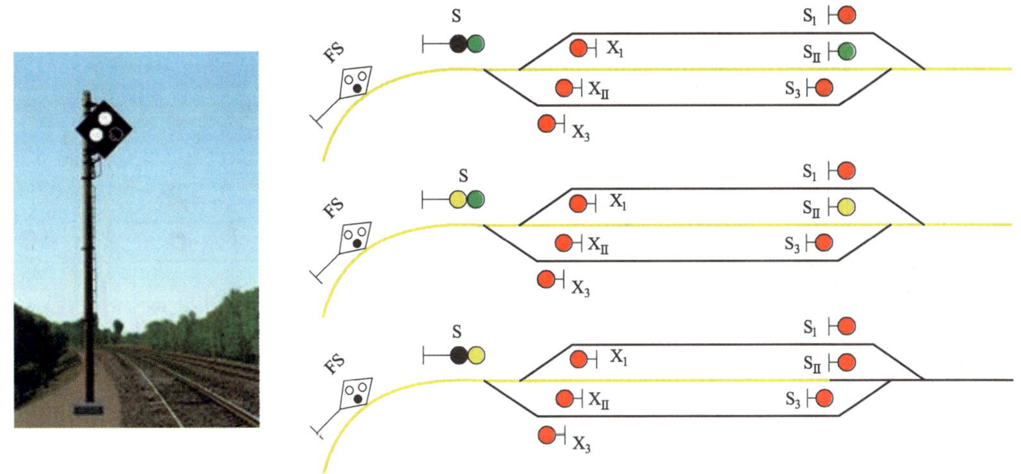

图 2-61　进站色灯复示信号机两个月白色灯光与水平线构成 60°角显示

② 两个月白色灯光水平位置显示——表示主体信号机显示经道岔侧向位置接车的信号，如图 2-62 所示。

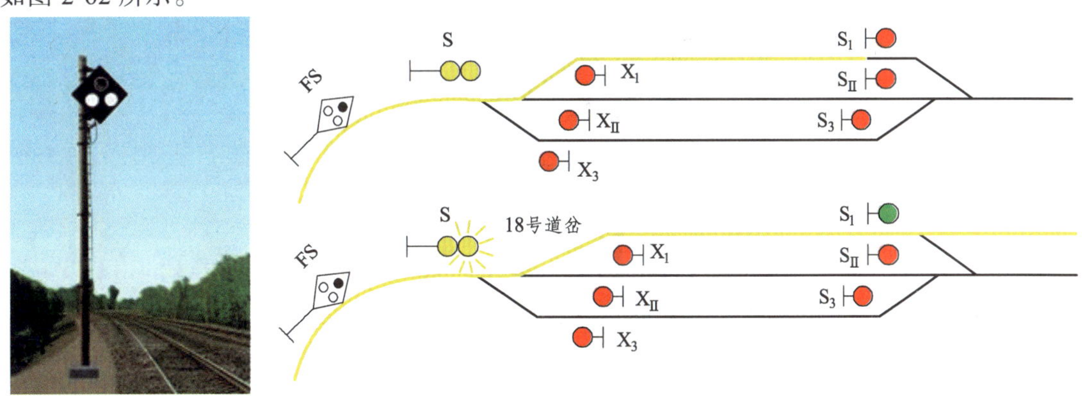

图 2-62　进站色灯复示信号机两个月白色灯光水平位置显示

③ 无显示——表示主体信号机在关闭状态，如图 2-63 所示。

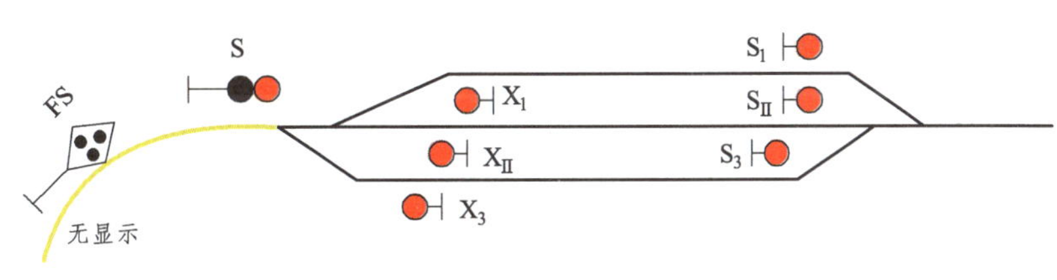

图 2-63　进站色灯复示信号机无显示

（2）出站及发车进路信号机的色灯复示信号机的显示及含义。

① 一个绿色灯光——表示主体信号机在开放状态，如图 2-64 所示。

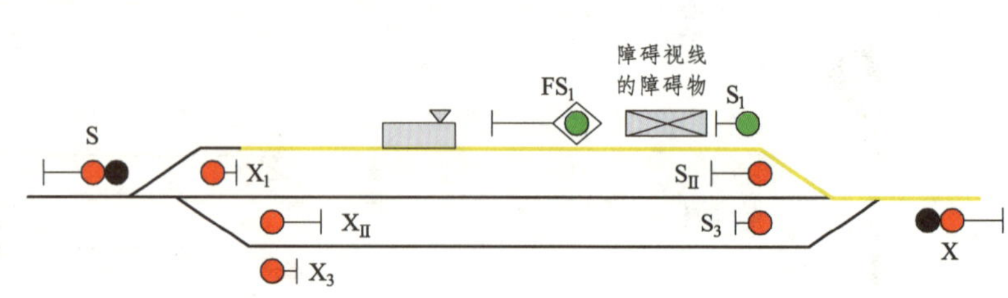

图 2-64　出站色灯复示信号机显示一个绿色灯光

② 无显示——表示主体信号机在关闭状态。

（3）调车色灯复示信号机的显示及含义。

① 一个月白色灯光——表示调车信号机在开放状态，如图 2-65 所示。

② 无显示——表示调车信号机在关闭状态。

图 2-65　调车色灯复示信号机显示一个月白色灯光

第三节　机车信号

由于风、雪、雨、雾等气候条件以及隧道、曲线等不良地形条件，司机往往不能在规定的距离内确认信号显示，有冒进信号的危险。尤其在运量大、列车速度高和载重量大的区段，要求制动距离长，发生冒进信号事故的可能性会更大。因此，需设置一种能避免受自然条件的影响，提高司机瞭望信号准确度的信号设备，即机车信号。

一、机车信号的作用

机车信号的作用是复示列车运行前方地面信号的显示，使机车乘务员更清楚、更准确地掌握行车条件，提高列车运行速度以及改善机车乘务员的劳动条件。

二、机车信号机的设置

机车信号设置在机车司机室内。

三、机车信号机的外形及灯位

机车信号机采用八显示机构，灯位自上而下依次是绿、半绿半黄、黄、黄 2、半黄半红、双半黄、红、月白。

四、机车信号的分类

机车信号是在司机室内预告列车前方运行条件的信号，机车信号分为连续式和接近连续式。

机车信号系统由车载设备和地面设备共同构成。车载设备主要由机车接收线圈、信号接收主机、信号显示器组成。地面设备主要是指向车载设备发送信号的轨道电路。

连续式机车信号是机车接收线圈通过地面轨道电路连续地获得机车信号信息。接近连续式机车信号是地面发送信号的轨道电路，只设在接近区段，当机车进入接近区段时才能获得机车信号信息。

自动闭塞区段的区间和车站均设有轨道电路，实现向车上连续发送信息，供连续式机车信号工作。

半自动闭塞区段，区间一般不设轨道电路，只能在车站的接近区段或站内接车进路设轨道电路。自动站间闭塞区段，目前采用的计轴自动站间闭塞的机车信号还不具备。因此，半自动闭塞和自动站间闭塞区段，有可靠交流电源时应采用接近连续式机车信号。

车站正线、到发线应实现电码化或采用与区间同制式的轨道电路

五、机车信号设备与列车运行监控装置（LKJ）结合使用

列车运行监控装置（LKJ）具有监控、记录、显示及报警等功能。LKJ 软件、基础数据和控制模式设定的管理，按铁路总公司有关规定执行。各机车、动车组运用区段车载数据文件的编制以及控制模式的设定和调整，应由铁路局专业机构实施，由铁路局实行集中统一管理。

最高运行速度不超过 160 km/h 的机车，机车信号设备与列车运行监控装置（LKJ）结合使用。装备在机车上的 LKJ 设备应按高于线路允许速度 2 km/h 报警、3 km/h 卸载、5 km/h 常用制动、8 km/h 紧急制动，以确保行车安全。LKJ 产生的列车运行记录数据是行车安全分析的重要依据，任何单位和人员不得更改。电务维修机构应妥善保存 LKJ 列车运行记录数据。

目前，随着机车信号可靠性的提高，机车信号已开始从辅助信号转为主体信号。高速铁路上，列车速度超过 200 km/h 时，司机确认地面信号存在障碍，只能凭机车信号行车。

六、机车信号的显示及含义

1. 三显示自动闭塞区段的连续式机车信号机

（1）一个绿色灯光——准许列车按规定速度运行，表示列车接近的地面信号机显示绿色灯光，如图 2-66 所示。

（2）一个半绿半黄色灯光——准许列车按规定速度注意运行，表示列车接近的地面信号机显示一个绿色灯光和一个黄色灯光，如图 2-67 所示。

图 2-66　一个绿色灯光

图 2-67　一个半绿半黄色灯光

（3）一个带“2”字的黄色闪光——要求列车注意运行，表示列车接近的地面信号机显示一个黄色灯光，并预告次一架地面信号机开放经 18 号及以上道岔侧向位置进路，且列车运行前方第三架信号机开通直向进路或开放经 18 号及以上道岔侧向位置的进路，如图 2-68 所示。

（4）一个带“2”字的黄色灯光——要求列车注意运行，表示列车接近的地面信号机显示一个黄色灯光，并预告次一架地面信号机开放经道岔侧向位置的进路[但不满足上述第（3）项条件]，如图 2-69 所示。

图 2-68　一个带“2”字的黄色闪光

图 2-69　一个带“2”字的黄色灯光

（5）一个黄色灯光——要求列车注意运行，表示列车接近的地面信号机显示一个黄色灯光，并预告次一架地面信号机处于关闭状态，如图 2-70 所示。

（6）一个双半黄色闪光——要求列车限速运行，表示列车接近的地面信号机开放经 18 号及以上道岔侧向位置的进路，且次一架信号机开通直向进路或开放经 18 号及以上道岔侧向位置的进路；或表示列车接近设有分歧道岔线路所的地面信号机开放经 18 号及以上道岔侧向位置的进路，显示一个黄色闪光和一个黄色灯光，如图 2-71 所示。

图 2-70　一个黄色灯光

图 2-71　一个双半黄闪光

（7）一个双半黄色灯光——要求列车限速运行，表示列车接近的地面信号机开放经道岔侧向位置的进路[但不满足上述第（6）项条件]、显示两个黄色灯光或其他相应显示，如图 2-72 所示。

（8）一个半黄半红色灯光——要求及时采取停车措施，表示列车接近的地面信号机显示红色灯光，如图 2-73 所示。

图 2-72　一个双半黄色灯光

图 2-73　一个半黄半红色灯光

（9）一个半黄半红色闪光——表示列车接近的进站、接车进路或接发车进路信号机显示引导信号或通过信号机显示容许信号，如图 2-74 所示。

图 2-74　一个半黄半红色闪光

（10）一个红色灯光——表示列车已越过地面上显示红色灯光的信号机，如图 2-75 所示。

（11）一个白色灯光——不复示地面上的信号显示，机车乘务人员应按地面信号机的显示运行，如图 2-76 所示。

图 2-75　一个红色灯光

图 2-76　一个白色灯光

（12）无显示时，表示机车信号机在停止工作状态。

2. 四显示自动闭塞区段的连续式机车信号机

（1）一个绿色灯光——准许列车按规定速度运行，表示列车接近的地面信号机显示绿色灯光，如图 2-77 所示。

（2）一个半绿半黄色灯光——准许列车按规定速度注意运行，表示列车接近的地面信号机显示一个绿色灯光和一个黄色灯光，如图 2-78 所示。

图 2-77　一个绿色灯光

图 2-78　一个半绿半黄色灯光

（3）一个带“2”字的黄色闪光——要求列车减速到规定的速度等级越过接近的显示一个黄色灯光的地面信号机，并预告次一架地面信号机开放经 18 号及以上道岔侧向位置的进路，且列车运行前方第三架信号机开通直向进路或开放经 18 号及以上道岔侧向位置的进路，如图 2-79 所示。

（4）一个带“2”字的黄色灯光——要求列车减速到规定的速度等级越过接近的显示一个黄色灯光的地面信号机，并预告次一架地面信号机开放经道岔侧向位置的进路[但不满足上述第（3）项条件]，如图 2-80 所示。

图 2-79　一个带“2”字的黄色闪光

图 2-80　一个带“2”字的黄色灯光

（5）一个黄色灯光——要求列车减速到规定的速度等级越过接近的显示一个黄色灯光的地面信号机，并预告次一架地面信号机处于关闭状态，如图 2-81 所示。

（6）一个双半黄色闪光——要求列车限速运行，表示列车接近的地面信号机开放经 18 号及以上道岔侧向位置的进路，且次一架信号机开通直向进路或开放经 18 号及以上道岔侧向位置的进路；或表示列车接近设有分歧道岔线路所的地面信号机开放经 18 号及以上道岔侧向位置的进路，显示一个黄色闪光和一个黄色灯光，如图 2-82 所示。

图 2-81 一个黄色灯光

图 2-82 一个双半黄色闪光

（7）一个双半黄色灯光——要求列车限速运行，表示列车接近的地面信号机开放经道岔侧向位置的进路[但不满足上述第（6）项条件]，显示两个黄色灯光或其他相应显示，如图 2-83 所示。

（8）一个半黄半红色灯光——要求及时采取停车措施，表示列车接近的地面信号机显示红色灯光，如图 2-84 所示。

图 2-83 一个双半黄色灯光

图 2-84 一个半黄半红色灯光

（9）一个半黄半红色闪光——表示列车接近的进站、接车进路或接发车进路信号机显示引导信号或通过信号机显示容许信号，如图 2-85 所示。

图 2-85 一个半黄半红色闪光

（10）一个红色灯光——表示列车已越过地面上显示红色灯光的信号机，如图 2-86 所示。

（11）一个白色灯光——不复示地面上的信号显示，机车乘务人员应按地面信号机的显示运行，如图 2-87 所示。

图 2-86　一个红色灯光

图 2-87　一个白色灯光

3. 接近连续式机车信号机的显示方式

接近连续式机车信号机的显示方式与连续式机车信号机相同。

4. LKJ 屏幕显示器的机车信号显示含义

LKJ 屏幕显示器的机车信号显示应与机车信号机的显示含义相同。

第四节　移动信号

移动信号是指临时设置的可以移动的信号。移动信号用于线路故障、站内或区间施工时临时性禁止列车驶入或要求慢行的地段，以及对事故地段的防护。

移动信号有两类：一类是用于线路故障或施工及站内进行列车检查或车辆修理时，临时性禁止列车驶入或要求慢行的地段而设置的信号，包括停车信号、减速信号、减速防护地段终端信号；另一类是用于防护线路（包括桥梁、隧道）遇到灾害、发生故障或列车在区间发生事故、被迫停车等情况时，为防止与前方或后方开来的列车发生冲突或脱轨事故而临时设置的紧急停车信号，包括响墩信号及火炬信号。

一、移动停车信号

1. 移动停车信号的作用

用于线路故障或区间施工时，临时性禁止列车驶入的防护地段。

2. 移动停车信号的设置

设置在故障或线路施工地点前后，距防护地段至少 20 m 处。

3. 移动停车信号的显示

昼间——表面有反光材料的红色方牌；夜间——柱上红色灯光，如图 2-88 所示。

图 2-88　移动停车信号

二、移动减速信号

1. 移动减速信号的作用

用于线路故障排除后或施工中以及施工前、后，线路状态低于正常运行速度，要求列车临时性慢行地段。

2. 移动减速信号的设置

设置在故障或线路施工地点前后列车运行方向左侧，距减速地段不少于 800 m 处。

3. 移动减速信号的显示

（1）表面有反光材料的黄底黑字圆牌，标明列车限制速度，如图 2-89 所示。

（2）施工及其限速区段，在减速信号牌外方增设的特殊减速信号牌为表面有反光材料的黄底黑“T”字圆牌，如图 2-90 所示。

图 2-89　减速信号牌

图 2-90　特殊减速信号牌

三、减速防护地段终端信号

1. 减速防护地段终端信号的作用

告知司机列车尾部已越过减速地段，指示列车恢复正常运行速度。

2. 减速防护地段终端信号设置

距减速地段不少于 800 m 处，与减速信号在同一圆牌上，一面为黄色，另一面为绿色，夜间分别显示黄、绿色灯光，以适应对不同方向列车的要求。该信号的设置位置，双线区段为减速地点标的同侧；单线区段为列车前进方向的右侧。

3. 减速防护地段终端信号的显示

减速防护地段终端信号牌为表面有反光材料的绿色圆牌（见图 2-91）。在单线区段，司机应看线路右侧减速信号牌背面的绿色圆牌。

图 2-91 减速防护地段终端信号牌

在有 1 万吨或 2 万吨（含 1.5 万吨）货物列车运行的线路增设的 1 万吨、2 万吨（含 1.5 万吨）减速防护地段终端信号牌为表面有反光材料的绿底黑“W”字（1 万吨）或黑“L”字（1.5 万吨和 2 万吨）圆牌，如图 2-92 所示。

图 2-92 1 万吨、2 万吨（含 1.5 万吨）货运列车减速防护地段终端信号牌

四、带有脱轨器的检修车辆防护信号

1. 检修车辆防护信号的作用

保证在站内线路上检查、修理、整备车辆或进行装卸作业的检修人员的人身安全。

2. 检修车辆防护信号的设置

在两端来车方向的左侧钢轨设置带有脱轨器的固定或移动信号牌（灯）进行防护，前后两端的防护距离均应不少于 20 m；不足 20 m 时，应将道岔锁闭在不能通往该线的位置。

3. 检修车辆防护信号的显示

昼间——红色方牌；夜间——柱上红色灯光，如图 2-93 所示。

图 2-93　带有脱轨器的检修车辆防护信号

旅客列车在到发线上进行车辆技术作业时，用红色信号旗（灯）进行防护，可不设脱轨器。红色信号旗（灯）的设置如下：

（1）机车摘挂相关作业时，在机次一位客车非站台侧设置。

（2）技术检查作业时，在机次一位客车前端非站台侧和尾部客车后端站台侧设置。车辆乘务员单班单人值乘列车，在无客列检车站进行站折技术检查作业时，仅在来车端一位客车前端站台侧设置。

（3）处理车辆故障时，在故障车辆站台侧设置。

五、响墩信号

1. 响墩信号的作用

线路（包括桥梁、隧道）因遇到灾害、发生故障或列车在区间内发生事故以及其他原因被迫停车时，为防止与前方或后方开来的列车发生列车冲突或列车脱轨等事故而设置的临时紧急停车信号。

2. 响墩信号的含义

响墩是一种紧急铁路信号装置，通过列车碾爆产生巨响。要求司机听到响墩的爆炸声后，立即采取紧急停车措施，使列车停车。

3. 响墩信号的设置

使用响墩信号时，每 3 个为一组，在距防护对象（指停车列车、妨碍行车地点、故障地点、线路施工地点等）的规定距离处，来车方向左侧钢轨放置一个，然后向远离防护对象方向间隔 20 m 处钢轨右侧放置一个，再向远离防护对象方向间隔 20 m 处钢轨左侧放置一个，响墩放置完后，派防护人员在距防护对象最近的响墩内方 20 m 处手持红色信号旗进行防护，如图 2-94 所示。

图 2-94　响墩信号

放置响墩时，应尽量避免将响墩放置在道岔、钢轨接头处和隧道内，以及使列车停在桥梁上或隧道内。

4. 响墩的使用方法

响墩为内装炸药的薄铁扁圆盒，使用时置于钢轨顶面。用其外壳上的铁片紧扣在钢轨头部下颏，防止脱落。携带时装在特制原盒或布袋中，避免相互撞击发生爆炸。

规定响墩每年做一次检定实验，不合格时及时更换。

5. 停车后的处理

听到响墩的爆炸声，采取紧急停车措施停车后，机车乘务员应根据防护人员的介绍做进一步的处理。如无防护人员，机车乘务员应立即检查前方线路，如无异状，列车以在瞭望距离内能随时停车的速度继续运行，但最高不得超过 20 km/h。在自动闭塞区间，运行至前方第一架通过信号机前，如无异状，即可按该信号机显示的要求执行；在半自动闭塞或自动站间闭塞区间，经过 1 km 后，如无异状，可恢复正常速度运行。

六、火炬信号

1. 火炬信号的作用

火炬信号的作用同响墩信号。

2. 火炬信号的含义

要求司机看到前方本线路上有火炬的火光后，立即采取紧急停车措施，使列车停车。

3. 火炬信号的设置

将火炬点燃，置于路心，如图 2-95 所示。

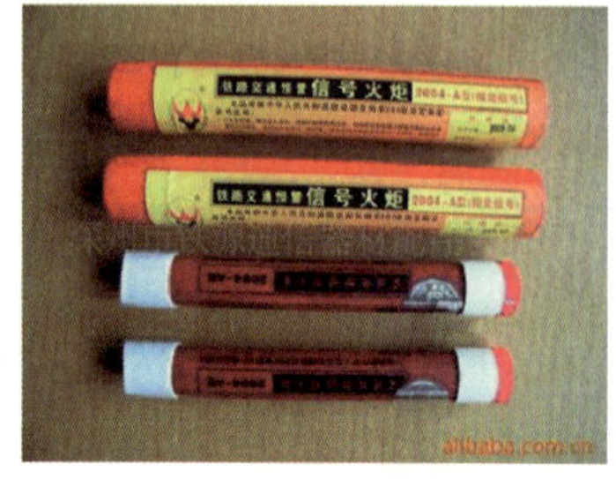

图 2-95　火炬信号

4. 火炬的点燃方法

（1）剥去塑料帽，露出发火药头。

（2）剥去塑料帽上的塑料盖，露出擦火帽。

（3）用擦火帽燃发火药头，待出现红光后与地面成 90°角放置。

（4）火炬必须安装牢固，擦燃火炬时，不准对向面部。

5. 停车后的处理

停车后的处理参照轧上响墩停车后的处理方法。

七、无线调车灯显信号

1. 无线调车灯显信号的作用

无线调车灯显信号是利用无线通信技术传递传统的调车手信号的灯光显示信号。调车作业情况复杂多变，司机瞭望调车手信号不便。无线调车灯显信号通过色灯灯光和语音，准确地将调车员的调车意图传递给司机，提高了调车作业的可靠性，改善了司机和调车员的劳动强度。

2. 无线调车灯显信号的设置

无线调车灯显信号为手提移动式，在调车作业时，放置于机车司机驾驶室。

3. 无线调车灯显信号的灯位

无线调车灯显信号的灯位如图 2-96 所示。

图 2-96　无线调车灯显信号

4. 无线调车灯显信号的显示及含义

（1）一个红灯——停车信号。

（2）一个绿灯——推进信号。

（3）绿灯闪数次后熄灭——起动信号。

（4）绿、红灯交替后绿灯长亮——连接信号。

（5）绿、黄灯交替后绿灯长亮——溜放信号。

（6）黄灯闪后绿灯长亮——减速信号。

（7）黄灯长亮——十、五、三车距离信号。

① 十车距离信号（加辅助语音提示）；

② 五车距离信号（加辅助语音提示）；

③ 三车距离信号（加辅助语音提示）。

（8）两个红灯——紧急停车信号。

（9）先两个红灯后熄灭一个红灯——解锁信号。

第五节　手信号

手信号是铁路运输工作中广泛采用的一种视觉信号，是指用手拿信号旗、手信号灯或直接用手臂显示的信号。

一、手信号的作用

根据行车工作的要求，手信号可以机动地指挥列车运行和调车作业，也可作为联系和传达行车有关事项的旗（灯）语。

二、手信号的分类

手信号按用途可分为以下 5 种：

（1）指示列车运行条件的手信号；

（2）指示调车作用的手信号；

（3）联系用的手信号；

（4）指示列车制动机试验的手信号；

（5）指示临时升降弓的手信号。

三、使用手信号的注意事项

手信号是一种特定的旗（灯）语，为避免显示不规范带来的行车事故，在显示手信号时应做到以下 4 点：

（1）在显示手信号时，必须严肃、认真，应做到横平、竖直、灯正、圈圆。

（2）显示手信号时，左手持红旗（扳道员右手持黄旗）。不显示时应将信号旗拢起。但遇有必须一只手攀扶机车车辆把手时可一手持旗。

（3）司机看到手信号并辨认清楚后，应以相应的鸣笛给予回示。

（4）手信号显示的停车、减速、通过、引导信号与固定信号机显示的相应信号，具有同等作用，行车有关人员必须认真按其显示执行。

四、手信号的显示及使用时机

（一）指示列车运行条件的手信号

1. 停车手信号：要求列车停车

（1）停车手信号的显示方式。

昼间——展开的红色信号旗；夜间——红色灯光，如图 2-97 所示。

图 2-97　停车手信号

昼间无红色信号旗时，两臂高举头上向两侧急剧摇动；夜间无红色灯光时，用白色灯光上下急剧摇动，如图 2-98 所示。

图 2-98　徒手显示的停车手信号

（2）停车手信号的使用时机及执行要求。

有关人员遇紧急情况必须使列车停车时应显示停车手信号，司机确认停车信号后须立即停车。显示停车信号时，列车应在其前方停车不得越过。

2. 减速手信号：要求列车降低到要求的速度

（1）减速手信号的显示方式。

昼间——展开的黄色信号旗；夜间——黄色灯光，如图 2-99 所示。

图 2-99　减速手信号

昼间无黄色信号旗时，用绿色信号旗下压数次；夜间无黄色灯光时，用白色或绿色灯光下压数次，如图 2-100 所示。

图 2-100　无黄色信号旗（灯）时显示的减速手信号

（2）减速手信号的使用时机及执行要求。

要求列车临时限速时须显示减速手信号，司机确认减速手信号后须操纵列车降至要求的速度。

3. 发车手信号：要求司机发车

（1）发车手信号的显示方式。

昼间——展开的绿色信号旗上弧线向列车方面做圆形转动；夜间——绿色灯光上弧线向列车方面做圆形转动，如图 2-101 所示。

图 2-101　发车手信号

在设有发车表示器的车站，按发车表示器显示发车。

（2）发车手信号的使用时机及执行要求。

站内到发线上停留的列车具备发车的充分条件（出站信号机开放、旅客列车乘客乘降完毕、货物列车整备好了等）后，车站发车人员应向列车显示发车手信号，指示列车发车。

显示发车手信号时应做上弧线向着本方面列车的圆形转动，以防止邻线列车司机误认。并须待司机确认并鸣笛后方可收回。

在设有发车表示器的车站，按发车表示器发车。

4. 通过手信号：准许列车由车站（场）通过

（1）通过手信号的显示方式。

昼间——展开的绿色信号旗；夜间——绿色灯光，如图 2-102 所示。

图 2-102　通过手信号

（2）通过手信号的使用时机。

通过手信号指示列车在车站（场）不停车通过。

5. 引导手信号：允许列车以不超过 20 km/h 的速度进站

（1）引导手信号的显示方式

昼间为展开的黄色信号旗高举头上左右摇动；夜间为黄色灯光高举头上左右摇动，如图 2-103 所示。

图 2-103　引导手信号

（2）引导手信号的使用时机及执行要求。

引导手信号是在进站（接车进路）信号机故障情况下或无进站信号机时，用来引导列车进站。引导手信号须待列车头部越过显示地点后方可收回。

6. 特定引导手信号：允许列车以不超过 60 km/h 的速度进站或通过接车进路

（1）特定引导手信号的显示方式。

昼间为展开绿色信号旗高举头上左右摇动，夜间为绿色灯光高举头上左右摇动，如图 2-104 所示）。

图 2-104　特定引导手信号

（2）特定引导手信号的使用时机及执行要求。

特定引导手信号是在车站采用“施工特定行车”办法时引导接车的信号。与引导手信号的区别是在使用绿色手信号旗（信号灯）显示时，车站可不向司机递交行车凭证，列车通过车站的速度提高。显示通过、引导、特定引导手信号时，列车头部越过显示地点后即可收回。

（二）指示调车作业用的手信号

调车手信号，仅在调车工作中指挥调车机车运行时使用。调车指挥人通过调车手信号的不同显示，控制调车机车的运行方向、起动、停车及加速、减速等。为保证调车作业的安全，调车指挥人应正确及时地显示信号，调车机车也应该正确及时地执行手信号的要求，做到密切配合、协同动作。

1. 停车信号：要求调车作业停止

昼间——展开的红色信号旗；夜间——红色灯光，显示方式参照图 2-97 所示。

2. 减速信号：要求列车降低到要求的速度

昼间——展开的绿色信号旗下压数次；夜间——绿色灯光下压数次，显示方式参照图 2-100 所示。

3. 指挥机车向显示人方向来的信号

昼间——展开的绿色信号旗在下部左右摇动；夜间——绿色灯光在下部左右摇动，如图 2-105 所示。

图 2-105　指挥机车向显示人方向来的调车信号

4. 指挥机车向显示人方向稍行移动的信号

昼间——拢起的红色信号旗直立平举，再用展开的绿色信号旗左右小动；夜间——绿色灯光下压数次后，再左右小动，如图 2-106 所示。

图 2-106　指挥机车向显示人方向稍行移动的调车手信号

5. 指挥机车向显示人反方向去的信号

昼间——展开的绿色信号旗上下摇动；夜间——绿色灯光上下摇动，如图 2-107 所示。

图 2-107　指挥机车向显示人反方向去的调车手信号

6. 指挥机车向显示人反方向稍行移动的信号

昼间——拢起的红色信号旗直立平举，再用展开的绿色信号旗上下小动；夜间——绿色灯光上下小动，如图 2-108 所示。

图 2-108　指挥机车向显示人反方向稍行移动的调车手信号

对显示调车作业用手信号中第 2、3、4、5、6 项中转信号时，昼间可用单臂，夜间可用白色灯光依式中转。

（三）联系用手信号

为了解决办理列车运行和调车作业中行车有关人员不能口头或用通信设备彼此联系的事项，规定了联系用的手信号。联系用的手信号种类多，使用面广，作为一种传递调车意图信息的手段，在铁路行车作业中发挥着重要作用。

1. 道岔开通信号：表示进路道岔准备妥当

昼间——拢起的黄色信号旗高举头上左右摇动；夜间——白色灯光高举头上，如图 2-109 所示。

图 2-109　道岔开通信号

机车出入段进路道岔准备妥当后，显示如下道岔开通信号：

昼间——展开的黄色信号旗高举头上左右摇动；夜间——黄色灯光高举头上左右摇动，如图 2-110 所示。

图 2-110　道岔开通信号（出入段）

2. 股道号码信号：要道或回示股道开通号码

一道：昼间——两臂左右平伸；夜间——白色灯光左右摇动，如图 2-111 所示。

图 2-111　股道号码信号（一道）

二道：昼间——右臂向上直伸，左臂下垂；夜间——白色灯光左右摇动后，从左下方向右上方高举，如图 2-112 所示。

图 2-112　股道号码信号（二道）

三道：昼间——两臂向上直伸；夜间——白色灯光上下摇动，如图 2-113 所示。

图 2-113　股道号码信号（三道）

四道：昼间——右臂向右上方，左臂向左下方各斜伸 45°角；夜间——白色灯光高举头上左右小动，如图 2-114 所示。

图 2-114　股道号码信号（四道）

五道：昼间——两臂交叉于头上；夜间——白色灯光做圆形转动，如图 2-115 所示。

图 2-115　股道号码信号（五道）

六道：昼间——左臂向左下方，右臂向右下方各斜伸 45°角；夜间——白色灯光做圆形转动后，再左右摇动，如图 2-116 所示。

图 2-116　股道号码信号（六道）

七道：昼间——右臂向上直伸，左臂向左平伸；夜间——白色灯光做圆形转动后，左右摇动，然后再从左下方向右上方高举，如图 2-117 所示。

图 2-117　股道号码信号（七道）

八道：昼间——右臂向右平伸，左臂下垂；夜间——白色灯光做圆形转动后，再上下摇动，如图 2-118 所示。

图 2-118　股道号码信号（八道）

九道：昼间——右臂向右平伸，左臂向右下斜 45°角；夜间——白色灯光做圆形转动后，再高举头上左右小动，如图 2-119 所示。

图 2-119　股道号码信号（九道）

十道：昼间——左臂向左上方，右臂向右上方各斜伸 45°角；夜间——白色灯光左右摇动后，再上下摇动做成十字形，如图 2-120 所示。

图 2-120　股道号码信号（十道）

十一至十九道，须先显示十道股道号码，再显示所要股道号码的个位数信号。

二十道及其以上的股道号码，各站根据需要自行规定，并纳入《站细》。

3. 连接信号：表示连挂作业

昼间——两臂高举头上，使拢起的手信号旗杆呈水平末端相接；夜间——红、绿色灯光（无绿色灯光的人员，用白色灯光）交互显示数次，如图 2-121 所示。

图 2-121　连接信号

4. 溜放信号：表示溜放作业

昼间——拢起的手信号旗两臂高举头上交叉后，急向左右摇动数次；夜间——红色灯光做圆形转动，如图 2-122 所示。

图 2-122　溜放信号

5. 停留车位置信号：表示车辆停留地点

夜间——白色灯光左右小摇动，如图 2-123 所示。

图 2-123　停留车位置信号

6. 十、五、三车距离信号：表示推进车辆的前端距被连挂车辆的距离

昼间——展开的绿色信号旗单臂平伸；夜间——绿色灯光，在距离停留车十车（约 110 m）时连续下压三次，五车（约 55 m）时连续下压两次，三车（约 33 m）时下压一次，如图 2-124 所示。

图 2-124　十、五、三车距离信号

7. 取消信号：通知将前发信号取消

昼间——拢起的手信号旗，两臂于前下方交叉后，急向左右摇动数次；夜间——红色灯光做圆形转动后，上下摇动，如图 2-125 所示。

图 2-125　取消信号

8. 要求再度显示信号：前发信号不明，要求重新显示

昼间——拢起的手信号旗右臂向右方上下摇动；夜间——红色灯光上下摇动，如图 2-126 所示。

图 2-126　要求再度显示信号

9. 告知显示错误的信号：告知对方信号显示错误

昼间——拢起的手信号旗两臂左右平伸同时上下摇动数次；夜间——红色灯光左右摇动，如图 2-127 所示。

图 2-127　告知显示错误的信号

（四）试验列车自动制动机的手信号

为了保证列车自动制动机作用良好，于列车到达后或始发前，必须按规定的制动机试验项目和要求，进行列车制动机性能试验。因列检人员不配备手信号旗和绿色手信号灯，所以规定昼间使用检查锤、夜间使用白色灯光，作为制动试验的指挥用具。车站值班员（助理值班员）、运转车长、调车人员在按规定进行列车（调车）自动制动机性能试验时，昼间可用拢起的信号旗显示。

司机应注意瞭望试验信号，并按规定鸣笛回答。

如列车制动主管未达到规定压力，试验人员要求司机继续充风时，按照缓解的信号同样显示。

1. 制　动

昼间——用检查锤高举头上；夜间——白色灯光高举，如图 2-128 所示。

图 2-128　制动信号

2. 缓　解

昼间——用检查锤在下部左右摇动；夜间——白色灯光在下部左右摇动，如图 2-129 所示。

图 2-129　缓解信号

3. 试验结束

昼间——用检查锤做圆形转动；夜间——白色灯光做圆形转动，如图 2-130 所示。

图 2-130 试验结束信号

（五）要求机车临时升降弓时用的手信号

1. 降弓手信号：要求机车降下受电弓

昼间——左臂垂直高举，右臂前伸并左右水平重复摇动；夜间——白色灯光上下左右重复摇动，如图 2-131 所示。

图 2-131 降弓手信号

“降弓手信号”是临时发现接触网故障，电力机车不能正常通过时，为防止机车受电弓脱网，发现故障的铁路工作人员显示的信号。显示降弓信号人员与故障地点的距离（此距离应由机务部门提供），应能保证机车及时在故障点前降下受电弓。

2. 升弓手信号：要求机车升起受电弓

昼间——左臂垂直高举，右臂前伸并上下重复摇动；夜间——白色灯光做圆形转动，如图 2-132 所示。

图 2-132 升弓手信号

“升弓手信号”是在列车通过接触网故障地点到达正常供电地点后，有关人员应显示的信号，使列车恢复正常运行。

第六节 信号表示器及信号标志

一、信号表示器

信号表示器是对行车人员传达行车或调车意图的，或对信号进行某些补充说明所用的器具，没有防护意义。

信号表示器包括道岔表示器、脱轨表示器、进路表示器、发车线路表示器、发车表示器、调车表示器和车挡表示器等。

（一）道岔表示器

1. 道岔表示器的用途

道岔表示器是表示道岔位置（开通直向或侧向），不论昼间或夜间均连续不断地显示，以便有关行车人员能随时确认进路。道岔表示器仅表示道岔的位置，不作为指示列车或调车机车运行条件的根据。

2. 道岔表示器的装设位置

非集中操纵的接发车进路上的道岔应装设道岔表示器，集中操纵的道岔、调车场及峰下咽喉的道岔不装设道岔表示器，其他道岔根据需要装设道岔表示器。

集中联锁调车区进行连续溜放作业的分歧道岔设道岔表示器。

3. 道岔表示器的显示方式及含义

（1）昼间无显示；夜间为紫色灯光——表示道岔位置开通直向，如图 2-133 所示。

图 2-133　道岔开通直向

（2）昼间为中央划有一条鱼尾形黑线的黄色鱼尾形牌；夜间为黄色灯光——表示道岔位置开通侧向，如图 2-134 所示。

图 2-134　道岔开通侧向

（3）在调车区为集中联锁时，进行连续溜放作业的分歧道岔应有道岔表示器，平时无显示，当进行溜放作业时，其显示方式如下：

① 紫色灯光——表示道岔开通直向，如图 2-135（a）所示。

② 黄色灯光——表示道岔开通侧向，如图 2-135（b）所示。

（a）

（b）

图 2-135　道岔表示器（溜放作业）

（二）脱轨表示器

1. 脱轨表示器的用途

表示线路开通或遮断的状态。当线路在遮断的状态时，脱轨表示器向列车或机车车辆显示禁止信号（停车信号），表示线路在遮断状态，禁止越过脱轨表示器。

2. 脱轨表示器的装设位置

脱轨表示器设于集中联锁以外的脱轨器、脱轨道岔及引向安全线或避难线的道岔上。

3. 脱轨表示器的显示方式及含义

（1）带白边的红色长方牌及红色灯光——表示线路在遮断状态，如图 2-136 所示。

（2）带白边的绿色圆牌及月白色灯光——表示线路在开通状态，如图 2-137 所示。

图 2-136　脱轨表示器（遮断状态）

图 2-137　脱轨表示器（开通状态）

（三）进路表示器

1. 进路表示器的用途

进路表示器在其主体信号机开放时点亮，用于区别进路开通方向或双线区段反方向发车，不能独立构成信号显示。

2. 进路表示器的装设位置

出站信号机有两个及以上的运行方向，而信号显示不能分别表示进路方向时，应在信号机上装设进路表示器。

发车进路兼出站信号机，根据需要可装设进路表示器区分进路方向。双线自动闭塞区段，有反方向运行条件时，出站信号机设进路表示器。

3. 进路表示器的显示方式及含义

（1）两个发车方向，当信号机在开放的条件下，分别按左、右两个白色灯光，区别进路开通方向，如图 2-138 所示。

图 2-138　进路表示器（两个方向）

（2）3 个发车方向，其显示方式如下：

① 信号机在开放状态及表示器左方显示一个白色灯光——表示进路开通，准许列车向左侧线路发车，如图 2-139（a）所示。

② 信号机在开放状态及表示器中间显示一个白色灯光——表示进路开通，准许列车向中间线路发车，如图 2-139（b）所示。

（a）

（b）

（c）

图 2-139 进路表示器（3 个方向）

③ 信号机在开放状态及表示器右方显示一个白色灯光——表示进路开通，准许列车向右侧线路发车，如图 2-139（c）所示。

（3）4 个发车方向（A、B、C、D 方向，见图 2-140）显示方式如下：

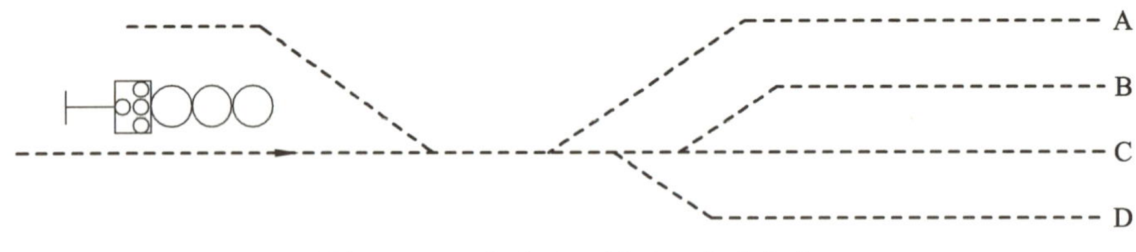

图 2-140 进路表示器（4 个方向）

① 信号机在开放状态及表示器左方横向显示两个白色灯光——表示进路开通，准许列车向左侧 A 方向线路发车，如图 2-141 所示。

② 信号机在开放状态及表示器左方斜向显示两个白色灯光——表示进路开通，准许列车向左侧 B 方向线路发车，如图 2-142 所示。

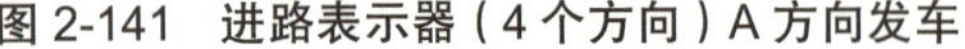

图 2-141 进路表示器（4 个方向）A 方向发车

图 2-142 进路表示器（4 个方向）B 方向发车

③ 信号机在开放状态及表示器右方斜向显示两个白色灯光——表示进路开通，准许列车向右侧 C 方向线路发车，如图 2-143 所示。

④ 信号机在开放状态及表示器右方横向显示两个白色灯光——表示进路开通，准许列车向右侧 D 方向线路发车，如图 2-144 所示。

图 2-143　进路表示器（4 个方向）C 方向发车

图 2-144　进路表示器（4 个方向）D 方向发车

（4）5 个发车方向（A、B、C、D、E 方向）显示方式如下：

① 同 4 个发车方向的第①项——表示进路开通，准许列车向左侧 A 方向线路发车，如图 2-141 所示。

② 同 4 个发车方向的第②项——表示进路开通，准许列车向左侧 B 方向线路发车，如图 2-142 所示。

③ 信号机在开放状态及表示器中间竖向显示两个白色灯光——表示进路开通，准许列车向中间 C 方向线路发车，如图 2-145 所示。

④ 同 4 个发车方向的第③项——表示进路开通，准许列车向右侧 D 方向线路发车，如图 2-143 所示；

⑤ 同 4 个发车方向的第④项——表示进路开通，准许列车向右侧 E 方向线路发车，如图 2-144 所示。

（5）6 个发车方向（A、B、C、D、E、F 方向）显示方式如下：

① 信号机在开放状态及表示器左方竖向显示两个白色灯光——表示进路开通，准许列车向左侧 A 方向线路发车，如图 2-146 所示。

图 2-145　进路表示器（5 个方向）C 方向发车

图 2-146　进路表示器（6 个方向）A 方向发车

② 信号机在开放状态及表示器左方横向显示两个白色灯光——表示进路开通，准许列车向左侧 B 方向线路发车，如图 2-147 所示。

③ 信号机在开放状态及表示器左方斜向显示两个白色灯光——表示进路开通，准许列车向左侧 C 方向线路发车，如图 2-148 所示。

图 2-147 进路表示器（6 个方向）B 方向发车

图 2-148 进路表示器（6 个方向）C 方向发车

④ 信号机在开放状态及表示器右方斜向显示两个白色灯光——表示进路开通，准许列车向右侧 D 方向线路发车，如图 2-149 所示。

⑤ 信号机在开放状态及表示器右方横向显示两个白色灯光——表示进路开通，准许列车向右侧 E 方向线路发车，如图 2-150 所示。

图 2-149 进路表示器（6 个方向）D 方向发车

图 2-150 进路表示器（6 个方向）E 方向发车

⑥ 信号机在开放状态及表示器右方竖向显示两个白色灯光——表示进路开通，准许列车向右侧 F 方向线路发车，如图 151 所示。

（6）7 个发车方向（A、B、C、D、E、F、G 方向）显示方式如下：

① 同 6 个发车方向的第①项——表示进路开通，准许列车向左侧 A 方向线路发车，如图 2-146 所示。

② 同 6 个发车方向的第②项——表示进路开通，准许列车向左侧 B 方向线路发车，如图 2-147 所示。

③ 同 6 个发车方向的第③项——表示进路开通，准许列车向左侧 C 方向线路发车，如图 2-148 所示。

④ 信号机在开放状态及表示器中间竖向显示两个白色灯光——表示进路开通，准许列车向中间 D 方向线路发车，如图 2-152 所示。

图 2-151　进路表示器（6 个方向）F 方向发车

图 2-152　进路表示器（7 个方向）D 方向发车

⑤ 同 6 个发车方向的第④项——表示进路开通，准许列车向右侧 E 方向线路发车，如图 2-149 所示。

⑥ 同 6 个发车方向的第⑤项——表示进路开通，准许列车向右侧 F 方向线路发车，如图 2-150 所示。

⑦ 同 6 个发车方向的第⑥项——表示进路开通，准许列车向右侧 G 方向线路发车，如图 2-151 所示。

（7）在双线区段仅用于区分反方向发车时，其显示方式如下：

① 信号机在开放状态且表示器不点亮——准许列车正方向发车，如图 2-153 所示。

② 信号机在开放状态且表示器显示一个白色灯光——准许列车反方向发车，如图 2-154 所示。

图 2-153　信号机在开放状态且表示器不点亮

图 2-154　信号机在开放状态且表示器显示一个白色灯光

（四）发车线路表示器

1. 发车线路表示器的用途

发车场几条线路共用一架线群出站信号机时，当线群出站信号机开放后，发车线路表示器只准某一线路上的列车出发，防止邻线上的列车误认信号。

2. 发车线路表示器的装设位置

设有线群出站信号机时，在线群每一条发车线路的警冲标内方适当地点装设发车线路表示器。

3. 发车线路表示器的显示方式及含义

发车线路表示器在线群出站信号机开放后显示一个白色灯光——准许该线路上的列车发车，如图 2-155 所示。

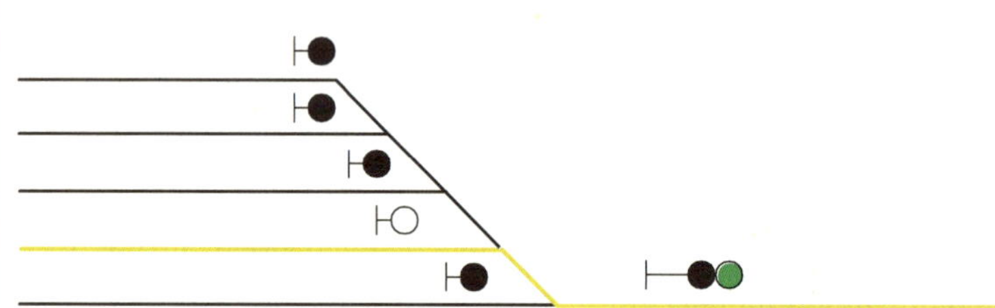

图 2-155 发车线路表示器

不许发车的线路，所属该线路的发车线路表示器不能点亮。

发车线路表示器可用于驼峰调车场，作为调车线路表示器，显示一个白色灯光——准许调车。

（五）发车表示器

1. 发车表示器的用途

在出站信号机已经开放，车站值班员已同意发车的情况下，由发车表示器代替发车人员显示发车的表示器。

2. 发车表示器的装设位置

因车站设在曲线上或站台设施影响及旅客乘降等因素，确认发车信号困难，而中转信号又延长站停时间的车站，在便于司机瞭望的地点装设发车表示器。

3. 发车表示器的显示方式及含义

发车表示器常态不显示；显示一个白色灯光——表示车站人员准许发车，如图 2-156 所示。

图 2-156 发车表示器

（六）调车表示器

1. 调车表示器的用途

由调车表示器代替调车指挥人员的手信号。调车表示器向前、后两方均能单独显示，一方向着调车区，一方向着牵出线。调车表示器只准许调车指挥人员使用，以保证调车作业安全。

2. 调车表示器的装设位置

在作业繁忙的调车场上，因受地形、地物影响，调车机车司机看不清调车指挥人的手信号时设调车表示器。

3. 调车表示器的显示方式及含义

（1）向调车区方向显示一个白色灯光——准许机车车辆自调车区向牵出线运行，如图 2-157（a）所示。

（2）向牵出线方向显示一个白色灯光——准许机车车辆自牵出线向调车区运行，如图 2-157（b）所示。

（3）向牵出线方向显示两个白色灯光——准许机车车辆自牵出线向调车区溜放，如图 2-155（c）所示。

（a）

（b）

（c）

图 2-157 调车表示器

（七）车挡表示器

1. 车挡表示器的用途

为了便于司机和调车指挥人员瞭望车挡位置，防止列车或机车车辆与车挡相撞造成脱轨事故。

2. 车挡表示器的装设位置

车挡表示器设在线路终端的车挡上（安全线及避难线可不设车挡表示器），用于表示线路的终端。

3. 车挡表示器的显示方式及含义

昼间——一个红色方牌；夜间——显示一个红色灯光，如图 2-158 所示。

图 2-158　车挡表示器

二、线路标志

1. 线路标志的用途

线路标志用来表示铁路线路建筑物及设备的状态或位置，以及表示铁路各级管理机构的管界范围。

2. 线路标志的设置

（1）线路标志，按计算公里方向设在线路左侧。双线区段须另设线路标志时，应设在列车运行方向左侧。

（2）线路标志内侧应设在距线路中心不少于 3.1 m 处（警冲标除外）。

3. 线路标志的种类

线路标志包括公里标、半公里标、曲线标、圆曲线和缓和曲线的始终点标、桥梁标、隧道（明洞）标、坡度标，以及铁路局、工务段、线路车间、线路工区和供电段的界标。

（1）公里标、半公里标，设在一条线路自起点计算每一整公里、半公里处，如图 2-159 所示。

图 2-159　公里标、半公里标

（2）曲线标，设在曲线中点处，标明曲线中心里程、半径大小、曲线和缓和曲线长度，如图 2-160 所示。

图 2-160　曲线标

（3）圆曲线和缓和曲线的始终点标，设在直缓、缓圆、圆缓、缓直各点处，标明所向方向为直线、圆曲线或缓和曲线，如图 2-161 所示。

图 2-161　圆曲线和缓和曲线的始终点标

（4）桥梁标，设在桥梁两端桥头处，标明桥梁编号、中心里程和长度，如图 2-162 所示。

（5）隧道（明洞）标，直接标注在隧道（明洞）两端洞门端墙上，标明隧道号或名称及中心里程和长度，如图 2-163 所示。

图 2-162　桥梁标

图 2-163　隧道（明洞）标

（6）坡度标，设在线路坡度的变坡点处，两侧各标明其所向方向的上、下坡度值及其长度，如图 2-164 所示。

图 2-164　坡道标

（7）铁路局、工务段、线路车间、线路工区和供电段的界标，设在各单位管辖地段的分界点处，两侧标明所向的单位名称，如图 2-165 所示。

图 2-165　管界标

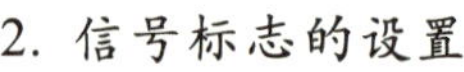

三、信号标志

1. 信号标志的用途

信号标志表示所在地点的某种情况或状态，引起司机（包括有关行车人员）的注意和警觉，并采取必要的措施确保行车安全。

2. 信号标志的设置

信号标志设在列车运行方向左侧（警冲标除外），内侧应设在距线路中心不小于 3.1 m 处。

3. 信号标志的种类

信号标志包括警冲标、站界标、预告标、引导员接车地点标、司机鸣笛标、电气化区段的电力机车禁停标、断电标、合电标、接触网终点标、准备降下受电弓标、降下受电弓标、升起受电弓标、作业标、减速地点标、补机终止推进标、机车停车位置标、四显示机车信号接通标、四显示机车信号断开标、轨道电路调谐区标志、级间转换标、通信模式转换标，以及除雪机用的临时信号标志等。

（1）警冲标，设在两会合线路线间距离为 4 m 的中间。线间距离不足 4 m 时，设在两线路中心线最大间距的起点处（见图 2-166）。在线路曲线部分所设道岔附近的警冲标与线路中心线间的距离应按限界的加宽增加。

图 2-166 警冲标

（2）站界标，设在双线区间列车运行方向左侧最外方顺向道岔（对向出站道岔的警冲标）外不少于 50 m 处，或邻线进站信号机相对处，如图 2-167 所示。

（3）预告标，设在进站信号机及线路所通过信号机外方 900 m、1 000 m 及 1 100 m 处（见图 2-168），但在设有预告或接近信号机及自动闭塞的区段，均不设预告标。

图 2-167 站界标

图 2-168 预告标

在双线区间，退行的列车看不见邻线的预告标时，在距站界外 1 100 m 处特设一个预告标，如图 2-170 所示。

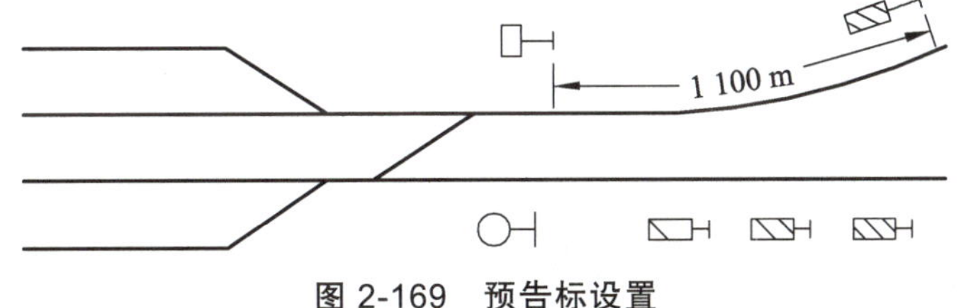

图 2-169 预告标设置

（4）引导员接车地点标，列车在距站界 200 m 以外，不能看见引导人员在进站信号机或站界标处显示的手信号时，须在列车距站界 200 m 外能清晰地看见引导人员手信号的地点设置，如图 2-170 所示。

（5）司机鸣笛标，设在道口、大桥、隧道及视线不良地点的前方 500 ~ 1 000 m 处（见图 2-171）。在非限鸣区域，司机见此标志须长声鸣笛；在限鸣区域内，司机见此标志应开启灯显示警设备，除遇危及行车安全等情况外，限制鸣笛。

（6）电力机车禁停标，设在站场、区间接触网不同供电臂间的电分段两端，电力机车在该标志提示的禁停区域内不得停留，如图 2-172 所示。

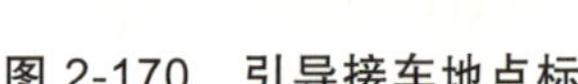

图 2-170　引导接车地点标

图 2-171　司机鸣笛标

图 2-172　电力机车禁停标

（7）在电气化区段接触网电分相前方，分别设断电标（见图 2-173）、禁止双弓标（见图 2-174）。对于最高运行速度大于 120 km/h 的旅客列车、特快货物班列及最高运行速度为 120 km/h 的货物列车、快速货物班列运行的线路，在断电标的前方增设特殊断电标，如图 2-175 所示。

在接触网电分相后方设合电标（见图 2-176），设置位置如图 2-177 所示。在双线电气化区段，在“合”“断”电标背面，可分别加装“断”“合”字标，作为反方向行车的“断”“合”电标使用。

图 2-173　断电标

图 2-174　禁止双弓标

图 2-175　特殊断电标

图 2-176　合电标

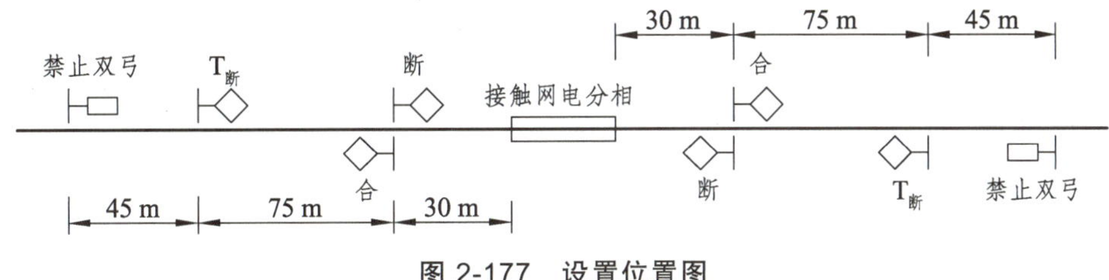

图 2-177　设置位置图

（8）接触网终点标，设在接触网边界（见图 2-178），警告司机不准越过该标，防止机车脱弓。

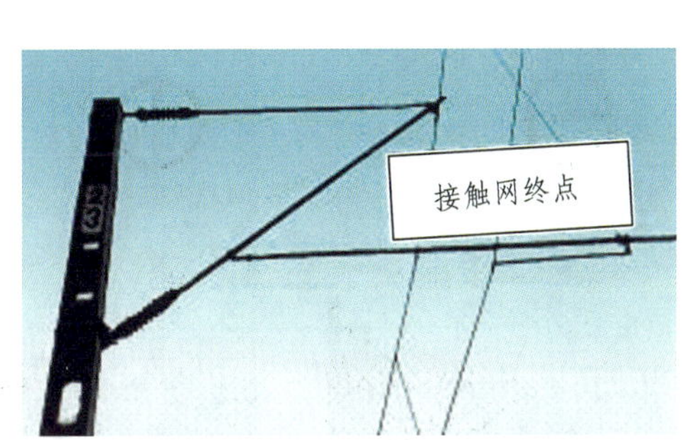

图 2-178　接触网终点标

（9）在电气化线路接触网故障降弓地段前方，分别设准备降下受电弓标（见图 2-179）、降下受电弓标（见图 2-180）；对于最高运行速度大于 120 km/h 的旅客列车、特快货物班列及最高运行速度为 120 km/h 的货物列车、快速货物班列运行的线路，在降下受电弓标的前方增设特殊降弓标（见图 2-181）。在降弓地段后方，设升起受电弓标（见图 2-182），设置位置如图 2-183 所示。

图 2-179　准备降弓标

图 2-180　降弓标

图 2-181　特殊降弓标

图 2-182　升弓标

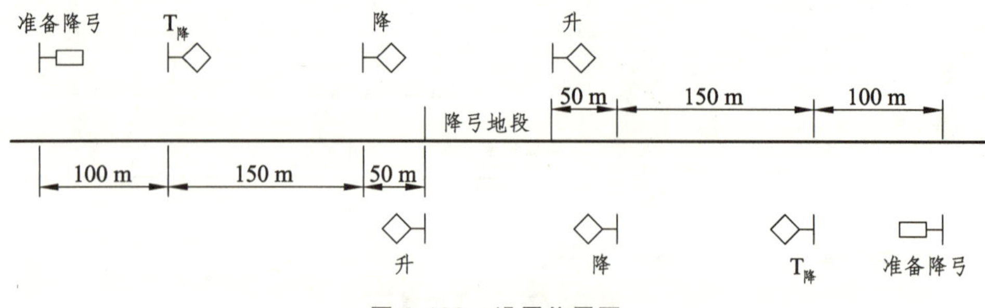

图 2-183　设置位置图

（10）作业标，设在施工线路及其邻线距施工地点两端 500 ~ 1 000 m 处（见图 2-184）。司机见此标志须长声鸣笛，注意瞭望。

（11）减速地点标，设在需要减速地点的两端各 20 m 处。正面表示列车应按规定限速通过地段的始点，背面表示列车应按规定限速通过地段的终点，如图 2-185 所示。

图 2-184　作业标

背面

图 2-185　减速地点标

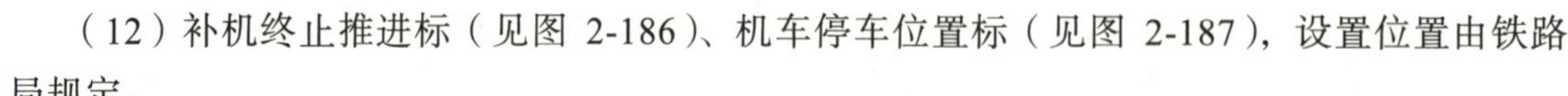

（12）补机终止推进标（见图 2-186）、机车停车位置标（见图 2-187），设置位置由铁路局规定。

图 2-186　补机终止推进标

图 2-187　机车停车位置标

（13）四显示机车信号接通标（机车信号接通标）：涂有白底色、黑竖线、黑框的反光菱形板及黑白相间的立柱标志，如图 2-188 所示。

（14）四显示机车信号断开标：涂有白底色、中间断开的黑横线、黑框的反光菱形板及黑白相间的立柱标志，如图 2-189 所示。

图 2-188　四显示机车信号接通标

图 2-189　四显示机车信号断开标

（15）轨道电路调谐区标志。

Ⅰ型为反方向区间停车位置标，涂有白底色、黑框、黑“停”字、斜红道，标明调谐区长度的反光菱形板标志，如图 2-190 所示。

Ⅱ型为反方向行车困难区段的容许信号标，涂有黄底色、黑框、黑“停”字、斜红道，标明调谐区长度的反光菱形板标志，如图 2-191 所示。

Ⅲ型用于反方向运行合并轨道区段之间的调谐区或因轨道电路超过允许长度而设立分隔点的调谐区，为涂有蓝底色、白“停”字、斜红道，标明调谐区长度的反光菱形板标志，如图 2-192 所示。

图 2-190　Ⅰ型轨道电路调谐区

图 2-191　Ⅱ型轨道电路调谐区

图 2-192　Ⅲ型轨道电路调谐区

以上 3 种调谐区标志均使用黑白相间的立柱。

（16）级间转换标：在 CTCS-0/CTCS-2 级转换边界一定距离前方的级间转换应答器组对应的线路左侧设级间转换标志。该标志采用涂有白底色、黑框，写有黑“C0”“C2”标记的反光菱形板及黑白相间的立柱，如图 2-193 所示。

（a）　　　　（b）

图 2-193　级间转换标

（17）通信模式转换标：在始发站列车停车标内方或需要转换通信模式的相应地点设机车综合无线通信设备通信模式转换提示标志，标志牌顶边距轨面 2.5 m。该标志标面采用涂有白底色、黑框，写有黑“通信转换”字样的方形板，如图 2-194 所示。

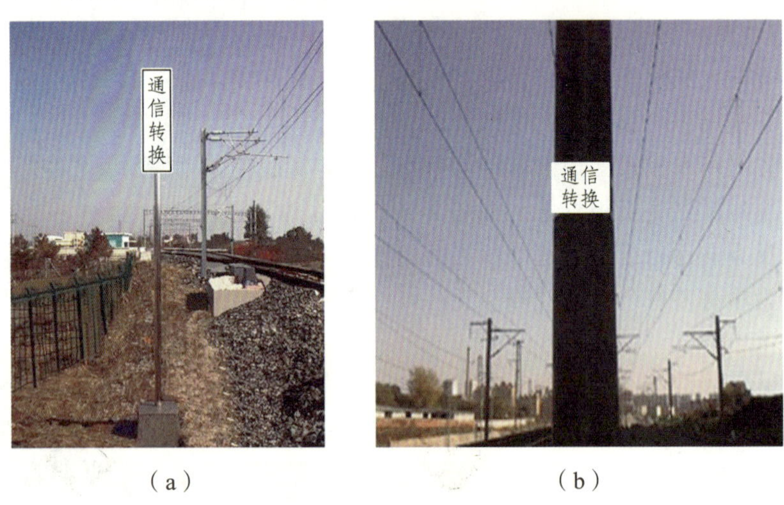

（a）　　　　（b）

图 2-194　通信模式转换标

（18）通知操纵除雪机人员的临时信号标志如图 2-195 所示。

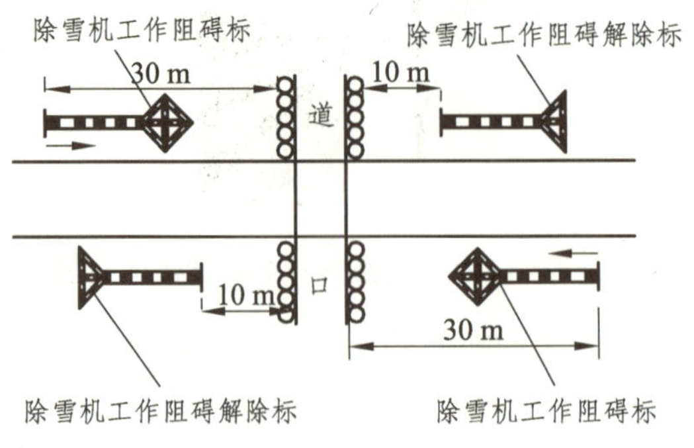

图 2-195　除雪机工作标志

① 除雪机工作阻碍标——表示前面有道口、道岔、桥梁等建（构）筑物，妨碍除雪机在工作状态下通过；

② 除雪机工作阻碍解除标——表示已通过阻碍地点。

四、列车标志

1. 列车标志的概念

列车应根据其种类及运行的线路和方向，在头部和尾部分别显示不同的列车标志。列车标志是列车在线路上运行时的显示，分别向运行前、后方显示不同位置和颜色的灯光，表示列车在不同的线路上，以不同的方式运行。

2. 列车标志的作用

列车头部标志主要区别列车、机车正向、机车逆向、推进运行的不同方式和在单线、双线上运行的方向。列车尾部标志除起防护列车的作用外，还可使接发列车、维修施工、巡道、道口等行车人员，在一定的距离内，根据列车标志确认列车的运行状态和列车的完整，据此办理有关工作，保证列车运行的安全。

3. 列车标志的显示

列车标志的显示方式，昼间与夜间相同，但昼间不点灯，主要是考虑昼间瞭望条件好，有关接发列车及维修施工、巡道、道口人员等可以确认列车运行情况，故不需点灯。但遇天气不良，如雾、雨、雪及沙尘影响时，有关人员确认列车困难时，列车标志于昼间亦应点灯，以保证列车运行及有关行车作业人员的安全。

（1）列车在双线区段正方向及单线区段运行时，机车前端一个头灯及中部右侧一个白色灯光（见图 2-196）。列车尾部两个侧灯，向后显示红色灯光，向前显示白色灯光。挂有货物列车列尾装置时，为列尾装置向后显示红白相间的反射标志和一个红色闪光灯光，如图 2-197 所示。

图 2-196　列车在双线区段正方向及单线区段运行时机车前部标志

图 2-197　列车在双线区段正方向及单线区段运行时列车尾部标志

（2）列车在双线区段反向运行时，机车前端一个头灯及中部右侧一个红色灯光（见图 2-198）；列车尾部标志与第（1）项相同。

图 2-198　列车在双线区段反方向运行时机车头部标志

（3）列车推进运行时，列车前端两个侧灯，向前显示红色灯光，向后显示白色灯光；挂有货物列车列尾装置时，为列尾装置向前显示红白相间的反射标志和一个红色闪光灯光（见图 2-199）。机车后端中部左侧一个红色灯光，如图 2-200 所示。

图 2-199　列车推进运行时列车头部标志

图 2-200　列车推进运行时机车后部标志

列车在双线区段正向推进运行时，列车前端向前显示左侧一个红色灯光，右侧一个白色灯光，向后显示左侧一个白色灯光；挂有货物列车列尾装置时，为列尾装置向前显示红白相间的反射标志和一个红色闪光灯光，如图 2-201 所示。

图 2-201　列车在双线区段正向推进运行时列车头部标志

（4）列车后端挂有补机时，机车后端标志与第（3）项相同。

（5）单机在双线区段正方向及单线区段运行时，机车前端标志与第（1）项相同；后端标志与第（3）项相同。

（6）单机在双线区段反方向运行时，机车前端标志与第（2）项相同；后端标志与第（3）项相同。

（7）调车机车及机车出入段时，机车前端标志与第（1）项相同；机车后端中部左侧一个白色灯光，如图 2-202 所示。

图 2-202　调车机车及机车出入段时标志

（8）轨道车运行时，前端一个白色灯光，如图 2-203 所示；后端一个红色灯光，如图 2-204 所示。

图 2-203　轨道车运行时前部标志

图 2-204　轨道车运行时后部标志

第七节　听觉信号

听觉信号是以口笛、号角、机车和自轮运转特种设备的鸣笛，发出长短不同、组合方式不同的声响，以表示不同的含义。

一、使用时机

由于铁路行车工种是由多工种联合作业，互相配合完成的，工种间有许多工作需要进行联系，在天气不良、视觉信号不能使用或通信设备不能使用等情况下，都需要使用听觉信号。

机车乘务员在牵引列车运行、调车作业，以及在区间被迫停车后需提示注意、相互联系等时，应使用通信设备方式。遇联系不通或危及行车人身安全时应采用鸣笛方式。

二、使用要求

听觉信号，长声为 3 s，短声为 1 s，音响间隔为 1 s。重复鸣示时，须间隔 5 s 以上。

三、听觉信号的鸣示方式

（1）机车、自轮运转特种设备的鸣示方式见表 2-1。

表 2-2 机车、自轮运转特种设备的鸣示方式

名　称	鸣示方式	使用时机
起动注意信号	一长声 —	（1）列车起动或机车车辆前进时（双机牵引或使用补机时，本务机车鸣笛后，补机应回答，本务机车再鸣笛一长声后起动）； （2）接近鸣笛标、道口、桥梁、隧道、行人、施工地点或天气不良时； （3）电力机车、自轮运转特种设备在检修及整备中，准备降下或升起受电弓时
退行信号	二长声 — —	列车、机车车辆、单机开始退行时
召集信号	三长声 — — —	要求防护人员撤回时
牵引信号	一长一短声 — ·	途中本务机车要求补机牵引运行时（补机应以同样信号回答）
惰行信号	一长二短声 — · ·	本务机车要求补机惰力推进或要求补机断开主断路器时（补机应以同样信号回答）
途中降弓信号	一短一长声 · —	（1）电力机车双机牵引中，本务机车司机要求补机降下受电弓时（补机须以同样信号回答）； （2）电力机车司机在途中发现降弓手信号时，应鸣此信号回示
途中升弓信号	一短二长声 · — —	（1）电力机车双机牵引中，本务机车司机要求补机升起受电弓时（补机须以同样信号回答）； （2）电力机车司机在途中发现升弓手信号时，应鸣此信号回示
呼唤信号	二短一长声 · · —	（1）机车要求出入段时； （2）在车站要求显示信号时
警报信号	一长三短声 — · · ·	发现线路有危及行车安全的不良处所时
试验自动制动机及复示信号	一短声 ·	（1）试验制动机开始减压时； （2）接到试验制动结束的手信号，回答试风人员时； （3）调车作业中，表示已接受调车长所发出的手信号时
缓解及溜放信号	二短声 · ·	（1）试验制动机缓解时； （2）要求列车乘务组缓解人力制动机时； （3）复示溜放调车信号时

（2）口笛、号角的鸣示方式见表 2-2。

表 2-2　口笛、号角的鸣示方式

用途及时机	鸣示方式	
发车、指示机车向显示人反方向移动	一长声	—
指示机车向显示人方向移动	一短一长声	· —
试验制动机减压	一短声	·
试验制动机缓解	二短声	· ·
试验制动机结束及安全信号	一短一长二短声	· — · ·
一道	一短声	·
二道	二短声	· ·
三道	三短声	· · ·
四道	四短声	· · · ·
五道	五短声	· · · · ·
六道	一长一短声	— ·
七道	一长二短声	— · ·
八道	一长三短声	— · · ·
九道	一长四短声	— · · · ·
十道	二长声	— —
二十道	二短二长声	· · — —
十、五、三车距离信号：十车	三短声	· · ·
十、五、三车距离信号：五车	二短声	· ·
十、五、三车距离信号：三车	一短声	·
连接及停留车位置	一长一短一长声	— · —
停车	连续短声	· · · · · ·
要求司机鸣笛	二长三短声	— — · · ·
试拉	一短声	·
减速	连续二短声	· · · ·
溜放	三长声	— — —
取消	二长一短声	— — ·
再显示	二长二短声	— — · ·
列车接近通报信号：上行	二长声	— —
列车接近通报信号：下行	一长声	—

【本章小结】

本章对铁路行车信号进行了全面讲解，主要介绍了铁路固定信号、机车信号、信号表示器的显示方式和含义，移动信号、临时防护信号、列车运行手信号、调车作业手信号、联系手信号的使用时机和显示含义，线路标志及信号标志的含义，听觉信号的鸣示方法和含义等。在铁路运输生产中必须正确而严格地执行铁路行车信号的要求，确保铁路运输安全正点、快捷、高效。本章的重点是各种固定信号的设置位置、显示方式及所指示的运行条件，移动信号及手信号的显示方式及指示的运行条件。

【事故案例】

京广线“7 · 9”旅客列车脱轨颠覆重大事故

一、事故概况

1999 年 7 月 9 日，广铁（集团）公司长沙机务段司机李某、副司机张某，驾驶 461 次旅客列车运行至京广线茶山坳车站时，在总出站信号机显示两个绿灯、机车信号显示一个绿灯的情况下，没有确认该地面信号机的显示状态，致使列车以 111 km/h 的速度通过侧向限速为 45 km/h 的道岔，并导致列车脱轨颠覆。造成人员死亡 9 人，重伤 15 人，轻伤 25 人；中断京广下行正线 32 小时 08 分；直接经济损失 617 万元，构成旅客列车行车重大事故。

二、事故原因

（1）司机臆测行车。461 次列车在茶山坳车站通过时，仅凭该站进站、接发车进路信号机显示的绿灯，盲目臆测运行。在总出站信号机显示双绿灯的情况下没有确认其显示状态，违反了《技规》第 252 条第二款的规定，没有注意确认信号，导致列车以 111 km/h 的速度通过侧向允许速度为 45 km/h 的道岔，超速运行，造成列车颠覆。

（2）调度违章指挥。长沙总公司列车调度员违反了《技规》第 166 条的规定。在变更 461 次列车运行经路时，既没有报告集团公司调度批准，也没有向司机、运转车长和有关车站发布调度命令，违章指挥，擅自变更客车基本经路，同时，该站也未及时车机联控明确通知已变更运行经路。

（3）信号设计错误。茶山坳车站改造的设计和施工单位，违反《技规》第 317 条第一款的规定。在出站道岔开通侧向时，进站及接发车进路信号机显示一个绿灯，信号的错误设计埋下了事故隐患。

三、事故教训

（1）机班在总出站信号机显示两个绿灯并在监控装置语音提示的情况下，既没有确认信号机的显示，也没有采取减速措施。

（2）机班毫无安全行车观念。茶山坳站总出站信号机在改造前显示两个绿灯为侧向通过，且进湘桂联络线必须减速，这两点该机班是知道的。发生事故的当时虽然受到进站、接车进路信号均显示绿灯的误导，但在接近总出站信号机600多米的有效瞭望距离及900多米的制动距离内，在监控装置语音提示的情况下，司机没有确认总出站信号机的显示。

（3）安全管理方面存在漏洞。运用干部在参加茶山坳车站计算机联锁改造施工和联锁试验后，没有根据信号机显示的变化及时进行安全预想，没有及时向段有关领导汇报情况，致使监控装置速度控制模式调整及其他有效防范措施未能起到应有的作用，留下了行车安全的隐患。

（4）在改变列车经路的情况下，列车调度员未发布调度命令，也未在车机联控中预告机车乘务员。

【复习思考题】

1. 信号装置分哪几类？
2. 进站色灯信号机有哪些显示方式？指示的列车运行条件分别是什么？
3. 出站色灯信号机有哪些显示方式？指示的列车运行条件分别是什么？
4. 通过色灯信号机有哪些显示方式？指示的列车运行条件分别是什么？
5. 进路色灯信号机有哪些显示方式？指示的列车运行条件分别是什么？
6. 预告色灯信号机的设置地点如何规定？预告色灯信号机有哪些显示方式？分别表示什么含义？
7. 接近色灯信号机的设置地点如何规定？接近色灯信号机有哪些显示方式？分别表示什么含义？
8. 机车信号有哪些显示方式？所对应的地面信号分别是什么？
9. 无线调车灯显信号的显示方式及含义分别是什么？
10. 移动停车手信号如何显示？
11. 调车手信号如何显示？分别表示什么调车意图？
12. 引导手信号昼、夜间的显示方式是什么？指示的运行条件如何？
13. 机车、轨道车的鸣笛声（听觉信号）有哪些？使用时机如何？

第三章 编组列车

列车是完成铁路运输任务的载体。编组列车就是按列车种类、用途和运输性质，根据《技规》、列车编组计划和列车运行图规定的编制条件、车组、质量或长度编组，将车辆或车组选编成车列，并挂上机车和规定的列车标志。

为确保列车的运行安全，提高运输效率，原则上，只有所编列车完全具备条件后，方能向区间正线运行。因此，编组列车应符合保证安全，提高效率，并充分利用铁路通过能力和牵引力这一原则。

第一节 编组列车的一般要求

一、列车的分类

随着铁路运输事业的发展，为满足旅客和货物运输的不同需要，列车按运输性质主要分为以下 5 种：

1. 旅客列车

旅客列车是为运送旅客开行的列车。根据旅客列车的车底及运行速度或旅行速度等，可将旅客列车分为动车组、特快、快速、普通旅客列车。

2. 特快货物班列

特快货物班列是指使用行李车或邮政车等客车车辆，根据需要编组，整列装载行李、包裹和邮件等的列车。

3. 军用列车

军用列车是指为运送军队和军用物资开行的列车。

4. 货物列车

货物列车是指为运送货物和排送空货车开行的列车，分为快速货物班列、五定班列、快运、重载、直达、直通、冷藏、自备车、区段、摘挂、超限及小运转列车。

（1）快速货物班列：使用专用货车运送行包等的列车。

（2）五定班列：即定点、定线、定车次、定时、定价的货物列车。

（3）快运货物列车：采用运行速度为 120 km/h 的专用车辆，以高附加值货物为重要运送对象的快速列车。

（4）直达货物列车：通过一个及以上编组站不进行改编作业的列车。在装车站组成的叫始发直达列车；在技术站（编组站和区段站的总称）组成的，叫技术直达列车。

（5）直通货物列车：在技术站组成，通过一个及以上区段站不进行改编作业的列车。

（6）冷藏货物列车：利用机械冷藏车专门运送鲜活、易腐等需要保持特定温度的货物的列车。

（7）自备车列车：全部用企业自备车编组而成的列车。

（8）区段货物列车：在技术站组成，运行一个区段，在本区段内不进行甩挂作业的列车。

（9）摘挂货物列车：在技术站（或中间站）组成，在区段内进行车辆甩挂或零担货物装卸的列车。

（10）超限货物列车：编挂有超限货物车辆的列车。

（11）小运转列车：在区段规定范围内或枢纽地区几个车站间开行的列车。

5. 路用列车

路用列车是指不以营业为目的，专为完成铁路本身任务而开行的列车，如试验列车，运送铁路器材、路料的列车，因施工、检修需要开行的轨道车、接触网作业车、大型养路机械车组等。

除上述5种列车外，还有为执行任务而开行的特殊用途列车，如专运、救援列车等。

二、编组列车的基本要求

1. 按《技规》规定编组列车

车辆编入列车的技术条件、隔离限制、自动制动机数量作用和挂配要求、列车尾部挂车条件、编入列车的机车编挂位置等，必须符合《技规》有关“编组列车”的规定。同时，对于各类危险货物、易燃普通货物及装载上述货物车辆编入列车的隔离限制，编挂装载超限货物车辆和特种车辆，还要执行铁路总公司颁布的《铁路危险货物运输管理规则》《铁路超限超重货物运输规则》等规章的有关规定及临时指示。

2. 按列车编组计划和列车运行图规定编组列车

列车种类、去向、编组内容、车组和车辆的编挂位置必须符合列车编组计划的规定。列车牵引重量、长度必须符合列车运行图的规定。凡跨及两个及以上区段的直通或直达列车，各区段规定的牵引重量、长度不同时，还应符合列车编组计划规定的基本组的重量和长度。

三、列车重量（牵引定数）的确定

列车重量：是根据机车牵引力、区段内限制坡道等因素，通过计算、试运转和各种类型机车牵引重量的平衡，最后取整而定的。

编组列车时，其重量应满足列车运行图规定的各区段牵引定数。由于实际编成的列车与额定重量不可能完全相符，因此，铁路总公司规定了货物列车牵引重量允许上下波动80 t。

超重列车：列车重量按列车运行图规定的牵引定数超过81 t及以上，连续运行距离超过列车乘务规定区段1/2的货物列车。

欠重列车：列车重量按列车运行图规定的牵引定数欠81 t及以上，同时换长欠1.3及以上，连续运行距离超过列车乘务规定区段 1/2 的货物列车。

积极提高列车重量，能提高铁路运输能力，降低运输成本，并能节省运用机车台数。但如随意开行超重列车，由于受机车性能或司机技术水平限制，可能造成运缓、区间停车或会让不当打乱运行秩序。为此，编组超重列车时，在编组站、区段站应得到机务段调度的同意，在中间站应得到司机的同意，并须经行车调度员的准许，以便行车调度员指挥行车时心中有数，保证列车运行有序。

四、列车长度的确定

列车长度：是根据牵引区段内各站到发线的有效长度，并预留 30 m 的附加制动距离后确定的。

编组列车时，其长度应满足列车运行图规定的列车换长。铁道总公司规定货物列车的换长允许超过规定换长 1.3。

超长列车：凡超过列车运行图规定换长 1.3 及以上的列车称为超长列车。编组超长列车发往区间时，其运行办法，由铁路局规定。

欠长列车：换长低于列车运行图规定换长 1.3 及以上的列车。

在行车作业中，列车的长度超过到发线的有效长度，不能在车站进行会让等作业时，须按超长列车办理。

各铁路局制定超长列车运行办法时，要考虑区段内的具体条件，如各站到发线的有效长及数目、接近车站的线路纵断面等情况。在调车线长度不足时，还应确定分部编组与技术检查如何配合及到达甩车的办法等。但编组超长列车，其最大长度不得超过区段内两股最短到发线的有效长度之和。开行超长列车时，列车调度员必须事先有计划地向各有关站、段布置，特别要注意列车会让计划。单线区段要避免对开超长列车，免得给中间站会车带来麻烦。超长列车内不宜挂超限及其他限速车辆。各站应根据铁路局制定的超长列车运行办法，按本站、机务、列检等具体条件，制定出相应的接发超长列车办法，并纳入《站细》。

五、禁止编入列车的机车车辆

为了保证行车安全，在编组列车时，对其编挂的机车车辆，在技术条件上必须有一定的要求。以下禁止编入列车：

1. 插有扣修、倒装色票的及车体倾斜超过规定限度的

插有扣修、倒装色票的车辆多系故障车辆，经检车人员确定，车辆技术状态不良、定检到期或过期需要扣修或重车因技术状态不良需倒装后进行摘车修理。这些车辆不准使用，列检人员应按照规定正确插、撤色票，并及时向车站发出“车辆检修通知书”，车站应迅速送往车辆部门指定地点修理。其他人员不准任意插、撤色票。

车体倾斜超过规定限度的车辆。车体倾斜指车辆一侧或一端倾斜，一般是由于车体结构变化，弹簧衰弱或装载偏重、集重、超重等所造成的。车体倾斜可能使弹簧折断或车辆热轴，

在运行中车体左右摇摆，甚至可能发生脱轨，同时车体倾斜超过限度（客车超过 50 mm，货车超过 75 mm）时，也可能侵入限界，与信号设备、建筑物或邻线机车车辆接触。

2. 曾经发生冲突、脱轨或曾编入发生特别重大、重大、较大事故列车内以及在火灾、爆炸、水灾等自然灾害中损坏，未经检查确认可以运行的

这些机车车辆经过激烈冲撞，其主要零部件，如转向架、轮对轴箱、车钩及车底架等，可能存在隐患，容易产生损伤，威胁行车安全，所以未经过列检检查时，禁止编入列车。

3. 装载货物超出机车车辆限界，无挂运命令的

货物装车后，在平直线路上停留时，货物的高度和宽度有任何部位超过机车车辆限界或特定区段装载限界，均为超限货物。在平直线路上停留虽然不超限，但行经半径为 300 m 曲线线路时，货物的内侧或外侧计算宽度（已经减去曲线水平加宽量 36 mm 以后），仍然超限的，亦为超限货物。

装载超限货物的车辆，在运行上须有特殊的要求，如限制运行速度，禁止通过的线路、桥梁和隧道等，列车调度员均应根据批准装运电报发布挂运命令，否则禁止编入列车。

4. 装载跨装货物（跨及两平车的汽车除外）的平车，无跨装特殊装置的

跨装，系指一件货物的长度或质量不能容纳于一辆车上，须用两辆平车共同负担载重。为使跨装货物的车辆能灵活地通过曲线，必须在车辆与货物之间使用特殊装置——转向架。同时，为了防止因车钩弹簧压缩、伸张而造成货物的窜动，在货物跨装的车辆与车辆之间，一般应使用车钩缓冲停止器（铁路总公司明确规定可不使用的除外）。如无跨装特殊装置，通过小半径曲线或坡道地段则可能产生移动，甚至发生脱轨或颠覆。跨及两车装载的汽车或爬装的汽车，由于有车轮的小距离转动，可以缓解和适应车钩的伸缩，因此，不用使用跨装特殊装置。

5. 平车及敞车装载货物违反装载和加固技术条件的

平车及敞车装载的货物，违反《铁路货物运输规程》和《铁路货物装载加固规则》规定的装载加固技术条件时，就会造成货物窜动或发生货物坠落，危及行车安全。

6. 未关闭侧开门、底开门以及平车未关闭端、侧板的（有特殊规定者除外）

未关闭端、侧板或侧开门的车辆，在运行中侧板或侧开门可能掀动或摇晃，甚至超出机车车辆限界，威胁线路附近设备和人员的安全。一旦端、侧板或侧门脱落，还可能导致列车脱轨，甚至颠覆。底开门不关闭，容易刮坏道岔，甚至脱落。每一底开门为两个扣铁，如只用一个扣铁关闭底开门，经过振动底开门仍可开放，使货物散落而引起车辆脱轨。

7. 由于装载的货物需停止自动制动机的作用，而未停止的

根据装载货物性质（如易燃、易爆等）要求关闭自动制动机，是考虑在列车制动时防止闸瓦与车轮踏面摩擦发热，产生高温或发出火星，特别在长大下坡道上制动时间过长，闸瓦处于高热状态，如不停止自动制动机，对装有爆炸品或怕受高温的货物车辆，有可能引燃或引爆，所以必须停止自动制动机作用。关闭自动制动机是指关闭制动支管的截断塞门，并将副风缸的压缩空气排出，人力制动机置于缓解状态。

8. 企业自备的机车车辆、自轮运转特种设备和城市轨道车辆、进出口机车车辆过轨时，未经铁路机车车辆人员检查确认的

为保证铁路行车安全，企业自备的机车车辆、自轮运转特种设备和城市轨道车辆、进出口机车车辆在进入铁路营业线行驶前，须经铁路机车车辆部检查鉴定，确定其各部分的技术状态符合铁路规章及有关规定的要求。

9. 缺少车门的（检修回送车除外）

缺少车门的车辆装货后，容易造成货物窜出或坠落、丢失，不能保证货物的完整和行车安全。

10. 超过定期检修期限的客车车辆（经车辆部门鉴定的回送客车除外）禁止编入旅客列车

由于超期运行，其各部分技术状态将会发生变化。如结构松弛，零、部件磨耗，裂纹变形，材质疲劳、老化和制动作用不良，可能产生不易发现的隐患等，直接威胁行车和人身安全。因此，不准编入旅客列车。但为使客车尽早入厂、段施修或随原车底入段，经车辆部门鉴定走行部良好后，在不影响旅客列车的运行和安全的条件下，送厂、段施修的客车可编入旅客列车。

第二节　列车中车辆的编挂

一、货物列车的编挂

1. 装载危险货物、易燃货物的车辆的编挂

危险货物是指具有燃烧、爆炸、腐蚀、毒害、放射线等性质，而且在运输过程中如发生意外，能引起人身伤亡、国家和人民财产受到毁损的物资。

易燃货物是指遇明火或高温容易引起燃烧和造成火灾的货物。

装载危险、易燃等货物的车辆编入列车的隔离限制，按《铁路车辆编组隔离表》(《技规》附件 10）执行。编挂超限货物车辆或特种车辆时，按国家及铁路总公司规定或临时指示办理。

由于危险和易燃货物遇高热、摩擦、冲击或与其他物质接触而有剧烈反应，容易引起燃烧、爆炸，侵入人体造成中毒或伤亡等危害。根据这一特性，《铁路危险货物运输管理规则》规定装有上述货物的车辆编入列车时，要施行必要的隔离。隔离的作用，一是使易燃、易爆炸品与火源隔离；二是万一发生意外时，能尽量减少或避免扩大损失，如爆炸品与放射性物品不准编入同一列车等。

小运转列车的机车及调车机车均装有防火装置，且运行途程较短，所以在保证安全的前提下，小运转及调车作业时隔离规定，由铁路局自行制定。

2. 装载超限货物的车辆或特种车辆的编挂

由于正常的行车组织方法和货物装载都是按照机车车辆限界确定的。如超出这个限界的范围，运行上应有一定的限制，方能保证安全。所以列车中编挂超限货物的车辆，应按《铁

路超限超重货物运输规则》等规定执行。

特种车辆种类很多，又不是经常挂运，而挂运时每种车辆的任务不同，所以编挂的要求也不同，事先不宜做出统一的规定。因此，遇有挂运特种车辆时，根据情况，按国家或铁路总公司的临时指示办理。

机械冷藏车组应尽量挂于货物列车中部或后部。

军用及其他对编挂位置有特殊要求的客车按有关规定办理。

3. 关门车的编挂

在列车中，一般要求全列车的自动制动机全部加入进行全列制动。由于货物列车装载的特殊货物要求停止制动作用，或自动制动机临时发生故障，准许关闭制动支管上的截断塞门而本身失去制动力的车辆称为“关门车”。由于关门车的存在，会使全列的制动力相对降低，而无法确保列车正常的制动距离，同时也会给列车的正常运行带来不利影响。所以，货物列车在列检作业场所在站编组始发及旅客列车始发时，不得有制动故障关门车，且对允许编挂关门车的编挂辆数、编挂位置等也有严格的限制。

（1）关门车辆数的规定。

货物列车在非列检作业场所在站编组始发时，如遇有因装载的货物规定须停止制动作用或在运行中制动机临时发生故障，一时不能修复时，允许的关门车数，不得超过现车总辆数的 6%（尾数不足一辆按四舍五入计算）。

当编入关门车的辆数不超过现车总辆数的 6%（尾数不足一辆按四舍五入计算）时，为方便起见，可不计算每 100 t 列车重量的闸瓦压力，不填发制动效能证明书（车统 45）；当超过 6%时，须按规定进行闸瓦压力的计算，并填发制动效能证明书交与司机。其中，制动效能证明书的计算和填写，在有列检的车站，由列检人员负责计算，并填发制动效能证明书交与司机。无列检时，由铁路局指定部门办理。

（2）关门车编挂位置的规定。

① 关门车不得挂于机车后部 3 辆车之内。

若机车后 3 辆车内挂有关门车，因关门车制动软管只能通风而本身无制动能力，在列车制动时，势必使列车前部制动力相对削弱而导致前冲力增加，加之风路长，后部车辆制动的延迟，必然会使列车的制动距离延长，易发生危险，在紧急制动时尤甚。

② 列车中连续连挂不得超过两辆。

若关门车连续编挂辆数过多，当列车制动时，因关门车本身无制动力而无法停轮，各车辆之间将因列车制动产生瞬间的强烈冲挤，严重时会造成脱轨、断钩等事故。

③ 列车最后一辆不得为关门车。

因关门车本身无制动力，若列车最后一辆是关门车，易发生因车钩分离而形成车辆溜逸，将会产生严重后果。

④ 列车最后第二、三辆不得连续关门。

若列车最后第二、三辆为关门车，当列车制动时，可能使尾部车辆因冲挤而脱轨。

对于不适于连挂在列车中部但走行部良好的车辆，经列车调度员准许，可挂于列车尾部，以一辆为限，如该车辆的自动制动机不起作用时，须由车辆人员采取安全措施，保证不致脱钩。

（3）临时关门车的处理。

旅客列车、特快货物班列由于运行速度较高，为保证旅客的安全和在规定的制动距离内停车，旅客列车、特快货物班列在始发站不准挂关门车。而在运行途中（包括在站折返），若遇车辆的自动制动机临时故障，且在停车的时间内不能修复时，只准许关闭一辆且不得是列车的最后一辆。120 km/h 速度等级及编组小于 8 辆的 140 km/h、160 km/h 速度等级列车应按《技规》中规定计算闸瓦压力。

二、客运列车的编挂

动车组以外的旅客列车必须严格按照客车编组表所规定的车种、辆数、编挂位置编组。

1. 旅客列车中编入货车

旅客列车运行速度高，安全条件要求比较严，牵引重量比较少，如加挂货车，可能减少客车编组辆数，影响旅客运输；不减挂客车，则可能影响旅客列车的速度。而且货车每轴闸瓦压力比客车小，会使全列车平均制动力减弱，降低规定的运行速度，在列车制动时还会引起冲动。因此，规定旅客列车、回送客车底不准编挂货车。

2. 客车编入货物列车

客车编入货物列车回送时，客车编挂辆数不得超过 20 辆，并应挂于列车中部或后部。装有密接式车钩的客车原则上应附挂旅客列车回送。需附挂货物列车回送时，不得超过 10 辆，其后编挂的其他车辆不得超过 1 辆。

客车与平车、平集共用车以外的货车连挂时，不得与货车有人力制动机端连挂；客车与平车、平集共用车人力制动机端连挂时，平车、平集共用车的人力制动机不得使用，处于非工作状态。

3. 旅客列车的隔离

旅客列车前部的第一节车厢称为“隔离车”，它是为确保旅客安全而特意编挂的。当列车一旦发生脱轨、撞车等意外情况时，机车和机车后第一节车厢所承受的撞击力最大，人员伤亡的危险性也最大。而距机车越远的车厢，由于车钩的缓冲作用，人员遭受损伤的危险性会明显地减小。历次事故案例表明：第一节车厢伤亡人数往往是其他车厢伤亡人数的数倍以上。因此，铁路规章规定，旅客列车的机车后必须编挂一节隔离车。隔离车一般由行李车、邮政车、发电车等充当。当没有上述车辆时，则应以客车代替，此节车厢不准乘坐旅客。

在装设集中联锁的区段，并设有列车运行监控装置和列车超速防护系统时，因行车安全系数较高，故可不挂隔离车。局管内旅客列车经铁路局长批准时，管内车可以不加隔离车。

三、列尾装置的摘挂及运用

1. 列尾装置的作用

因货物列车尾部无人员防护，为保证货物列车的运行安全，规定货物列车尾部须挂列尾装置。列尾装置即列车尾部安全防护装置，该设备可以使机车乘务员准确掌握列车尾部列车管压力，确认列车完整。当列车管因泄漏等原因致使风压不足时，可直接向司机报警；当车辆折角塞门被意外关闭时，司机可直接操纵列尾装置使其强行排风，使列车制动停车。该装置还可以起到列车尾部标志作用，为接发列车人员确认列车完整提供条件。

2. 列尾装置的运用

动车组以外的旅客列车尾部应安装列尾装置。特殊情况下无法安装或使用列尾装置时，按有关规定执行。

半自动闭塞区段货物列车尾部须挂列尾装置，其他区段货物列车尾部宜挂列尾装置。货物列车尾部未挂列尾装置时，应以吊起尾部车辆软管代替尾部标志。尾部车辆软管的吊起，有列检作业的列车由列检人员负责，无列检作业的列车由车务人员负责。

旅客列车列尾装置尾部主机的安装与摘解、风管及电源的连接与摘解，由车辆部门负责。

货物列车列尾装置尾部主机的安装与摘解，由车务人员负责。软管连接，有列检作业的列车，由列检人员负责；无列检作业的列车，由车务人员负责。特殊情况，由铁路局规定。

列尾装置在使用前，必须按规定进行检测，合格后方可投入运用。

第三节　列车中机车的编挂

一、工作机车的编挂

工作机车应挂于列车头部，正向运行（牵引小运转、路用、救援列车的机车除外）；无转向设备的，可逆向运行。因为机车在设计和制造时，其技术性能和作业条件主要是按正向运行考虑的。这便于乘务员瞭望，又能充分发挥机车的最大牵引效能。但无转向设备或担当小运转、救援及路用列车的机车，因客观条件限制及工作性质的需要，所以允许逆向运行。

双机或多机牵引时，为了保证运行安全，由第一位机车担当本务机车，负责操纵列车；第二位以后的机车应根据本务机车的要求进行操纵。

补机原则上挂于本务机车的前位或次位，主要是便于彼此联系、配合，保证安全，防止发生挤坏车辆或断钩事故。如补机挂于列车头部，所属补机也应该执行本务机车的职务。这样有利于司机瞭望和操纵列车，对列车平稳运行，防止事故均有好处。在特殊区段或补机需途中返回时，经铁路局批准，可将补机挂于列车后部，但应接通软管，加强相互间的联系与配合，做到同步操作以及列车平稳运行，保证列车安全。对需要途中返回的补机（包括越过一个区间），可不连接软管，以避免区间停车摘管造成列车起动困难或降低通过能力。此项行车办法和安全措施，由铁路局规定。

二、列车中机车车辆的摘挂

1. 机车车辆连挂状态的确认

列车在编组直至发车之前，有关人员必须密切配合，认真检查、确认机车与车辆及车辆与车辆之间车钩的连挂状态，这一点对于确保行车安全具有特别重要的意义，应予以高度重视。

列车中相互连挂的车钩中心水平线的高度差不得超过 75 mm。如果车钩高度差超过规定的范围，当列车运行至道岔、路基松软地段时，车辆上下颠簸，尤其在陡坡线路上，容易发生脱钩而造成列车分离，并且高度差过大时，使车钩钩舌牵引面变小，局部钩舌的拉力承受不了牵引力，易发生断钩事故。

所以，必须查明原因进行调整，若无法调整或仍达不到所规定的高度差时，应将该车摘下。

2. 机车车辆摘挂的分工

机车车辆的摘挂包括车钩、制动软管、暖气软管、电气控制连线、电灯及电话线等的连接和摘解，同时也包括折角塞门开闭情况及车钩摘挂技术状态的检查、确认等内容，对新型车辆还包括双管供风、电空联合制动线及机车供电线等的摘挂内容。

机车车辆及动车组的摘挂具体分工如下：

（1）列车中车辆的连挂，由调车作业人员负责。连接软管，有列检作业的始发列车，由列检人员负责；无列检作业的，由调车作业人员负责。

（2）动车组采用机车调车作业时，随车机械师或动车段（所）胜任人员负责过渡车钩和专用风管的安装与拆卸、电气连接线的连接与摘解，并打开车门，调车人员负责车钩连接与摘解、软管摘接。

动车组无动力回送或被救援时，过渡车钩、专用风管的安装与拆卸由随车机械师负责，司机配合。

（3）列车机车与第一辆车的连挂，由机车乘务员负责。单司机单班值乘的由列检人员负责；无列检作业的列车，由车辆乘务员负责；无车辆乘务员的列车，由车站人员负责。

（4）列车机车与第一辆车的车钩摘解、软管摘接，由列检人员负责。无列检作业的列车，车钩摘解、软管摘接由机车乘务员（单司机单班值乘的由车辆乘务员）负责，软管连接由车辆乘务员负责；无车辆乘务员的列车由机车乘务员（单司机单班值乘的由车站人员）负责。

（5）列车机车与第一辆车电气连接线的连接与摘解由客列检作业人员负责，无客列检作业人员时，由车辆乘务员负责。

（6）货物列车本务机车在车站调车作业时，无论单机或挂有车辆，与本列的车辆摘挂和软管摘接，均由调车作业人员负责。

（7）旅客列车在途中摘挂车辆时，车辆的摘挂和软管摘接，由调车作业人员负责，密封风挡和电气连接线的连接与摘解由车辆乘务员负责，其他由列检作业人员负责；无列检作业人员时，由车辆乘务员负责，必要时打开车门，以便于调车作业。装有密接式车钩的客车车辆摘挂时，过渡车钩的安装与拆卸由列检人员负责；无列检人员时由车辆乘务员负责。

列车机车与动车组过渡车钩的连接与摘解、软管摘接、电气连接线的连接与摘解，由随车机械师负责。

（8）两列动车组重联或解编时，由动车组机械师负责引导，司机确认。动车组重联时，被控动车组应退出占用，主控动车组使用调车模式与被控动车组连接。解编操作时，主控动车组转换为调车模式后，必须一次移动 5 m 以上方可停车。

三、列车制动机试验

（一）动车组以外的列车制动机试验

动车组以外的列车自动制动机应按下列规定进行试验：

1. 全部试验

（1）货车列检对解体列车到达后施行一次到达全部试验，对编组列车始发前施行一次始发全部试验，对有调车作业中转列车到达后首先施行到达全部试验，发车前只施行始发全部试验中的泄漏试验；

（2）货车特级列检和安全保证距离在 500 km 左右的一级列检对无调车作业中转列车始发前施行一次始发全部试验；

（3）无列检作业场车站始发的列车，在途经第一个列检作业场进行无调车中转技术检查作业时施行一次始发全部试验；

（4）列检作业场对运行途中自动制动机发生故障的到达列车；

（5）旅客列车库内检修作业；

（6）在有客列检作业的车站折返的旅客列车。

站内设有试风装置时，应使用列车试验器试验，连挂机车后只做简略试验。对装有空气弹簧等装置的旅客列车应同时检查辅助用风系统的泄漏。

2. 简略试验

（1）货车列检对始发列车、中转作业列车连挂机车后；

（2）客列检作业后和旅客列车始发前；

（3）更换机车或更换机车乘务组时；

（4）无列检作业的始发列车发车前；

（5）列车软管有分离情况时；

（6）列车停留超过 20 min 时；

（7）列车摘挂补机，或第一机车的自动制动机损坏交由第二机车操纵时；

（8）机车改变司机室操纵时；

（9）单机附挂车辆时；

（10）列车进行摘、挂作业开车前。

在站简略试验：有列检作业的由列检人员负责，无列检作业的由车辆乘务员负责，无车辆乘务员的由车站人员负责。挂有列尾装置的列车由司机负责（挂有列尾装置的旅客列车，始发前、摘挂作业开车前及在途中换挂机车站、客列检作业站，有列检作业的由列检人员负责，无列检作业的由车辆乘务员负责）。

3. 持续一定时间的全部试验

有列检作业场的车站发出的货物列车运行前方途经长大下坡道区间的，在始发、中转作业时应进行持续一定时间的全部试验，列检应填发制动效能证明书交给司机；在有列检作业场车站至长大下坡道区间的各站始发或进行摘挂作业的列车，是否进行持续一定时间的全部试验并填发制动效能证明书交给司机，由铁路局规定。具体试验和凉闸的地点、办法，由铁路局规定。

旅客列车出库前应进行持续一定时间的全部试验，在接近长大下坡道区间的车站，是否进行持续一定时间的全部试验，由铁路局规定。

长大下坡道为：线路坡度超过 6‰，长度为 8 km 及以上；线路坡度超过 12‰，长度为 5 km 及以上；线路坡度超过 20‰，长度为 2 km 及以上。

（二）动车组制动试验

（1）动车组在出段（所）前或折返地点停留出发前需要进行全部制动试验，一级检修作业后的动车组在出发前不再进行全部制动试验；

（2）动车组列车在始发前需在操纵端进行简略制动试验；

（3）动车组列车更换动车组司机（同向换乘除外）或操纵端后，需进行简略制动试验；

（4）动车组列车在途中重联或解编后，开车前需在操纵端进行简略制动试验；

（5）动车组列车使用紧急制动停车后，开车前需进行简略制动试验；

（6）动车组在采用机车救援、无动力回送连挂机车或回送过渡车时，按动车组无动力回送作业办法进行制动性能确认。

四、单机挂车

单机挂车是为了充分利用机车牵引力，加速车辆周转的一种“捎带”运输。考虑到机车乘务组监护附挂车辆的条件限制，所以单机挂车不宜过多。在机车实际牵引区段的线路坡度不超过 12‰时，由于运行条件较好，以 10 辆为限；线路坡度超过 12‰时，考虑到具体坡度、牵引动力、牵引定数不同，单机挂车辆数不宜全路统一规定，故由铁路局自行规定。

单机挂车时，应遵守以下规定：

（1）所挂车辆的自动制动机作用必须良好，发车前列检（无列检时由车站发车人员）按规定进行制动试验。

（2）连挂前按规定彻底检查货物装载状态，并将编组顺序表和货运单据交与司机。

（3）在区间被迫停车后的防护工作由机车乘务组负责，开车前应确认附挂辆数和制动主管贯通状态是否良好。

（4）列车调度员应严格掌握，不得影响机车固定交路和乘务员劳动时间。

（5）不准挂装载爆炸品、超限货物的车辆。

单机挂车时因所挂车辆较少，车辆技术条件以及货物装载状态好，运行安全有保障，同时，列尾装置的交接管理等一些具体问题也难以解决，因此，规定单机挂车时，可不挂列尾装置。在这种情况下，车站接发列车时，应有确认完整到达的办法，并于发车后通知邻站，以确保运行安全。

五、回送机车的编挂

因配属、局间调拨或入厂、段检修，以及检修完毕后返回本段的机车称为回送机车。

为了充分利用牵引动力，铁路局所属的机车跨牵引区段回送时，原则上应有动力附挂货物列车（电力机车经非电气化区段回送时除外）。如电力机车在设有已通电的接触网区段的情况下，应尽量牵引货物列车回送。非铁路局所属的机车回送时，按货物托运附挂列车中。

当回送机车在所担任区段以外单机运行时，由于乘务员不熟悉该区段线路的坡道、曲线及有关行车设备情况，故须由担任该区段机车运用的机务段派出带道人员添乘，以确保列车安全、正点。

杂小型及状态不良的机车，遇牵引力与区段规定的牵引定数相差较大时，为防止占用区段运行线，浪费区段通过能力，可随货物列车无动力回送。

旅客列车遇特殊情况须附挂跨铁路局的回送机车时，按铁路总公司调度命令办理。

回送机车应采取与本务机车重联的方式。因为机车质量大，如挂于列车中部或后部，在列车制动时，容易发生断钩事故。遇列车紧急制动时，还可能将其前位的车辆挤坏，所以应挂于本务机车次位。

由于机车制动条件限制，因此 20‰及其以上坡度的区段，禁止办理机车专列回送。

电力机车回送时，牵引电动机炭刷须全部拔掉，拆除二、五动轴与测速发电机的机械连接。

为了确保铁路救援起重机回送安全，对常见的铁路救援起重机规定了回送的限制速度。铁路救援起重机所规定的不同回送速度，主要是考虑到起重机本身走行部分的弱点和其中心偏高，以及起重臂的横向摆动大等因素。《技规》未明确规定的按设计文件要求速度回送，并限定挂于列车中部或后部。

【本章小结】

本章通过对编组列车的一般要求、列车中车辆的编挂、列车中机车的编挂等相关规定的系统学习，希望能进一步加强对《技规》中有关编组列车的理解与认识。本章的重点是禁止编入列车的机车车辆的规定、关门车的编挂规定及列车制动机试验的规定。

【事故案例】

秦岚线“7·9”货物列车脱轨重大事故

一、事故概况

2007年7月9日17时35分，太原北机务段韶山1型687号机车牵引CT47940次货物列车（编组54辆，总重4 690 t，换长65.1）冒进太原局太岚线扫石站1道出站信号机，进入安全线冲出土挡，机车及机后1～11位车脱轨，并造成两名机车乘务员轻伤，构成货物列车脱轨重大事故。

二、事故原因

（1）太原北车辆段古交运用车间工长、检车员在对CT47940次列车机后1位车辆更换缓解阀后进行试风作业时，关闭了2位车辆前端折角塞门，试风完毕后，忘记将该折角塞门开启（这是事故发生的直接原因），应对事故负主要责任。尾部检车员进行制动机简略试验时，简化作业程序，未到列车尾部，使列车折角塞门关闭的问题没能被及时发现，对事故负重要责任。

（2）CT47940次列车接近扫石站前，17时27分和17时28分，机车乘务员两次按压列尾控制盒排风按钮发出排风指令，虽然列尾装置接收到指令，但均未起到制动作用，致使列车冲出扫石站安全线土挡。列尾装置作为折角塞门关闭后实施列车制动、保证行车安全的唯一装置，却没有起到应有的作用，这是事故发生的另一主要原因。

（3）CT47940次本务机车乘务员开车前未按规定认真进行制动简略试验，没有及时发现折角塞门关闭就发出列车，在列尾装置3次报警的情况下，未采取措施，错过了防止事故的时机（这是造成事故的重要原因），对事故负重要责任。

三、事故教训

（1）列检人员违章作业，关键作业环境失控。列检人员忽视安全，简化作业程序。检车员没有执行首尾之间联系、号志传递制度，尾部检车员本应在简略试验时在列车尾部车辆制动缸活塞筒上涂打试验标记，却提前在安定保压试验时就打了标记，没有发现折角塞门被关闭；领班工长安排检车员关闭机后2位前端折角塞门处理车辆故障后，没有盯住开放塞门，导致关闭折角塞门发出列车。一系列的违章作业是导致事故发生的直接原因。

（2）设备管理存在严重漏洞。该列车使用了刚配备的“列车试风监测装置”，但该设备试验数据记录不完整，只有泄漏试验和感度试验记录，而没有安定试验记录；在列检装备中，电控试风装置质量达不到标准，尾部风压装置不能正常使用，列车的试风质量得不到保证，对讲机、集中机没有自动录音监控功能等问题长期存在，未得到解决。车辆部门在新设备用、管、修及人员培训方面重视不足，将就应付，降低了设备保安全的力度。

（3）机车乘务员制动机简略试验流于形式。通过监控装置变量记录数据分析，反映出司机在试风过程中，按列检人员指示简单进行充排风试验，未按列车编组辆数，认真确认列车管充排风时间，未能发现折角塞门关闭，失去了防止折角塞门关闭的有利时机。

（4）司机违反列尾装置使用规定。司机违反“本务机车连挂列车后，机车乘务员必须通过司机控制盒检查确认列车管贯通和列尾主机风压是否达到 580 kPa，确认无误后方可开车”的规定；在古交站开车前，未认真核对尾部风压与前部机车风压是否一致；开车前列尾装置连续 3 次低风压报警，也未采取任何有效措施查明原因，盲目开车，又一次失去了防止列车折角塞门关闭的有利时机。

（5）司机应变能力差。通过分析发现，进入古东站前，司机发现列车制动力不足，追加减压后仍然无效，第 3 次仍然追加，采取措施不果断。特别是采取非常制动后，没有实施电阻制动，长达 4 min 后才按压列尾装置控制盒排风按钮，错过了列尾装置排风的最佳时机。

【复习思考题】

1. 货物列车分哪些种类？
2. 什么是超长列车和超重列车？
3. 哪些机车车辆禁止编入列车当中？
4. 什么是危险货物和易燃货物？对其在列车中的编组有何规定？
5. 什么是关门车？对关门车在列车中的编组有何规定？
6. 旅客列车为什么设隔离车？
7. 列尾装置起什么作用？
8. 机车车辆的摘挂是如何分工的？
9. 哪些情况下须进行列车制动机的全部试验？
10. 哪些情况下须进行列车制动机的简略试验？
11. 对单机挂车有何规定？
12. 对回送机车的编挂有何规定？

第四章　列车运行

列车运行是完成铁路运输任务的重要环节，是行车组织的一项主要内容，它由铁路运输各部门、各工种相互配合、协调动作，并正确合理使用技术设备来完成。列车运行关系到人民生命财产安全和铁路运输经济效益，有关行车人员必须严格执行各项规章制度，确保列车安全运行。

第一节　列车运行的一般要求

一、列车及有关规定

按照列车编组计划，列车运行图和《技规》有关规定，编挂在一起的车列，并挂有机车及规定的列车标志，称为列车。为提高区间通过能力和保证列车运行安全，只有完全具备列车条件后，才能向区间运行。动车组列车为自走行固定编组列车。

单机（包括单机挂车）、大型养路机械及重型轨道车，因运输需要发往区间时，由于其编组内容较一般列车简单，因而部分条件可以简化、不必完全具备列车条件，即没有车列或没有尾部标志。但其他运行条件仍须符合《技规》的规定。在办理闭塞、接发列车手续和要求上，在服从调度指挥等方面均应按照列车运行的规定办理。

为了保证旅客列车的运行安全，便于后行列车确认，列车尾部标志应使用电灯。为了加强灯具的保管、维修，规定旅客列车尾部标志灯（动车组除外）的摘挂、保管，由车辆部门负责。对中途转向的动车组以外的旅客列车，为了节省换挂标志灯的时间，应有备用标志灯，确保列车能正点运行。

一般来说，桥梁长度 500 m 及以上的为特大桥梁，隧道长度 3 000 m 及以上的为长大隧道。“车机联控”是车站与司机利用列车无线调度通信设备，把接发列车及列车运行中相互关联的作业，相互通报，相互提醒，使作业人员精力集中，提前做好准备，确保列车安全的互控模式。“车机联控”在保证列车安全正点方面起了重要作用。

二、列车乘务组

根据各种列车的任务、编组内容和运行条件的不同，要求配备直接为列车服务的工作人员，组成列车乘务组。列车乘务组的职责及组成如下：

（1）机车乘务人员负责操纵机车，完成列车牵引任务，负责本列车在区间的行车指挥工作。

（2）车辆乘务人员。由于旅客列车、货物班列及机械冷藏车组的车辆构造比较复杂，运行速度比较高，为便于途中随时进行检修、处理故障，均应配备车辆乘务人员。挂有超限货物车辆的列车，应根据该项货物的具体情况，在装运命令中确定是否需要派添乘务人员。

（3）旅客列车应有客运乘务组，为了做好旅客服务工作，如保证旅客上、下车安全，车内卫生，旅客文化生活，饮食供应以及行李包裹的运送等，旅客列车须有客运乘务组。根据实际需要，客运乘务组一般由列车长、列车广播员、列车员、列车行李员及餐车工作人员等组成。

（4）动车组列车应有随车机械师。

三、列车运行时司机的职责

司机是机车乘务组的负责人，在乘务作业中，应带领本组人员严格执行《技规》和《铁路机车操作规则》的各项规定，保证列车安全正点运行，良好地完成铁路运输任务。司机同时又是列车或单机的行车指挥者，负责列车运行中特殊情况处理，以及区间被迫停车进行防护，与车站、调度所进行联系等工作。

（1）列车在出发前向机车监控装置输入有关数据。按规定对列车自动制动机进行试验，在制动保压状态下列车制动主管的压力 1 min 内泄漏不得超过 20 kPa，确认列尾装置作用良好。因为列车制动主管压力泄漏超过规定标准时，会使制动装置的作用不正常。

装备机车综合无线通信设备（CIR）的机车，开车前司机要选定机车综合无线通信设备通信模式和运行线路。在 GSM-R 区段运行时，机车综合无线通信设备，GSM-R 手持终端按规定注册列车车次，并确认正确。

（2）为了安全、迅速、准确地完成运输任务，列车司机应遵守列车运行图规定的运行时刻和各项允许及限制速度。在操纵列车时，必须做到运行不超速，区间不运缓，认真执行彻底瞭望，确认信号和执行呼唤应答制度。

信号是指示列车运行的命令，应严格按信号显示的要求行车。遇有信号显示不明、不正确或灯光熄灭以及天气恶劣信号辨认不清时，必须立即减速或停车，严禁臆测行车。列车运行中，如发现危及行车和人身安全时，要立即采取减速或停车措施。

（3）机车信号、列车无线调度通信设备、列车运行监控装置和列尾装置必须全程运转，严禁擅自关机。列尾装置、机车信号及列车运行监控装置发生故障时，一是通过列车无线调度通信设备向车站值班员或列车调度员报告；二是根据实际情况掌握列车的运行速度，若在自动闭塞区间，机车信号及列车运行监控装置故障，列车运行速度不得超过 20 km/h，运行到前方站停车处理或请求更换机车。若列车无线调度通信设备故障，应在前方站停车报告修复良好（更换）后，方准继续运行。

（4）起动稳，加速快，精心操纵，停车准确，按规定鸣笛，防止列车冲动和断钩。司机在操纵列车时要做到以下 5 点：

① 合理调速，提手柄时不应越位，每个挡次应按规定时间间隔，缓和变换手柄位置。

② 合理使用制动机，减压量或单独制动阀缓解量一次不可过多。

③ 长大列车速度降至 10 km/h 以下（重载货物列车速度在 30 km/h 以下）时，不许缓解列车。减压时，列车制动主管排风未完不许缓解，紧急制动后车未停稳不许缓解。

④ 注意双机牵引时的紧密配合。

⑤ 停车准确是防止列车越过警冲标、冒进信号及列车后部压岔子的可靠保证，也是方便旅客乘降、货物装卸和防止人身伤亡事故的有效措施。

按规定鸣笛是为了及时警告行人、施工及有关行车人员离开妨碍行车地点，避免发生人身伤亡或行车事故。

（5）随时检查机车总风缸、制动主管的压力，及时发现因机车风泵和制动系统发生故障而引起的列车制动主管压力骤减现象，以便根据变换情况及时采取措施，防止造成事故。

电力机车牵引列车运行时，必须随时注意接触网状态是否正常，电压表和电流表的工作状态，以免因电压过高或电流过大而造成电器损坏。

（6）列车在区间内被迫停车进行防护、分部运行、装卸作业或使用紧急制动阀停车后再开车时，司机必须检查试验列车制动主管的贯通状态，确认列车完整，具备开车条件后，方可起动列车，以防止作业未完、人员未齐的情况发生。

（7）单机在自动闭塞区间紧急制动停车或被迫停在调谐区内时，司机须立即通知后续列车司机向两端站车站值班员（列车调度员）报告停车位置（具备移动条件时司机须先将机车移动不少于 15 m），并在轨道电路调谐区外使用短路铜线短接轨道电路。

（8）等会列车时，不准关闭空气压缩机，并按规定显示列车标志。夜间应将机车头灯的灯光减弱，但不应将灯光熄灭。机车头灯熄灭就等于列车前部无标志。

（9）司机还应负责货运票据的交接与保管，在规定车站与有关人员认真交接。

（10）为了便于列车调度员及时掌握列车运行情况，列车司机还应将列车在运行途中发生的问题及使用紧急制动阀的情况及时向列车调度员报告。

四、列车运行限制速度的规定

为了保证列车安全运行，司机在操纵机车时，应注意不使列车超过规定的限制速度。根据信号的显示、机车牵引方式和接车线的特点，分别规定了不同情况下列车运行的限制速度，如表 4-1 所示。

表 4-1　列车运行限制速度表

项　目	速度/（km/h）
四显示自动闭塞区段通过显示绿、黄色灯光的信号机	在前方第三架信号机前能停车的速度
通过显示黄色灯光的信号机及位于定位的预告信号机	在次一架信号机前能停车的速度
通过显示一个黄色闪光灯光和一个黄色灯光的信号机	该信号机防护进路上道岔侧向的允许通过速度
通过减速地点标	标明的速度，未标明时为 25
推进	30
退行	15
接入站内尽头线，自进入该线起	30

（1）根据四显示自动闭塞的灯光排列绿、绿黄、黄及红的顺序，当列车通过显示绿黄灯光的通过信号机时，第二架信号机应显示黄色灯光，而第三架则应显示红色灯光。因此，要求列车应以能在第三架信号机前停车的速度运行。

（2）当列车通过显示黄色灯光的信号机及位于定位预告信号机时，由于次一信号机在关闭状态，因此，司机应按在次一信号机前能停车的要求掌握列车运行速度。

（3）列车通过车站，进站信号机显示一个黄色闪光灯光和一个黄色灯光时，表示运行前方经过 18 号及其以上道岔侧向运行，考虑到侧向一般为到发线，司机应按该信号机防护进路上道岔侧向的允许通过速度运行。

（4）当列车通过减速地点标时，应按减速信号牌上标明的速度运行。如减速地点标上未标明速度时，应按不超过 25 km/h 的速度通过减速地点标。司机应根据牵引的列车长度，由减速地点标开始按限制速度运行，待全列车通过限速地段终点的减速地点标以后方可加速。

（5）列车推进运行时，因机车挂在列车后部，司机瞭望困难，故规定不得超过 30 km/h。

（6）列车退行时，是在不正常情况下进行的。其运行方式兼有列车推进运行的特点，是列车遇到灾害等情况被迫采取的运行方式。所以限制速度应比推进运行时更低，不得超过 15 km/h。

（7）列车接入站内尽头线时，为防止制动不当，机车越过线路终端，造成机车、车辆脱轨及建筑物损坏等，所以规定自列车进入该尽头线时起，运行速度不得超过 30 km/h。

第二节　接车与发车

一、接发列车由车站值班员统一指挥

接发列车是车站行车工作的基本内容。不间断地接发列车，严格按运行图行车，是车站的基本任务之一，也是列车运行安全正点的重要保证。为保证车站接发列车的安全，必须按规定的程序办理。由于参加接发车工作的人员多，作业环节复杂，在接发列车工作中的任何疏忽或差错都可能造成列车晚点或行车事故。所有参加接发车工作的有关人员，都必须认真执行铁路总公司《接发列车作业》标准规定的程序和用语，贯彻统一领导、集中指挥、逐级负责的原则，做到安全、迅速、准确、不间断地接发列车，严格按运行图行车。

车站的行车工作应由车站值班员统一指挥。因此，接发每一列车都应由车站值班员负责组织、统一指挥。在接发列车的各项工作中，办理闭塞、布置进路、开闭信号、交接凭证、接送列车及指示发车，都是接发列车的重要环节，都是与列车安全出入车站和在区间安全运行有密切关系的重要工作，所以车站值班员应亲自办理。

由于设备条件（如设备分散，又无集中控制设备）或业务量（如行车方向多或列车集中到发）等原因，车站值班员难以完全亲自办理时，除布置进路、听取进路准备妥当的报告外，其他工作可在车站值班员统一指挥下，分别指派助理值班员、信号员、扳道员办理。关于助理值班员、信号员、扳道员参加接发列车工作的分工，应在《站细》中明确规定。

二、接发列车应在正线或到发线上办理

为保证安全和正确地接发列车，便于进行列车技术作业，接发列车应在正线或到发线上进行。这是因为正线或到发线的道岔和线路质量好，信号、联锁设备完善，对列车安全地进、出车站有保障。另外，编组站、区段站及作业量较大的中间站，在到发线设有列检作业的各种技术设备，便于进行列车技术作业。

（1）旅客列车、挂有超限货物车辆的列车应接入规定线路。旅客列车在安全和速度方面要求较高，同时，为便于旅客乘降、行包装卸及客车上水等工作，旅客列车应接入临靠站台，设有平过道或天桥、地道等设备的线路。因此，必须规定旅客列车接车线。

超限货物的宽度或高度超出机车车辆限界，与邻近的设备、建筑物或邻线的机车车辆有剐撞的可能，为保证列车安全运行和货物完整，不损坏设备和建筑物，所以规定必须将挂有超限货物车辆的列车接入符合《技规》规定的线路。

（2）特快旅客列车因运行要求高，应在正线上办理，其他通过的列车原则上应在正线上办理。因正线道岔一般处于直向位置，线路条件好，允许通过的速度较高，可以保证司机有良好的瞭望条件，直向通过道岔，能减少轮缘磨耗，保证列车的高速和安全。

（3）原规定为通过的旅客列车由正线变更为到发线接车时，列车要从经道岔直向改为经道岔侧向运行，道岔直向运行列车允许速度高，而侧向运行列车允许速度低，如 12 号道岔侧向仅允许 45 km/h 或 50 km/h。如司机没有思想准备，列车经道岔侧向难以降低到要求的速度，极易造成脱轨事故。

特快旅客列车较其他旅客列车运行要求高，当车站因特殊原因必须变更基本进路时，应预告司机提前做好准备，为保证旅客列车运行安全，原规定为通过的旅客列车由正线变更为到发线接车及特快旅客列车遇特殊情况必须变更基本进路时，必须经列车调度员准许并预告司机，以便司机做好降低速度的准备。如来不及预告司机时不得开放进站信号，使列车在站外停车后再开放进站信号把列车接入站内。

三、站内无空闲线路的接车办法

车站无空闲线路，是指车站正线、到发线及符合接车条件的线路，均有车占用（包括因故障封锁的线路）。在这种情况下，不能按常规接入和停放一般列车。只准许接入为排除故障、事故救援、疏解车辆等所需的救援列车、不挂车的单机、重型轨道车等，其他列车不准办理接车。在接车办法上，所接列车和单机、重型轨道车应在站外停车，由接车人员将接车线路、接车线内停留车位置、本列车预定停车地点及其他有关注意事项通知司机，司机明了后再登乘机车（推进时为前部车辆）以调车手信号旗（灯），即昼间是展开绿色信号旗，夜间以绿色灯光将列车接入站内。此外，接车前，车站值班员应派人通知接车线内机车、重型轨道车司机，禁止移动其位置，防止与接入列车发生冲突。

四、列车进站后停车时的规定

列车进站后，应停于接车线警冲标内方，以防止侧面冲突及影响邻线接发列车和调车作业。在设有出站信号机的线路上，列车头部不得越过该信号机，因为出站信号机起着防护前方道岔和区间的作用。

列车进站后，车站接车人员应确认列车尾部是否进入警冲标内方或是否过轨道绝缘。如没有进入警冲标内方或压轨道绝缘时，应使用列车无线调度通信设备等通知司机或显示向前移动的信号，指挥列车移动到警冲标或轨道绝缘内方停车。

向前移动信号由扳道员显示，必要时其他接车人员，如车站值班员或助理值班员，可按上述显示方式依次中转。司机在使列车向前移动时，仍需注意不使列车头部越过出站信号机或警冲标。

当超长列车尾部停在警冲标外方，相对方向需接入列车时，而在进站信号机外制动距离内为超过 6‰的下坡道，接车线末端又无隔开设备，为了防止对向列车进站后由于司机操纵不当越过出站信号机或警冲标，与超长列车发生冲突，所以规定必须使对向列车在站外停车后，再接入站内，如图 4-1 所示。

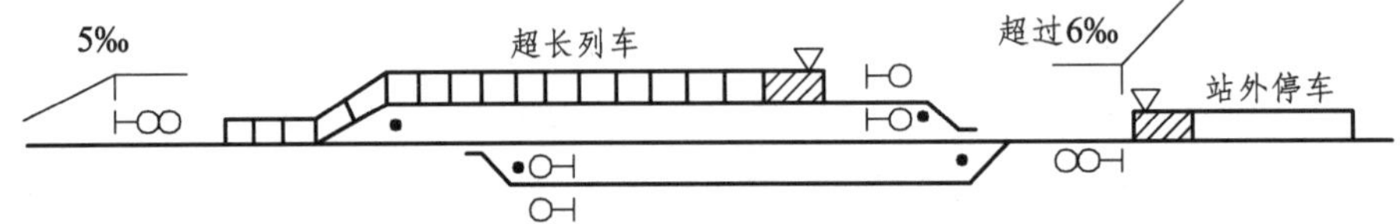

图 4-1 超长列车在规定情况下会车示意图

当超长列车尾部停止在警冲标外方，其邻线未设调车信号机，又无隔开设备，由相对方向进行调车时，都要派人以停车手信号进行防护，防止调车车列与超长列车尾部发生侧面冲突。

五、引导接车的时机

（1）进站、接车进路信号机不能使用时，应开放引导信号。

（2）引导信号不能开放或无进站信号机时，应派引导人员接车。

六、引导接车的有关规定

（1）在使用引导信号或派引导人员接车时，为保证列车进站安全，列车应以不超过 20 km/h 的速度进站，并做好随时停车的准备，以防进路准备错误或进路上有障碍物时可以在短距离内立即停车。

（2）进站、接车进路信号机设有引导信号，需实施引导接车时，按规定准备好进路后，由接车人员按压有关引导按钮，开放引导信号将列车接入站内。当由引导人员接车时，为了便于司机确认，引导人员应站在引导员接车地点标处（未设的应站在进站信号机、进路信号机或站界标外方），显示引导手信号接车。司机在确认引导信号或引导人员显示的手信号后应鸣笛一长声，当列车头部越过引导信号或引导手信号后，即可关闭引导信号或收回引导手信号。

（3）在无联锁的线路上接发列车时，车站值班员除严格按接发列车手续办理外，应将进路上无联锁的有关对向道岔及邻线上防护道岔加锁。进路上无联锁的分动外锁闭道岔无论对向或顺向，均应对密贴尖轨、斥离尖轨和可动心轨加锁。具体加锁办法由铁路局规定。

七、列车在站内临时停车的规定

列车在站内临时停车，待停车原因消除且继续运行时应按下列规定办理：

（1）司机主动停车，指司机发现机车车辆主要装置、设备故障，危及行车或人身安全等情况，主动停车时，等停车原因消除后，再开时由司机自行起动列车，车站不再显示发车信号。

（2）在本列车上由乘务人员或其他人员使用紧急制动阀（紧急制动装置）使列车停车，由车辆乘务员（随车机械师）查明情况后，通知司机开车，车站不再显示发车信号。

（3）车站接发列车人员因货物装载、行人挡道等原因通知司机在站内临时停车时，由车站按规定程序发车（动车组列车由车站通知司机开车）。

（4）因其他原因临时停车，由车站值班员组织司机、车辆乘务员（随车机械师）等查明停车原因，恢复运行条件后，由车站按规定发车（动车组列车由车站通知司机开车）。

上述（1）、（2）、（4）项在临时停车后，司机应立即报告车站值班员，并说明停车原因。

上述情况车站值班员均应及时报告列车调度员。

八、货物列车在车站停车时发车前应采取的措施

货物列车在车站停车时，由于列车编组较长，为保持列车停车平稳和防止断钩事故，司机施行制动后，应将制动阀置于保压位停车。停车后，司机不得缓解列车制动，目的是防止列车或车辆溜走，列车处于长大下坡道地段时，为了冷却闸瓦，增加摩擦力，保持应有的制动力，由各铁路局规定的凉闸站可以不受上述限制。

发车前司机施行缓解，在确认出站信号开放正确、行车凭证已交付并确认正确、发车信号已显示或得到车站的发车通知以及无临时显示的停车信号等条件后，方可起动列车。

九、列车在发车前的规定

（1）列车发车前，车站值班员、助理值班员必须确认发车进路准备妥当，行车凭证已交付，出站（进路）信号机开放正确，旅客上下完毕，行包、货物装卸完毕，列检作业结束并已撤除防护信号，完全具备发车条件后，车站值班员（助理值班员）方可显示发车信号。

（2）列车起动前，司机必须确认占用区间凭证正确，正常情况下必须确认出站信号机显示的允许运行的信号，使用路票或许可证时应确认填写正确。同时，还必须确认显示的发车

信号或发车表示器显示的发车信号，特别是夜间要认清确属是对本列车的发车信号后方可起动列车。

（3）语音记录装置良好的车站，准许使用列车无线调度通信设备发车。

十、出站信号机发生故障时的规定

出站信号机发生故障时，应预告通过列车司机，接车人员按规定交递行车凭证，显示通过手信号，列车可不停车通过车站。出站信号机的进路表示器，不作为列车占用区间的凭证，只表示列车应经由的进路及其准备状况。发车线路表示器，只是在一个线路中数条股道共用一个出站信号机时，用来指示线群内哪一股道的列车可以出发，也不是占用区间的凭证。因此，当上述这两种表示器发生故障时，发车人员只要口头通知司机后，列车可凭出站信号机的显示出发。

第三节　列车被迫停车与妨碍邻线

一、列车在区间被迫停车不能继续运行时

列车在区间可能因自然灾害、事故、制动失效、机车牵引力不足、接触网停电等原因被迫停车，不能继续运行时，司机应立即使用列车无线调度通信设备通知两端站（列车调度员）及车辆乘务员（随车机械师），报告停车原因和停车位置，司机应根据具体情况迅速请求救援。根据区间列车运行情况及救援请示，需要防护时，列车前方由司机负责，列车后方由车辆乘务员（随车机械师）负责，无车辆乘务员（随车机械师）的由列车乘务员负责。配备列车防护报警装置的列车应首先使用列车防护报警装置进行防护。单班单司机值乘的列车防护作业办法由铁路局规定。

被迫停车后，如遇自动制动机发生故障时，旅客列车（动车组除外）司机应通知车辆乘务员立即组织列车乘务人员拧紧全列车车辆的人力制动机，以保证列车就地制动；其他列车的司机，应立即采取一切安全措施，如放置铁鞋、组织人员拧紧人力制动机等，并向车站值班员（列车调度员）报告，请求救援。

对已请求救援的列车，不得再行移动，并按规定对列车进行防护。

车站值班员（列车调度员）接到司机通知后，应将区间内列车运行情况通知司机，并立即使用列车无线调度通信设备转告区间内有关列车。在停车原因消除前不得再放行追踪、续行列车。

需组织旅客疏散时，车站值班员得到列车调度员准许后，扣停邻线列车并通知司机，司机根据车站值班员（列车调度员）的通知，通知有关作业人员办理。

二、列车在区间被迫停车可能妨碍邻线时

列车在区间发生脱轨、颠覆等事故或其他原因被迫停车时，司机应认真检查现场，注意

是否妨碍邻线。如判定为可能妨碍邻线时，应采取以下措施:

（1）司机应立即用列车无线调度通信设备，通知邻线上运行的列车，并通知区间两端站（列车调度员）停止向区间内放行列车。

（2）司机与车辆乘务员（随车机械师）分别在列车头部和尾部附近邻线上点燃火炬；在自动闭塞区间，还应对邻线来车方向短路轨道电路。火炬的燃烧时间一般为 8 min 左右，在这一段时间内，已进入区间的列车运行到被迫停车的列车附近时，即可看到火炬的火光，从而采取停车措施，也给司机等人下车查看是否妨碍邻线的工作留出时间。配备列车防护报警装置的列车应首先使用列车防护报警装置进行防护。

（3）司机亲自或指派人员沿邻线一侧对列车进行检查，发现妨碍邻线时，应立即派人按规定防护；如发现邻线有车开来时，司机应鸣示紧急停车信号，其他人应向列车显示停车信号。

（4）单班单司机值乘的列车防护作业办法由铁路局规定。

（5）车站值班员（列车调度员）接到列车被迫停车可能妨碍邻线的通知后，应立即通知邻线有关列车停车，在原因消除前，不得向邻线放行列车。

第四节　列车分部运行与退行

一、列车分部运行

1. 列车分部运行的概念

列车在区间发生断钩、制动主管破裂、坡停、车辆脱轨及货物倒塌等原因被迫停车后，司机将部分车辆遗留原地，而将列车前部车辆运行至前方站的行车办法，称为分部运行。

2. 下列情况不准分部运行

（1）经采取措施可整列运行时，如发生坡停事故后，派救援机车已双机牵引或后部补推的方式运行至车站；或在区间因车辆故障停车后，可由车辆乘务人员对车辆进行临修后继续运行等。

（2）遗留车辆未采取防护、防溜措施时，可能造成停留车辆溜逸等，酿成新的事故。

（3）遗留车辆无人看守时，可能造成闲杂人员撤除遗留车辆的防护防溜措施或损坏车辆货物。

（4）司机与车站值班员（列车调度员）联系不上时，如列车无线调度通信设备发生故障，司机无法与两端站及列车调度员联系，此时不能分部运行。

（5）遗留车辆停留在超过 6‰坡度的线路上时，由于线路坡度大，容易造成遗留车辆区间溜逸事故。

3. 列车分部运行办法

（1）在不得已的情况下，列车必须分部运行时，司机应立即通过列车无线调度通信设备，将被迫停车的原因及需要分部运行的要求报告前方站（列车调度员），组织和指挥有关人员做好遗留车辆的防溜和防护工作。

（2）司机在记名遗留车辆辆数和停留位置，并派人看守遗留车辆后，方可牵引前部车辆运行至前方站。

（3）在运行中仍应按信号机的显示运行，但在半自动闭塞区间或按电话闭塞法行车时，分部运行的列车必须在进站信号机外停车，即使该信号机已开放，也必须在机外停车（司机已用列车无线调度通信设备通知车站值班员或列车调度员列车为分部运行时可除外），并将情况通知车站值班员后再进站。这是因为半自动闭塞区间，机车车辆只要压上接车轨道电路，闭塞机即可解锁，区间即具有开通条件。如车站值班员未得到列车为分部运行的通知，又未认真确认列车是否整列到达时，即开通区间并与邻站办理闭塞手续，就可能向占用区间开行列车，与区间遗留车列发生冲突。

（4）机车牵引的前部车辆进入车站后，车站值班员将情况报告列车调度员，列车调度员发布调度命令封锁区间，开行救援列车取回遗留车辆。

（5）救援列车到达或返回车站，车站值班员确认遗留车辆全部取回，区间空闲后，向列车调度员报告，列车调度员发布调度命令，开通区间。

二、列车退行

1. 列车退行的概念

列车在区间运行时，由于坡停、前方线路中断及自然灾害等原因，无法继续运行，而需退行至后方车站的行车办法，称为列车退行。

2. 下列情况不准列车退行

（1）自动闭塞区段实行追踪运行，在这种情况下，列车退行有与后方开来的追踪列车发生冲突的危险，因此不准退行。列车只有在列车调度员或后方车站值班员确认本列车至后方站间无列车，得到准许后方可退行。

（2）在降雾、暴风雨雪及其他不良条件下，司机难以辨认信号，直接危及行车安全，所以不准退行。

（3）一切电话中断后发出的列车（持有《技规》附件 3 通知书 1 的列车除外），即车站将发出续行列车，后行列车是按时间间隔发出的，如果列车退行，就有可能与后行列车发生冲突，所以不准退行。

（4）挂有后部补机的列车，补机在区间内返回时，由于补机途中可能停车，如果列车退行时，有与补机发生冲突的危险，是否准许退行，由铁路局规定。

3. 列车退行办法

（1）在不得已情况下，列车必须退行时，车辆乘务员（无车辆乘务员时为指派的胜任人员）应站在列车尾部注视运行前方，发现危及行车或人身安全时，应立即使用紧急制动阀（紧急制动装置）或列车无线调度通信设备通知司机，使列车停车。

（2）列车退行速度不得超过 15 km/h，以便发生情况能随时停车。

（3）退行列车未得到后方站（线路所）车站值班员的准许，不得退行到车站的最外方预告标或预告信号机（双线区间为邻线预告标或特设预告标）的内方，以防止越出站界或与跟踪出站调车的机车车辆发生冲突。

（4）车站值班员接到退行报告后，除立即向列车调度员报告外，还应根据车站线路占用情况，开放进站信号机或按引导办法，将列车接入站内。

第五节 救援列车与施工、路用列车的开行

一、救援列车及其概述

当区间或站内发生冲突、脱轨、颠覆及自然灾害危及行车安全时，为了消除事故障碍，尽快开通区间，恢复列车正常运行，派往事故现场专为事故救援、抢修、抢救而开行的列车称为救援列车，包括开往事故现场的单机、大型养路机械、重型轨道车及事故救援列车。事故救援列车一般由轨道起重机、吊臂平车、指挥车、工具车、宿营车、餐车、发电车及工程材料等组成，并配有一定数量的救援人员。救援列车不受列车等级的限制应优先办理，根据铁路总公司的要求，在重点地区机务段设置的救援列车，接到出动命令时应迅速做好准备，保证在 30 min 内出动。

二、开行救援列车的有关规定

1. 救援请求与派出

车站值班员接到司机或工务、电务、供电等人员救援请求后，应立即报告列车调度员。列车调度员接到救援请求的报告后，需封锁区间派出救援列车时，应向有关车站发布调度命令封锁区间，并迅速派出救援列车。

2. 救援列车的行车凭证

向封锁区间发出救援列车时，因为区间已发生事故或危及行车安全的灾害，不能按正常闭塞手续办理行车，必须以列车调度员的命令，作为进入封锁区间的行车凭证。调度命令应指明救援列车进入封锁区间往返的运行车次、停车地点、任务及注意事项等。

当列车调度电话不通时，应由接到救援请求的车站值班员，通知有关站封锁区间，向救援列车发布书面命令（命令内容与上述调度命令内容相同）。救援列车可凭车站值班员的命令进入封锁区间。

3. 救援列车的出发或返回

为使列车调度员正确掌握救援进度，安排救援人力和材料，及时做好区间开通后的列车运行计划，封锁区间的有关站，每当救援列车开往事故现场或由事故现场返回车站时，均应由车站值班员将到发时刻和由区间拉回的车数，以及现场的救援工作进度，及时向列车调度员报告。为使封锁区间对方站掌握救援进度和区间占用情况，亦应将上述内容通知对方站。

如果事故现场设有临时线路所，该线路所值班员即为与该区间两端站办理行车的指挥人，列车进入区间或由线路所开往两端站的行车凭证均为调度命令。车站向线路所开行救援列车时，必须征得线路所值班员同意，以便线路所及时做好接车前的准备和防护工作。线路所向区间两端车站发车时，亦必须取得接车站的同意。救援列车向线路所运行时，应在防护地点外停车，防护人员将事故地点情况告知司机及有关人员，撤除防护后，列车按调车办理进入指定地点。发车时先撤除防护后发车。

三、对救援列车乘务员的要求

司机接到救援命令后，必须认真确认调度命令内容，明确救援任务。命令不清、停车位置不明确时不准动车。对命令中表明的停车地点要做到心中有数，进入封锁区间后，要随时注意运行公里数，在接近被救援列车或车列 2 km 时要严格控制速度。同时，使用列车无线调度通信设备与请求救援司机进行联系，或以在瞭望距离内能够随时停车的速度运行，最高不超过 20 km/h，在防护人员处或在压上响墩后停车，联系确认并按要求进行救援作业。

四、路用列车及行车凭证

不以营业为目的，而专为运输铁路内部的自用物资（如枕木、道砟、钢轨等）所开行的列车称为路用列车。

当路用列车运行在非封锁区间时，仍按该区间的行车闭塞法行车，行车凭证为该行车闭塞法的行车凭证。路用列车进入施工封锁区间时，不办理行车闭塞手续，不开放出站信号机，以调度命令作为进入施工封锁区间的许可。这样，一方面区别于正常列车；另一方面则可引起路用列车的注意，必须按调度命令的要求运行。命令中应包括列车车次、停车地点、到达车站的时刻等有关事项，需限速运行时在命令中一并注明。

五、开行路用列车的有关规定

（1）为保证行车安全，原则上封锁区间的两端站，每端只准进入一列路用列车。此时，施工地段两端必须按规定做好防护。列车必须在停车手信号前停车，使两端站同时进入的路用列车间有一隔开地段，不致发生正面冲突。因工作需要，如一端进入两列及其以上路用列车时，同向列车的间隔、前后列车的运行速度等安全措施及运行办法由铁路局制定，以防区间有数台机车、重型轨道车或线路施工机械作业相互冲突。

（2）路用列车可能在区间内进行装卸、检查线路、线路施工等作业，有时还需推进运行，停车后又必须根据施工负责人的要求，按调车办法进入指定地点。因此，路用列车应有施工单位指派的胜任人员值乘，并在区间协助司机作业。

（3）为了保证施工人员和设备的安全，路用列车（线路施工机械）进入施工地段前，不得越过施工防护人员显示停车手信号的位置。停车后，根据施工负责人提出的要求，施工单位指派的胜任人员按调车方法，使路用列车进入指定地点。

六、路用列车在区间装卸车的要求

由于铁路施工或其他需要，列车必须在区间装卸车时，装卸车负责人应根据调度命令的要求，指挥列车停于区间指定地点。列车未停稳前不得打开车门；禁止在桥梁、道岔、道口、信号设备、车辆红外线设备等处装卸车，以免损坏设备或危及行车安全；片石、钢轨等笨重材料，禁止边走边卸。在装卸车作业过程中，装卸车负责人根据现场实际情况，变更装卸车地点时，可指挥列车适当移动位置，但必须在确认货物堆放距离不妨碍车辆移动后，才可显示信号移动。

装卸车负责人必须严格掌握装卸车时间。装卸车完毕后，由装卸车负责人认真检查装卸货物的装载、堆码状态，确认限界，清好道沿，关好车门，经确认已无妨碍行车安全的情况后，方可通知司机开车。

七、施工特定行车办法

遇有施工又必须接发列车的特殊情况下，可按施工特定行车办法办理。

（1）使用施工特定行车办法时，所有列车必须通过固定进路、固定在车站正线上办理到发或通过。车站施工开始前必须固定正线进路，并在整个施工过程中不许变更进路，同时对联锁停用进路上所有对向道岔、顺向道岔按规定进行加锁（集中联锁良好的道岔可在控制台上进行单独锁闭），有关道岔密贴的确认及具体的加锁办法，由铁路局规定。

当车站部分线路、信号设备施工，只影响进站或出站信号机之一时，可以开放出站或进站信号机发车或接车。开放出站信号机发车时，列车凭出站信号机显示的允许信号发车；开放进站信号机接车时，列车凭进站信号机显示的进入正线准备停车的信号进站。

（2）使用特定引导手信号接车，列车司机凭引导员显示的特定引导手信号，以不超过60 km/h 的速度进站。与引导接车不同的是列车进站速度有了较大提高，主要是在施工开始前车站的接发车进路已固定正线，所有道岔均已按规定加锁，并且规定在施工当中不再改变进路，因而在接发列车进路方面已有了安全保证。为适应列车运行密度加大、速度提高，特别是繁忙线路运输能力紧张的状况，要求列车司机以不超过 60 km/h 的速度进站，降低施工对行车的干扰，有利于运输效率的提高。

（3）为保证列车在车站有较高的通过速度，达到使用施工特定行车办法的目的，准许车站不再向司机递交书面行车凭证和调度命令。

为了保证行车安全，避免车站简化作业程序、盲目发出列车，规定车站仍按规定标准办理行车手续，填写行车凭证。车站值班员在行车凭证办理完毕后，须使用列车无线调度通信设备（其语音记录装置须作用良好）将行车凭证号码（路票为电话记录号码、绿色许可证为编号）和调度命令号码通知司机，并听取司机复诵。车站值班员在确认司机复诵正确后，方可通知接车人员显示通过手信号。列车凭接车人员显示的通过手信号通过车站。

使用施工特定行车办法行车时，车站或列车司机的语音记录装置的记录功能必须良好，以保证对通话过程有正确的记录。如果双方语音记录装置的记录功能均不良时，对车机双方的通话不能记录，特别是有关行车凭证、调度命令的内容，一旦发生问题，分析无据，因此，语音记录装置不良时，车站须向司机递交书面行车凭证和调度命令。

（4）施工特定行车办法，是为施工时提高列车运行速度、减少施工对行车的干扰而制定的，适用于行车量较大、施工繁忙的线路或区段，各铁路局应根据行车工作的特点和施工的需要，规定施工特定行车的具体安全行车办法，以保证列车运行和施工的安全。

第六节　列车运行发生特殊情况

一、遇天气恶劣，信号机显示距离不足 200 m 时的行车办法

由于天气情况恶劣，信号机显示距离不足 200 m 时，应执行本行车办法。此信号机系指进站、出站及自动闭塞区间通过等指挥列车运行的信号机。发生天气不良时，司机或车站值班员应将天气的恶劣情况及发生地点报告列车调度员，列车调度员应及时发布调度命令，改按天气恶劣难以辨认信号的办法行车，天气转好时亦由司机或车站值班员报告列车调度员，列车调度员发布调度命令恢复正常行车。执行此办法应注意以下事项：

（1）列车按机车信号显示运行。当接近地面信号机时，司机应确认地面信号机的显示。二者显示一致时正常运行；当地面信号显示与机车信号显示不一致时，列车应立即采取减速或停车措施。此时司机应利用列车无线调度通信设备与前方站进行联系

（2）当无法辨认出站（进路）信号机显示时，在列车具备发车条件后，司机凭车站值班员列车无线调度通信设备（其语音记录装置须作用良好）的发车通知起动列车，在确认出站（进路）信号机显示确定后再行加速。

（3）天气转好时，应及时报告列车调度员发布调度命令，恢复正常行车。

二、列车发生火灾、爆炸的应急处理

（1）列车发生火灾、爆炸时须立即停车。当车厢内设有紧急制动阀时，列车乘务人员应立即使用就近的紧急制动阀，使列车停车。当车厢内无紧急制动阀时，应由车辆乘务人员使用列车无线调度通信设备报告司机停车。机车乘务员应按《机车操作规则》要求，对全列车进行瞭望，发现火灾、爆炸情况或接到列车发生火灾、爆炸的通知时应立即停车。停车地点应尽量避开特大桥梁、长大隧道等，选择便于旅客疏散的地点。车站不再向区间放行列车，并通知邻线及后续有关列车停车。电气化区段现场需停电时应立即通知供电部门停电。

（2）列车停车后应利用当地条件就地灭火，需要分隔甩车时，应根据风向及装载货物性质确定分隔甩车位置。根据经验，一般应先甩下列车后部的未着火车辆，再甩下着火车辆，然后将机次未着火车辆拉至安全地段。

（3）对甩下的车辆，在车站由车站人员负责采取防溜措施；在区间由司机、车辆乘务员负责采取防溜措施。

三、汛期暴风雨行车的应急处理

（1）列车通过防洪重点地段时，司机要加强瞭望，并随时采取必要的安全措施。

（2）当洪水漫到路肩时，列车应按有关规定限速运行；遇有落石、倒树等障碍物危及行车安全时，司机应立即停车，排除障碍并确认安全无误后，方可继续运行。

（3）列车遇到线路塌方、道床冲空等危及行车安全的突发情况时，司机应立即采取应急性安全措施，并立刻通知追踪列车、邻线列车及邻近车站。配备列车防护报警装置的列车应首先使用列车防护报警装置进行防护。

四、列车运行途中发生车辆故障的应急处理

（1）发现客车车辆轮轴故障、车体下沉（倾斜）、车辆剧烈振动等危及行车安全的情况时，须立即采取停车措施。由车辆乘务员检查，对抱闸车辆应关闭截断塞门，排除工作风缸和副风缸中的余风，确认安全无误后方可继续运行。如车轮踏面损坏超过限度或车辆故障不能继续运行时，应甩车处理。

（2）列车调度员接到热轴报告后，应按热轴预报等级要求果断处理。必要时，立即安排停车检查（司机应采用常用制动，列车停车后由车辆乘务员负责检查，无车辆乘务员的由司机确认能否继续安全运行）或就近站甩车处理。

（3）遇客车安全监控系统报警或其他故障需要列车限速运行时，车辆乘务员应使用列车无线调度通信设备通知司机，司机根据要求限速运行并报告车站值班员（列车调度员）。

五、遇响墩爆炸声及火炬信号火光的行车办法

响墩及火炬信号是临时使用的紧急信号。当司机听到响墩的爆炸声或发现火炬信号的火光时均要求紧急停车。巡道工等有关行车人员以及机车、大型养路机械、重型轨道车在出乘及巡道时均应携带此类备品。当发生线路（包括桥梁、隧道）遇到自然灾害、发生故障危及行车安全，或列车在区间内发生安全事故，以及其他原因被迫停车时，均应立即或按《技规》要求放置响墩及火炬进行防护。使用响墩信号时应按规定摆放，火炬信号应放在道心处。火炬信号为昼夜通用信号。

列车遇响墩爆炸声和火炬信号的火光停车后，如有防护人员时，司机应及时与防护人员联系，了解情况并采取相应措施。司机停车后找不到防护人员时，应迅速检查前方线路及周围情况，如天气情况正常，线路无异状，且无被迫停车列车时，允许列车以在瞭望距离内能随时停车的速度继续运行，但最高不得超过 20 km/h。在自动闭塞区间，列车运行至前方第一架通过（进站）信号机前，如无异状，即按该信号机的显示要求执行。在半自动或自动站间闭塞区间，经过 1 km 后，如无异状可恢复正常速度运行。

第七节　列车防护

一、列车在区间被迫停车后，放置响墩防护

为保证列车运行安全，列车被迫停车后，应使用响墩对列车进行防护。

响墩设置方法是每组三枚，其中两枚扣在来车方向的左侧钢轨上，一枚扣在右侧钢轨上，彼此间隔 20 m。当机车压上响墩后，司机一侧可先听到响墩爆炸声，便于司机采取停车措施。每个响墩放置间隔 20 m 是为了使其爆炸声分清三响，不致与其他爆炸声相混。响墩不应设在钢轨接头、道岔、道口、无砟桥上或隧道内。在不同情况下放置响墩的要求不同。

（1）已请求救援的列车，应从救援列车开来方向（不明时，从列车前后两方面）距离列车不小于 300 m 处放置响墩。规定 300 m，是因为已请求救援，列车调度员已在命令中指明了被迫停车列车所在位置，所以救援列车司机心中有数，可以提前减速，能在 300 m 内停车，如图 4-2 所示。

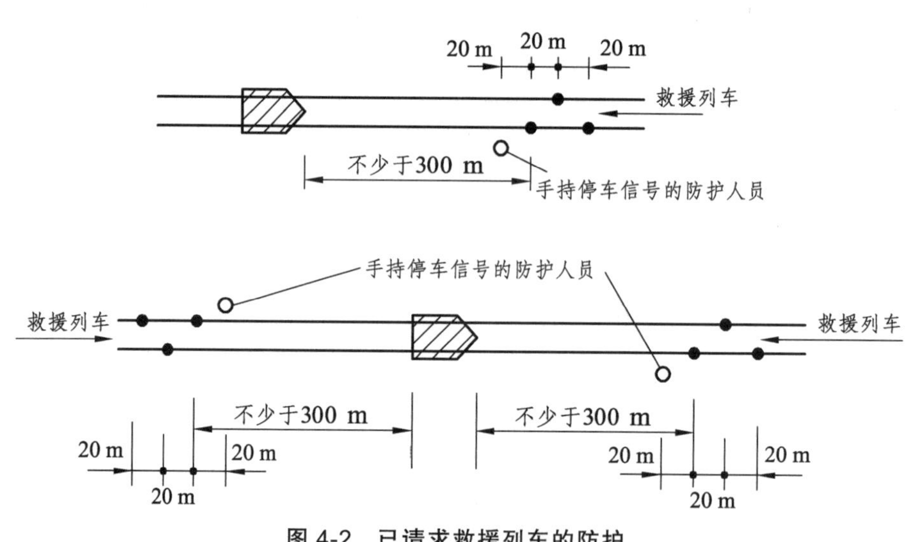

图 4-2　已请求救援列车的防护

（2）一切电话中断后发出的列车有两种：一种是持有附件 3 红色许可证通知书 1 的列车（后面无追踪列车），另一种是持有红色许可证通知书 2 的列车（后面有追踪列车）。在后面有追踪列车的情况下，因追踪列车对前行列车在区间停车没有准备，因此列车后部防护距离应不小于列车制动距离，此制动距离为该线路最大速度等级规定的列车紧急制动距离。如该线路最高速度为 160 km/h，则制动距离为 1 400 m，防护距离应不小于 1 400 m，如图 4-3 所示。

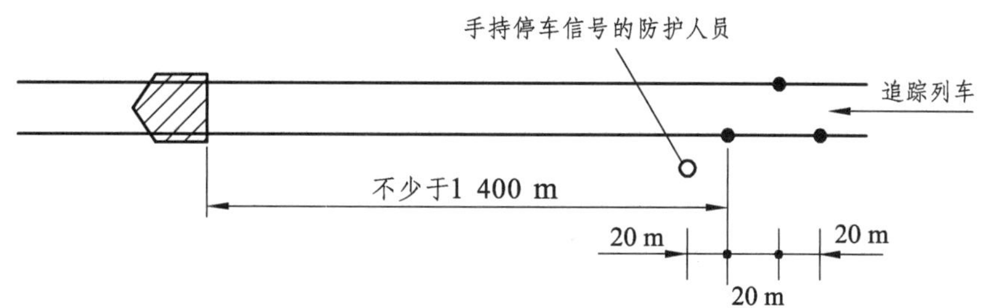

图 4-3　有追踪列车运行的防护

（3）列车被迫停车后，如妨碍邻线行车时，为防止邻线列车开来发生冲突，应在邻线上放置响墩防护。在不能确认来车方向时，考虑邻线可能反方向行车，应从两端进行防护。如确知来车方向，可仅对来车方向进行防护。由于邻线运行的列车没有停车准备，故放置响墩的距离不应小于线路最大速度等级规定的列车紧急制动距离，如图 4-4 所示。

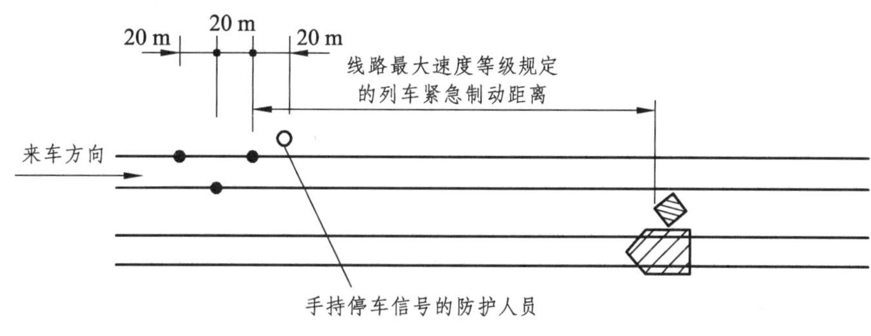

图 4-4　妨碍邻线的防护

（4）列车分部运行，机车进入区间挂取遗留车辆时，因其已知停留车地点，能提前减速及停车，故在车列前方距离不小于 300 m 处放置响墩防护，如图 4-5 所示。被迫停车的列车消除故障可以运行后，用列车无线调度通信设备通知防护人员返回。此时防护人员可不撤除响墩返回列车（运行动车组列车的区段除外），以防在返回列车过程中有其他列车追及，并可节省时间。

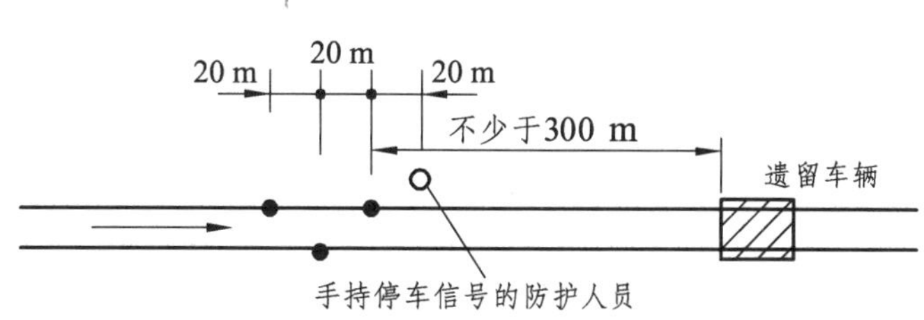

图 4-5　分部运行时机车挂取遗留车辆的防护

二、列车在区间被迫停车后，可能妨碍邻线时，点燃火炬防护

列车在区间发生脱轨、颠覆、货物倒塌、车辆事故等被迫停车后，司机应认真检查确认是否妨碍邻线。如判定可能会妨碍邻线时，为保证邻线列车的行车安全，除按规定进行联系

设置响墩防护外，还应分别在列车头部和尾部附近邻线上点燃火炬。火炬的燃烧时间一般为 8 min 左右。

如在自动闭塞区间，还应对邻线来车方向短路轨道电路。发现邻线有车开来时，司机应鸣示紧急停车信号，其他人员应向列车显示停车信号。

三、线路发生故障时的防护办法

（1）应立即使用列车无线调度通信设备通知车站值班员或列车司机紧急停车，同时在故障地点设置停车信号，如夜间或遇降雾、暴风雨雪、扬沙等恶劣天气瞭望困难时，还应点燃火炬。

（2）当确知一端先来车时应极速奔向列车，用手信号旗（灯）或徒手显示停车信号。应先向该端再向另一端放置响墩，然后返回故障地点，如图 4-6 所示。

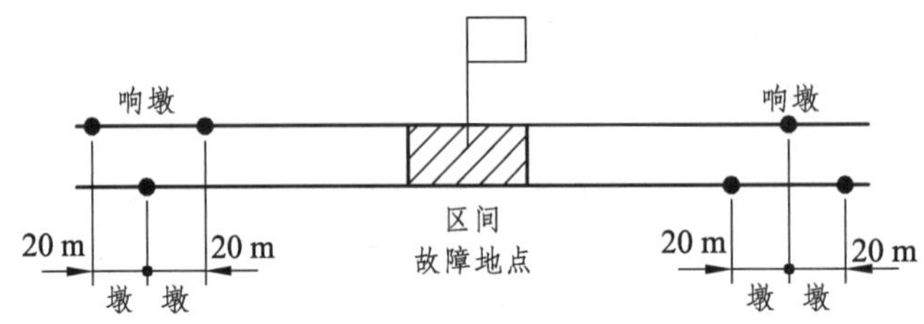

图 4-6 线路发生故障时的防护

（3）如不知来车方向，应在故障地点注意倾听和瞭望，发现来车时应急速奔向列车，用手信号旗（灯）或徒手显示停车信号，并将响墩放置在能赶到的地方，使列车在故障地点前停车。如夜间或遇降雾、暴风雨雪、扬沙等恶劣天气瞭望困难时，发现来车后，应奔向列车前，在故障地点点燃第二支火炬。

设有固定信号机时，应先使其显示停车信号。站内线路、道岔发生故障时，应按规定设置停车信号防护。

四、铁路设备发生故障时的防护办法

当发现铁路发生故障危及行车和人身安全时，应立即向开来列车发出紧急停车（连续短声）信号，并用列车无线调度通信设备迅速通知就近车站、工务、供电、电务人员及列车调度员。

【本章小结】

本章对列车运行的基本要求、列车在区间被迫停车、列车分部运行及退行、救援列车与路用列车的开行及列车在区间发生伤亡事故等的处理、有关规定和要求做了具体阐述，还对行车有关人员、机车乘务员的分工做了说明。本章的重点内容是列车在区间被迫停车和列车分部运行及退行。

【事故案例】

京包线“3 · 21”白塔站行车险性事故

一、事故概况

1992 年 3 月 21 日 6 时 49 分，呼和浩特铁路局京包线白塔站郭家营站 K632+300 处，无 1220 次列车因本务机 DF_4 型 6106 号机车增压器故障，不能继续运行，6 时 10 分停车请求救援。调度命令郭家营站站长组织指挥无 1207 次本务机 DF_4 型 6105 号单机救援，6 时 35 分开 6001 次，运行中机车乘务员与站长聊天，间断瞭望，延误制动时机。6 时 49 分与停留的无 1220 次本务机相撞，机车小破两台；中断上行线 1 时 21 分，构成行车险性事故。

二、事故原因

6105 号机车乘务员违反《技规》中有关列车司机在列车运行中应做到：“彻底瞭望，确认信号，认真执行呼唤应答制度”的规定，在行车中与站长聊天，副司机未起到应有的提醒职责，延误制动时机，这是造成此次行车险性事故的主要原因；6106 号机车乘务员违反《技规》中关于列车在区间被迫停车后，应放置响墩防护的规定，对此次事故负有主要责任。

三、事故教训

此次事故，虽然是险性事故，但事故的发生暴露了机车乘务员安全意识淡薄、职工素质不高等一系列问题，教训非常深刻。

（1）担当救援任务的 6105 号机车乘务员，中断瞭望，与他人聊天，运行到救援地点处，在没有听到响墩的情况下，未及时发现前方的无 1220 次本务机，错过制动时机。

（2）郭家营站站长作为此次事故救援的指挥者，责任性不强，直接违反规定在行车中与机车乘务员聊天，导致乘务员间断瞭望，未及时发现前方无 1220 次本务机，直接原因为机车乘务员安全意识淡薄，违反《技规》中的有关规定。

（3）无 1220 次本务机 6106 号机车乘务员，在等待救援过程中，未按规定，在区间被迫停车后，放置响墩防护，间接造成了此次事故的发生，说明机车乘务员业务水平低，安全意识淡薄。

【复习思考题】

1. 列车运行时司机的职责是什么？
2. 列车运行限制速度有何规定？
3. 站内无空闲线路时的接车办法是什么？
4. 引导接车的使用时机和有关规定是什么？
5. 试述列车在区间被迫停车不能继续运行时的处理方法。
6. 试述列车在区间被迫停车可能妨碍邻线行车时的处理方法。

7. 在什么情况下不准列车分部运行？试述列车分部运行的办法。
8. 在什么情况下不准列车退行？试述列车退行的办法。
9. 救援列车的行车凭证是什么？救援列车的司机应做到哪些？
10. 路用列车的行车凭证是什么？路用列车在区间装卸作业时有何要求？
11. 使用特定引导手信号接车时，司机应注意哪些问题？
12. 试述列车发生火灾、爆炸时的应急处理方法。
13. 试述列车运行途中发生车辆故障时的应急处理方法。
14. 试述遇响墩爆炸声及火炬信号火光时的行车办法。

第五章　调车工作

调车工作是完成铁路运输任务过程中的基本生产环节，是车站工作的主要内容之一。它对及时解体、编组列车和取送客货作业、检修作业的车辆，保证按运行图行车，缩短车辆停留时间，加速车辆周转，完成车站的数量与质量指标任务都有重要作用。对及时取送旅客列车车体，编组旅客列车，完成旅客列车车体技术检查、整备作业，保证旅客列车安全正点发车，全面提高客运服务质量，有着十分重要的意义。

第一节　调车作业的一般要求

一、对调车作业的要求

车站技术作业过程是在现有技术设备和一定的行车组织方式条件下，有效地利用车站各项技术设备，合理安排作业，组织均衡生产，在参加运输工作的各部门密切协同动作的基础上制定的技术作业标准。调车作业计划规定了每批作业的具体任务、内容、方法、顺序、完成时间及注意事项等，是调车作业的依据和具体行动计划。因此，车站的调车工作必须按车站技术作业过程和调车作业计划进行，并实现以下要求：

（1）及时编组、解体列车，保证按列车运行图规定的时刻发车，不影响接车。首先明确接发车与调车的关系，即编组要保证发车、解体不影响接车。及时编组列车就是按规定的时间标准完成编组任务，从而保证列车按运行图规定的时刻正点发车。因此，车站的编组列车顺序及每列车的编完时间，应按列车运行图规定的各次列车发车时间去安排。在不妨碍正常接车和解体的条件下，正确安排编组列车计划，不要过早地将编组完了的列车转入到发线，以免待发时间过长影响到发线的合理运用。及时解体列车就是到达列车完成技术作业后，即应进行解体作业。这样既可减少占用到发线时间，又可保证正常接发其他列车，并为中转车流接续和作业车的送车创造条件。调车作业除从编组解体方面保证列车接发以外，从行车组织的角度，还应严格执行在正线、到发线上作业的有关规定，保证调车作业不影响接发列车。

（2）及时取送客货作业和检修车辆，有助于快速取送旅客列车车体，保证车辆技术检查和客运整备作业所需时间，及时出入库，保证旅客列车安全正点始发；有助于货物装卸及检修作业，能缩短车辆停留时间和非生产时间，加速车辆周转。旅客列车始发量较大的车站，应从保证旅客列车正点始发的原则出发，加强与车辆及客运部门的联系，做到编组车体与出入库兼顾；货物作业量较大、取送地点较多的车站，应从节省车辆小时和加速货物送达的原则出发，合理安排取送车计划，兼顾取送作业与列车编解作业。检修车辆按需要应实行定点、定量、定时取送，以利于检修作业的正常进行。车站与专用线、段管线所属部门应签订取送车协议，明确各自的管理职责，加强专用线、段管线的管理，在《站细》中应明确规定专用线、段管线取送车办法。

（3）调车工作应采取先进的作业方法，提高作业效率。一方面要发挥调车人员的积极性，各工种间密切配合、协同动作，不断提高劳动生产率；另一方面要经济合理地运用调车机车及一切技术设备，采用先进的工作方法，周密计划，合理安排，做到快编、快解、快取、快送，尽可能组织平行作业，充分挖掘设备潜力，压缩各种非生产时间，提高调车效率，最大限度地发挥调车机车和技术设备的效能。这是对调车工作的一项基本要求，也是衡量车站行车组织工作水平的一个重要标志。

（4）应坚持把安全生产放在最核心、最重要、最突出的位置，牢固树立大运输、大安全的观点，提高安全工作的使命感和责任感，在安全生产中发挥核心作用。调车工作是在动态中进行的，作业组织复杂，多工种联合动作，时常面对恶劣的天气、多变的环境，影响因素诸多。多年来，调车事故在行车事故中所占比重最大，反映了调车安全的重要性和必要性。在调车工作中必须认真执行规章制度，落实作业标准，遵章守纪，防止一切可能发生的事故，做到安全生产。

二、调车工作的“九固定”制度

调车工作的“九固定”是安全、迅速地进行调车作业的行之有效的制度，有助于提高调车工作效率，保证调车安全。

（1）固定调车作业区域，即在调车作业繁忙、配线较多的车站，配有两台或两台以上调车机车的车站，为避免同时作业相互间的干扰，提高调车效率和保证调车作业的安全，把每台调车机的活动范围固定在一定区域之内，按分工进行相对固定的作业，同时有利于调车作业人员掌握设备情况，熟悉本区作业性质，有利于提高调车效率和保证调车作业的安全。

（2）固定线路使用，主要是指对调车线按列车编组计划去向的要求、车流性质和车流量大小，以及特殊用途等，结合线路的配置情况，合理安排线路的使用方案，从而达到有效地使用线路，减少重复作业，缩短调车行程，提高调车计划质量和保证安全生产的目的。

（3）固定调车机车包括固定机车和机车乘务组两方面。因为调车机车与本务机车担当的任务不同，机车装备要求也不同。为便于调车组人员上下和站立，调车机车前后均应有扶手把和防滑踏板。与消防部门和机务部门协调时，对于经常出入油库线、木材线的调车机车还应有防火装置。固定替换的调车机车和小转运机车，其装备也应符合调车机车的要求，以利于调车作业。

（4）固定人员和班次。调车作业是由多工种配合进行的，包括调车组人员、机车乘务组人员和扳道人员等，由于单位不同、工种不同，只有长期在一起工作，才有利于各工种间的互相了解，密切配合，协调作业，有利于提高工作效率和保证作业安全。摘挂列车要在沿途中间站进行作业，条件复杂，作业范围大，更要注意固定人员和班次。

利用机车乘务组人员需换端操纵的机车进行调车作业时，为方便瞭望信号，确保调车人员人身安全和作业安全，调车组人员应在推进运行时的调车信号机一侧（左侧）作业，不应同机车乘务组人员同时换边作业，机车乘务人员应加强瞭望。

（5）固定交接班时间和地点，避免互相等待，有利于压缩非生产时间，便于管理。

（6）固定工具数量及存放地点。调车工具如铁鞋、叉子等，不仅要按需固定数量，还要固定存放地点，保证能够交接清楚，这样不仅有利于使用和保管，当发生损坏或短少时也便于及时发现和补充，消除安全隐患，保证正常作业需要。

三、无线调车灯显设备

1. 调车作业采用的无线调车灯显设备

20 世纪 90 年代初期推广使用的无线调车灯显设备，具有调车作业指令无线传输功能，即将调车指挥人通过专用电台发出的调车指令以不同颜色的灯光显示在机车控制器上，指挥机车乘务员、调车组作业（通过语音合成技术，在将调车指令显示于机车控制器的同时，辅以语音提示），还具有调车组、机车乘务组及调车领导人之间的通话功能。为防止信号的串扰，每套无线调车灯显设备都有自己固定的频点，同一调车组人员所使用的每部电台均有相应的编码，当某一制动员发出紧急停车指令后，只有该制动员发出解锁指令才能解锁，其他任何人的指令均不可能使其解锁。另外，当调车长按压电台指令键后，发生调车长电台故障或电力不足等情况，造成不能发出指令时，机车控制器可测出上述故障，同时自动发出“故障停车”的指令。该设备具有数据采集和记录系统，可以记录调车指令的内容、发出时间，采集调车速度，以便分析作业情况。

随着现代电子技术的发展，铁路加快了运输设备的现代化步伐，调车解体作业从简易驼峰、机械化、半自动化驼峰发展到自动化驼峰；通信联络从使用站场扩音广播、站场对讲电话到无线通信联系；调车作业指挥方式从灯旗指挥到无线调车灯显设备，调车作业的现代化程度越来越高，通信联系和作业指挥越来越灵活可靠。随着无线调车灯显设备在全路的广泛应用，实现了“调车作业不使用灯旗指挥”的目标，在调车作业中，消除了确认信号困难、联系不彻底等安全隐患，提高了调车效率。无线调车灯显设备的记录功能为分析事故或问题提供了有效、可靠的依据，能够找到问题的根源，吸取教训，避免类似问题再次发生。因此，要求调车作业应采用无线调车灯显设备。同时为了更好地发挥该设备的作用，要求各铁路局制定无线调车灯显设备的使用、维修、管理办法。

2. 无线调车灯显设备与列车运行监控记录装置的配合使用

在无线调车灯显设备未与列车运行监控装置配合使用的情况下，在调车作业过程中，由于调车组人员或机车乘务组人员不执行作业标准和无线调车灯显设备发生故障时，列车运行监控装置不能发挥控制调车车列的作用，致使调车作业事故或问题仍时有发生，危及行车安全。无线调车灯显设备与列车运行监控装置配合使用，就是将无线调车灯显设备的机控器与列车运行监控装置相连，使列车运行监控装置接收无线调车灯显设备发出的指令，并按指令的要求限制调车速度，对调车作业情况进行监控，并在必要时停车，在调车作业中能够有效地防止调车超速连挂、调车冲突等事故。

3. 无线调车灯显设备的机控器与列车运行监控装置的连接规定

担任固定调车作业的机车，无线调车灯显设备的机控器应与运行监控装置固定连接。由本务机车、小运转机车担当调车作业时可使用便携式机车控制器，作业开始前无线调车灯显设备的机控器临时与运行监控装置连接，作业完了由调车人员取回。

4. 无线调车灯显设备发生故障时的规定

无线调车灯显设备正常时，调车作业人员应按无线调车灯显信号规定，使用该设备指挥调车作业，对灯显以外的作业指令采用通话方式。同时，应在指定地点放置备用的手信号旗（灯），以便在调车长电台或机车控制器发生故障时，改用手信号指挥作业。如调车组人员间电台通话功能良好时，作业中仍可使用电台相互联系，但调车长须改用手信号方式指挥司机。

为保证调车作业安全，避免调车机车冒进信号及超速，无线调车灯显设备及无线调车机车信号和监控系统的使用、维护及管理办法，由铁路局规定。通话标准用语、含义及使用人员范围如表 5-1 所示。

表 5-1　通话标准用语、含义及使用人员范围

<table>
<tr><th>序号</th><th>通用标准用语</th><th>含　义</th><th>使用人员范围</th></tr>
<tr><td>1</td><td>前进（后退）机车带有车辆时改为牵引或推进</td><td>指示机车前进或后退以机车定向为准，向机械间方向为前进，反之为后退</td><td>调车组间、调车长、司机间</td></tr>
<tr><td>2</td><td>鸣笛</td><td>要求司机鸣笛</td><td rowspan="5">调车组间</td></tr>
<tr><td>3</td><td>连挂</td><td>连接信号</td></tr>
<tr><td>4</td><td>十车、五车、三车</td><td>十、五、三车距离信号</td></tr>
<tr><td>5</td><td>连挂注意</td><td>稍行移动信号</td></tr>
<tr><td>6</td><td>停车</td><td>停车信号</td></tr>
<tr><td>7</td><td>试拉</td><td>试拉信号</td><td rowspan="2">调车组间、调车长、司机间</td></tr>
<tr><td>8</td><td>连挂好了</td><td>表示车组已挂妥</td></tr>
<tr><td>9</td><td>溜放</td><td>溜放信号</td><td rowspan="2">调车组间</td></tr>
<tr><td>10</td><td>减速</td><td>减速信号</td></tr>
<tr><td>11</td><td>压钩</td><td>要求司机压钩</td><td rowspan="3">调车组间、调车长、司机间</td></tr>
<tr><td>12</td><td>加速</td><td>要求司机加速</td></tr>
<tr><td>13</td><td>全列挂好</td><td>编组列车或挂取车已全部挂妥</td></tr>
<tr><td>14</td><td>试闸好了</td><td>试好手闸信号</td><td rowspan="2">调车组间</td></tr>
<tr><td>15</td><td>连续连挂</td><td>要求连续连挂车辆</td></tr>
<tr><td>16</td><td>×道开通（信号好）</td><td>扳道员已显示道岔开通信号或调车信号机已开放</td><td>调车组间、调车长、司机间</td></tr>
</table>

第二节　调车领导及指挥

一、调车工作必须统一领导

调车工作是由调车组人员、扳道（集中操纵）人员、机车乘务人员等共同完成的，是多工种在不同的条件和环境下的联合作业，因此为了安全、迅速、准确、协调地完成调车作业任务，必须有统一领导。即在同一时间内对于一个车站或一个调车场（区）的工作，只能由该站的车站调度员（未设车站调度员的车站由车站值班员）、该调车场（区）的调车区长一人负责领导。所有车站的调车工作都应根据调车领导人的命令、计划办理；所有与调车工作有关的人员，必须认真执行调车领导人的命令、指示和工作计划。确定调车领导人应根据下列要求：

（1）设有车站调度员、调车区长的车站，对每一个调车场（区）指定一名调车区长领导调车工作。各场（区）的调车工作均由负责该场（区）的车站调度员统一领导。各调车场（区）互相间关联的工作均应按照车站调度员的指示办理；调车场划分多个调车区时，各调车区间的工作均应按照负责该场（区）的调车区长的指示办理。

（2）只设有车站调度员未设调车区长的车站，调车工作由车站调度员领导，作业计划由其直接布置。只设有调车区长未设车站调度员的车站，调车工作由调车区长领导。

（3）未设车站调度员和调车区长的车站，一般为中间站，调车作业量较小，可以由车站值班员兼顾调车工作，故由车站值班员领导。

调车工作领导人在组织调车工作中，遇有占用、妨碍正线、到发线及机车走行线和影响接发车进路的调车作业，必须经车站值班员准许方可进行，其他任何人员不得准许，以免影响接发列车及机车出入段工作。

二、调车长既是组织者又是指挥者

调车作业由调车长单一指挥。在调车作业中，调车长既是组织者又是指挥者，对组织调车人员执行规章制度，落实作业标准，严格按《站细》的规定和调车作业计划进行工作，保证安全，提高效率，全面完成任务负有重要责任。因此，调车长不仅要做好本身的工作，还要组织、督促并指挥调车人员共同完成调车工作。

利用本务机车进行调车作业时，可由车站值班员或助理值班员担任指挥工作。遇有特殊情况，可由经鉴定、考试合格取得调车长资格的胜任人员代替。

调车作业的准备工作是保证顺利完成调车任务的前提。调车作业准备工作主要包括以下几个方面：

（1）在计划安排时，要传达核对计划，拟定作业方法，进行作业分工，并针对重点工作进行安全预想。

（2）在工具准备时，要对调车组的每台无线调车设备进行检查试验，特别是须与司机确认无线调车灯显设备作用良好，要准备好铁鞋、叉子、安全带、灯具及防溜用具等。

（3）在了解情况时，要掌握是否空线、各线车辆停留位置、停留车组间隔、线路及车辆上下有无障碍物、检修及装卸作业是否完成和防护用具是否撤下等。

（4）当需要提前行动时，摘管、排风、选择人力制动机，对专用线、段管线的线路、道岔、大门、停留车辆、堆放货物距离等进行检查。

在调车作业中，调车长首先要组织调车人员正确及时地完成调车任务。“正确”是指按“调车作业通知单”的要求进行作业，做到溜放调车时不混线、不堵门，尽量缩小车组间隔距离；取送客车、作业车和检修车时要对好位置；编组列车时要连挂正确，对好列车试风器位置，并要注意重点检查关门车情况，车下不压铁鞋等。“及时”是指按“调车作业通知单”要求的时刻，及时完成列车编组、解体及车辆取送、转线等作业。

调车长显示的调车手信号或使用无线调车灯显设备发出的指令，是对调车作业行动和发出的命令，有关人员必须认真执行，所以信号显示或发出的指令必须正确、及时。“正确”是指信号显示方式或发出的指令意义必须符合有关规定，并做到规范化，如手信号显示要横平、竖直、灯正、圈圆等。“及时”是根据不同作业要求及距离、速度、作业方法等，及时显示信号或发出指令。

保证调车作业中的人身安全和行车安全，是调车长最重要的责任之一。要求调车长要认真学习规章制度，掌握调车作业标准，在作业中认真落实作业标准化，严格要求，不间断瞭望，并随时掌握参加作业人员的动态，了解他们执行作业标准的情况，确认其所在位置及信号显示，发现情况不明、信号不清及其他特殊情况危及作业安全时，应立即采取停车措施，以确保人身安全和调车作业安全。

三、调车机车司机的职责

调车机车是调车作业的动力，使用质量良好的调车机车和司机按照信号的显示要求正确及时地操纵机车，是保证调车安全和完成调车任务的关键环节。因而调车机车司机应做到以下几点：

（1）开始调车作业前，组织本组人员按规定做好机车整备，调车作业中负责操纵机车，确保机车状态良好；开始作业前，应检查、确认列车运行监控记录装置良好，使用无线调车灯显设备调车作业时，还应与调车长共同确认无线调车灯显设备作用良好。

（2）接收作业计划，确认调车作业方法与注意事项，并及时传达给本组人员，组织本组人员正确及时地完成调车任务。

（3）调车手信号和无线调车灯显设备发出的指令是对调车作业发出的命令，作业中要时刻注意确认信号显示和指令，严守调车速度的规定。没有信号或指令不准动车，遇有固定信号、手信号显示不明或不正确和无线调车灯显设备故障、指令不清、错误显示、无信号显示或接到紧急停车指令时，要立即停车，待确认信号或指令后再行作业，严禁臆测行车。

（4）不间断地瞭望固定信号和调车人员显示的手信号，时刻注意无线调车灯显设备的指令，督促本组人员注意瞭望，认真执行呼唤应答制度和调车速度的要求，发现危及人身或作业安全时，要立即采取措施，确保调车作业的安全。

本务机车在车站担当调车作业时，也应执行上述要求。

第三节　调车计划及准备

一、调车作业计划

1. 调车作业计划的编制和布置

调车作业计划是调车人员的行动依据，调车领导人是通过调车作业计划来实现对调车工作的领导，完成调车工作的任务。调车领导人必须根据车站技术作业过程所规定的各项技术作业时间标准，班计划和阶段计划的任务要求，结合站内或有关区域内现车分布情况和列车到达确报，按始发列车的编组要求、到达列车的编组内容、旅客列车车体、货物作业车和检修车取送安排、接发列车与调车作业的进展情况等，正确及时地编制、布置调车作业计划。

2. 调车作业计划的交递和传达

为正确及时地完成调车作业计划，调车指挥人每次接受调车作业计划后，应根据计划内容和要求，结合设备、车辆停留、人员配备等情况，制定具体的调车作业方法，连同注意事项亲自向司机交递和传达；对其他人员也应亲自传达，使参加调车作业的人员明确作业方法和注意事项，按照计划统一协调行动。调车作业计划的传达，有一个最根本的要求，那就是无论采取何种传达和联系方法，最后都必须有调车指挥人确认有关人员均已正确了解调车作业计划、掌握作业要求及注意事项后，方可开始作业。

二、使用“调车作业通知单”的规定

1.“调车作业通知单”的下达形式

布置调车作业计划是一项十分严肃认真的工作。调车领导人编制的调车作业计划应以书面形式下达，一般采用“调车作业通知单”布置计划。

2.“调车作业通知单”的填写要求

在“调车作业通知单”上应明确调车作业的调车组、编解列车的车次、作业的开始与终了时间、使用的线路、摘挂的辆数、应注意的事项及经由车场线路等。

“调车作业通知单”的填记必须准确、清楚。“注意事项”包括的内容、符号、填记方法，由各站自行规定，填记在记事栏内。编制调车计划的调车领导人应签名。

3. 一批作业变更计划的规定

一批作业（指一张调车作业通知单）不超过三钩或变更计划不超过三钩时，可用口头方式布置（中间站利用本务机车调车除外），有关人员必须复诵。变更股道时必须停车转达，仅变更作业方法或辆数时，不受口头传达三钩的限制，但调车指挥人必须向有关人员传达清楚，有关人员必须复诵。

驼峰解散车辆只变更钩数、辆数、股道时，可不通知司机，但调车机车变更为下峰作业或向禁溜线送车前须通知司机。

三、中间站调车的有关规定

利用本务机车进行调车作业的中间站，考虑到司机对车站设备及停留车位置不够熟悉，夜间照明又不够好，不论作业计划或变更计划钩数多少，均以书面方式布置，并应使用有示意图的调车作业通知单，使司机熟悉和掌握设备、停留车情况，为作业提供方便条件。列车在到达线路内拉道口、对货位、直接后部摘车及本务机车（包括重联机车、补机）摘挂、转线，可不使用调车作业通知单。

中间站利用本务机车在到发线调车作业时，还应填记作业时间内预计接发旅客列车的车次及预计到达时刻，监控干部在确认调车作业计划后还应签字。使用无线调车灯显设备调车时，调车人员之间可以进行通话，为作业布置调车计划提供了方便条件。但由于布置调车作业计划是件严肃的事情，如何使用无线调车灯显设备布置计划，由铁路局根据设备情况和作业特点统一规定。

在中间站不利用本务机车进行调车作业的其他调车工作，可不使用调车作业通知单，比如单机在车站摘挂头、转线等作业。

四、调车作业的准备

提前做好调车作业前的准备工作，搞好安全预想，才能顺利地进行调车作业，安全迅速地完成调车工作任务。

随着无线调车灯显设备的广泛使用，作为指挥调车作业的关键设备，调车作业过程中必须时刻保持良好的状态，因此作业开始前必须进行试验，主要包括调车组人员间的试验和调车长与司机间的试验，试验其各项功能，并要有记录，保证作用良好，电池组电力充足，以防作业过程中发生故障，从而影响调车作业的正常进行。

第四节　调车作业

一、调车作业时对调车有关人员的规定

（1）调车作业时，调车组、扳道组、信号人员等所有调车作业人员，显示信号或使用无线调车灯显设备发出指令时要正确、及时；机车乘务人员须不间断地确认地面固定信号和调车人员显示的手信号（无线调车灯显设备发出指令），并须及时回示，表示确已了解，然后按要求执行。

（2）推进连挂车辆时，调车指挥人应根据停留车位置的距离，显示“十、五、三车”距离信号或发出相应的指令。在调车车列前端距离被连挂车辆十车（约 110 m）时，显示十车信号或发出“十车”的指令；距离五车（约 55 m）时，显示五车信号或发出“五车”的指令；距离三车（约 33 m）时，显示三车信号或发出“三车”的指令。如距离不足十车时，仅显示“五、三车”信号或发出“五、三车”的指令；不足五车时，仅显示“三车”信号或发出“三车”的指令；不足三车时，仅显示接近连挂信号或发出相应的指令。接近连挂信号比照向显

示人稍行移动信号显示。

（3）推进连挂车辆时，司机须时刻注意确认“十、五、三车”距离信号或无线调车灯显设备的指令并回示。同时，应按信号或指令的要求正确控制速度。为避免司机误认，调车指挥人在距停留车十车以内，不要再显示减速信号。调车指挥人显示“十、五、三车”距离信号或发出指令后，如发现司机未回示或没有按规定减速时，应立即显示停车信号或发出紧急停车指令。调车作业中往往会出现很多意外情况，调车人员除应认真瞭望信号、注意调车车列及周围情况外，还应处理好紧急情况。以往调车作业中发生过很多因处理突发事件不妥当而发生的调车事故，主要是调车人员执行这一规定不坚决、不果断所致，也有部分人员在紧急情况下，忙中出错，忘记或不知道显示停车信号或忘记发出紧急停车指令。

（4）单机或牵引挂车时，因司机视线不受影响，所以调车指挥人可不显示“十、五、三车”距离信号，使用无线调车灯显设备时可不发出“十、五、三车”指令。

（5）推进车辆时要先试拉，以检查车钩连挂状态，防止车钩没有挂好，导致推进中车辆溜走。在同一线路内，连续连挂车辆时可不停车连挂，但要确认连挂状态，车组间距超过十车以上时必须顿钩或试拉。被连挂车辆距警冲标较近（不足 30 m）时，须采取相应安全措施。列车编组完成后，最后一钩应进行试拉。推进车辆运行或连挂其他车辆时，调车指挥人确认前方进路和“十、五、三车”距离有困难时，可指派制动员、连接员在推进车辆的前部进行瞭望确认，有关人员须及时显示信号或发出指令，推进车辆较多时应派中转人员按规定中转信号或指令，调车长应掌握显示信号或发出指令情况，发现盲目推进等情况时，要及时采取减速或停车措施。

（6）遇有天气不良、照明不足或地形地物影响，调车指挥人看不清停留车位置时，应派人在停留车的连接一端显示停留车位置信号。

（7）调车作业是一项复杂的工作，涉及进路、信号的确认，停留车及线路的检查，防溜措施的采取与撤除及机车车辆的移动等，一个人很难完成上述工作，同时为保证调车作业安全和人身安全，更好地完成调车任务，参加作业的调车组人员必须达到两人以上时方准进行调车作业。

二、在调车作业中确认进路的责任分工

为了明确调车机车司机和调车指挥人确认进路的责任分工，根据作业中他们所处的位置和所具备的瞭望条件，规定单机运行或牵引车辆运行时，前方进路的确认由司机负责；推进车辆运行时，前方进路的确认由调车指挥人负责。在推进车辆运行中，调车指挥人应站在既易于确认前方进路，又能使司机看见其显示信号的位置。如两者不能兼顾时，调车指挥人应站在能使司机看见其显示信号的位置，车列前部再指派其他调车人员确认进路，并及时向调车指挥人显示信号或使用无线调车灯显设备发出指令。

司机应凭调车指挥人显示的信号或无线调车灯显设备的指令动车，以使其他调车作业人员做好各项工作，保证作业安全。遇无扳道员和调车信号机时，调车指挥人确认道岔开通正确（如为集中操纵的道岔，调车指挥人还应与操纵人员联系确认）后，向司机显示起动信号

或发出起动指令，司机凭调车指挥人的起动信号或起动指令动车。

单机返岔子或机车出入段，由于作业简单又无调车指挥人参加作业，可根据扳道员的道岔开通信号或调车信号机显示允许运行的信号动车。

三、认真执行“要道还道”制度

为保证调车进路的正确，防止调车作业中挤道岔或进入异线等情况的发生，非集中区调车作业时，调车有关人员要认真执行“要道还道”制度。

要道的方法有两种：一是单机或牵引运行时由司机要道；二是推进车辆运行时由车列前端的调车人员要道。还道的方法：扳道员必须在确认进路准备正确，道岔尖轨密贴后，方可显示道岔开通信号。为避免误认，扳道员应先显示开通的股道号码，再显示道岔开通信号。当同一个进路由多名扳道员准备时，扳道员间在准备好进路后，先行对道，然后一般由来车方向的第一个扳道员向调车组人员或司机还道。由于设备的不同，扳道员间的要道还道办法应在《站细》内规定。

由集中区到非集中区或由非集中区到集中区的调车作业，应制定要道还道或作业联系办法。由于集中区作业繁忙，涉及接发列车等多项作业，由非集中区到集中区必须提前做好联系，合理安排，减少作业等待及其他不安全因素。根据各站设备的不同，具体的要道还道和联系办法应在《站细》内规定。

随着无线调车设备的广泛使用，为保护环境，减少噪声干扰，要道还道可以通过无线调车设备进行，具体办法和用语应在《站细》内规定。

要道还道时，应统一为“出×道要×道”“进×道要×道”。考虑到连续溜放和驼峰解散车辆作业的特点，规定连续溜放和驼峰解散车辆时，第一钩应实行要道还道制度，从第二钩起，按“调车作业通知单”的要求扳动道岔。集中联锁的调车区，装设了调车信号机，调车作业按信号机显示的要求进行，因此第一钩也可不执行要道还道制度。考虑到半自动化、自动化驼峰的调车进路由驼峰设备自动控制，第一钩可不实行要道还道制度，但驼峰调车长、作业员应监视溜放车辆的进路及走行情况。

四、调车作业的速度及安全距离

调车作业的最高速度是根据调车作业的特点规定的，要求参加调车作业的人员必须认真遵守。

（1）调车作业时，车辆的自动制动机多数情况下不加入机车操纵的制动系统，车列的减速和停车都要靠机车本身的制动力；又因调车机车在作业中经常牵出和推进作业交替进行；再有调车作业所经路线的标准、等级及道岔的辙叉型号等一般较低，所以规定在空线上牵引运行时不得超过 40 km/h。在空线上推行运行时，除同样受到上述限制外，又因车列在前，司机不便于瞭望前方的进路和信号，只依靠车列前端负责瞭望的调车人员向调车指挥人显示信号或发出指令，再由调车指挥人显示减速或停车信号（指令），由于中转信号需要时间，一旦发生险情，司机制动的时间将要推迟，容易造成事故，所以从调车速度上应加以限制，规定调车速度不得超过 30 km/h。

（2）为了保证旅客的安全和舒适，防止装载爆炸品、气体类危险货物、超限货物等物品的车辆在紧急制动时，因产生剧烈冲动而发生意外或货物窜动，所以规定调动这类车辆时，速度不准超过 15 km/h。

（3）连挂车辆时，为了避免损坏机车车辆，保证机车车辆的完整和所装载的货物不至于发生窜动、倒塌和损坏，必须严格控制速度。因此接近连挂车辆时不准超过 5 km/h。

（4）我国驼峰设备的峰高、道岔区长短、制动方法等各不相同，同时在调车场（编发场）的线路上还装设有加、减速顶和停车器等设备，所以对机车车辆经过的速度提出了限制。因此，推峰解体车辆的速度，经过装设有加、减速顶和停车器等设备线路的调车速度，由车站在《站细》内规定。

（5）为了检测车辆是否超重，部分车站在牵出线、走行线、交接线等处所装设了轨道衡等测重设备。为保证机车车辆和轨道衡的完整及测重的准确性，机车车辆接近轨道衡等测重设备时应限制运行速度，具体限速由车站根据设备的限制在《站细》内规定。

（6）由于调车作业活动于调车场、货物线、段管线和专业线，进路上的道岔型号复杂，工务部门比较熟悉各种道岔的结构、尺寸标准、性能等，所以应由工务部门根据道岔具体条件，规定经过道岔侧向运行的速度并纳入《站细》。

（7）尽头线的终端不是车挡就是尽头站台，一旦速度掌握不当，可能造成前端车辆冲上车挡或与尽头站台发生冲突，所以规定距尽头线的终端留 10 m 的安全距离。在尽头站台上进行装卸作业等特殊情况，必须进入 10 m 安全距离以内时，调车长要通知司机严格控制速度，保证安全。

（8）在电气化铁路的部分线路上根据作业的需要并未完全挂网，为了区分有电区与无电区，接触网的终点均挂有终点标。为了防止担当调车作业的电力机车越过终点标进入无电区，将高压电带入无电区造成损害、塌网等事故，电力机车在该线路上调车时，调车人员与司机应严格控制速度，并保证距接触网终点标应有 10 m 的安全距离。遇特殊情况，必须近于 10 m 时，要严格控制速度。

（9）旅客列车未上、下车完毕，除本务机车、补机摘挂作业外，不得进行旅客列车（车底）的连挂作业。

（10）天气不良是不利于调车作业的客观因素，但对调车的影响程度很难预先确定，因此调车领导人和调车指挥人可根据天气情况适当降低速度。调车作业中还会遇到很多不正常情况，例如邻线施工或发生事故，人员和机具随时可能侵入本线限界等，此时，亦可依情况适当降低速度。

（11）如因迂回线故障等原因，机械冷藏车必须通过设有车辆减速器（顶）的驼峰时，应以不超过 7 km/h 的速度推送驼峰，不得附挂机械冷藏车溜放其他车辆（推峰除外）。

（12）线路两旁堆放的货物，距钢轨头部外侧不得小于 1.5 m。站台上堆放的货物，距站台边缘不得小于 1 m。货物应堆放稳固，防止倒塌。不足上述规定距离时不得进行调车作业。

五、禁止溜放的车辆、线路及限制

（1）装有禁止溜放货物的车辆。

（2）非工作机车、铁路救援起重机、大型养路机械、机械冷藏车、凹型车、落下孔车、客车、动车组和特种用途车。

（3）乘坐旅客的车辆及停有该车辆的线路、停有动车组的线路。

（4）超过 2.5‰坡度的线路（为溜放调车而设的驼峰和牵出线除外）。

（5）停有正在进行技术检查、修理、装卸作业车辆及无人看守道口的线路。

（6）停有装载爆炸品、气体类危险货物车辆的线路。

（7）停留车辆距警冲标的长度，容纳不下溜放车辆（应附加安全制动距离）的线路。

（8）中间站正线、到发线及与其衔接而未设隔开设备的线路。

（9）调车组不足 3 人时，禁止溜放作业。

（10）不准采用牵引溜放法调车。

六、调车作业连接软管的规定

转场作业运行距离长，需要跨越正线或影响其他调车区工作，所以应加强车列的制动能力，以便遇到特殊情况可以随时停车；在超过 2.5‰坡度的线路上（驼峰作业除外）调车，特别是去坡度较大的专用线及砂石线、采矿线、采煤线取送作业时，需要较强的制动力，以保证按要求减速或停车。因此，车站与机务段，要根据机车类型、线路坡度、挂车数量、走行速度等情况，研究确定是否需要连接软管及连接软管的数量或比例，并纳入《站细》，以便共同执行。

驼峰主要是为溜放作业所设置的调车设备，线路的坡度都会超过 2.5‰，作业中需要频繁地进行推峰和上下峰作业，而连接软管对作业影响较大，特别是大型编组站目前已采用自动化驼峰，峰下为无人调车场，采用减速顶进行制动，连接软管和排风作业不方便，因此驼峰作业时可不连接软管。

第五节　在正线、到发线上的调车作业

一、在正线、到发线上调车作业要求

车站的正线、到发线主要办理列车接发、通过、会让。在正线、到发线上调车时应遵守下列要求。

（1）要经过车站值班员的准许。车站值班员负责掌握正线、到发线的使用，了解列车运行情况，对保证不间断地接发列车负有直接责任。因此，占用或影响正线、到发线的调车，必须经过车站值班员的准许，特别是设有车站调度员的车站更应注意，以免妨碍列车的接发。

在调度集中区段，由列车调度员办理接发列车，掌握车站的正线、到发线运用，因此在正线、到发线上调车时必须取得列车调度员的准许。

（2）在接发列车时，车站值班员应掌握调车作业的实际情况，并应按《站细》规定的时间，确认影响列车进路的调车作业已停止，再排列接发车进路，开放信号。列车进路包括接车进路、发车进路和通过进路。

① 接车进路是指由进站信号机起至接车线末端计算该线有效长的警冲标或出站信号机止的一段线路，如图 5-1 所示。

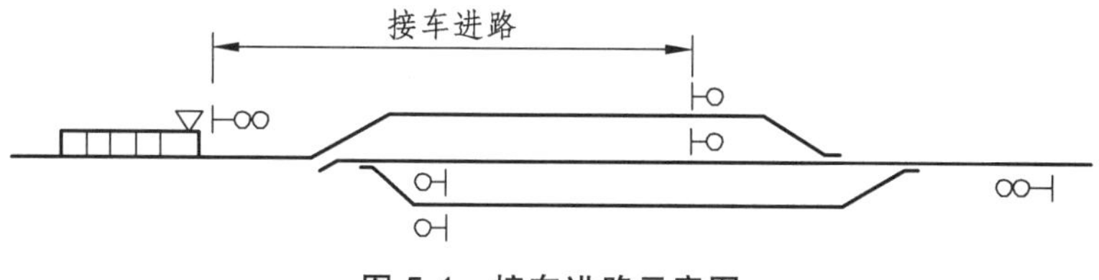

图 5-1 接车进路示意图

② 发车进路是指由列车前端起至相对进站信号机或站界标止的一段线路，如图 5-2 所示。

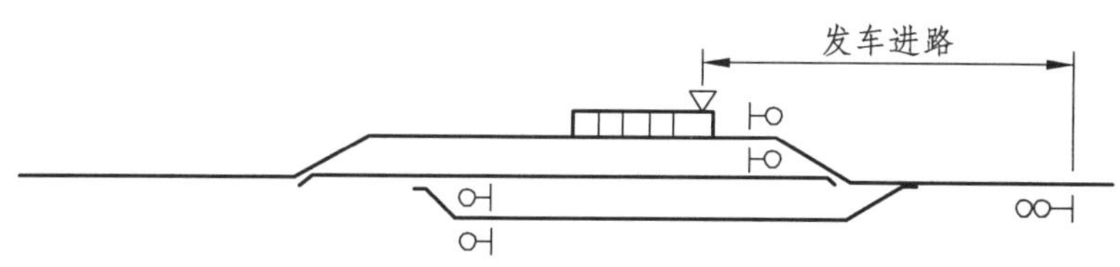

图 5-2 发车进路示意图

③ 通过进路为该列车通过线路两端进站信号机或站界标间的一段线路，如图 5-3 所示。

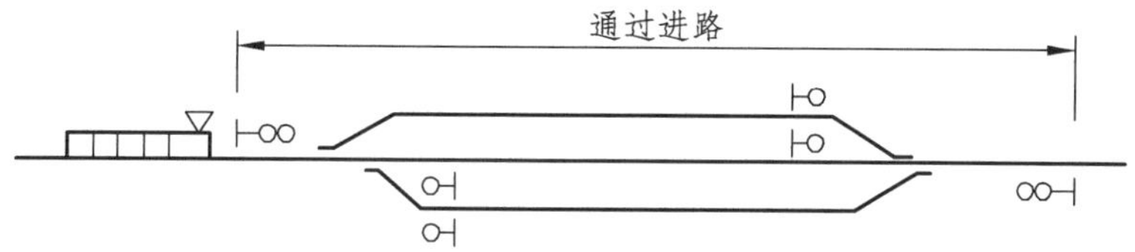

图 5-3 通过列车进路示意图

占用或穿过上述列车进路直接影响接发列车的调车活动，以及在接发超限货物列车进路的邻线，线间距离不足 5 000 mm 的线路上调车，或接发非超限列车而邻线调动有超限货物的车辆等情况，均称为影响列车进路的调车作业。

影响列车进路的调车作业，应在《站细》规定的开放信号机前停止，严禁抢钩作业。为此，调车指挥人必须严格按照车站值班员所指定的时间进行调车，以免影响接发列车。

二、越出站界调车

1. 越出站界调车的概念

因受调车设备限制需越过进站信号机或站界标进入区间的调车，称为越出站界调车。

2. 越出站界调车的规定

越出站界调车是在区间空闲（自动闭塞为第一闭塞分区空闲）的情况下，进入区间调车的一种方法。由于是进入区间，关系较大，非比一般调车，为了保证列车运行和调车作业的安全，必须遵守下列规定：

（1）双线区间正方向越出站界调车。

① 当区间为自动闭塞时，从监督器上确认第一闭塞分区空闲，车站值班员口头准许并通知司机，即可出站调车。

② 当区间为非自动闭塞时，必须区间空闲，车站值班员口头准许并通知司机，即可出站调车。

上述情况，因发车权属于办理越出站界调车的车站，对方站不能发车，所以可不与对方站办理占用区间闭塞手续，只要区间（自动闭塞为第一闭塞分区）空闲，车站值班员口头准许并通知司机即可。

（2）双线区间反方向越出站界调车。

双线区间反方向越出站界调车时，因占用区间的权限不属于本站，同时列车运行情况由列车调度员掌握，所以要首先得到列车调度员发布的停止基本闭塞法改用电话闭塞法的调度命令，确认区间空闲后，由车站值班员与邻站办理电话闭塞手续，发给司机出站调车通知书，方可出站调车。

（3）单线区间越出站界调车。

① 当区间为自动闭塞或自动站间闭塞时，闭塞系统必须在发车位置，由办理越出站界调车的车站控制发车权，只要第一闭塞分区空闲或区间空闲，经车站值班员口头准许并通知司机，即可出站调车。

② 当区间为半自动闭塞时，区间必须空闲，得到停止基本闭塞法改用电话闭塞法的调度命令，与邻站办理电话闭塞手续，并发给司机出站调车通知书，方可出站调车。

③ 当区间使用电话闭塞时，区间必须空闲，经列车调度员口头准许，与邻站办理闭塞手续发给司机出站调车通知书，方可出站调车。

出站调车通知书由车站值班员填写，当调车机车距行车室较远时，可由扳道员、助理值班员按车站值班员的指示填写，其格式为《技规》附件 5，如图 5-4 所示。

出站/跟踪 调车通知书

对方站承认的号码第__________号

准许 自/至 时 分 起/止 ______机车由车站向______区间 出站/跟踪 调车。

站（站名印）车站值班（扳道）员（签名）

年 月 日填发

注：不用字句抹消　　　　规格（90 mm×130 mm）

图 5-4　出站调车通知书

3. 越出站界调车作业的收尾工作

车站值班员在准许出站调车前，必须取得列车调度员准许，并限定出站调车的时间。调车车列应在限定的时间内返回站内，以不影响列车运行。待调车作业完毕，全部退回站内并不妨碍列车进路后，车站值班员应立即将出站调车通知书收回注销，与邻站办理区间开通手续。当出站调车车列回站待避列车后，需继续出站调车时应重新办理手续。

越出站界调车时，为了防止错办，车站值班员应在控制台上或闭塞机上揭挂“出站调车”表示牌（安全帽）。

三、跟踪出站调车

1. 跟踪出站调车的概念

跟踪出站调车是指在列车由车站发出后，尚未到达前方站（线路所），间隔一定的距离或时间，即跟随列车越出站界在规定距离内进行的调车作业。

2. 跟踪出站调车的规定

跟踪出站调车只能在单线区间及双线正方向的线路上办理。双线反方向线路上不准办理，因为双线反方向行车已是特殊情况，再跟踪反方向运行的列车出站调车，势必增加不安全因素，所以必须禁止。为确保安全，应按下列要求进行：

（1）为使跟踪出站调车不影响列车运行，在办理时须经列车调度员口头准许。

（2）为了更好地掌握区间占用情况，防止跟踪出站调车的机车车辆返回车站前，两站错误办理闭塞，办理跟踪出站调车时，须在取得邻站车站值班员承认的电话记录号码后，方可填写跟踪调车通知书。跟踪调车作业完毕，车站值班员确认跟踪调车通知书收回并注销后，向邻站发出电话记录号码，确认跟踪出站调车完毕。电话记录号码及发出的时间填写在“行车日志”相应栏内。

（3）发给司机跟踪调车通知书（即附件 5）。填写时，应将“出站”字样抹掉。跟踪调车通知书允许由扳道员、助理值班员根据车站值班员的指示填发。跟踪调车完毕后，列车虽已到达邻站，但跟踪调车通知书尚未收回注销时，禁止办理区间开通手续。

（4）为保证跟踪出站调车的车列与前行列车保持一定距离，只有前发列车尾部越过预告、接近信号机或靠近车站的第一个预告标后，方可跟踪出站调车。如受地形、地物影响，看不见预告信号机或站界标，确认前发列车位置有困难时，应按《站细》规定的时间间隔进行。跟踪出站调车的车列与前行列车应保持安全间隔距离。

（5）跟踪出站调车的机车车辆最远不得越出站界 500 m，这是考虑前发列车有途中退行的可能。按《技规》规定，退行列车在未得到后方站车站值班员准许时，不得退行到车站的最外方预告标或预告信号机的内方，也就是不能退到距进站信号机 800 ~ 1 100 m 以内，这样退行的列车与跟踪调车的机车车辆尚有 300 ~ 600 m 的安全距离。

3. 禁止跟踪出站调车的情况

（1）出站方向区间内有瞭望不良的地形，或有连续长大上坡道时，禁止跟踪出站调车。因为出站方向区间内有瞭望不利的地形时，调车作业或由区间退回的列车瞭望困难，一旦出现问题不能及时停车，容易发生冲突等事故；有连续长大上坡道时，一旦前发列车制动失效，即有溜回的可能时，如再跟踪出站调车就可能发生正面冲突。

连续长大上坡道禁止跟踪出站调车的站名，由铁路局公布。连续长大上坡道是指“连续长大下坡道”坡度的反数值。

长大下坡道为：线路坡度超过 6‰，长度为 8 km 及以上；线路坡度超过 12‰，长度为 5 km 及以上；线路坡度超过 20‰，长度为 2 km 及以上。

（2）先发列车需由区间返回，或挂有由区间返回的后部补机时，禁止跟踪调车，以防止返回的列车或补机与正在跟踪出站调车的机车车辆发生冲突。

（3）一切电话中断时，禁止跟踪调车。这是因为电话中断后行车联络办法比较复杂，不易保证安全。

（4）降雾、暴风雨雪等时，因瞭望困难，作业不便，禁止跟踪出站调车。

（5）动车组调车作业。

跟踪调车作业完毕，车站值班员确认跟踪调车通知书收回后，向邻站发出电话记录号码。列车虽已到达邻站，但跟踪列车通知书尚未收回时，禁止办理区间开通手续。

第六节 机车车辆的停留

一、机车车辆的停留位置

机车车辆必须停在警冲标内方，调车作业中，车辆临时停在警冲标外方时，一批作业完了后，应立即送入警冲标内方。因特殊情况需在警冲标外方进行装卸作业时，须经车站值班员、调车区长准许，在不影响列车到发及调车作业的情况下方可进行，装卸完了后，应立即送入警冲标内方。

安全线及避难线上，禁止停留机车车辆；在超过 6‰坡度的线路上，不得无动力停留机车车辆。

装载爆炸品、气体类危险货物的车辆及救援列车，必须停放在固定的线路上，两端道岔应扳向不能进入该线的位置并加锁；临时停留公务车线路上的道岔也应扳向不能进入该线的位置并加锁。集中操纵的道岔可在控制台上进行单独锁闭。

二、停留车辆的防溜

编组站、区段站在到发线、调车线以外的线路上停留车辆，不进行调车作业时，应连挂在一起，并须拧紧两端车辆的人力制动机，或以铁鞋（止轮器、防溜枕木等）牢靠固定。因装卸车对货位等情况，不能连挂在一起时，应分组做好防溜措施。

中间站停留车辆，无论停留的线路是否有坡道，均应连挂在一起，拧紧两端车辆的人力制动机，并以铁鞋（止轮器、防溜枕木等）牢靠固定。因装卸车对货位等情况，不能连挂在一起时，应分组做好防溜措施。一批调车作业中临时停留的车辆，须拧紧两端车辆的人力制动机或以铁鞋（止轮器）止轮。

编组站和区段站的到发线、调车线是否需要防溜，以及作业量较大中间站执行上述规定有困难时，由铁路局规定。

【本章小结】

本章通过对调车工作基本要求和规定等内容的系统学习，希望能进一步加强对《技规》中有关调车工作要求的理解与认识。对于调车工作“九固定”制度的内容、调车机车司机的职责、调车作业中确认进路的责任分工、调车作业速度和安全距离以及正线、到发线上调车作业时应遵守的有关规定等要求应熟练掌握。

【事故案例】

“12 · 17”六盘水南站调车冲突事故

一、事故概况

2008 年 12 月 17 日 23 时 10 分，六盘水南站运转一班二调驼峰二峰解体 23035 次，调车计划：F7+47、禁 2 线-5、16-3…，在驼峰主体信号好了后，调车长向司机显示手信号，司机便进行推峰作业。推峰作业第一钩禁 2 线-5，前端制动员呼叫十、五、三车距离过程中，均未得到回示，连接员在 5 辆机械保温车进入 304#道岔后，呼叫司机停车仍未得到回示。制动员呼叫停车，也未得到司机回示，便立即按压便携台紧急停车按钮，但便携机控器无反应（事后调查机控器录音装置，无紧急停车的信令的记录），最后车列以 3 km/h 的速度撞上土挡，造成车列推进方向第一辆机械保温车（B237101874）前台车脱轨，构成调车冲突一般 D1 事故。

二、事故原因

（1）六盘水南站运转一班二调在作业前安全预想不足，调车作业计划安排不周密。调车长在接到推送大组车辆到长仅 145 m 的禁 2 线送 5 辆机械保温车的作业计划后，对作业安全重点考虑不充分，未针对现场实际作业情况制定确保安全的作业办法和注意事项，并向司机和有关人员进行传达。

（2）无线调车灯显设备使用的有关规定不落实。经查在该班 17 日 19 时 40 分至 18 日 00 时 15 分 40 秒，这 4 小时 35 分共计 5 批调车作业，但无线调车灯显设备监控记录均无信令显示，说明这 5 批调车作业均未按规定使用无线调车灯显设备。

（3）在向禁 2 线送车作业时，调车作业人员未执行《行规》第 63 条尽头线调车作业的规定，即“在前端距土挡 30 m 处一度停车，然后以不超过 5 km/h 的速度推送至车挡 10 m 处停车”。

（4）作业过程中的联系和互控不到位，调车长和制动员违反《铁路调车作业》GB/T 7178.1—2006 第 5.5.1 条“连挂车辆或尽头线取送车辆时，要显示十、五、三车距离信号（单机除外），没有显示十、五、三车距离信号，不准挂车，没有司机回示，应立即显示停车信号”和《站细》中第 64 条中“推送连挂时，前端瞭望人员在车列起动后应立即报告停留车距离，调车长应随时注意监听并估计车列速度情况，发现前端瞭望人员未汇报十、五、三车距离时，要立即停车，查明情况再继续进行调车作业”的规定，对作业中出现的信号（指令）中断情况不清，敏感性不高，安全意识不强，未按规定采取措施立即停车，而是盲目指挥机车推进。

（5）连接员在推送大组车辆运行的过程中，听到前方制动员“十、五、三”车距离信号未得到回示的情况下，未及时将紧急停车信号中转，错失了防止事故发生的时机。

【复习思考题】

1. 调车工作“九固定”制度的内容是什么？
2. 无线调车灯显设备发生故障时有何规定？
3. 调车机车司机的职责是什么？
4. 使用“调车作业通知单”有何规定？
5. 中间站调车有何规定？
6. 在调车作业中确认进路的责任分工有何规定？
7. 调车作业的速度及安全距离有何规定？
8. 在正线、到发线上调车作业时应遵守哪些规定？
9. 什么叫越出站界调车？越出站界调车有何规定？
10. 什么叫跟踪出站调车？跟踪出站调车有何规定？

第六章　机车管理与运用

机车是铁路运输的牵引动力，机车运用工作是铁路运输的重要组成部分。管好用好机车，优质高效地全面完成运输生产任务；加强安全管理，确保行车和人身安全；加强职工队伍建设，不断提高职工的政治素质、技术素质和文化知识水平，不断提高机车的运用效率。各级机车运用人员应具备高度的责任心和求实精神，热爱本职工作；对工作高标准、严要求，对技术精益求精；顾全大局，联劳协作，服从命令听指挥；深入实际，调查研究，扎扎实实地做好各项工作。机车运用管理要采用现代化的管理手段，建立、健全准确无误、反应迅速的通信联络、信息采集、数据处理系统，实行网络管理，实现有序可控。

第一节　机车运用管理的体制及职责

一、运用管理部门的体制及职责

我国铁路机车运用管理工作贯彻“统一指挥、分级管理”的原则，以利于充分发挥各级机车运用管理组织的职能作用。由于原铁道部进行政企改革，拆分为中国铁路总公司及国家铁路局，因此相关部门职责做了重大调整，即由中国铁路总公司承担原铁道部企业职责，国家铁路局承担原铁道部其他行政职责。

根据这个原则，机车运用管理部门的组织机构见图 6-1。

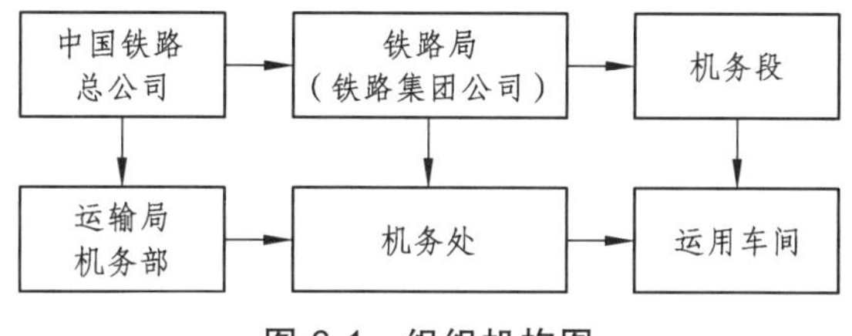

图 6-1　组织机构图

1. 铁路总公司

铁路总公司对全路机车工作统一规划，综合平衡；制定有关机车运用的规章制度及全路机车运用工作人员的培训规划和乘务员任职条件；确定、调整全路机型，审定各铁路局的年度机车配属，编制列车运行图，审批跨局机车周转图、机车交路、牵引定数，掌握乘务制度、机车运转制、乘务员换班方式；负责全路机车及救援列车的调度指挥。

2. 铁路局

铁路局执行铁路总公司的命令指示，根据铁路总公司的有关规定，规定本局机车运用的有关细则、办法和作业标准，明确机务段的职能作用，审定各机务段的机车运用计划；确定机务段的机车配属；审批机车报废、出租，负责全局长期备用机车的管理；审定各机务段提报的列车运行图和机车周转资料，确保全局救援列车的配置，负责全局机车和救援列车的管理及调度指挥；审批上报机务部门的报表资料，拟定本局机车乘务员配备计划，组织机车乘务人员的培训、考核和晋升。

3. 机务段

机务段是一个独立的经济核算企业单位，实行段长负责制、段内各级领导负责制、专职人员负责制及工人岗位责任制，以建立以段长为首的全段统一生产指挥系统。机务段按其运输任务不同分为客运段、货运段和客货运段；按其工作性质不同可分为运用段、检修段和运用检修段；按其检修能力不同可分为小辅修机务段、中修机务段和大修机务段。

二、机务本段、机务折返段、机务折返点、单司机执乘的机务段

1. 机务本段（简称机务段）

机务段设在铁路沿线的区段站或编组站上，具有以下特点:

（1）配属有一定数量的干线机车和调车机车。

（2）有一整套的机车运转整备设备和一定能力的机车检修设备。

（3）担当指定区段内的列车牵引任务和编组站、区段站及沿线较大中间站的调车作业。

（4）负责机车的运转整备作业和日常保养检修，担当一定的机车检修任务。

机务段实行段长负责制、段内各级领导负责制、专职人员负责制及工人岗位责任制。

机务段的机车管理工作，主要分属于机车运用和机车检修两大主干车间。运用车间也称运转车间，负责组织机车乘务员完成机车运用及机车整备作业，并根据计划安排检修机车和中检机车或进行状态检修及各级检查作业等。运用车间的整备行修组配有少量的检修工人，以处理机车临修故障及对机车进行日常维护工作。

机车检修车间负责落实机车的计划修（小辅修、中修、大修）及日常修（含中修），组织机车各项修理工作及机车零部件备品的修复工作。

为了及时处理行车事故，起复机车车辆和清除线路故障，尽快开通线路，恢复行车，应在铁路总公司规定的地点设救援列车。沿线如发生行车事故，救援列车应随时开出进行救援，迅速恢复正常行车。救援列车的日常管理由机务段负责，实行段长负责制。救援列车的日常工作，如救援列车的维护使用及救援列车人员的组织工作等，由救援列车主任负责。

2. 机务折返段（简称折返段）

其组织成员和业务工作均属机务段领导，一般不配属机车，不担当机车交路，仅担当本段或其他段折返机车的整备作业，并组织乘务员出退勤和待乘休息。根据整备工作量的不同，折返段设置全部或部分机车运转整备设备，不设机车检修设备。在特殊情况下，机务折返段也支配少量的机车，担任较小工作量的机车交路、小运转和调车业务。为了适应所支配机车的需要，段内设置机车部分临修设备，而机车的小修作业由所属的机务段承担。机务折返段按照有无支配机车，可分为有支配机车折返段和无支配机车折返段。

3. 机务折返点（又称机务整备所）

它是为担当补机、调机、小运转机车等的部分整备作业而设置的，机车在折返点为等待工作，仅作较短时间的停留。在折返点不设公寓，仅有相应管理机构及少量的管理人员。

三、各级机车调度的职责

为了组织实现列车运行图和机车周转图，指挥日常机车运用工作，铁路总公司、铁路局和机务段，应分别设置机车调度部门。

1. 机车调度工作的基本任务

（1）正确编制日（班）计划机车周转图，并组织实施。

（2）与行车调度员密切配合，组织均衡开车，保证机车供应。

（3）经济合理地使用机车，提高机车的运用效率。

（4）及时正确地处理日常运输生产工作中出现的问题，维护安全正点。发生行车事故和重点列车运行晚点时，要及时查明情况并逐级上报。

（5）正确填记各种报表和台账。

（6）掌握回送机车动态及备用机车的加入与解除。

（7）加强与行车调度之间的联系，严格掌握机车乘务员按规定时间叫班，防止列车晚点和乘务员超劳。

（8）经常深入现场，添乘机车，熟悉情况，不断提高工作能力和指挥水平。

机车调度工作实行铁路总公司、铁路局、机务段分层管理。业务管理分别由铁路总公司运输局装备部、铁路局机务处、机务段运用车间负责。铁路总公司机车调度室设副局职的调度主任；铁路局机车调度分别设处或副处职的调度主任；机务段机车调度室由运用车间运用副主任主管。

各级机车调度实行逐级负责制，下级调度必须服从上级调度的指挥。铁路总公司运输局机务部、铁路局机务处是机车运用工作的主管部门，负责机车调度工作的领导。机车调度员是机车日常运用的组织者和指挥者。各级机车调度人员，必须树立铁路运输全局观念和市场营销意识，严肃调度纪律，严格执行各项规章、命令。机车乘务员及机务行车工作人员必须服从机车调度的指挥。

各级机车调度员应从思想作风好、业务能力强的优秀司机中选拔，或由现职调度员中逐级选拔。新任用的机车调度员必须经过机车调度专业知识的培训。

各级机车调度人员应经常深入工作现场，添乘机车，调查研究，熟悉乘务员、机车、线路、设备等情况，取得指挥工作的主动权。

2. 铁路总公司机车调度

（1）根据铁路总公司运输任务指标年度预期值和月度计划，分析各铁路局年内各阶段机车运用主要效率指标完成情况，督促各局严格机车运用管理，提高机车运用效率。

（2）收取铁路局间重点分界站日计划列车对数和机车台数，督促各局执行日计划机车周转图，按计划确保机车供应。协调处理局间机车使用和救援列车过区段等事宜。

（3）掌握各铁路局机车动态，处理部备用（部封存）机车的加入、解除。

（4）掌握机务行车事故情况，收取险性及以上行车事故概况，发布安全通报。

（5）根据机车调拨、配属命令及机车检修计划，掌握局间有火机车回送进度。

（6）正确填写机车运用概况表等有关报表。

3. 铁路局机车调度

（1）根据年度计划和月方案，分析各机务段机车运用指标完成情况。督促执行运输方案，提高机车周转图兑现率。

（2）审批、收取、绘制重点分界站和关键区段的日计划机车周转图，督促按日计划机车周转图供应机车。

（3）掌握管内机车和救援列车动态，处理部、局备用机车的加入和解除，按时收取、上报机车动态。

（4）及时了解、上报行车险性及以上事故和机务行车事故，督促检查机车乘务员一次乘务劳动时间情况，转发铁路总公司机车调度安全通报。

（5）根据机车配属、调拨命令及机车检修计划，掌握自、外局有火机车回送进度，并报部机车调度。

（6）正确填写机车运用概况表等有关报表。

4. 机务段机车调度

机务段机车调度员的工作职责，由各铁路局自行制定。

机车调度室是机务段（折返段）机车运用工作的统一指挥机构，是机车调度工作的基层组织。运用值班设值班员，在值班的运用副主任（折返段段长）的直接领导和局机车调度的统一指挥下，负责机车调度工作。

第二节　机车配属与检修制度

我国铁路机车仍在实行配属制度。所谓配属制度，就是铁路总公司根据运输任务的需要和运输设备条件等因素将机车配属给各铁路局使用和保管的制度。各铁路局又将机车配属给所属的机务段，以完成运输生产任务。

一、机车的配属与使用

在机车的运用管理过程中，为了有效地管理与合理地运用机车，铁路总公司及铁路局每年在制订年度计划时，要确定各局、段配属机车的台数和类型，并作出路网现有机车的调整方案。这样，就产生了一个机车的配属关系问题。

1. 机车的配属原则

确定机车的配属时，应根据下列原则进行：

（1）近期与远期相结合，满足运输需要，符合牵引动力发展规划的要求。

（2）力求机型集中统一，便于使用、修理。

（3）合理使用机车，注意平衡相邻区段的牵引定数。

（4）适应列车编组计划的分工及运输设备的基本条件。

2. 机车运用的分类

机务段的电力机车依据使用情况和状态，应按下列类型加以区分和统计台数：

（1）配属机车：根据铁路总公司、铁路局配属命令，拨交铁路局（包括自购）及机务段保管、使用，涂有局、段标志并在资产台账内登记的机车。

（2）非配属机车：原配属关系不变，根据铁路总公司、铁路局命令，由他局、段派至本局、段入助及临时加入支配（含长交路轮乘）的机车。

机务段的现有机车按指挥使用权限可划分为两大类：一类是本段可以支配的，称为支配机车；另一类是本段无权支配的，称为非支配机车。

（3）支配机车：根据铁路总公司、铁路局命令拨交各局、段支配使用的机车，包括入助和临时加入支配（含长交路轮乘）的机车。

（4）非支配机车：根据铁路局命令批准的长期备用（长期备用机车为局的支配机车，为段的非支配机车）、出助的机车以及按租用合同办理的出租机车。

机务段的支配机车，按照机车的工作状态，又可分为运用机车与非运用机车两种。

（5）运用机车：参加各种运用工作的机车，包括担当工作以前必须进行必要的准备工作、等待工作的机车，以及经铁路总公司、铁路局命令批准的其他工作的机车。

（6）非运用机车：未参加运用工作的机车，包括备用、检修及经铁路总公司、铁路局命令批准的其他机车。

机务段因受运输任务的变动或由于机车运用效率的提高，运用机车有多余时，应将多余的机车转入非运用机车内作为备用机车，以提高机车的运用指标。

3. 机车使用的注意事项

为了充分地利用机车的牵引力，提高机车的运用指标和效率，在使用机车时应注意以下几点：

（1）担当旅游、行包、货物、小运转、补机的机车，必须按列车运行图和机车周转图的规定使用。客运机车应尽量固定使用。

（2）担当货物列车的机车，除列车运行图规定的列车外，不应在中间站、岔线及有专用调车机车的车站进行调车作业。

（3）机车使用年限应按《铁路运输企业资产管理办法》的规定执行（目前为16年），原则上不能逾期使用；确需逾龄使用的最长不得超过4年。

机务段配属机车分类情况见图6-2。

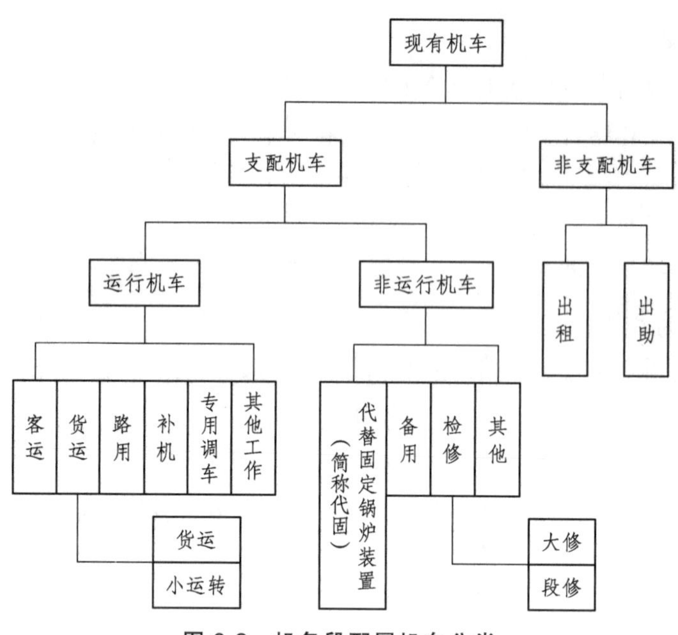

图 6-2　机务段配属机车分类

二、机车段修计划的编制

电力机车作为铁路运输的牵引动力设备，自其制造落成，交付使用以后就有一个保养、检查、修理工作相伴而生。机车运用与修理是周期性进行的。机车通过定期检修来消除各零件、部件及机组在运用中的损伤，经常保持和不断恢复机车的基本技术性能，保证机车正常运用，从而能安全、正点、优质、高产、低成本地完成运输生产任务。

机车的检修计划由机务段技术科负责，会同运用科、检修车间、运用车间共同编制。编制机车检修计划时，应依据修程范围、两次修理间机车走行公里或运用时间，并根据机车的实际技术状态、运输任务、检修业务等情况，通过机车走行公里的推算，经过综合平衡，安排确定机车的中修、小修和辅修计划日期。中修计划应尽量做到均衡进车，以保证检修车间有节奏地生产，并不致造成运用机车台数有太大的波动。

目前，我国交-直流传动电力机车普遍实行的修程分为大修（轻大修）、中修、小修、辅修 4 级，其中中修、小修和辅修为段修修程。交-直-交流传动（以下简称交流传动）机车修程分为六年检、二年检、年检、半年检、季检、月检。六年检、二年检实施路网性集中检修，年检、半年检、季检、月检修程由机务段承担。二年检、年检、半年检、季检、月检按段修修程统计。

（1）大修（轻大修）：机车全面检查修理，恢复机车的基本性能，可同时进行机车或主要部件的技术提升。

（2）中修：机车主要部件检查修理，恢复其可靠使用的质量状态。

（3）小修：机车关键部件和易损、易耗零部件检查维修和保养，有针对性地恢复机车的运行可靠性。

（4）辅修：机车例行检查和保养，做故障诊断，按状态修理。

（5）六年检：机车全面分解检修，进行全面性能参数测试，恢复基本性能，可同时进行机车或主要部件的技术提升。

（6）二年检：机车主要部件性能参数测试、检查修理，恢复机车可靠质量状态。

（7）年检、半年检：机车关键部件重点检查维修，有针对性地恢复机车的运行可靠性。

（8）季检、月检：机车例行检查和保养，利用机车自检系统进行故障诊断，按状态修理。各修程安排见图 6-3。

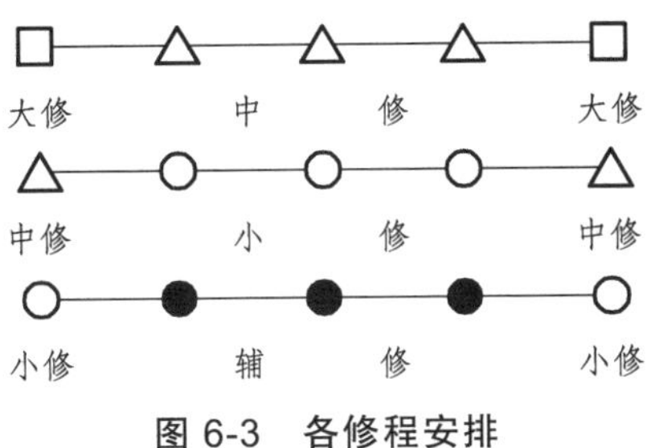

图 6-3　各修程安排

（一）各级修程的检修周期

各级修程的检修周期（公里或期限），应按非经该修程不足以恢复其基本技术状态的机车零部件，在二次修程之间保证安全运用的最短期限确定。根据当前机车技术状态，电力机车检修周期规定如下：

1. 交直传动电力机车

（1）韶山 7C、韶山 7D、韶山 7E、韶山 8、韶山 9 型机车：

① 大修：200 万～240 万千米。

② 轻大修：100 万～120 万千米。

③ 中修：50 万～60 万千米。

④ 小修：10 万～12 万千米。

⑤ 辅修：3 万～4 万千米。

（2）其他客、货运本务机车：

① 大修：160 万～200 万千米。

② 中修：40 万～50 万千米。

③ 小修：8 万～12 万千米。

④ 辅修：2.5 万～4 万千米。

（3）补机和小运转机车：

① 大修：12～16 年。

② 中修：3～4 年。

③ 小修：6～9 个月。

④ 辅修：2～3 个月。

2. 交流传动电力机车

（1）客、货运本务机车：

① 六年检：运行 140 万 ~ 180 万千米或 6 ~ 9 年。

② 二年检：运行 45 万 ~ 60 万千米或 2 ~ 3 年。

③ 年检：运行 23 万 ~ 30 万千米或 1 年。

④ 半年检：运行 12 万 ~ 15 万千米或 6 个月。

⑤ 季检：运行 6 万 ~ 8 万千米或 3 个月。

⑥ 月检：运行 2 万 ~ 4 万千米或 1 个月。

（2）补机和小运转机车：

① 六年检：6 ~ 9 年。

② 二年检：2 ~ 3 年。

③ 年检：1 年。

④ 半年检：6 个月。

⑤ 季检：3 个月。

⑥ 月检：1 个月。

为了不断提高机车的使用效率，应认真掌握机车状态的变化规律，在保证机车质量的前提下，经报铁路总公司运输局批准后，允许铁路局进行修程修制改革的尝试。危及行车安全的部件必须严格按周期检查和修理，可不与机车修程同步。

（二）检修计划及检修范围

机车检修应按计划进行。检修计划由机务段技术科会同运用科、检修车间、整备车间、运用车间，根据机车走行公里或运用时间、实际技术状态、相关车间的生产情况等进行编制。

1. 小修及辅修计划

机车小修及辅修月度或旬（周）计划应在月或旬（周）开始前 3 ~ 5 天提出，经机务段主管段长批准后执行。运用车间要于机车修程开工 48 h 前填好“机统-28”，并于 24 h 前交检修车间。

2. 中修计划

机务段每年 9 月 20 日前，编制出次年分季的年度机车中修计划报铁路局。每季度开始前 45 天编制出分月的季度中修计划报铁路局，铁路局审查批准后，于季度开始前 30 天下达到承修单位，并通知委修段；需招、投标的，完成招、投标后，与承修单位签订合同。委修段每月开始前 25 天将中修机车检修技术状态书寄至承修单位。承修单位每月开始前 10 天，编制出中修施工月计划，报铁路局备案并通知委修段按计划组织送车。

委修段需严格按计划日期组织机车回送，所有零部件不得拆换。机车履历簿、机车检修技术状态书等资料须在机车入段时一并交给承修单位。委修段的接送车司机按规定与承修单位做好交接。

3. 检修范围

机车各级段修修程应有科学合理的检修范围（含探伤、配件互换等范围），并认真贯彻执行。

（1）中修范围由铁路局组织编制，报铁路总公司运输局备案。

（2）小、辅修范围由机务段负责编制，报铁路局审批。

（3）段修范围应由编制单位根据执行中出现的机破、临修、碎修、超范围修等情况定期组织修订。

（4）机车段修范围编制的依据是：段修周期，各机组、部件的技术要求，机车状态的变化规律和原范围执行情况。

（三）机车小修注意事项

（1）根据段检修能力，坚持包修负责制，考虑运用机车保有台数，合理安排客、货、调、小各机型的定期检修。

（2）节假日期间应调整，可适当安排提前进行。

（3）由于检修能力所限，机车走行公里已接近定检，无法安排时，可转备用。

（4）由于运行秩序不正常，机车走行公里发展不平衡，日常应加强掌握，在日班计划进行调整，防止发生超、欠公里现象。

（5）机车调度及机务段机车调度员应加强 3 日计划的掌握，确保兑现，并调整回库交路，组织按线回库。

三、机车状态修简介

状态修就是“计划检查、状态修理”的简称。其作业类型分为段修、Ⅰ级检查、Ⅱ级检查。

状态修是根据可靠性理论和全员生产维修（TPM）方法，结合电力机车特点而做出的机车检修制度的改革。

状态修时，机车的检查周期安排按机车Ⅰ、Ⅱ级检查的走行公里及修程停时标准进行。

Ⅰ级检查：0.5 万 ~ 1.5 万千米；停时：2 h。Ⅱ级检查：3 万 ~ 7 万千米；停时：10 h。

状态修的检查周期安排见图 6-4。

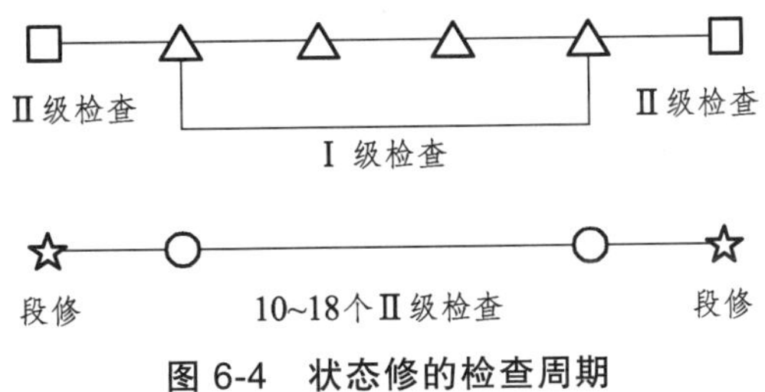

图 6-4　状态修的检查周期

其中段修间隔走行公里：50 万 ~ 90 万千米；修程停时：5 天（不包括喷漆时间）。

状态修的优点：修程走行公里标准伸缩性大，机动灵活，对提高综合经济效益和社会效益，改善机车质量，减少机车库停时间，缓和运输能力和设备通过能力紧张的矛盾，同步实现机车质量和职工素质良性循环等方面有着显著的效力。

第三节　机车交路及机车运转制度

一、机车交路

铁路机车牵引列车基本上是按区段接续进行的。机车固定担当运输任务的周转（往返）区段称机车交路，又称机车牵引区段。

图 6-5 为机车交路示意图。从机务段到折返段间的距离 L_1、L_2、L_3 即为交路长度。图中 A、D 为机务段所在站，B、C 为折返段所在站。

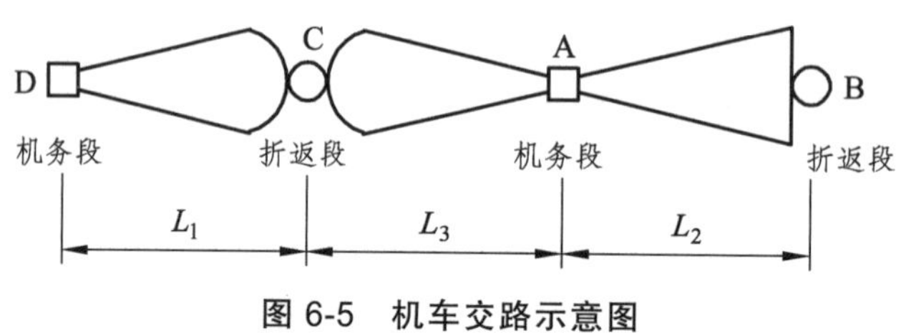

图 6-5　机车交路示意图

一个机务段担当机车交路的数量，根据机务段在路网中的位置及运输任务可为一个或几个。在图 6-5 中，B、C 为折返段，A、D 为机务段，所以说 A 机务段担当两个机车交路。显而易见，机务段担当的交路数多、交路长，对减少铁路建设投资和铁路运输费用以及提高机车运用效率是非常有益的。但是确定机车交路是一个比较复杂的工作，必须同时考虑到现有线路情况，牵引动力的种类、机型，编组站的分布及分工，行车组织的特点及货流方向，沿线的自然条件和生活条件等因素。

1. 确定机车交路的基本原则

确定机车交路的基本原则，在《铁路机车运用管理规程》中规定如下：

（1）适应铁路发展的需要，本着节约投资的方针，有利于提高线路通过能力。

（2）考虑运输组织和编组站的分工，合理发挥电力机车长距离运行的优势。

（3）统筹安排乘务员劳动和休息时间，合理利用各类机车的性能，提高机车运用效率。

（4）近期与远期相结合，适应铁路发展的远期规划。

机车交路按用途分为客运机车交路和货运机车交路；按区段长度不同分为一般机车交路和长交路；按机车运转制分为循环运转制、半循环运转制、肩回式和环行小运转制交路等。

根据铁路技术政策，电力机车尽量采用长交路。

目前，我国铁路的机车交路长度一般在 200 km 左右，随着铁路牵引动力向电力机车牵引过渡，机车交路的发展方向将是长交路，一般电力机车牵引区段的交路长度可达 1 000 km 以上。

2. 机车交路的图例说明（见图 6-6）

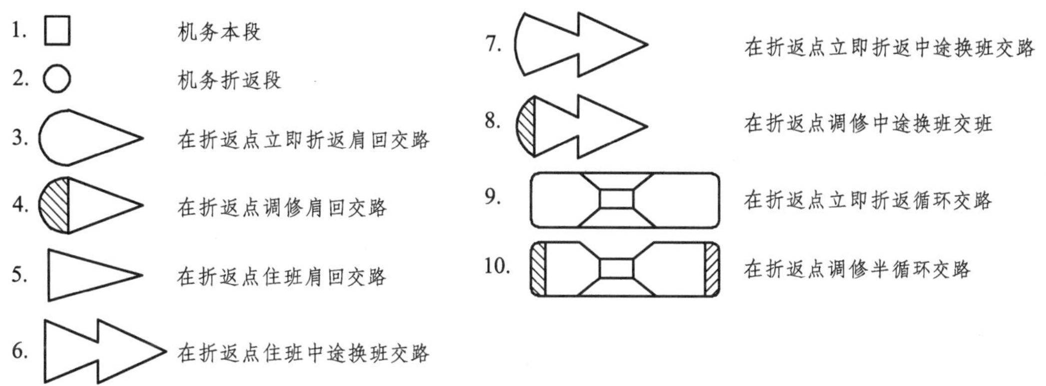

图 6-6 机车交路图例

二、机车运转制

机车在交路上从事列车牵引作业的方式称为机车运转制。它是组织机车运用，确定机车整备设备布置，决定机车全周转时间并影响铁路运输工作效率的重要因素。机车运转制可分为循环、半循环、肩回、环形、循回运转制度。为了提高机车运用效率，应广泛采用循环或半循环运转制。

1. 肩回运转制

机车由本段出发从本段所在站牵引列车到折返段所在站，进入折返段进行整备及检查作业，然后牵引列车回本段所在站，再进入本段进行整备及检查作业。机务本段担当两个方向相反的机车交路的，称为双肩回运转制。

在这种情况下，机车一般只在一个牵引区段内往返一次，就要进入本段一次（见图 6-7）。

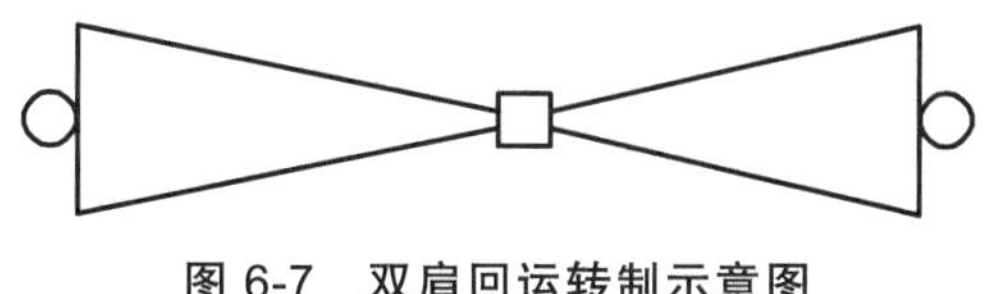

图 6-7 双肩回运转制示意图

2. 循环运转制

机车从本段所在站出发，在一个牵引区段（如甲—乙）上往返牵引列车后回到本段所在站（甲站），机车不入段，仍继续牵引同一列车或换挂另一列车已准备好的车列，运行到另一牵引区段（如甲—丙）的折返段所在站（丙站），再从丙站牵引列车返回乙站。这样，机车在两个牵引区段上牵引列车循环运行，平时不进本段，直到机车需要进行检修时才入本段，这种方式叫全循环运转制[见图 6-8（a）]。图 6-8（b）是另一种循环运转制示意图，是机车乘务员在折返段进行调休的循环运转制。

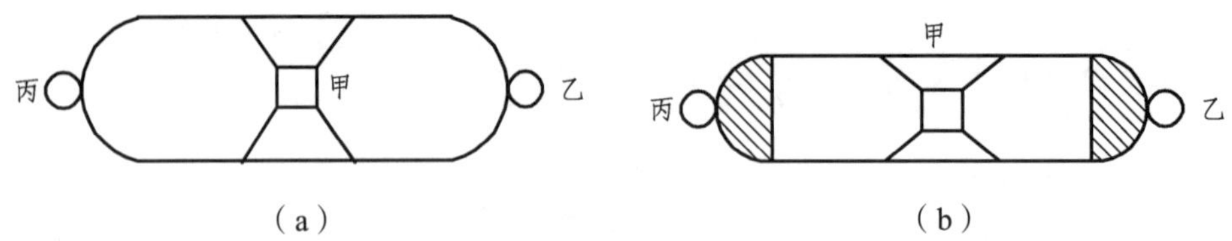

图 6-8 循环运转制示意图

循环运转制的优点是：机车运用效率较高，能够加速机车的周转，并减轻车站咽喉的负担。其缺点是：占用到发线时间较长，站内要设整备设备，对机车质量要求较高。

3. 半循环运转制

如果机车牵引列车在两个牵引区段上周转循环一次就入本段一次进行整备、检查，就叫半循环运转制（见图 6-9）。

4. 环形运转制

机车出段后，在一个或几个方向担当若干次往返作业后，机车辅修和小、中修时，或者机车需要整备作业时，机车才入本段进行整备作业（见图 6-10）。这种交路适用于近郊列车、通勤列车、环形列车或小运转列车。

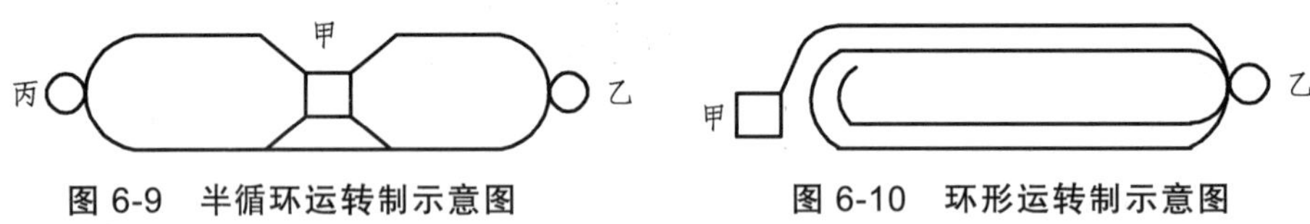

图 6-9 半循环运转制示意图　　**图 6-10 环形运转制示意图**

5. 循回运转制

机车牵引列车运行于一个方向相当于两个交路区段后，返回机务本段入库整备作业一次，这种交路叫作循回运转制（见图 6-11）。机车从本段出库，在甲站牵引列车向乙站运行，列车运行到乙站时，机车不摘钩乘务员换班继续牵引列车向丙站运行，列车到达丙站后，机车摘钩进入折返段进行整备作业。然后机车在牵引反方向列车经乙站回到本段所在站甲站，机车到达甲站后摘钩进入本段整备。

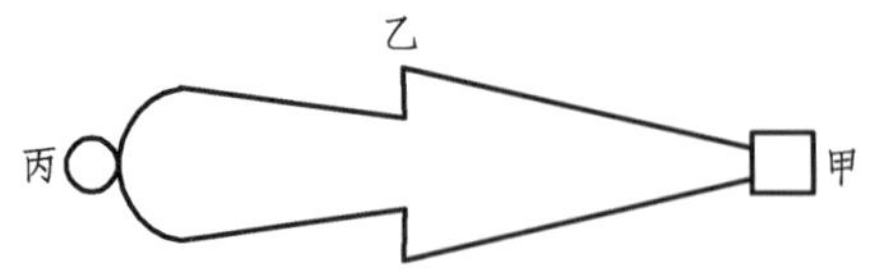

图 6-11 循回运转制示意图

目前，肩回运转制仍然是我国铁路上采用最多的一种运转制。在采用肩回运转制时，可以尽量延长机车交路（即采用循回运转制），以提高机车运用效率。

第四节　机车乘务组与乘务制度

一、机车乘务组

每台运用机车由乘务员小组担当机车的操纵和保养工作,乘务员小组通称为机车乘务组。

机车乘务组的组成因机车类型及乘务制的不同而不同，有的机车乘务组人数较多，有的人数较少。我国《运规》规定：“铁路配属机车（代固机车除外）必须有车有人，并有一定的预备率、在职培训率和后续培养率”。

机车乘务员每班的配备，电力机车每班设司机、学习司机各一人；实行双司机值乘的，每班设司机二人。双节重联时，设司机一人，学习司机二人（无重联线的除外）。实行轮乘制的乘务机班要固定，不得任意拆散。实行包乘制的机车，每台机车设司机长一人；实行轮乘制的每 3 ~ 5 班可设轮乘司机长一人。司机长在每台机车乘务组中选拔较优秀的司机担当。

机车乘务员是铁路运输的主要工种。其不分昼夜，不误分秒，按乘务作业标准要求安全驾驶机车战斗在运输第一线，任务艰巨而光荣。因此，机车乘务员必须具备下列条件：

（1）思想品德好，热爱并胜任本职工作。

（2）身体健康，符合部定机车乘务员体格检查所要求的标准，新任机车乘务员年龄原则为 18 ~ 25 周岁。

（3）具有中专（技）毕业以上的文化程度。

（4）技术业务水平，达到部定机车乘务员“应知应会”的标准。

机车司机的主要职责是：在机车队和司机长领导下，组织本机班按列车运行图行车，认真执行规章制度，确保安全正点、平稳操纵、质量良好地完成运输任务；搞好机车保养，努力节约电；正确及时地填写司机报单和机车检修登记簿等原始资料。

机车学习司机的主要职责是：在司机的领导下，认真执行一次乘务作业程序，做好机车检查、给油、保养和自检自修，负责机车及工具清洁完整。

二、乘务员的劳动时间和休息时间标准

为了保证机车乘务员在工作时精力充沛，注意力集中，从而更有效地完成运输生产任务，各级领导应关心机车乘务员的实际工作条件，保证乘务员能充分地休息。为此，《运规》中规定了乘务员的劳动和休息时间标准。

1. 机车乘务员劳动时间

一次连续工作时间标准（包括出、退勤工作时间，以下同），客运列车不得超过 8 h，货运列车不得超过 10 h。机车乘务员的便乘时间，不计入连续工作时间内（随货运列车或无卧铺客运列车便乘时除外）。

2. 机车乘务员休息时间

机车乘务员的经常居住地点应在机务段所在地。

在本段休息时间不应少于 16 h。

外段调休时间不得少于 5 h（其时间的计算为到达公寓签到休息至叫班时止，以下同）；在外段驻班休息时间不得少于 10 h；轮乘制外段换班继乘休息时间不得少于 6 h。

严格防止机车乘务员超劳。在编制列车运行图时，不准出现超劳。各级行车调度、机车调度要根据列车实际运行情况，准确掌握叫班时间。密切注意列车运行情况，遇特殊情况超劳时，要尽快采取措施。

实行轮乘制的机车乘务员每月应有 1 ~ 2 次 48 ~ 72 h 的大休班时间。

三、机车乘务制度

机车乘务制度是机车乘务员使用机车的制度，分为包乘制、轮乘制和轮包结合制。

机车乘务制度的选择应符合机车乘务员劳动时间标准和运输的需要。为了发挥电力机车的优势，提高运输能力和运输效率，电力机车应有计划地逐步实行包乘制、轮乘制和轮包结合制。

1. 包乘制

实行包乘制时，将一台机车分配给固定的几个机车乘务组，这几个机车乘务组称为机车的包乘组，实行包乘制的机车，每台机车设司机长一人。机车包乘组在司机长领导下负责所有包机车的运用、安全、保养、节约、整备、验收、保管、交接等工作，以保证质量良好地完成运输生产任务。也就是说，机车包乘组负有对所包机车的包用、包养、包管全部责任。包乘制中还有跨段对包的形式，机车采用长交路，两个段的乘务组对包机车。

包乘制的特点如下：

（1）加强乘务员对机车保养的责任心，有利于机车的保养工作，保证机车经常处于良好的技术状态，能质量良好地投入运用。

（2）乘务员熟悉所包机车的性能特点，有利于钻研和发挥操纵技术。

（3）为机车的运用管理工作提供了方便的条件。

中华人民共和国成立以来，包乘制取得了显著的成果。但是，因为机车的利用程度受到包乘组工作时间的限制，因此机车有时需在段内长时间停留，以保证机车乘务员足够的休息时间，这样就造成了机车的生产时间不能充分利用，因而降低了机车的运用效率。

2. 轮乘制

实行轮乘制度，机车不分配给固定的机车乘务组，而是将机务段全体机车乘务员和全部机车统一组织，集中使用，按照歇人不歇车的循环轮乘制管理体制，由许多机车乘务组轮流使用全部机车。由于机车和乘务组之间没有固定关系，机车工作时间不受机车乘务组的牵制，所以能更为合理和高效地使用人力和机车。

3. 轮包结合制

实行轮包结合乘务制度是轮乘制的另一种形式，它综合了包乘制和轮乘制的优点，更有利于发挥长交路的优势，弥补轮乘制保养工作不易落实、机车技术状态较差的缺陷。采用轮包结合乘务制度的方法一般是本段出发为包乘机班，外段折返为轮乘机班。

我国电力机车的机车乘务制度大多采用轮乘制。在轮乘制中由于实行中途轮班，循环轮乘，歇人不歇车的接力运转方式和机车乘务组采取顺序出乘，便于适当安排其休息时间。所以，机车运用效率大大提高。调查资料表明，实行轮乘制相较包乘制能节约机车，并使乘务员的劳动生产率提高。因此，如果和电力机车适于长交路运行的特点结合起来看，轮乘制便是一种优越的、技术指标高、经济效果明显、有发展前途的机车乘务制度。

四、乘务方式

机车乘务组换班出乘，担当机车作业的方法称为乘务组的出乘方式，又称机车乘务组的乘务方式。

乘务方式根据交路长度和乘务组连续工作时间标准，一般分为 6 种。

1. 驻班制

采用驻班制乘务方式时，在折返段预先派出若干个机车乘务组，当本段机车乘务组执乘牵引列车到达折返段休息时，由折返段驻班机车乘务组接车，牵引列车返回本段。如此轮流值乘，轮流在折返段休息。

驻班制乘务方式适用于行车密度大的长交路上，可以提高机车运用效率。但是乘务员经常在外段驻班，生活和学习条件不够正常，驻班制示意图见图 6-12。

2. 调休制

一个机车乘务组由机务段出乘，担当机车作业到达折返段后不换班，由于乘务组往返执乘连续工作时间超过规定时间，乘务员需要在折返段公寓调休（不包括退勤时间），机车也随之在折返段停留等待，然后原班原车返回机务段（见图 6-13）。

该乘务方式适用于行车密度小的长交路上。其主要缺点是机车运用效率低，乘务员有一部分时间在外段休息。

图 6-12　驻班制示意图　　　　图 6-13　调休制示意图

3. 立即折返制

一个机车乘务组由机务段出乘担当机车作业，到达折返段不需要换班，而接运最早的列车返回机务段，再退勤休息。这种乘务方式称为立即折返制，如图 6-14 所示。

这种乘务方式适用于行车密度大的短交路上，其优点是乘务员在家中休息的时间较长，有利于参加段内的组织活动及业务学习，便于机务段对乘务员的组织管理工作，机车运用效率也比较高。

4. 中途驻班制

一个机车乘务组由机务段出乘，担当机车作业到达中途整备点后退勤休息，由预先派驻在中途整备点的机车乘务组接乘到达折返段后，原班原车牵引其他列车立即折返回中途整备点退勤休息，而后再由中途整备点已经休息的机车乘务组执乘返回机务段，如图 6-15 所示。

图 6-14　立即折返意图　　图 6-15　中途驻班制示意图

中途驻班制的优点是机车交路长，一般相当于一个长交路与一个短交路距离之和，机车运用效率高。但驻班在中途整备点的乘务员长期离开机务段，因此须在中途换班地设置乘务员公寓或家属宿舍。

5. 两处驻班制

采用两处驻班制时，机务段预先在中途整备点和折返段均派驻若干个机车乘务组。一个机车乘务组由机务段出乘，担当机车作业到达中途整备点后退勤休息，由驻班机车乘务组接乘担当机车作业继续运行到折返段，也退勤休息。然后折返段驻班机车乘务组担当机车作业，牵引列车返回中途整备点退勤休息，再由中途整备点驻班机车乘务组接乘返回机务段。该乘务方式（见图 6-16）一般适用于超长交路，相当于两个长交路距离之和，机车运用效率高。

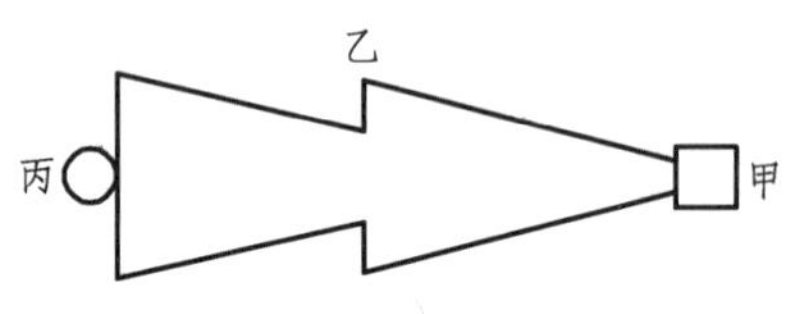

图 6-16　两处驻班制示意图

6. 随乘制

采用随乘制时，机车后面挂一辆宿营车，机车乘务组均随机车出乘。先由一班机车乘务组担当机车作业，其余机车乘务组在宿营车上休息。经过一定时间后，在适当的停车站换班执乘。

随乘制机车运用效率很高，工作比较灵活，机车交路可以延伸很长，但是乘务员休息条件最差。该乘务方式一般适用于流动性和临时性运转制。

前述的机车交路类型、机车运转制和机车乘务组乘务方式，三者互相配合并有固定关系。概括地说，机车交路类型为机车牵引区段距离，机车运转制为机车从事列车牵引作业的方式，机车乘务组乘务方式即机车乘务组换班作业的方式，具体选择时应考虑各区段机车交路、乘务制度、乘务员劳动时间标准和工作条件，合理选用机车运转制和乘务方式。

第五节　列车运行图和机车周转图

一、列车运行图

1. 列车运行图的作用

列车运行图规定了各种列车占用区间的秩序，列车由每一个车站出发、通过、到达和交会的时刻，列车在各区间的运行时分，以及列车在车站的停留时间标准等。这样的列车运行图不仅规定了列车的运行，而且也规定了铁路技术设备（线路、站场、机车、车辆等）的运用。同时，还规定了与列车运行有关的保证部门（如车站、车务段、客运段、机务段、工务段、电务段、供电段、列车检修所、车辆段等）的工作。因此，列车运行图是行车组织工作的基础，也是铁路运输工作的综合计划。

列车运行图的主要作用是：将所有与列车运行有关的铁路部门（如机务、车务、列车车辆、工务、电务、水电等单位）的工作人员同铁路的运输生产活动统一组织起来，并按照规定的程序协调一致地工作，保证列车按运行图运行。列车运行图应标明如下内容：

（1）根据客、货运量确定列车对数和列车车次。

（2）规定各次列车占用区间的程序。

（3）列车出发、到达和通过各分界点的时刻。

（4）列车在区间内的运行时分和站停时间标准。

（5）列车运行速度牵引、牵引重量和长度标准。

2. 列车运行图的分类

在我国，列车运行图是根据国家运输计划编制的，这种根据基本运量进行编制的列车运行图是基本运行图。基本运行图规定的行车量能满足一定时期内的最大客货运输任务。然而，由于客货运输量在一年之中难以保持稳定。因此为了适应这种变化，必须在基本运行图的基础上，根据各种行车方案再编制几个运输方案的运行图，这种列车运行图称为分号运行图。例如，某列车运行图用 30 对列车编制，而行车密度最高达 34 对列车，最低只有 26 对列车，则可在 26 ~ 34 对列车之间，按每相差一对列车再编制 8 个方案，或按每相差 2 对列车再编制 4 个方案，在这里称以 30 对列车编制的运行图为基本运行图，其他 8 个或 4 个运行图为分号运行图。

分号运行图又可分为独立和综合分号运行图。独立分号运行图是根据实际的车流情况确定行车量，并结合编制分号运行图的特殊要求，像编制基本列车运行图那样，重新定点、定车次的列车运行图，它主要用在单线区段。综合分号运行图是包括几个方案的运行图，是利用基本运行图抽减运行线，不单独定点、定车次而制定的列车运行图，综合分号运行图原则上在复线区段上使用。

有了基本运行图和分号运行图，运输部门就可随着运量的变化、特殊运输的需要及工程施工等情况，选用相应的分号运行图。最后应该指出，列车运行图不是固定不变的，必须根据铁路客货运量的不断增长，铁路技术设备的更新，运输组织工作的改善，牵引定数和旅行速度的提高，经过一定时期重新编定。原则上列车运行图每两年定期编制一次。

3. 列车运行图的识别

列车运行图是运用坐标原理来表示列车在区间运行，在车站到、发、通过时刻和停车时分的一种图解形式（见图 6-17）。

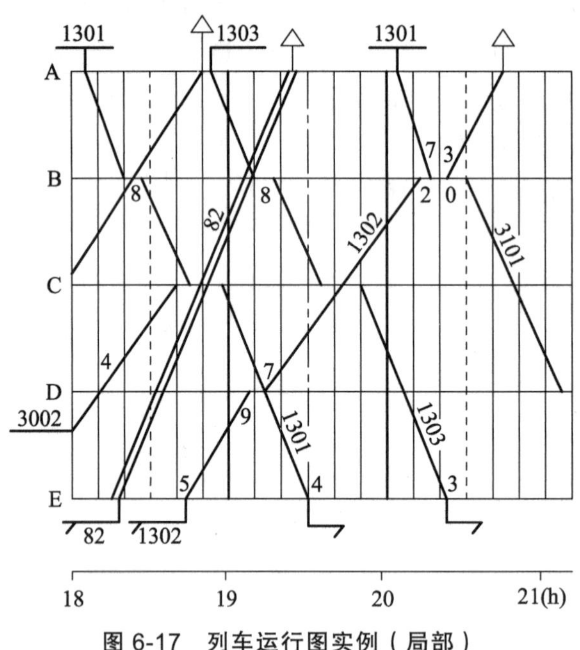

图 6-17　列车运行图实例（局部）

在列车运动图中，采用站名线、时分线和运行线三线表示法。在列车运行坐标图上，横坐标表示时间（t），纵坐标表示距离（L），斜线表示列车运行线。斜线的斜度表示列车的运行速度，斜度越大，则列车运行速度越高。

列车运行图时间坐标等分成 24 格，代表一昼夜 24 h。铁路系统以每日 18 点整至次日 18 点整为“一昼夜”时间范围。垂直线为时间线，较粗的线表示小时，细线表示若干分钟，虚线表示 0.5 h。纵坐标按照一个区段内各个站间距离的比例划分成若干水平线，即为各站分界点的中心线，大站用粗线表示，小站用细线表示。水平线与水平线之间的间隔表示站间距离。斜线与水平线的交点表示列车在每个车站的出发、通过或到达的时刻。

在列车运行途中，由于铺画了许多不同种类的列车运行线，为了便于识别，对不同的列车种类要采用不同的列车运行线来表示，常见的列车运行线见表 6-1。

表 6-1 列车运行线图例

序号	列车种类	表示方法	示例	备注
1	旅客列车（包括行邮列车）	红单线	－	以车次区分
2	临时旅客列车	红单线加红双杠	－‖－‖－	
3	回送客车底	红单线加红方框	－□－□－	
4	行包列车	蓝单线加红圈	－O－O－	
5	“五定”班列	蓝单线加蓝圈	－O－O－	
6	快运货物、直达、重载列车	蓝单线	－	
7	直通、自备车、区段、小运转车	黑单线	－	以车次区分
8	冷藏列车	黑单线加红圈	－O－O－	以车次区分
9	军用列车	红色断线	……	
10	回送军用列车	红断线加红方框	··□ □··	
11	超限超重货物列车	黑单线加黑方框	－□－□－	
12	摘挂列车	黑单线加“+”“|”	－+－|－	
13	路用列车	黑单线加蓝圈	－O－O－	
14	单机	黑单线加黑三角	－△－△－	
15	高级专列及先驱列车	红单线加红箭头	－→－→－	
16	救援列车和除雪列车	红单线加“×”	－×－×－	
17	重型轨道、清油动车	黑单线加黑双杠	－‖－‖－	

列车运行线向上表示上行列车，向下表示下行列车。上行列车的车次为双数，下行列车的车次为单数。我国铁路规定，向首都运行的方向为上行方向，反之为下行方向。

为便于组织列车运行和进行作业，每一列列车必须编有车次。列车的车次表示了该列车的种类、运输性质及运行方向。

4. 列车分类和列车车次规定

（1）旅客列车（见表 6-2）。

表 6-2 旅客列车车次规定

序号	列车种类	车次范围	备注
1	高速动车组旅客列车	G1 ~ G9998	G 读音“高”
	跨局	G1 ~ G5998	
	管内	G6001 ~ G9998	
2	高速动车组旅客列车	C1 ~ C9998	C 读音“城”
	跨局	C1 ~ C1998	
	管内	C2001 ~ C9998	

续表

序号	列车种类	车次范围	备注
3	动车组	D1 ~ D9998	D 读音“动”
	跨局	D1 ~ D3998	
	管内	D4001 ~ D9998	
4	直达特快旅客列车	Z1 ~ Z9998	Z 读音“直”
5	特快旅客列车	T1 ~ T9998	T 读音“特”
	跨局	T1 ~ T4998	
	管内	T5001 ~ T9998	
6	快速旅客列车	K1 ~ K9998	K 读音“快”
	跨局	K1 ~ K6998	
	管内	K7001 ~ K9998	
7	普通旅客列车	1001 ~ 7598	无标识符
	（1）普通旅客快车	1001 ~ 5998	
	跨三局及以上	1001 ~ 1998	
	跨两局	2001 ~ 3998	
	管内	4001 ~ 5998	
	（2）普通旅客慢车	6001 ~ 7598	
	跨局	6001 ~ 6198	
	管内	6201 ~ 7598	
8	通勤列车	7601 ~ 8998	无标识符
9	临时旅客列车	L1 ~ L9998	L 读音“临”
	跨局	L1 ~ L6998	
	管内	L7001 ~ L9998	
10	旅游列车	Y1 ~ Y998	Y 读音“游”
	跨局	Y1 ~ Y498	
	管内	Y501 ~ Y998	
11	动车组检测车	DJ5501 ~ DJ5598	DJ 读音“动检”
12	回送出入厂客车底列车	001 ~ 00298	
13	回送图定客车底	在车次前冠以 O	
14	因故折返旅客列车	原车次前冠以 F	F 读音“返”

（2）货物列车及行包专列（见表 6-3）。

表 6-3 货物列车及行包专列车次规定

列车种类	车次
（1）货运五定班列	80001 ~ 81748
（2）快运货物列车	81751 ~ 81998
（3）煤炭直达列车	82001 ~ 84998
（4）石油直达列车	85001 ~ 85998
（5）始发直达列车	86001 ~ 86998
（6）空车直达列车	87001 ~ 87998
（7）技术直达列车	10001 ~ 19998
（8）直通货物列车	20001 ~ 29998
（9）区段货物列车	30001 ~ 39998
（10） 摘挂列车	40001 ~ 44998
（11）小运转列车	45001 ~ 49998
（12）超限货物列车	70001 ~ 70998
（13）万吨货物列车	71001 ~ 72998
（14）冷藏列车	73001 ~ 74998
（15）军用列车	90001 ~ 91998
（16）自备车列车	60001 ~ 69998
（17）行包列车	X1 ~ X298
行邮特快专列	X1 ~ X198
行包快运专列	X201 ~ X298

（3）单机和路用列车（见表 6-4）。

表 6-4 单机和路用列车车次规定

列车种类	车次	列车种类	车次
（1）单机	50001 ~ 52998	（3）试运转列车	55001 ~ 55998
客车单机	50001 ~ 50998	（4）轻油动车、轨道车	56001 ~ 56998
货车单机	51001 ~ 51998	（5）路用列车	57001 ~ 57998
小运转单机	52001 ~ 52998	（6）救援列车	58101 ~ 58998
（2）补机	53001 ~ 54998		

二、机车周转图

1. 机车周转图的概念及识别

列车运行图和机车周转图是机务部门组织运输生产活动的基础。

具体地说，机车周转图是机车的工作计划，也是机车乘务员和机车整备（地勤检查）人员的工作计划，它是根据列车运行图、机车交路及采用的车务制度进行编制的，具体要求如下：

（1）保证列车运行图和运输方案的实施，及时提供全部开行列车所需的机车。

（2）经济合理地使用机车，保证完成计划效率指标。

（3）严格贯彻《中华人民共和国劳动法》，合理安排机车乘务员组的劳动及休息时间。

（4）安排好自、外段机车的准备作业时间及机车在自段的辅修、中修时间。

机车周转图一般采用小时格的运用图表进行铺画。在表示区段距离的纵坐标上，不像列车运行图那样要画出每个区间站的分界水平线，而只是画出列车始发站、中间换班站、大站及到达站的分界水平线，并在周转图的左侧写上站名，标明区段长度。同时，在机车周转图最上方要写明机车的周转区段、周转图实行日期、机车使用效率等参数。另外，在机车周转图的上方和下方，用不重叠的横线（库停线）表示机车在本段和折返段库内的停留时间范围。机车周转图中的列车运行线与列车运行图中的表示方法一样，但单线机车周转图中的列车运行线在区段内可以交叉。

机车周转图（见图 6-18）对应列车运行图也有基本机车周转图和分号机车周转图，并对应于相应的列车运行图同时实施。

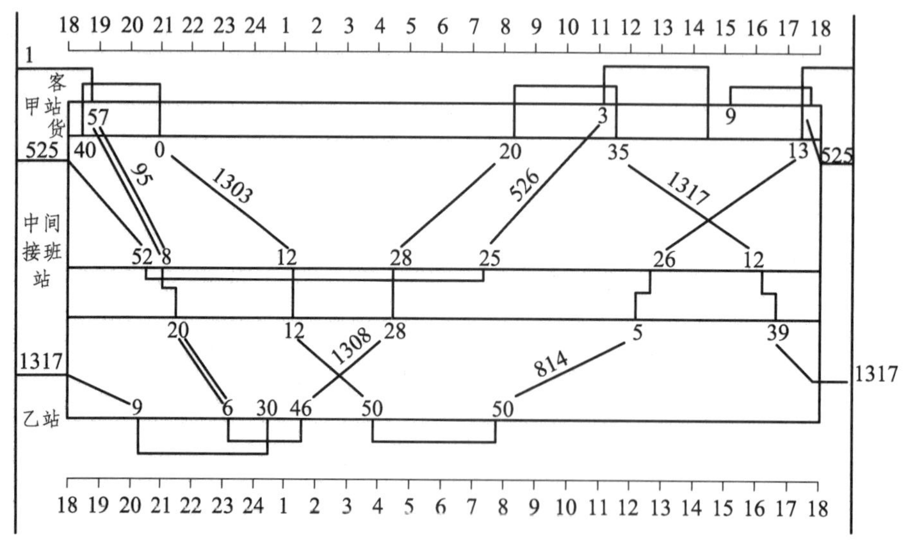

图 6-18 机车周转图

2. 机车周转图的编制资料

在编制机车周转图前，要充分做好各项准备工作。也就是技术人员在编制基本机车周转图前，要认真查定和准备编制机车周转图必需的各种资料和标准。一般来说，编制机车周转图时，应准备下列资料和原始数据：

（1）列车运行图或行车时刻表。

（2）机车运转制。

（3）机车乘务组的出乘方式。

（4）机车在本段和折返段技术作业的时间标准。

（5）机车走行公里、使用台数、全周转时间标准和检查停留时间标准。

（6）机车日车公里、旅行速度、技术速度、机车使用数据等技术指标。

（7）机车乘务员需要人数及补充计划等。

根据收集到的资料及原始数据，参照有关规定编制基础周转图，要完成包括草画机车周转图、计算简明效率表、绘制机车周转图、编制机车及乘务组工作计划表及计算机车运用主要指标的一整套工作。

3. 机车周转图的编制原则

机车周转图应与列车运行图同时编制，编图人员要共同研究列车编组计划、列车对数和各项鉴定资料，制定列车运行图与机车周转图的初步方案，然后进行具体编制。

机务编图人员须与列车运行图编图人员密切配合，及时发现和解决问题，并做好以下工作：

（1）认真细致地审定旅客列车方案，经济合理地使用机车。

（2）按照列车编组计划、列车对数和各项查定资料，安排好列车工作方案和机车周转方案，尽量压缩非生产时间，提高速度系数。

（3）正确查定核心及各分号列车车次，编制好分号机车周转图。

（4）旬间记名式机车周转图编出后，还应同时编制出旬间机车乘务员工作说明表。

4. 列车运行图与机车周转图的协调

在旅行速度、自外段技术作业时间和自外段所在站作业时间标准确定的前提下，为了提高机车运行效率，只有设法使机车在自外段的待发时间减少至最低限度。然而，机车周转图是按列车运行线编制的。因此，只有在编制列车运行图的工作计划过程中把高效率的机车周转图因素考虑进去，才能实现经济合理地使用机车的目的。为此，机务编图人员要做到以下几点：

（1）编制前，向列车运行图编图人员提供各区段机车运用方式和乘务员换班方式，机车在自外段的最短折返时间标准，乘务员补充工作时间及连续作业劳动时间标准，为保证年度计划实现的区段日车公里标准，乘务员在外段调休的时间标准。

（2）铺画货物列车运行线前，要求编图人员事先编制草图，以便考虑机车运用效率是否满足预定指标。

（3）铺画的货物列车运行图初步完成时，机务编图人员应草画机车周转图，如发现问题及时与列车运行图编图人员研究，合理调整运行线，务必使机车交路合适。

（4）从草图中检查乘务员一次作业时间是否超劳，如有超劳，应及时与列车运行图编图人员研究调整。

第六节　电力机车乘务员安全生产

一、在电力机车上工作时的一般安全规定

（1）凡运行途径电气化区段的机车，必须严格执行电气化区段作业制度。严禁上车顶作业，禁止用水冲洗机车上部。

（2）凡进入电气化区段的机车，在所有可能登上车顶的处所，应装有醒目的“电网有电，严禁攀登”的警告牌或加装自动报警装置。登上车顶作业，必须采取安全措施和佩戴安全帽。

（3）检查机车电气部分时，禁止手触各电器头部；不得带电检查处理故障或接触高压带电部件；在特殊情况下需要人为闭合或断开电器时，必须使用绝缘物。

（4）电力机车停在接触网下，未收到调度员停电命令指示并办理安全防护措施前，不论何种原因，绝对禁止登上机车车顶或车辆装载的货物上。

（5）当机车受电弓升起时，禁止进入高压室、变压器室和开启防护高压用的护板、外罩及孔盖。

（6）机车乘务员应保持机车必备安全用品状态良好，并将其存放在固定的地点，如绝缘手套、绝缘棒、绝缘垫板、安全帽、接地线等。

（7）当使用摇表测量机车电路、用电设备的绝缘时，禁止接触电器部件，除机械和制动部分的工作以外，其他各项工作均应停止。

（8）为保证人身安全，除专业人员执行有关规定外，其他人员（包括所携带的物件）与牵引供电设备的带电部分需保持 2 m 以上的距离。

（9）发现接触网断线及其部件损坏或在接触网上挂有线头、绳索等物时，均不准与之接触，应立即降下受电弓并停车，向车站值班员或列车调度员汇报，按其指示办理。在接触网检修人员未到达之前，加以防护，任何人员均应距已断导线接地处所 10 m 以外。

（10）运行途中接触网临时停电时，应立即停车，做好防溜措施，并与车站值班员或列车调度员联系，问明情况。临时停电时，应视为接触网有电，严禁登上机车和车辆顶部进行作业。

二、在本段与折返段内电力机车上工作时的安全规定

（1）电力机车进出机务段或折返段时，必须在规定地点一度停车，鸣笛要道。待调车员（扳道员）显示进行信号后方可动车。电力机车进入整备线，在隔离区段防护信号前停车，确认隔离区段防护信号开放后再动车。

（2）机车进入段内停车时，应降下受电弓，断开主断路器，将制动阀置于制动位并做好防溜措施。

（3）机车入库使用引入库拖动机车入库，必须降弓。

（4）机车入库检修当中，辅助回路接入高压电源时，禁止在高压系统内工作。

（5）机车检修完毕，司机应全面检查机车并确认所有装置良好，鸣示升弓信号后，方可升弓进行高压试验。

（6）电力机车整备线及检查线上的接触网应设有分段隔离开关。当电力机车进行整备作业或检查时，地勤司机应在隔离开关操作登记本上登记后，由值班员监督操作隔离开关并加锁，钥匙交值班员保管，在挂好接地线后，方可登车顶进行检查或检修。严禁再次向该线路放入机车。

（7）机车车顶整备完毕，应确认车顶状态良好、车顶无人作业后，方可撤除接地线，在值班员的监督下，闭合隔离开关，并加锁。

（8）在机车下部整修牵引电机整流子时，应遵守以下几点：

①被整修机车在另一机车拖动时，速度应在 3 km/h 以下。

②使用带有绝缘手柄的打磨工具。

③把整修电机的隔离开关拉开，并垫上反向器各触头。

（9）更换机车闸瓦时，应关闭机车制动缸塞门（禁止同时关闭两台转向架的机车制动缸塞门）。

三、电力机车在本段与折返段外工作时的安全规定

（1）机车于段外停留在接触网下，须对牵引电机、电器进行检查或检修时，必须做好以下几点：

① 断开主段路器，降下受电弓。

② 取下司机操纵台开关钥匙、换向手柄，并交给进行检查或检修的人员。

③ 进入高压工作时，高压室门不得关闭。

（2）机车升弓前，司机应告知学习司机及登乘机车有关人员，并确认各机械的防护盖已盖好，高压室、变压器室无人和其他物品，对检修过的设备复查并确认状态良好，人员都处于安全地点之后，鸣示起动注意信号“一声长”，方可升弓，司机与学习司机共同确认升弓状态良好。

（3）为确保行车安全，只有经考试合格并取得司机驾驶证的司机才能独立驾驶机车，具有操纵练习资格的学习司机必须在司机监督下才能练习操纵。

四、电力机车防止火灾的措施

（1）司机室、高压室、机械间保持清洁，无油垢、杂物，及时消除各部漏油、漏电现象。机械间严禁吸烟及明火，在司机室吸烟时，必须将用过的火柴、烟头及时熄火放入烟灰盒内，严禁乱扔。

（2）按规定要求正确使用熔断器。严禁以大代小，用金属丝代替熔断片。熔断片连续发生熔断时，应查找故障处及时报修。

（3）经常检查电机、电器和电线路，紧固松动的接点，包扎破损处所，消除绝缘老化等情况。当发生短路、虚接、断路、接地等现象时，应及时排除，严禁擅自加装电路与电器明

线。发生主电路接地和电机放炮时，未判明情况严禁加负荷。

（4）各灭弧罩要安装良好，完整无缺，发现破损及时更换。

（5）经常检查蓄电池，消除漏电、接头松动等现象。检查时严禁吸烟及明火，或将工具放在电极的跨线上。

（6）各种油脂，擦车用的刷子、擦布、棉丝应放在指定地点。棉丝放入带盖的容器内，不得乱扔乱放，并禁止在空压机等部件上烘烤棉丝等物。

（7）运行中要关闭两侧车门，防止外火源吸入车内。牵引易燃品、爆炸品、油罐车等列车时，要认真执行有关规定，注意平稳操纵防止车辆冲撞。

（8）运行中应时刻注意机车内外的烧焦味，预防抱闸时间过长，引燃火源上窜。

（9）运行中，非操纵端无人情况下，严禁使用电炉、空调等电器设备。

（10）因工作需要带汽油、酒精等易燃品上车作业时，要特别小心。使用完后，必须立即送下机车，并擦净残迹。

（11）在机车上熔焊作业时，须断开电源，做好防护，并及时熄灭和清扫熔渣、火种。禁止在机车上烧焊带油部。

（12）凡必须临时断开的电气化设备导线端头，应包上绝缘并捆好挂起，以防导线裸露与其他设备或车体接触产生接地。

（13）机车上的灭火器具应配备齐全，放在规定地点，熟悉其性能和使用方法，并按规定要求送防火部门进行检查，确保作用良好。

五、电力机车发生火灾时，机车乘务员应采取的措施

（1）断开主断路器，降下受电弓。

（2）将司机控制器的手柄放在零位，保持机车制动。

（3）尽可能将机车停在安全和便于救火的地方。

（4）及时鸣示警报信号，并向车站值班员与列车调度员报告火情。

（5）当列车停放在坡道上时，应使列车制动和拧紧手制动机，并打好止轮器。

（6）机车电气设备着火时，应使用二氧化碳、四氯化碳灭火器或干砂灭火。若木质器械着火，确认与电器无关时，用水或泡沫灭火器灭火。

（7）如果火灾威胁蓄电池组时，必须断开蓄电池开关。

（8）火灾扑灭后，应仔细检查机车设备损坏程度，将损坏的处所处理好并维持运行，如不能继续维持运行时，应请求救援。

第七节　铁路交通事故等级

铁路机车车辆在运行过程中发生冲突、脱轨、火灾、爆炸等影响铁路正常行车的事故，包括影响铁路正常行车的相关作业过程中发生的事故，或者铁路机车车辆在运行过程中与行人、机动车、非机动车、牲畜及其他障碍物相撞的事故，均为铁路交通事故（以下简称事故）。

发生事故，应采取积极措施，迅速抢救，尽量减少损失。事故调查处理应坚持以事实为依据，以法律、法规、规章为准绳，认真调查分析，查明原因，认定损失，定性定责，追究责任，总结教训，提出整改措施。

根据事故造成的人员伤亡、直接经济损失、列车脱轨辆数、中断铁路行车时间等情形，事故等级分为特别重大事故、重大事故、较大事故和一般事故。

一、特别重大事故的构成要件

（1）造成 30 人以上死亡。

（2）造成 100 人以上重伤（包括急性工业中毒，下同）。

（3）造成 1 亿元以上直接经济损失。

（4）繁忙干线客运列车脱轨 18 辆以上并中断铁路行车 48 h 以上。

（5）繁忙干线货运列车脱轨 60 辆以上并中断铁路行车 48 h 以上。

二、重大事故的构成要件

（1）造成 10 人以上 30 人以下死亡。

（2）造成 50 人以上 100 人以下重伤。

（3）造成 5 000 万以上 1 亿元以下直接经济损失。

（4）客运列车脱轨 18 辆以上。

（5）货运列车脱轨 60 辆以上。

（6）客运列车脱轨 2 辆以上 18 辆以下，并中断繁忙干线铁路行车 24 h 以上或中断其他线路铁路行车 48 h 以上。

（7）货运列车脱轨 6 辆以上 60 辆以下，并中断繁忙干线铁路行车 24 h 以上或中断其他线路铁路行车 48 h 以上。

三、较大事故的构成要件

（1）造成 3 人以上 10 人以下死亡。

（2）造成 10 人以上 50 人以下重伤。

（3）造成 1 000 万元以上 5 000 万元以下直接经济损失。

（4）客运列车脱轨 2 辆以上 18 辆以下。

（5）货运列车脱轨 6 辆以上 60 辆以下。

（6）中断繁忙干线铁路行车 6 h 以上。

（7）中断其他线路铁路行车 10 h 以上。

四、一般事故的分类及构成要件

一般事故分为一般 A 类事故、一般 B 类事故、一般 C 类事故、一般 D 类事故。

（1）有下列情形之一，未构成较大以上事故的为一般 A 类事故：

① 造成 2 人死亡。

② 造成 5 人以上 10 人以下重伤。

③ 造成 500 万元以上 1 000 万元以下直接经济损失。

④ 列车及调车作业中发生冲突、脱轨、火灾、爆炸、相撞，造成下列后果之一的：

a. 繁忙干线双线之一线或单线行车中断 3 h 以上 6 h 以下，双线行车中断 2 h 以上 6 h 以下。

b. 其他线路双线之一或单线行车中断 6 h 以上 10 h 以下，双线行车中断 3 h 以上 10 h 以下。

c. 客运列车耽误本列 4 h 以上。

d. 客运列车脱轨 1 辆。

e. 客运列车中途摘车 2 辆以上。

f. 客车报废 1 辆或大破 2 辆以上。

g. 机车大破 1 台以上。

h. 动车组中破 1 辆以上。

g. 货运列车脱轨 4 辆以上 6 辆以下。

（2）有下列情形之一，未构成一般 A 类以上事故的为一般 B 类事故：

① 造成 1 人死亡。

② 造成 5 人以下重伤。

③ 造成 100 万元以上 500 万元以下直接经济损失。

④ 列车及调车作业中发生冲突、脱轨、火灾、爆炸、相撞，造成下列后果之一的：

a. 繁忙干线行车中断 1 h 以上。

b. 其他线路行车中断 2 h 以上。

c. 客运列车耽误本列 1 h 以上。

d. 客运列车中途摘车 1 辆。

e. 客车大破 1 辆。

f. 机车中破 1 台。

g. 货运列车脱轨 2 辆以上 4 辆以下。

（3）有下列情形之一，未构成一般 B 类以上事故的为一般 C 类事故：

① 列车冲突。

② 货运列车脱轨。

③ 列车火灾。

④ 列车爆炸。

⑤ 列车相撞。

⑥ 向占用区间发出列车。

⑦ 向占用线接入列车。

⑧ 未准备好进路接、发列车。

⑨ 未办或错办闭塞发出列车。

⑩ 列车冒进信号或越过警冲标。

⑪ 机车车辆溜入区间或站内。

⑫ 列车中机车车辆断轴，车轮崩裂，制动梁、下拉杆、交叉杆等部件脱落。

⑬ 列车运行中碰撞轻型车辆、小车、施工机械、机具、防护栅栏等设备设施或路料、坍体、落石。

⑭ 接触网接触线断线、倒杆或塌网。

⑮ 关闭折角塞门发出列车或运行中关闭折角塞门。

⑯ 列车运行中刮坏行车设备设施。

⑰ 列车运行中设备设施、装载货物（包括行包、邮件）、装载加固材料（或装置）超限（含按超限货物办理超过电报批准尺寸的）或坠落。

⑱ 装载超限货物的车辆按装载普通货物的车辆编入列车。

⑲ 电力机车、动车组带电进入停电区。

⑳ 错误向停电区段的接触网供电。

㉑ 电气化区段攀爬车顶耽误列车。

㉒ 客运列车分离。

㉓ 发生冲突、脱轨的机车车辆未按规定检查鉴定编入列车。

㉔ 无调度命令施工，超范围施工，超范围维修作业。

㉕ 漏发、错发、漏传、错传调度命令导致列车超速运行。

（4）有下列情形之一，未构成一般C类以上事故的为一般D类事故：

① 调车冲突。

② 调车脱轨。

③ 挤道岔。

④ 调车相撞。

⑤ 错办或未及时办理信号致使列车停车。

⑥ 错办行车凭证发车或耽误列车。

⑦ 调车作业碰轧脱轨器、防护信号，或未撤防护信号动车。

⑧ 货运列车分离。

⑨ 施工、检修、清扫设备耽误列车。

第八节　铁路交通事故救援与起复

一、铁路救援列车的管理要求

（1）救援列车是铁路交通行车事故应急救援的专业队伍，应强化救援队伍建设，坚持专业救援与兼职救援相结合，日常训练与专业培训相结合，做到“训练有素、快速出动、处置得当、保障救援”。

（2）救援工作总的要求是现场信息正确、信息传递快捷、救援出动快速、救援装备精良、组织指挥严谨、救援方案有效、分工配合密切、线路开通迅速。

（3）在铁路总公司规定的地点设救援列车，各铁路局所在地的救援列车设为救援列车基地，逐步形成以全路 18 个救援列车基地为中心，辐射各救援列车的全路救援网络。救援列车的增设、撤除和地点迁移由铁路局提报方案，报铁路总公司批准。

（4）铁路局机务处应设救援列车专职管理人员，救援列车的日常管理由机务段（合资、地方铁路公司由公司指定机构）负责，实行段长（合资、地方铁路公司分管副总经理）负责制。

（5）配属救援列车的机务段设救援车间，管理救援列车工作。

① 救援车间设主任（兼任本地救援列车主任）、副主任（兼任异地救援列车主任，数目按所辖异地救援列车确定）和工程技术员 2 人。

② 救援列车设主任、管理员和工程技术人员各 1 人，各工种实行三班倒班制，定员按表 6-5 配备。救援列车基地培训工作人员由铁路局根据实际情况自行确定。

表 6-5　救援列车人员配备

人员	救援列车人员	每增加一台轨道起重机增加人员	人员	救援列车人员	每增加一台轨道起重机增加人员
主任	1		钳工	（每班）2	
管理员	1		起重机司机	（每班）1	（每班）1
工程技术人员	1		熔接工	（每班）1	
救援工长	1		发电工	（每班）1	
汽车司机	1		起复工	（每班）6	（每班）2
挖掘机操作工	1		合计	39	9

③ 救援列车主任和专业人员应保持相对稳定，新调入人员必须是高中（中专）文化程度及以上，年龄不得超过 40 岁（除特殊需要者），思想好、身体健康、责任心强，不适应救援列车岗位的职工应及时予以调整。

④ 救援列车作业人员每年必须进行 1 次体检，患高血压、心脏病、精神病、癫痫病、癌症、伤残、深度近视等人员不得从事救援列车工作。如已在救援列车工作的必须尽快调离救援列车岗位另行安排工作。

⑤ 救援列车主任的调整须报经铁路局主管部门批准。

二、救援列车的职责要求

（1）发生铁路交通事故后，由铁路局列车调度员根据需要分别向救援列车、接触网工区和接触网检修作业车或接触网抢修列车发布出动命令和行车命令，向救援队发布出动命令，同时简要说明事故概况（事故车辆种类、辆数、地点、线路条件等情况）。需救援列车跨铁路局出动时，由铁路总公司机车调度发布出动命令。

（2）列车调度员下达救援出动命令后，救援列车需及时出动。

① 救援队确保 20 min 内出动。

② 接触网工区和接触网检修作业车或接触网抢修列车接到出动命令后，确保做到白天

15 min、夜间 20 min 内出动，列车调度员组织开行。

③ 救援列车接到出动命令后，确保 30 min 内出动。

（3）救援指挥原则。

① 迅速将受伤人员送往医院抢救，最大限度地减少人员伤亡。

② 防止事故的蔓延和扩大。

③ 优先开通线路，后清理现场。电气化铁路遵循“先通后复”的原则。

④ 尽快组织救援队、接触网检修作业车（抢修列车）和救援列车进入事故现场进行事故救援起复工作。

⑤ 参加事故救援工作的有关单位和人员，按照任务要求，联劳协作、平行作业、交叉作业、争分夺秒，迅速组织起复作业。

（4）救援列车到达事故现场后，救援列车主任应勘察事故现场，立即部署事故救援工作等。

① 勘察事故现场，迅速拟定救援起复方案。

② 救援起复方案经现场救援总指挥批准后立即部署事故救援工作，明确分工，并迅速组织起复作业。

③ 在电气化区段需要停电作业时必须申请停电，接到停电命令做好轨道起重机接地防护后，方准进行作业。

④ 对动车组及安装密接式车钩的车辆救援时车辆的分离、连接及端头管线的处理，事故现场有车辆专业人员时，由其负责完成。

⑤ 事故现场的起复工作由救援列车主任指挥，但其无权擅自更改救援方案，事故救援现场任何人不得干扰救援工作，并不准以任何借口阻碍救援方案的实施。

⑥ 事故救援工作结束后，救援列车主任应立即报告现场指挥，现场指挥通知车站值班员或列车调度员，救援列车凭调度命令开往就近车站，使线路迅速恢复行车。如线路虽已修复，但仍有破损和颠覆的机车车辆需要起复时，应由工务部门铺设临时便线继续起复工作，此时救援列车的作业要加强防护和联系，无列车调度命令不得越出临时线路。

救援列车作业完毕后，铁路局调度所值班主任应及时组织恢复救援列车的原编组顺位，组织救援列车迅速回送驻地。

⑦ 救援列车返回驻地后，应组织全体人员总结救援工作，并于返回驻地后 3 天内，将事故救援工作报告（格式由各铁路局自定）上报铁路局。

三、事故应急处理

（1）事故发生后，列车司机应当立即停车，采取紧急处置措施，对无法处置的应当立即报告邻近铁路车站、列车调度员进行处置。

为保障铁路旅客安全或者因特殊运输需要不宜停车的可以不停车，但是列车司机应当立即将事故情况报告邻近铁路车站、列车调度员，接到报告的邻近铁路车站、列车调度员应当立即进行处置。

（2）事故造成中断铁路行车的，铁路运输企业应当立即组织抢修，尽快恢复铁路正常行车，必要时，铁路运输调度指挥部门应当调整运输经路，减少事故影响。

（3）事故发生后，国务院铁路主管部门、铁路管理机构、事故发生地县级以上地方人民政府或者铁路运输企业应当根据事故等级启动相应的应急预案，必要时成立现场应急救援机构。

（4）现场应急救援机构根据事故应急救援工作的实际需要，可以借用有关单位和个人的设施、设备和其他物资，借用单位使用完毕应当及时归还，并支付适当费用。造成损失的应当赔偿，有关单位和个人应当积极支持、配合救援工作。

（5）事故造成重大人员伤亡或者需要紧急转移、安置铁路旅客和沿线居民的，事故发生地县级以上地方人民政府应当及时组织开展救治和转移、安置工作。

（6）国务院铁路主管部门、铁路管理机构或者事故发生地县级以上地方人民政府根据事故救援的实际需要，可以请求当地驻军、武装警察部队参与事故救援。

（7）有关单位和个人应当妥善保护事故现场以及相关证据，并在事故调查组成立后将相关证据移交事故调查组。因事故救援、尽快恢复铁路正常行车需要改变事故现场的，应当做出标记，绘制现场示意图，制作现场视听资料，并做出书面记录，任何单位和个人不得破坏事故现场，不得伪造、隐匿或者毁灭相关证据。

（8）事故中死亡人员的尸体经法定机构鉴定后，应当及时通知死者家属认领，无法查找死者家属的，按照国家有关规定处理。

四、起复作业的安全注意事项

（1）起复工作应由一人统一指挥，不得乱指挥和乱显示信号。

（2）利用钢丝绳拉车时必须缓慢用力，严禁猛拉，以防止钢丝崩断伤人。

（3）拉车时工作人员必须离开事故车辆周围，以防钢丝绳崩断和车轮压滑物体飞出伤人。

（4）事故车辆前后必须设立防护，并指定专人负责看管。

（5）利用顶镐起复脱轨车辆一端时，另一端车轮必须加止轮器，起落横动时必须由一人指挥。

五、复轨器的种类及使用方法

1. 海参形复轨器

海参形复轨器由内侧用、外侧用两只组成一组，外侧顶部比内侧稍高，要注意选择使用，如图 6-19 所示。

（1）安装方法。

① 对脱轨在轨道外的车轮，用两只中略高的复轨器在钢轨外侧与基本轨密贴。

② 安装在轨道内侧的复轨器与基本轨内侧面保持 35 ~ 40 mm 的间隙，以便轮缘通过，如图 6-20 所示。

③ 复轨器安装后必须装好螺栓卡子，用道钉固定好，以防使用时滑动。

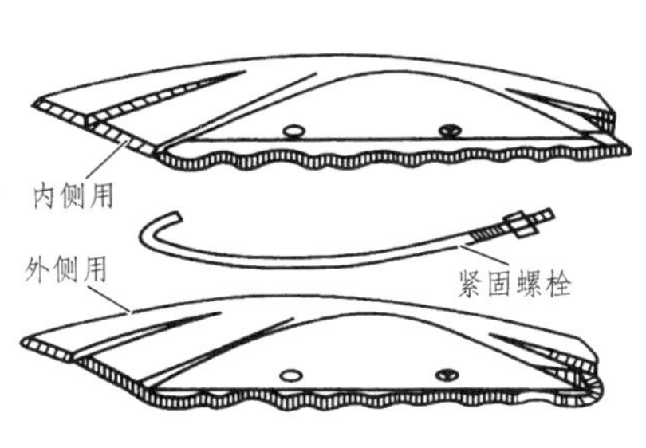

图 6-19 海参形复轨器图

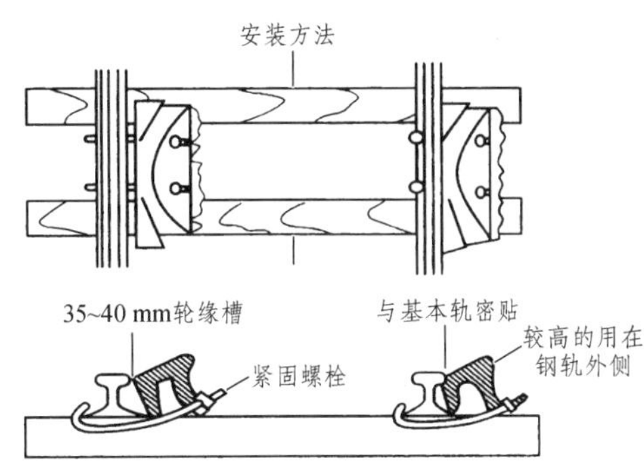

图 6-20 海参形复轨器使用方法

（2）注意事项。

① 两复轨器要对称安装，左右必须相对，不得靠前或错后。

② 安装在线路中间内侧的复轨器，不论靠哪一条钢轨，均需留出 35 ~ 40 mm 的轮缘槽。

③ 安装复轨器时要躲开鱼尾板，有轨撑时要拆除，如遇混凝土轨枕时，可在水泥枕间穿入枕木再安装使用。

④ 脱轨车轮距基本轨不得超过 150 mm，如超过时，可采用钢丝绳拉轴箱或逼轨办法，使车轮靠近基本轨后再进行起复。

⑤ 脱轨车轮至复轨器之间应用石砟及铁板垫好，以减轻阻力和防止轧坏枕木。

⑥ 复轨器安装后，其顶部的滑动面要涂少量的润滑油，增加车轮的滑落能力。

2. 人字形复轨器

（1）人字形复轨器是我国铁路救援中使用最广泛且效果亦佳的一种复轨器，如图 6-21 所示。它是利用导轮棱条调整车轮的转动方向，使车轮由地面沿复轨器斜坡面滚动升高至钢轨顶部达到复轨目的。其特点是不论车轮脱轨在钢轨的一侧还是两侧都能起到复轨作用，未脱轨的车轮正向从顶上越过也不会脱轨。人字形复轨器分为左、右侧两个形状，从正面看，它的引导棱是外股长、内股短，形成“左人右入”的形状。

（2）安装方法。

① 在复轨方向二端选择适当地点安装，两个一组，将长引导棱安装在钢轨外侧，短引导棱安装在钢轨内侧，即“左人右入”，如图 6-22 所示。

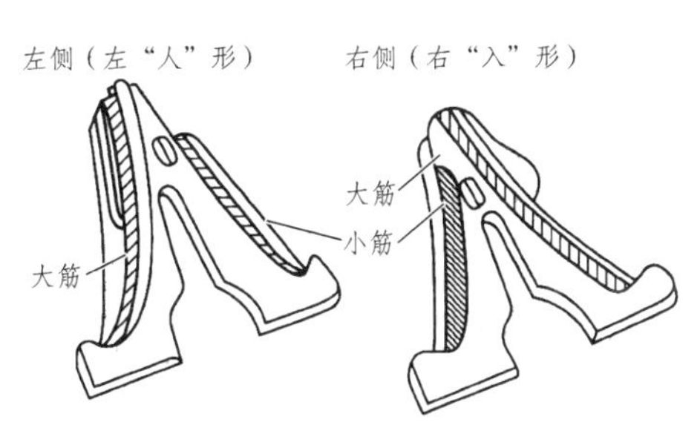

图 6-21 人字形复轨器图

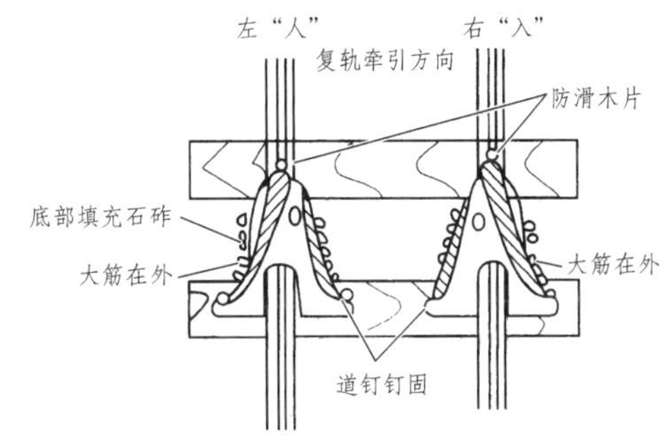

图 6-22 人字形复轨器使用方法

② 复轨器后端落在枕木上，在头部与钢轨顶部接触处垫上防滑木块或棉丝，尾部的弯角处钉上防滑道钉，腰部底下两侧填充石砟以防压翻。

（3）安装注意事项。

① 必须在拉车的前进方向，左、右分开摆齐（要躲开钢轨接头，因为有鱼尾板，复轨器不易放平，有轨撑时要拆除），将安装复轨器尾部的石砟挖出，装好穿销，拧紧顶丝，固定好。

② 复轨器不要安装在腐朽的枕木上，以免由于固定不牢而发生事故。

③ 如为混凝土轨枕，应在两轨枕之间穿入枕木，将复轨器安装在枕木上。

④ 脱轨车轮距基本轨不得超过 240 mm，如超过时须用“拉”和“逼”的方法，使车轮靠近基本轨，然后进行起复。

⑤ 脱轨车轮至复轨器间用石砟、铁板等物垫好，以减少起复时的阻力和防止损坏枕木。

3. 逼轨器

机车、车辆脱轨后车辆倾斜较大时，须用逼轨器把车轮逼向基本轨后用复轨器起复。在水泥枕和钢枕上使用时，一端用钩螺丝把逼轮钢轨同基本轨固定在一起，另一端用轨距杆和基本轨连接即可，如图 6-23 所示。如在枕木上使用，也可按钉眼把逼轨钢轨钉在枕木上。

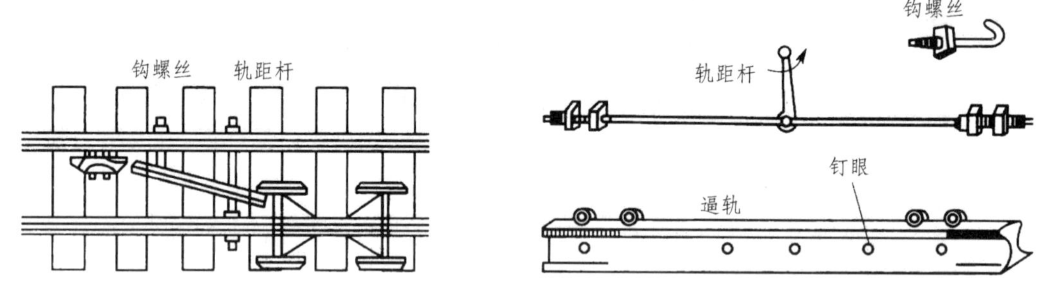

图 6-23 逼轨器的使用方法

逼轨器是一根普通短钢轨，用来迫使车辆靠近钢轨。逼轨器安装在线路中心斜向位置，一端伸至车轮内侧，另一端置于复轨器引导棱内侧（在复轨器端应距基本轨有 150 mm 的间隙），用道钉钉在枕木上或用卡子与基本轨相连接，其长度为 2 ~ 4 m（如遇钢枕、水泥枕无法固定时，就在两枕中间加上枕木，以固定逼轨器）。

【本章小结】

本章详细介绍了机车管理与运用、电力机车乘务员安全生产、铁路交通事故分类、事故起复救援等相关知识，其中机车管理部门的组织机构与职责、机车配属与使用、机车交路、机车运转制度、乘务制度、乘务组出乘方式及事故等级的分类和特点等基本知识需认真学习和掌握。而识别列车运行图、机车周转图是本章的重点内容，除了学习基本理论知识外，还需通过技能训练来进一步巩固和提高。

【事故案例】

大秦线“9·2”2258次货物列车冲突重大事故

一、事故概况

1996年9月2日13时47分，北京铁路局湖东机务段韶山4型166号机车担当牵引的2258次货物列车（编组54辆，总重4 522 t，换长59.6），行至大秦线大同南至湖东间K8+668下坡道处，司机将调速手轮退级，列车惰力运行。此时，因该机车组3人全部进入睡眠状态，列车失去控制，在K15+408处列车自然停车。因全列停于4‰的上坡道上，2 min后全列向后溜逸，溜走1 665 m，在大秦线御河大桥上与后续准备退行的新湖3856次货物列车相撞。造成新湖3856次货车列车司机、副司机死亡；机车报废1台，货车报废2辆、大破4辆、中破1辆、小破7辆，损坏线路木枕27根、钢轨100 m；中断下行线24小时20分、上行线25小时13分；直接经济损失645.854万元，构成行车重大事故。

二、事故原因

主要原因是司机、副司机在公寓不注意休息，严重违反原铁道部“915号文件”实施细则的规定。值乘超劳13时54分后又未及时提出换班，致使行至大同南至湖东间全班人员昏睡，导致机车无人操纵，列车失控；分局调度所不按基本运行图组织行车，严重违反《铁路运输调度工作规则》和路局有关规定，当班调度员不掌握乘务员工作时间，对超劳机班未采取措施是造成这起事故的重要原因。

三、事故教训

（1）强化机务系统的安全管理，加强对机车乘务员规章制度的教育，严格执行《技规》的有关规定，严格机车乘务员一次出乘作业标准，严禁电化区段以天窗作为调休时间。

（2）加强运输组织管理，强化调度指挥，杜绝以日（班）计划作为机车乘务员叫班依据。列车发生临时等线不能按计划运行时，调度员应立即通知机务段或机务折返段调度员，及时调整机车交路和叫班计划。机车调度员必须掌握机车乘务员劳动时间，及时组织换班或调休。机车乘务员遇超劳时，要主动向调度员报告，提出换班。对发生超劳和换班要进行认真分析，严格考核，迅速改变超劳问题。

（3）狠抓劳动纪律和各项基本作业制度的落实，严格机车乘务员候班制度，特别是对担当外局、外段区段任务的乘务员值乘前的休息管理。对违反候班待乘制度及睡眠不足规定时间的乘务员严禁上岗出乘。

【复习思考题】

1. 机车运用管理部门的组织机构有哪些？
2. 机车运用管理各部门的职责是什么？
3. 什么是支配机车和非支配机车？

4. 什么是机车交路？有哪几种周转方式？

5. 什么是循环运转制？画出图例，其有什么优点？

6. 什么叫乘务组的出乘方式？共有几种？各出乘方式是怎么执行的？

7. 什么叫列车运行图？

8. 列车运行图中各类列车的运行线是如何表示的？

9. 什么叫机车周转图？

10. 如何识别机车周转图？

11. 机车乘务员在电力机车上工作的一般安全有何规定？

12. 电力机车在本段、折返段外工作时有何安全规定？

13. 电力机车防火与救火应做到哪些要求？

14. 电力机车发生火灾时，机车乘务员应做到哪些要求？

15. 什么叫铁路交通事故?事故等级分哪几种?

16. 特别重大事故的构成条件有哪些？

17. 救援列车的职责是什么？

18. 起复作业的安全注意事项是什么？

第七章　电力机车整备保养作业

随着时间的推移和各种因素的影响，电力机车在运用中，其电气设备会出现故障，各种机械部件或走行部会出现一定程度的磨损，甚至损坏，同时机车运动部件的润滑油脂也将减少或变质。这些都影响机车的寿命，并危及行车安全。因此，对运用机车进行定时检查、给油，及时发现不良处所，及时处理，是提高机车运用质量、保证列车运输安全的重要运用工作之一。

第一节　电力机车检查的基本知识

一、电力机车检查的形式

一般电力机车的检查按照时间可分为日常检查和定期检查；按照检查形式分为静止检查和动态检查。

（1）日常检查：机车每完成一个交路或循环一次后入段进行整备作业中的检查或在中间站换班、外段（折返段）整备由机车乘务员或检查司机进行的检查。

（2）定期检查：机车每运用一段时间或完成一定的走行公里后对机车进行较大范围的检查。

（3）静止检查：机车在无动力电源时对机车进行的检查。

（4）动态检查：机车在牵引列车的运行中对机车的巡视检查，或停车后对有关发热部件的检测。高、低压试验对控制电路来说是动态试验，对主电路来说是动态下的空载实验。

二、电力机车检查的分工

（1）司机负责机车内部、顶部的检查和高、低压试验，对机车的故障进行判断，指导学习司机正确地处理好故障，维持列车安全运行。

（2）学习司机负责机车下部的检查和机车的给油上砂，协助司机做好高、低压试验；并在司机的指导下，及时正确地处理好机车故障，保证行车安全。

三、电力机车检查应遵守的规定

（1）检查顺序熟练不乱，名称、术语、技术参数正确无误，不漏检，不错检。

（2）步伐、锤击、动作、顺序协调一致，做到由上而下、由里往外、由左到右，以检、听、嗅、摸、测、撬、晃等方法进行。

（3）检查时，左手拿电筒（手灯），右手握锤。电筒、手锤不能倒手，不能触地。放置电筒、手锤要有固定位置，检查时做到光照、目视、锤击一致，动作协调。

（4）检查低矮零件时，做到一腿半曲，一腿稍弓，斜身向着检查部件。

（5）检查内侧部件时，做到两脚分开，上身前探。

（6）检查部件底部时，较高部件直身仰视；对较低的部件采用下蹲仰视。

（7）使用仪器测量时，按照使用规定进行。

四、电力机车检查的方法

机车检查分为锤检法、手检法、目视检查法、耳听鼻嗅法、测量法、测试法、诊断技术检查法等。

1. 锤检法

锤检法包括锤击、锤触、锤撬 3 种。

（1）锤击法。

锤击是靠检查锤敲击零部件时所发出的声响及手握锤柄的振动感觉来判定螺丝的紧固程度或部件是否发生断裂。锤击法适用于 M14 以上的螺栓和弹簧装置及相宜用锤敲击来判别的轻易发生断裂的部件。

使用锤击法检查时，应根据螺栓的大小、部件的状态和位置，用力适当，把握好轻重，以免损坏部件。对带有压力的管接头、摩擦工作面、光洁度较高的部件和 M14 及其以下的螺栓禁止用锤击法。

（2）锤触法。

锤触法主要适用于一些较细的管子、卡子和 M14 以下的螺栓或脆弱部件等，用检修锤轻轻触动，看其是否裂损松动。

（3）锤撬法。

锤撬法是用锤尖或锤柄撬动零部件，检查部件的间隙及横向、径向动量等。

2. 手检法

手检法分为手动检查和手触检查两种。

对锤击无法检查和不适宜用锤检的部件应采用手检法。

（1）手动检查。

手动检查适用于较细小的螺丝、管接头、各种阀门、仪表、电器及接线等。手动检查包括晃、拍、握、拧。采用“晃动看安装，手拧试松动”的方法，判断各风、油管及接头是否有松缓、泄漏等现象，各种电器开关，风、油管路塞门位置是否在正常工作位等。

（2）手触检查。

手触检查适用于检查有关部件的温度。手触检查时应先用手指感觉温度，再用手背判断温度。在运行中不能进行手触温度检查的部件，应在停车后立刻进行。手背接触部件表面的持续时间与相应的温度如表 7-1 所示。

表 7-1 手背接触部件表面的持续时间与相应的温度

热　别	相应的温度/°C	判断方法
平热	40 上下	能长时间手触
微热	70 上下	手触能持续 3 s
强热	90 上下	不能手触
激热	150 上下	变色
烧热	150 上下	生烟

3. 目视检查法

在使用锤检和手检的同时也要进行目视，做到手、眼、锤、灯协调配合，动作一致。对各仪表的显示、铅封、漆封，各扳钮、刀开关、塞门位置，各部件有无裂损、变形、丢失、歪斜、折损、擦伤、剥离、泄漏、卡滞、发热、烧损、变色等以及油、砂的储备量等，目视法贯穿整个检查作业中。

4. 测量法

使用塞尺、直尺、卷尺及专用工具测量有关部件的间隙、距离、行程、超程高度等各种限度数据。

5. 测试法

使用万用表、兆欧表、试灯等测试电压、电流、电阻的数据，测量电气部件线路接地、虚接、短路、接触状态及电气线路故障等。

6. 耳听鼻嗅法

凭听觉或借助锤柄、听棒等判断运转机车有无异常；用鼻嗅判断部件及电气装置有无发热、烧损现象。

7. 诊断技术检查法

这是一种新型计算机智能检查方法，既能检查出故障缺陷程度，又能大约判断出继续使用的寿命，从而根据检查的状态参数确定修理方法和修理时间。

五、电力机车检查的注意事项

（1）车顶检查作业必须在安全作业区内办理停电手续，挂好接地线后进行。接触网没停电，不论任何原因，绝对禁止登上电力机车车顶。上车顶必须由车顶门登上，严禁从其他部位爬上车顶。在检查中，注意防止跌落和摔伤，确保人身安全。

（2）当机车受电弓升起时，禁止进入高压室、变压室和开启防护高压用的护板、外罩及电机整流子孔盖，以及检查与修理电力机车车体下面的电气设备。

（3）机车检查前必须遵守“先联系，后检查”的原则，并通过有关人员在操作手柄开关处，挂好禁动标志。检查带电部件和转动部件时，禁止手触，以防触电和挤伤。

（4）检查机车时，应做到：顺序检查、不错不漏、姿势正确、步伐不乱、锤分轻重、目标准确、眼看耳听、仔细周到、鼻嗅手触、灵活熟练、消除隐患、保证质量。

（5）检查压力容器和带有压力的管、细小管接头螺母及 M14 以下的螺母时，对光洁度高或有镀层的零部件表面，禁止用锤击法检查。

（6）用手晃动、拍击、拧动零件时，用力要适当，防止损伤部件，尤其检查线接头与紧固件松紧时，要顺时针推动。

（7）对加封的零部件（铅封、漆封），严禁随意破封。各种保护装置及测量、计量仪器，不得随意变更其动作值及参数。

（8）机车检查时要注意安全，严禁跳越地沟。

（9）司机升弓做高压试验前，必须确认各高压室和地沟无人，并例行呼唤应答和鸣笛，以确保安全。

（10）各部件、塞门、开关检查完后，必须恢复定位。

第二节　电力机车的静止检查

一、电力机车的日常检查

1. 交接班检查

（1）机车到达本次交路终点站并入段后，到达的乘务员、机车保养员要按照分工，抓紧时间先详细检查各摩擦、转动部分及各电机的温度，并做好整台机车的检查、修理、试验、给油、清扫工作，然后将发现的问题和处理的情况详细填写交接班记录，为乘务员打好基础。

（2）接班检查要简单明了，重点突出，作业时间不宜过长，以免造成出乘前疲劳。为此，接班与交班检查要明确分工，接班者应特别注意与行车安全直接有关的部件检查，确认机车的整备状态，并详细了解机车在上一班的运行情况，认证阅读交接班记录。

2. 途中运行中检查

（1）副司机负责机车走廊巡视检查，其检查时机由各机务段在操纵示意图中规定。一般要在始发站出站后和每次通过分相绝缘器后，以及机车有异常状态时进行巡视检查。走廊巡视检查时，应在出站后开始，于到达前方站前返回，保证二人确认进站信号。去走廊巡视检查时，要先与司机取得联系，尽量保持各控制手柄位置稳定。在检查中发现有不良情况时，要立即向司机报告，二人密切配合，尽可能维持运行，对能处理的要及时果断处理，防止事态扩大。

（2）中间站停车时，乘务员应下车检查走行部：确认车钩及风管（重联时包括重联线）的连接状态，轮箍是否过热、弛缓，车轮踏面有无擦伤、剥离，轮缘润滑是否良好，轴箱温度是否正常，有无漏油现象，弹簧装置是否良好，闸瓦及基础制动装置有无不良现象，各管路系统及主变压器外壳是否漏油，速度表传动装置是否良好。

二、机车状态修前的检查

（1）参加Ⅰ级修的人员，要严格按照规定的Ⅰ级修范围对机车进行认真检查和给油、清扫，并修理不良处所。Ⅰ级修完之后，参加Ⅰ级修的人员应立即开会进行总结，评定机车保养问题，提出改进保养工作的措施和注意事项。

（2）机车进行Ⅱ级检修以上修程时，在入库检修前 48 h，乘务员或指定人员要根据平时掌握的机车状态，认真填写机车检修登记簿，送交运转值班员，机车入库后，乘务员或指定人员要按规定时间参加机车复检，发现不良所处时，应一次提出检修工作票；检修中，乘务员或指定人员要按时参加检修汇报会，听取对机车保养的评定和意见，同时提出对修理工作的要求。

三、机车给油

（1）机车给油要及时地、不错不漏地进行，做到部位准确、油量适当，既能满足润滑要求，又能节约油料。平时要保持给油器具、给油处及油料的清洁，机车上应备有一定数量的常用润滑油脂，不同种类的油脂不得混用。

（2）机车给油分为日常、定期两种。日常给油在交接班时进行，定期给油在状态修时进行。根据轮乘制和包乘制的不同特点，以及不同机型和运用条件等情况，由电力机务段制定机车各部位给油周期和补油量，明确机车乘务人员和机车保养人员的分工，加强责任制。

（3）乘务员应经常对机车各给油装置进行检查，保证不低于规定油位，补油时应与规定油脂标号相同，严禁随意代用。

四、电力机车检查顺序

电力机车静止检查时要遵守自上而下、从内到外、由左到右的检查顺序，这是对乘务员基本功训练的要求。实行轮乘制的机务段，机车检查工作完全由地勤人员和辅助检查人员按分工进行检查，从而形成检查专业化。专业检查的特点是质量高，速度快，不易发生泄漏；便于积累检查经验；能及时发现机车薄弱环节和惯性故障；掌握机车质量动态，从而不断提高机车检查水平。

1. SS_4改型电力机车静止检查

（1）车顶检查。

由前节车顶门上，沿车顶走板依次检查，即制动电阻通风百叶窗→互感器、避雷器→导电杆→前节受电弓→前节风笛和照明灯→制动电阻通风百叶窗→主断路器→导电杆→后节全车车顶部检查（与前节车相同）→返回前节车顶门下。具体顺序路线如图 7-1 所示。

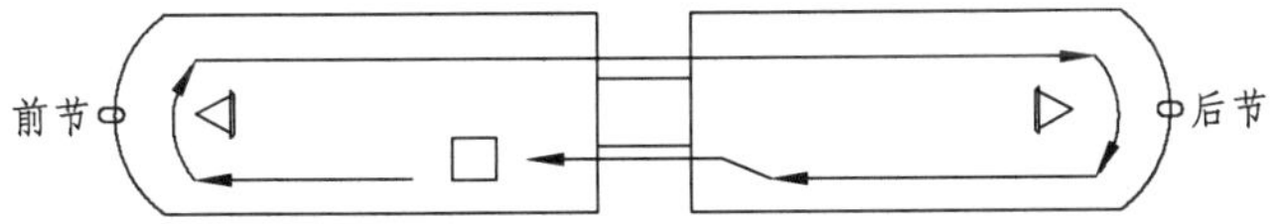

图 7-1　SS_4改型电力机车车顶检查顺序图

（2）司机全面检查

由机车后节端部开始，即后节车体端部→机车走行部右侧→前节车体端部→机车走行部左侧→后节车底部及转向架（地沟）→前节车底部及转向架（地沟）→左侧门上前节司机室→前节左侧各电器室→后节左侧各电器室→后节司机室→后节右侧各电器室→前节右侧各电器室→前节司机室→前节右侧门下。具体顺序路线如图7-2所示。

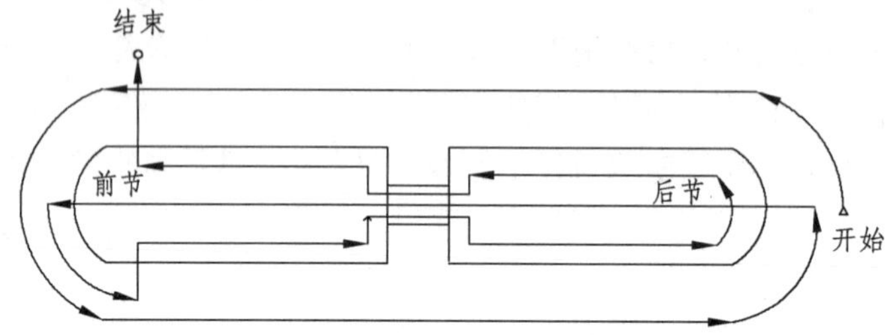

图7-2　SS_4改型电力机车司机全面检查顺序图

（3）车下机械部检查。

由机车后节端部开始，即后节机车车体端部→机车车体及走行部右侧→前节车体端部→机车车体及走行部左侧→后节车底部及转向架（地沟）→前节车体底部及转向架（地沟）。具体顺序路线如图7-3所示。

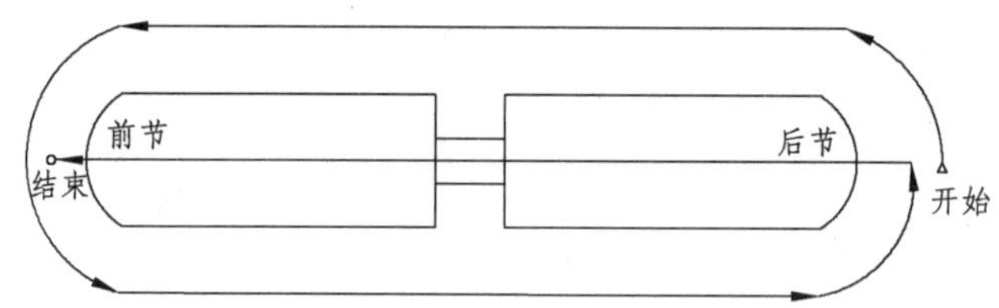

图7-3　SS_4改型电力机车车下机械部检查顺序图

2. HXD_3型机车检查顺序

HXD_3型机车检查顺序如图7-4所示，即机车Ⅱ端部→右侧走行部→机车前部→左侧走行部→车底部→Ⅰ司机室→机械间走廊两侧→Ⅱ司机室→制动机试验→高压低试验。

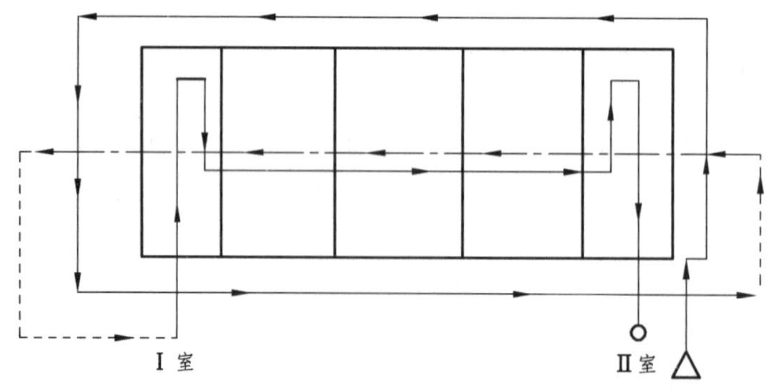

图例说明：始点△；终点○；检查走行线 ____；空走走行线 ----；地沟走行线 _._。

图7-4　HXD_3机车检查线路图

第三节 SS_4改型电力机车检查

一、SS_4改型电力机车走行部检查作业程序（见表7-2）

表7-2 SS_4改型电力机车走行部检查作业

顺序	步骤	检查部位	检查内容及要求
A节车前部	1	前端外观	1. 头灯、近灯光及标志灯外观完好。 2. 前窗玻璃、刮雨器、路徽及机车标志完好。 3. 排障器无变形，距轨面应为80～110 mm。 4. 脚踏板无变形
	2	车钩提杆装置	车钩提杆无变形，提钩时能自动开放，无卡滞现象，钩舌全开位220～250 mm
	3	车钩	1. 车钩摆动灵活，钩体各部分无裂纹，油润良好。 2. 钩舌销无折损，开口销完好，油润良好。 3. 钩舌各部无裂纹，钩舌与锁铁摩擦部位油润良好。 4. 钩舌锁闭作用良好，锁闭位110～130 mm。 5. 下锁销油润良好，车钩中心线距轨面高度为815～890 mm
	4	制动软管	1. 折角塞门状态良好，卡子无松动，各部无泄漏。 2. 防尘堵及安全链齐全、完整。 3. 连接器无缺陷，胶圈无老化丢失，口面与地面垂直。 4. 制动软管卡箍牢固。 5. 软管无松动、老化、龟裂，水压试验不超过3个月。 6. 制动软管与机车中心线夹角为45°
		总风联管	同制动软管
		平均管	软管无裂纹，截止塞门位置正确，卡子无松动
		重联插座	重联插座完好牢固，插座盖关闭严密
A节车左侧	5	车体外观	车体平整，百叶窗无破损
		司机门窗	侧窗、侧门完好，扶手、脚踏板安装牢固
	6	第一砂箱	1. 砂箱盖严密，锁闭良好。 2. 砂量充足，砂质纯净干燥无异物。 3. 砂箱体无变形，各部无开焊，安装螺栓齐全紧固
	7	第一动轮轮缘喷油器	1. 油箱体无变形、不漏油。注油口盖齐全密封良好，油量充足。 2. 各风管、油管无松动不漏油
	8	第一轴箱悬挂装置	1. 弹簧座无裂纹，安装螺栓牢固，弹簧上下压盖位置正确，定位锁杆良好，穿销、垫圈、开口销齐全。 2. 弹簧无裂损，压缩高度为285～305 mm。 3. 弹簧座定位良好
	9	第一轴箱	1. 箱体和拉杆无裂纹、芯轴卡圈无脱落。轴箱内侧油封无漏油。 2. 轴箱端盖无变形漏油，各安装螺栓齐全无松动。 3. 轴箱吊耳、穿销、开口销（45°）状态良好。 4. 轴温传感器安装牢固，无脱落、松动，外观无破损，插头连接良好，性能良好，不得有固体靠在传感器上或者碰磨传感器。 5. 轴温传感器连线绝缘护套无破损，紧固良好，无脱落、松动、接磨

续表

顺序	步骤	检查部位	检查内容及要求
A节车左侧	10	第一轴箱 速度传感器	1.速度传感器安装牢固，接线良好。 2.插座牢固无破损，防尘罩完整
	11	第一轴箱 油压减振器	安装螺丝紧固，座无裂纹，体无漏油
	12	第一动轮制动器	1. 制动缸端盖螺栓齐全紧固；制动缸风管无泄漏；制动缸安装螺栓齐全紧固。 2. 传动螺杆的密封罩良好，脱钩装置良好。 3. 调整螺母作用良好，闸瓦吊杆螺栓紧固。 4. 闸瓦托定位调整螺栓无松动。 5. 闸瓦安装正确，无裂纹不偏磨，厚度不小于 10 mm，缓解后闸瓦与轮箍踏面间隙应为 6 ~ 9 mm。 6. 闸瓦吊杆螺栓紧固，开口销完好，油润良好。 7. 传动螺杆注油堵无松动、破损
	13	横向油压减振器	安装螺丝紧固，座无裂纹，体无漏油
	14	纵向摩擦减振器	1. 橡胶弹性球铰链无裂损。 2. 弹簧外罩安装螺丝齐全牢固，弹簧完好。 3. 三角棒及三角导框无裂纹，三角导框厚度不小于 6.3 mm，摩擦片完好，厚度不小于 2.5 mm。座无开焊
	15	橡胶堆	1. 无裂损老化，自由高度为 273 mm，垫板卡板安装牢固。 2. 侧梁无开焊裂纹
	16	辅助电路入库插座	1. 安装牢固，外盖及导线无破损。 2. 开盖检查插座无烧损
	17	第二动轮制动器	参照第一轮制动器
	18	第二轴箱 油压减振器	参照第一轴箱油压减振器
	19	第二动轮及轴箱 悬挂装置	参照第一动轮及轴箱悬挂装置
	20	第二轴箱	同第一轴箱。接地线安装螺栓无松动，软连接线断股不超过 1/3
	21	第二砂箱	参照第一砂箱
	22	蓄电池箱及接线	1. 蓄电池柜安装螺丝牢固，柜门锁闭良好。 2. 接线端子螺丝紧固，接线无过热变色。 3. 定期开柜检查：蓄电池箱完好无异状，接线无松动烧损，单节连接板无变形烧损，安全阀严密，电解液无泄漏，各部无腐蚀
	23	总风缸	1. 总风缸截断塞门 111、113 均在开放位，手把安装牢固。 2. 排水阀关闭无泄漏、不松动，排水试验作用良好
	24	控制电路入库插座 及行灯插座	安装牢固，接线无松脱，插座无烧损
	25	第三砂箱	参照第一砂箱
	26	第三动轮及轴箱 悬挂装置	参照第一动轮及轴箱悬挂装置
	27	第三轴箱	参照第一轴箱

续表

顺序	步骤	检查部位	检查内容及要求
A节车左侧	28	速度传感器	参照第一轴箱速度传感器
	29	第三动轮制动器	参照第一动轮制动器
	30	第三轴箱 油压减振器	参照第一轴箱垂向油压减振器
	31	横向油压减振器	参照第一轴箱横向油压减振器
	32	侧向摩擦限制器	参照第一摩擦限制器
	33	橡胶堆	参照第一橡胶堆
	34	第四动轮及轴箱 悬挂装置	参照第一动轮及轴箱悬挂装置
	35	第四轴箱	同第一轴箱。接地线安装螺栓无松动，软连接线断股不超过1/3
	36	速度传感器	参照第一轴箱速度传感器
	37	第四动轮制动器	参照第一动轮制动器
	38	第四轴箱 油压减振器	参照第一轴箱垂向油压减振器
	39	主电路入库插座	1. 安装牢固，外盖及导线无破损。 2. 开盖检查插座无烧损
	40	第四动轮 轮缘喷油器	参照第一动轮轮缘喷油器
	41	第四砂箱	参照第一砂箱
机车重联处左侧	42	脚蹬、标志灯、重联插座、钩提杆及车钩、各连接风管	1. 脚蹬安装牢固无开焊，标志灯完整良好。 2. 重联插座安装牢固无破损，重联电缆线状态良好。 3. 钩提杆无变形，防跳装置良好，车钩装置良好。 4. 各风管塞门位置正确，连接状态良好，软管无破损老化
B节车右侧	43	第四砂箱	参照A节第一砂箱
	44	第四动轮 轮缘喷油器	参照A节第一动轮轮缘喷油器
	45	第四动轮及轴箱 悬挂装置	参照A节第一动轮及轴箱悬挂装置
	46	第四轴箱	参照A节第一轴箱
	47	速度传感器	参照A节第一速度传感器
	48	第四动轮制动器	参照A节第一动轮制动器
	49	垂向油压减振器	参照A节第一垂向油压减振器
	50	横向油压减振器	参照A节左侧横向油压减振器
	51	纵向摩擦减振器	参照A节左侧纵向摩擦减振器
	52	橡胶堆	参照A节左侧橡胶堆
	53	第三动轮制动器	参照A节第一动轮制动器

续表

顺序	步骤	检查部位	检查内容及要求
B节车右侧	54	第三动轮及轴箱悬挂装置	参照A节第一动轮及轴箱悬挂装置
	55	第三轴箱	参照A节第一轴箱
	56	第三垂向油压减振器	参照A节第一垂向油压减振器。
	57	第三砂箱	参照A节第一砂箱
	58	总风缸	1. 总风缸逆流止回阀50作用良好，无泄漏。 2. 总风缸塞门112处于开放位置，手把安装牢固。 3. 总风缸排水阀关闭无泄漏、不松动，排水作用良好
	59	蓄电池箱	参照A节左侧蓄电池箱
	60	行灯插座	参照A节左侧行灯插座
	61	第二砂箱	参照A节第一砂箱
	62	第二动轮轴箱悬挂装置	参照A节第一动轮及轴箱悬挂装置
	63	第二轴箱	参照A节第一轴箱
	64	速度传感器	参照A节速度传感器
	65	第二动轮制动器	参照A节第一动轮制动器
	66	垂向油压减振器	参照A节第一垂向油压减振器
	67	横向油压减振器	参照A节横向油压减振器
	68	侧向摩擦限制器	参照A节左侧侧向油压限制器
	69	橡胶堆	参照A节左侧橡胶堆
	70	主电路入库插座	参照A节左侧主电路入库插座
	71	第一动轮制动器	参照A节第一动轮制动器
	72	第一动轮及轴箱悬挂装置	参照A节第一动轮及轴箱悬挂装置
	73	第一轴箱	参照A节第一轴箱
	74	速度传感器	参照A节第一速度传感器
	75	垂向油压减振器	参照A节油压减振器
	76	第一动轮轮缘喷油器	参照A节第一轮缘喷油器
	77	第一砂箱	参照A节第一砂箱
B节车前部	78	同A节车左侧1～4各项步骤的检查部位	与A节机车前部各检查项目内容及要求相同
B节车左侧	79	同A节车左侧5～41各项步骤的检查部位	与A节机车左侧各检查项目的内容及要求相同

续表

顺序	步骤	检查部位	检查内容及要求
重联处右侧	80	同 42 项步骤的检查部位	同 42 项步骤检查内容及要求
A 节车右侧	81	同 B 节车右侧的检查部位	与 B 节机车右侧各检查项目内容及要求相同
A节车底部	82	车钩缓冲装置	1. 牵引销套无窜动，止退销螺母无松动，开口销完好。 2. 弹簧箱体及尾框无裂纹。前后从板与座无贯通间隙。 3. 托板螺栓齐全牢固
	83	牵引装置	1. 检查三角撑杆、三脚架、牵引叉头、牵引座各安装螺栓紧固，防缓件、防尘圈、开口销完好。 2. 牵引杆体无变形、裂损，焊接部位不得开裂。牵引杆销与牵引底座结合的槽面应密贴。给牵引杆销、牵引杆等叉头摩擦面和关节注入适量油脂。 3. 定位圆柱销不得松动、窜出。 4. 测量三角撑杆底部距轨面高度不低于 70 mm
	84	左右排石器及扫石器胶皮	1. 排石器支架牢固无开焊，排石器距轨面高度为 70 ~ 80 mm。 2. 扫石器调整螺栓齐全牢固，扫石器距轨面高度 20 ~ 25 mm
	85	第一砂箱（左右）	1. 箱体及支架无裂纹，安装螺栓无松动。 2. 撒砂器、砂管安装牢固。 3. 撒砂器风管、砂管、清扫堵及调整螺栓齐全牢固。 4. 砂管吊铁无裂纹，“U” 形卡子无松缓。 5. 砂管口畅通，无偏斜变形，距轨面高度应为 15 ~ 25 mm
	86	第一动轮	1. 踏面擦伤深度不大于 0.7 mm，剥离长度不大于 40 mm，深度不大于 1 mm。 2. 轮缘无碾堆，垂直磨耗高度不大于 18 mm。 3. 轮缘喷油器喷嘴齐全，位置正确，轮缘油润良好
	87	手制动机	1.传动臂各轴销及开口销齐全，油润良好。 2.链条、链轮状态完好，链轮油润良好
	88	第一牵引电动机上部	1. 风筒无破损，合口严密无错位。 2. 电机上检查孔盖锁闭良好。 3. 电机母线无破损，夹板螺栓齐全，接线盒盖严密
	89	第一齿轮箱	1. 箱体无变形裂漏。 2. 合口螺栓齐全紧固，安装螺栓齐全紧固。 3. 注油口盖良好，油位正确。 4. 领圈合口处完好无漏油，放油堵无松动漏油
	90	第一抱轴承	1. 箱体无变形裂漏，各安装螺栓不松动，合口严密不漏油。 2. 油箱盖严密，油表完好，油位应在上、下刻线之间。放油堵无松漏。 3. 轴温传感器安装牢固，无脱落、松动，外观无破损，插头连接良好，性能良好，不得有任何固体靠在传感器上或者碰磨传感器。 4. 轴温传感器连线绝缘护套无破损，紧固良好，无脱落、松动、接磨

续表

顺序	步骤	检查部位	检查内容及要求
A节车底部	91	第一牵引电机端部	1. 电机通风网无破损，安装螺栓齐全无松动。 2. 轴承不过热，注油堵齐全无松动。 3. 轴温传感器安装牢固，无脱落、松动，外观无破损，插头连接良好，性能良好，不得有任何固体靠在传感器上或者碰磨传感器。 4. 轴温传感器连线绝缘护套无破损，紧固良好，无脱落、松动、接磨
	92	第一悬挂装置	1. 各部无裂纹，橡胶件无老化、龟裂。 2. 安装螺栓无松动，卡板无松动，开口销完好。 3. 安全托铁牢固，与安全座垂直间隙不小于 20 mm，电机安全托铁故障搭接量不小于 15 mm。 4. 注油堵齐全无松动，油润良好
	93	第一转向架牵引梁	1. 构架与侧梁各部无开焊。 2. 牵引梁主体无变形开焊。 3. 三脚架座焊接良好，无开焊
	94	第一牵引电机内部（开盖检查	1. 电机检查孔盖严密，锁闭作用良好，上通风网无破损。 2. 电机内部清洁无异物，轴承油封严密无甩油。 3. 换向器表面无拉伤、灼痕，片间无毛刺和积尘，端头无环火痕迹。 4. 刷架圈定位卡子位置正确，弹簧无折损。 5. 刷架圈调整螺母无松动。 6. 刷辫螺栓无松动，刷辫无破损。 7. 刷握无松动，弹簧及压指无折损，压指作用良好。 8. 电刷无卡滞破损，磨耗不超限，与换向器接触面不小于 85%，同一副电刷两片长度差不大于 0.5 mm，同一刷盒内电刷长度差不大于 5 mm。 9. 绝缘瓷瓶清洁无裂损，接线端子无松动，各绕组无烧损击穿
	95	手制动机传动装置	各传动杆件无变形，穿销、开口销齐全完好，油润良好
	96	第二牵引电机悬挂装置	参照第一电机悬挂装置
	97	第二动轮制动机	参照第一动轮制动机
	98	第二电机内部	参照第一电机内部
	99	第二齿轮箱(左右)	参照第一齿轮箱
	100	第二抱轴承	参照第一抱轴承
	101	第二动轮	参照第一动轮
	102	第一转向架后端梁	1. 端梁各部无变形裂纹。 2. 风管卡子牢固，接头无松漏，软管无破损
	103	第二砂箱（左右）	参照第一砂箱

续表

顺序	步骤	检查部位	检查内容及要求
A节车底部	104	I端制动机风机通风网	通风网无异物，无破损
	105	主变压器下部	1. 放油阀、取样阀无松漏。 2. 变压器体无碰伤，各部无开焊漏油
	106	总风缸 91、92	安装带紧固无开焊、窜位，各螺栓无松动，各塞门位置正确
	107	第二转向架三、四轮对各部位	同第一转向架各检查顺序内容及要求
B节车底部	108	后车钩至排障器各部	参照A节机车车底各部位检查顺序内容及要求

二、SS_4改型电力机车中部检查作业（见表 7-3）

表 7-3　SS_4改型电力机车中部检查作业程序

顺序	步骤	检查部位	检查内容及要求
A节车司机室	1	司机室左侧	1. 车门锁闭作用良好。侧窗玻璃完整清洁，作用良好。 2. 座椅完整无破损，转动升降灵活。电风扇作用良好。 3. 前窗玻璃、刮雨器、遮阳帘安装良好，玻璃完整清洁，刮雨器压油堵及柄把齐全，风管接头无松漏，手动作用灵活，窗加热接线无松脱。 4. 速度表、各风压表外观完整，指示正确，检定不过期。检查按钮、空电联合按钮完好。风笛阀作用良好。 5. 记点灯完好，开关作用良好。 6. 各电流表、电压表完好，指示正确，检定不过期。 7. 电源钥匙开关 570QS、插孔位置正确。 8. 各扳钮位置正确无损坏，作用良好。 9. 司机控制器位置均在“0”位，各插座完好无松脱。 10. 电空控制器、空气制动阀位置正确，转换扳键在“电空位”。各管路塞门位置正确，插座完好无松脱。风笛电空阀（17YV）、撒砂电空阀（241YV）安装牢固，接线无松脱，调压阀（53）、油水分离器完好，牢固无漏风。 11. 脚踏风笛、脚踏撒砂阀作用良好，脚炉罩完整良好。 12. 故障显示屏面板完整，无破损。重联及劈相机自起开关作用良好，位置正确。 13. 轴温报警装置显示器显示正确。 14. 机车运行监控装置显示器显示正确
	2	司机室中部	1. 三项设备安装牢固，外观完整，接线无松脱，前照灯各孔盖严密。 2. 司机室照明灯良好。 3. 电炉完整作用良好，插座完好，无放电烧损
	3	司机室右侧	1. 前窗玻璃、刮雨器、遮阳帘、电风扇、侧窗座椅同左侧。 2. 风笛阀作用良好。 3. 脚炉罩良好

续表

顺序	步骤	检查部位	检查内容及要求
A节车司机室	4	司机室后部	1. 各工具柜门锁闭良好。 2. 手制动机转动灵活，无异状。 3. 空调机作用良好。空调机稳压电源接线良好，无松脱，指示灯完好。 4. 紧急放风阀位置正确，无泄漏。 5. 自停控制盒接线良好无松脱。 6. 端子板柜门完整，锁闭良好。 7. 走廊门锁闭作用良好，玻璃完整，密封状态良好。 8. 车顶绝缘检测装置固定良好，显示正确
A节车Ⅰ走廊	5	灭火器、空调机主机及主断控制器	1. 灭火器安放牢固，铅封无破损，检验不过期（一年）。 2. 空调机主机作用良好。空调机稳压电源接线良好，无松脱，指示灯完好。 3. 主断控制器安装牢固，接线无松动
	6	Ⅰ端子柜	各外接插座安装牢固，接触良好，固定螺丝紧固，接线无破损
	7	高压隔离网	无变形破损
	8	吸顶灯及通风网	1. 灯罩安装良好，接线无松动。 2. 通风网无破损
	9	第一牵引风机组	1. 门联锁杆完整无变形，门完好，网无破损。 2. 风筒无损坏，卡子齐全，作用良好。 3. 电机安装螺栓牢固。 4. 电机接线盒牢固，接线无松脱，轴承注油堵齐全，无损坏
	10	Ⅰ低压柜上部（Ⅰ走廊上部）	1. 升弓电空阀（1YV）安装牢固，接线无松脱。 2. 压力继电器（515KF）安装牢固，接线无松脱。 3. 各插座安装紧固，接线不松脱。 4. 各塞门在开放位。 5. 头灯启动电阻 631R 安装牢固，接线无松脱，无过热变形
	11	Ⅰ低压柜柜门	1. 柜门作用良好，无损坏。 2. 门正面各故障隔离开关均在正常位。 3. 门背面各故障隔离开关安装牢固，接线无松脱
	12	Ⅰ低压柜正面	1. 各时间继电器、中间继电器、电压继电器状态良好，接线无松脱。 2. 各接触器、三相自动开关接线良好，动作状态良好，各部无过热现象。 3. 零压保护装置整流板 290 V、辅接地保护整流板接线完好。 4. 零压保护装置变压器 281TC 安装牢固，接线无松脱。 5. 电子延时继电器安装牢固，接线良好，无松脱，外罩完好。 6. 二极管（503 V、504 V、509 V）安装牢固，接线无松脱。 7. 各电阻、电容器安装牢固，接线良好，无过热变色。 8. 端子板接线无松脱，各插座牢固，接线无破损脱落。 9. LCU 指示灯显示正常
	13	第一制动风机组正面	1. 制动风速继电器 511KF 外罩良好。 2. 风速继电器连接插座安装牢固，接线良好

续表

顺序	步骤	检查部位	检查内容及要求
主变压器室内左侧	14	变压器室门和门联锁	1. 门无变形，开闭良好。 2. 风缸安装牢固，接头无松漏。 3. 门联锁阀安装牢固，接线无松脱，风管接头无泄漏
	15	主断路器下部	1. 合闸线圈 4QFN、分闸线圈 4QFF 接线无松脱，各部无漏风。 2. 插座安装牢固，接线良好。储风缸不漏风。 3. 辅助联锁接线无松脱，插座牢固。 4. 调压阀、储风缸排水阀内无积水，关闭良好。 5. 各管路接头无漏风，塞门位置正确
	16	主变压器上盖	1. 插座安装牢固，接线良好无破损。 2. 各瓷瓶清洁无破损，无漏油。 3. 各扁线无烧损。 4. 变压器上部无异物
	17	储油柜及附属装置	1. 吸湿器安装牢固无破损，硅胶颜色正常。 2. 油表完好，标记齐全清晰。 3. 储油柜无溢漏。加油堵、检查孔螺栓齐全牢固，排气堵无松漏
	18	电度表及单极自动开关	1. 电度表安装牢固，铅封完好，接线无松脱。 2. 单极自动开关 102QA 安装牢固，接线无松脱，在闭合位
	19	高压电流互感器及穿墙瓷瓶	1. 电流互感器二次侧接线无松脱。 2. 穿墙瓷瓶上座密封良好，瓷瓶清洁无破损，无放电痕迹。 3. 导电杆连接良好，无变形，软连接线及弹簧状态良好。 4. 主变压器上 A 瓷瓶无破损，清洁无漏油及放电痕迹
	20	次边保护电流互感器	次边保护电流互感器 186TA、187TA 安装牢固，接线无松脱，无放电痕迹
	21	变压器潜油泵	安装牢固，各管路接头无松漏，各碟阀位置正确，电机接线无松脱
	22	功率补偿装置（正、背面）	1. 各电压传感器（137SV、136SV、147SV、146SV）安装牢固，接线无松脱。 2. 电容 93C、电阻 94R 接线无松脱，无击穿过热现象。 3. 各高压继电器（116 KM、126 KM、156KM、166KM）状态良好，接线无松脱。 4. 各真空接触器（114KM、124KM、154KM、164KM）状态良好，接线无松脱。 5. 各阻容保护的电阻、电容无击穿过热现象，接线无松脱。 6. 各电流互感器安装牢固，接线无松脱，无灼痕。 7. 各隔离闸刀（119QS、129QS、159QS、169QS）状态良好，在运行位。 8. 各插座安装牢固，接线无松脱
	23	油流继电器及变压器散热器	1. 油流继电器 518KF 安装牢固，接线无松动。 2. 端子排接线无松脱，安装牢固。 3. 变压器散热器各螺栓紧固，无泄漏

续表

<table>
<tr><th>顺序</th><th>步骤</th><th>检查部位</th><th>检查内容及要求</th></tr>
<tr><td>Ⅰ走廊Ⅱ高压电器柜</td><td>24</td><td>Ⅱ高压柜正面</td><td>1. 门作用良好，各插座安装牢固，接线无松脱。
2. 磁场削弱接触器各部状态良好，接线无松脱。
3. 磁场削弱电空阀安装牢固，接触器接线无松脱。
4. 线路接触器、励磁接触器灭弧罩无裂纹，卡子良好。主触头及灭弧角无破损，开距 19～23 mm，接线无松动。电空阀线圈无烧损，接线无松脱，风路无泄漏，低压联锁接线无松脱。
5. 牵引电机故障隔离闸刀状态良好，在运行位。
6. 电压传感器接线良好，无松动。
7. 主电路库用转换闸刀及微动开关状态良好，在运行位。
8. 试验开关状态良好，在运行位。
9. 两位置转换开关手把牢固，各 T 形片无烧损，电空阀作用良好，无烧损。
10. 主接地故障隔离开关在运行位。
11. 主接地继电器状态良好，接线无松脱。
12. 接地电阻、限流电阻接线无松动，无烧损。端子排安装牢固，接线无松脱</td></tr>
<tr><td>Ⅱ高压室</td><td>25</td><td>Ⅱ高压柜上部</td><td>1. 142 塞门在开放位。
2. 固定分路电阻及磁场削弱电阻无烧损，接线无松脱，无异物，各瓷瓶清洁无破损</td></tr>
<tr><td rowspan="6">Ⅰ走廊Ⅱ高压电器柜</td><td>26</td><td>Ⅱ高压柜背面</td><td>1. 电流传感器安装牢固，接线无松脱。
2. 各扁铜线、连接螺丝紧固，无松脱现象</td></tr>
<tr><td>27</td><td>Ⅱ制动电阻柜背面</td><td>1. 各瓷瓶清洁无破损，引出母线连接牢固，无过热现象。
2. 过渡风道无变形，上下焊接部无开焊。
3. 制动风机外罩无损坏，底架无裂损。
4. 制动风机接线盒牢固，接线无松脱</td></tr>
<tr><td>28</td><td>Ⅱ低压柜上部</td><td>1. 各插座安装牢固，接线无松脱。
2. 劈相机启动电阻 263R 无烧损，接线无松脱</td></tr>
<tr><td>29</td><td>Ⅱ低压柜背面</td><td>1. 辅机保护装置插座安装牢固，接线无松脱。
2. 移相电容安装牢固，无鼓胀漏液、放电及烧损</td></tr>
<tr><td>30</td><td>Ⅱ号硅整流柜背面</td><td>1. 支架无裂损。电阻电容无烧损变形，接线无松脱。
2. 连接扁线无断裂，连接螺栓无放电痕迹。
3. 熔断器安装牢固，无烧损。指示器无跳出。
4. 晶闸管各触发板、脉冲变压器安装牢固，各触发元件无烧损</td></tr>
<tr><td>31</td><td>Ⅱ号硅整流柜正面</td><td>与其背面相同</td></tr>
<tr><td rowspan="2">电源电子柜</td><td>32</td><td>电源柜</td><td>1. 电源柜 A/B 切换开关在 A 位。
2. 各“电源”插件、“稳压触发”插件安装到位，固定螺丝紧固。
3. 各单极自动开关在闭合位。
4.“蓄电池”闸刀 667QS、负载闸刀 666QS，刀夹有力，无放电灼痕、裂纹，把柄无松动。“重联”闸刀在正常位（上合），钮子开关 675SB 在“运行”位。
5. 接线端子接线无松脱，无放电灼痕</td></tr>
<tr><td>33</td><td>电子柜</td><td>1. 电子柜 A/B 切换开关在 A 位。
2. 各插座接线牢固，无松脱，固定螺丝紧固。
3. 各故障开关在运行位</td></tr>
</table>

续表

顺序	步骤	检查部位	检查内容及要求
空气制动柜	34	空气制动柜正面	1. 各插座紧固。 2. 空-电联合选择开关在正常位。 3. 各压力传感器，各压力开关（208、209及压力继电器516KF）外观完好，安装牢固，接线无松脱，风管接头无松漏。 4. 辅助压缩机控制按钮作用良好。 5. 控制风缸及辅助风缸压力表外观完整,指示正确,检验不过期。 6. 各调压器（51、52、55）调整压力符合规定要求，检验不过期。 7. 压力调节器安装牢固，各部不漏风。接线无松脱。 8. 中继阀各部不漏风。 9. 紧急阀及电动放风阀安装牢固，各部不漏风，接线无松脱。 10. 分配阀安装牢固，各部及管接头无漏风。 11. 重联转换阀位置正确，各部不漏风。 12. 各塞门在正常工作位。 13. 各制动电空阀及保护电空阀（287YV）接线良好，动作可靠。 14. DKL各指示灯显示正常
机车后部Ⅲ走廊	35	Ⅱ端子柜	1. 各插座安装牢固，接线无松脱，固定螺丝紧固。 2. 柜门无变形。 3. 各端子排接线无松脱，无放电痕迹
	36	走廊门、渡板	同司机室走廊门，渡板连接良好
	37	“三机”柜上部	1. 轮缘喷油器及电制动记录仪控制盒、箱体安装牢固。 2. 指示灯及标牌完整清晰。 3. 背面插座及接线无松脱
	38	空气干燥器	1. 滤清筒及干燥筒安装牢固，各管接头无泄漏。硅胶颜色正常。 2. 温控器开关在正常位工作，指示灯显示正常。 3. 排泄电磁阀的电空阀安装牢固,接线无松脱,排泄阀作用良好,无泄漏。 4. 干燥器旁通塞门位置正确。 5. 各电空阀安装牢固，风接头无松漏，塞门在开放位
	39	空气制动柜上部	1. 辅助压缩机安装牢固，空气滤清器完好无堵塞。 2. 联轴器转动灵活，无松动。 3. 电机安装牢固，接线盒完好，接线无松脱。 4. 储风缸排水阀安装牢固作用良好,各风路接头无松漏,加油堵齐全无漏油。 5. 各插座安装牢固，接线无松脱
	40	空气制动柜背面	1. 均衡风缸、过充风缸安装牢固，管接头无漏风。 2. 各塞门在正常位
	41	电子柜上部	各插座安装牢固，接线无松脱。
	42	启动电容	1. 安装牢固，接线无松脱。 2. 电容箱体无鼓胀，无泄漏，无放电烧损
	43	劈相机	1. 安装螺栓齐全、紧固。接线盒完整，接线无松脱。 2. 轴承不过热，注油堵无松动损坏

续表

顺序	步骤	检查部位	检查内容及要求
机车后部Ⅲ走廊	44	压缩机组	1. 冷却器安装牢固，无裂损、漏油。 2. 机体无漏油，注油堵、放油堵齐全，油位表完好，无漏油，油位、油质正常。 3. 联轴器无松动，螺杆、胶圈齐全完好。 4. 压缩机电机安装螺栓无松动
	45	车顶门附近	1. 脚蹬牢固，车顶门挂钩锁闭良好，密封良好，门联锁行程开关（297QP）安装作用良好，接线无松脱。 2. 高压报警器固定良好，接线牢固，显示正确。 3. 高压隔离开关手轮转动灵活
	46	高压隔离网	无变形，无破损
A节车Ⅱ走廊	47	吸顶灯通风网	1. 灯罩安装良好，接线无松动。 2. 通风网无破损
	48	第二牵引通风机组	1. 门联锁杆完整无变形，门完好，网无破损。 2. 风筒无损坏，卡子齐全，作用良好。 3. 电机安装螺栓牢固，无过热烧损。 4. 电机接线盒牢固，拉线无松脱。轴承注油堵齐全，无损坏
	49	Ⅱ低压室柜门	1. 柜门作用良好，无损坏。 2. 门正面各故障隔离开关均在正常位。 3. 门背面各故障隔离开关安装牢固，接线无松脱
	50	Ⅱ低压柜正面	1. 各时间继电器、中间继电器、电压继电器状态良好，接线无松脱。 2. 各接触器状态良好，接线无过热，低压联锁良好。 3. 各闸刀位置正确，接触良好无烧损。 4. 端子板接线无松脱，各插座紧固，接线无破损
	51	第二制动风机组正面	1. 制动风速继电器512KF外罩良好。 2. 风速继电器连接插座及接线良好
	52	变压器室门	1. 门无变形，开闭良好。 2. 门联锁安装牢固，接线无松脱，风管接头无泄漏。 3. 各接头无松漏
	53	变压器风机	风筒无变形，各螺丝无松动，接线盒良好，接线无过热
	54	油温表	安装牢固无破损，表针指示正确
	55	铜排线	无放电现象，固定装置良好，螺丝齐全，无松动
	56	主断路器下部	1. 插座无松动，接线良好。 2. 各部管路接头无漏风，塞门位置正确。 3. 传动风缸不漏风

续表

顺序	步骤	检查部位	检查内容及要求
A节车Ⅱ走廊	57	Ⅰ高压柜正面	1. 作用良好，各插座安装牢固，接线无松脱。 2. 磁场削弱接触器各部状态良好，接线无松脱。 3. 磁场削弱电空阀安装牢固，接触器接线无松脱。 4. 线路接触器、励磁接触器灭弧罩无裂纹，卡子良好。主触头及灭弧角无破损，开距 19～23 mm，接线无松动。电空阀线圈无烧损，接线无松脱，风路无泄漏，低压联锁接线无松脱。 5. 牵引电机故障隔离闸刀状态良好，在运行位。 6. 电压传感器接线良好，无松动。 7. 主电路库用转换闸刀及微动开关状态良好，在运行位。 8. 试验开关状态良好，在运行位。 9. 两位置转换开关手把牢固，各 T 形片无烧损，电空阀作用良好，无烧损。 10. 主接地故障隔离开关在运行位。 11. 主接地继电器状态良好，接线无松脱。 12. 接地电阻、限流电阻接线无松动，无烧损。端子排安装牢固，接线无松脱
Ⅰ高压室内	58	Ⅰ高压柜上部	1. 141 塞门在开放位。 2. 固定分路电阻及磁场削弱电阻无烧损，接线无松脱，各瓷瓶清洁无破损
	59	Ⅰ高压柜背面	1. 电流传感器安装牢固，接线无松脱。 2. 各扁铜线、连线螺丝紧固无过热现象
	60	Ⅰ制动电阻柜背面	1. 各瓷瓶清洁无破损，引出母线连接牢固，无过热现象。 2. 过渡风道无变形，上下焊接都无开焊。 3. 制动风机外罩无损坏，底架无裂损。 4. 制动风机接线盒牢固，接线无松脱
	61	Ⅰ低压柜上部	1. 各插座安装牢固，接线无松脱。 2. 升弓电空阀良好，接线无松脱，压力继电器各部良好
	62	Ⅰ低压柜背面	1. 辅机保护装置插座安装牢固，接线无松脱。 2. 移相电容安装牢固，无鼓胀漏液、放电及烧损
	63	Ⅰ硅整流柜背面	1. 支架无裂损。各电阻、电容无烧损变形，接线无松脱。 2. 连接扁线无断裂，连接螺栓紧固。 3. 熔断器安装牢固，无烧损。指示器无跳出。 4. 晶闸管各触发板、脉冲变压器安装牢固，各触发元件无烧损
Ⅱ走廊	64	Ⅰ硅整流柜正面	与其背面相同
	65	空调器主机、Ⅰ端子柜右侧、右走廊门	1. 空调器主机各插座接线良好。 2. 外接插座良好，固定螺丝紧固，接线无破损。 3. 走廊门良好

三、SS_4改型电力机车顶部检查作业（见表 7-4）

表 7-4 SS_4改型电力机车顶部检查作业程序

步骤	检查部位	检查内容及要求
1	车顶门	1. 密封良好，接地卡子良好。 2. 车顶绝缘检测装置无线固定良好，无缺损及灼伤
2	高压电压互感器	1. 瓷瓶无裂纹及放电灼伤，接线良好。瓷瓶灼伤缺损不大于 3 cm^2。 2. 无放电和渗油现象。 3. 油压表玻璃无破损，油位符合要求（稍高于相应室温刻度）。 4. 硅胶颜色正常
3	Ⅱ制动电阻柜百叶窗	1. 百叶窗外观良好，通风口畅通无异物。 2. 制动电阻带良好，无烧损
4	主变压器风机百叶窗	百叶窗外观良好，通风口畅通无异物
5	导电杆及瓷瓶	1. 导电杆安装牢固无变形，各连接螺丝及卡子无松动。 2. 各支撑瓷瓶安装牢固无裂损，各瓷瓶清洁，无放电灼痕。 3. 瓷瓶灼伤缺损不大于 3 cm^2
6	头灯、风笛	1. 头灯卡子完好。 2. 左右风笛安装牢固，无漏风
7	空调器	箱体外观良好，风叶良好无卡滞
8	避雷器	1. 接线无松脱，安装牢固。 2. 瓷瓶清洁，无裂纹，无破损，无放电灼痕。瓷瓶灼伤缺损不大于 3 cm^2
9	受电弓	1. 风管路无泄漏，传动装置作用良好。 2. 各瓷瓶清洁，无裂纹、破损，安装牢固无放电灼痕。瓷瓶灼伤缺损不大于 3 cm^2。 3. 框架各部无变形裂纹，连接软线无过热，螺丝齐全紧固。各软线无断裂破损现象。升降作用灵活不松旷。 4. 弓头无卡滞变形，作用良好，滑板条不到限，无缺损。诱导角良好无损伤，各部螺丝齐全紧固。 5. 滑板厚度大于 22 mm，接触滑板无破裂，接触片高度不小于 5 mm。 6. 测量受电弓接触压力应在 70 N ± 5 N 之间
10	主断路器上部	1. 连接软线无过热，螺丝齐全紧固。软线断股不大于 1/10。 2. 各瓷瓶清洁，无裂纹、破损，安装牢固无放电灼痕。瓷瓶灼伤缺损不大于 3 cm^2
11	高压隔离开关上部	1. 瓷瓶无裂纹。 2. 闸刀与刀夹接触良好。 3. 闸刀接触部分厚度≥9 mm
12	Ⅱ制动电阻柜百叶窗	1. 百叶窗外观良好，通风口畅通无异物。 2. 制动电阻带良好，无烧损
13	高压电流互感器上部	1. 接线无松脱，安装牢固，密封完好。 2. 瓷瓶清洁，无裂纹，无放电痕迹。瓷瓶灼伤缺损不大于 3 cm^2
14	导电杆及瓷瓶	1. 导电杆安装牢固无变形，各连接螺丝及卡子无松动。 2. 各支持瓷瓶安装牢固，无裂损，各瓷瓶清洁，无放电灼痕。瓷瓶灼伤缺损不大于 3 cm^2
15	高压连接器	1. 连接器接触良好无偏移，各软连接线无过热，螺丝齐全无松动。 2. 导电杆及防尘罩无破损。 3. 支持瓷瓶安装牢固，无裂损，瓷瓶清洁，无放电灼痕。瓷瓶灼伤缺损不大于 3 cm^2

第四节 HXD_3型电力机车检查及给油作业

一、I 端司机室内检查项目和要求（见表 7-5）

表 7-5 I 端司机室内检查项目和要求

部位	序号	部件名称	检查内容及要求	方法	标准	次数	扣分
司机室检查	1	多功能饮水设备	设备安装牢固，电源器件无损坏，无放电，开关接触良好	目视 手动	5		
	2	空调机控制箱	各旋钮位置正确	目视	5		
	3	灭火器	放置牢靠，外观无损伤，安装带扣环、锁扣良好，铅封良好，喷嘴清洁，无堵塞	目视 手动	5		
	4	座礅	安装牢固，坐垫、靠背无破损	目视 手动	5		
	5	紧急放风阀	阀体管路无裂漏，铅封良好	目视	5		
	6	接线端子柜	安装良好，无破损、松脱	目视 手动	5		
	7	左前侧窗	玻璃无破损，安装牢固	目视 手动	5		
	8	左壁炉	安装牢固，外罩无变形、裂损、松动，接线良好	目视 手动	5		
	9	左前窗遮阳帘	窗帘布无破损，导轨槽牢固、平直，上下拉动时作用良好	目视 手动	5		
	10	机车信号装置	外罩玻璃齐全，锁闭作用良好，插座及接线良好	目视 手动	5		
	11	制动机显示屏	显示屏无破损、表面清洁，功能键无破损	目视 手动	5		
	12	监控显示屏	同 11 项	目视 手动	5		
	13	多功能组合模块	各表完整，表针显示正确，表验日期有效，紧急停车按钮在正常位，状态指示灯面板无破损	目视 手动	5		
	14	微机显示屏	同 11 项	目视	5		
	15	无线调度装置	设备完好、清洁，各功能键无破损	目视 手动	5		
	16	压力仪表模块	各表完整，表针显示正确，表验日期有效	目视	5		

续表

部位	序号	部件名称	检查内容及要求	方法	标准	次数	扣分
司机室检查	17	复位按钮、风笛按钮	按钮作用灵活，无卡滞现象	目视 手动	5		
	18	电子制动阀	电子制动阀制动手柄在各挡位之间动作灵活。无机械卡滞现象，各管路无漏风现象	目视 手动	5		
	19	司机扳键开关	扳键作用灵活，箱内接线良好，开关箱钥匙位置正确	目视 手动	5		
	20	司机控制器	外观良好，动作灵活。无机械卡滞现象，互锁功能正常，凸轮装置，各动静触头及接线均良好	目视 手动	5		
	21	定速控制、 过分相按钮	按钮作用灵活，无卡滞现象	目视 手动	5		
	22	风笛按钮	同 21 项	目视 手动	5		
	23	冰箱柜及空气管路	门锁握柄作用正常，门开关灵活，冰箱门关闭严密，塞门位置正确	目视 手动	5		
	24	重联电话	设备完好、清洁，电话线无破损	目视 手动	5		
	25	电源插座	插座安装牢固，接线无松脱、放电、烧损痕迹	目视 手动	5		
	26	壁炉	同 8 项	目视 手动	5		
	27	脚踏撒砂阀、速度控制装置、风笛	脚踏安装牢固，动作灵活，无卡滞现象	目视 手动	5		
	28	万能转换开关	开关安装牢固，动作灵活，位置正确	目视 手动	5		
	29	接线端子柜	安装良好，无破损、松脱	目视 手动	5		
	30	右前侧窗	玻璃无破损，安装牢固	目视 手动	5		
	31	司机座椅	安装牢固，坐垫、靠背无破损，升降、转动作用灵活	目视 手动	5		
	32	前照灯	室内护罩密封良好，检查门严密	目视 手动	5		
	33	空调、风扇	安装牢固，扇叶无变形，外罩无损伤，接线良好	目视 手动	5		
	34	顶板照明灯	灯罩无破损，安装牢固，照明良好，无脱落	目视	5		

二、机械室内的检查项目和要求（见表 7-6）

表 7-6 机械室内的检查项目和要求

部位	序号	部件名称	检查内容及要求	方法	标准	次数	扣分
机械间检查	1	机械室门	门开关灵活，关闭严密	目视 手动	5		
	2	第一牵引风机	安装螺丝无松动，接线盒内部导线无烧损、放电痕迹，接线良好	目视 手动	10		
	3	防滑电磁铁	电源线无烧损、放电痕迹，接线良好。空气管路无泄漏	目视 手动	5		
	4	顶部照明灯	安装牢固，灯罩无变形，灯玻璃无破损。电线连接良好	目视 手动	5		
	5	衣柜	门开关灵活，关闭良好	目视 手动	5		
	6	卫生间	门开关灵活，内部清洁、干燥	目视 手动	5		
	7	通信设备及工具柜	设备安装牢固，铅封良好，工具摆放整齐，清洁，通风干燥。插座连接牢固，无松动	目视 手动	5		
	8	蓄电池箱及滤波柜	接线无破损、放电痕迹。蓄电池无漏液现象，安装螺丝无松动。须注意人身安全	目视 手动	5		
	9	第二牵引风机	安装螺丝无松动，接线盒内部导线无烧损、放电痕迹，接线良好	目视 手动	10		
	10	防滑电磁铁	电源线无烧损、放电痕迹，接线良好。空气管路无泄漏	目视 手动	5		
	11	第三牵引风机	安装螺丝无松动，接线盒内部导线无烧损、放电痕迹，接线良好	目视 手动	10		
	12	防滑电磁铁	电源线无烧损、放电痕迹，接线良好。空气管路无泄漏	目视 手动	5		
	13	TAMS 柜及 ATP 装置	设备安装牢固，铅封良好、清洁、通风干燥，插座连接牢固无松动	目视 手动	5		
	14	电器控制箱	各自动开关、隔离开关在正常位，无卡滞现象，仪表玻璃无破损，表针显示正确，表验日期有效，电器接地闸刀、转换开关位置正确，无放电痕迹	目视 手动	5		
	15	左侧受电弓、主断功能模块	各塞门位置正确，标牌清晰，管路无漏风现象，电磁阀接线无松脱	目视 手动	5		
	16	自动过分相装置	钮子开关位置正确，接线无松脱	目视 手动	5		
	17	TAMS 柜及 ATP 装置背部	接线卡子无松动，安装螺丝牢固	目视 手动	5		
	18	右侧复合冷却器通风机组	风机安装螺丝牢固，电机接线无烧损，接线无松脱，冷却管路安装螺丝牢固，无漏液现象	目视 手动	5		

续表

部位	序号	部件名称	检查内容及要求	方法	标准	次数	扣分
机械间检查	19	高压电流互感器	二次引线连接件无松动及表面无氧化接触不良现象，紧固夹件及安装接线盒牢固	目视			
	20	行灯插座	安装牢固，无烧损现象	目视	5		
	21	防滑电磁铁	电源线无烧损、放电痕迹，接线良好。空气管路无泄漏	目视 手动	5		
	22	左侧变流器柜	接线端子安装牢固，电线无变色，卡子无松动，管路法兰部无漏液，柜表面无变色变形	目视 手动			
	23	右侧变流器柜	接线端子安装牢固，电线无变色，卡子无松动，管路法兰部无漏液，柜表面无变色变形	目视 手动			
	24	左侧复合冷却器通风机组	风机安装螺丝牢固，电机接线无烧损，接线无松脱，冷却管路安装螺丝牢固，无漏液现象	目视 手动	5		
	25	右侧受电弓、主断功能模块	各塞门位置正确，标牌清晰，管路无漏风现象，电磁阀接线无松脱	目视 手动	5		
	26	复轨器、止轮器	安装牢固，螺丝紧固	目视 手动	5		
	27	第一压缩机	外观完好，无破损，安装座螺栓孔无裂纹，安装螺丝紧固，油位符合标准，各风管接头无裂漏，安全阀状态良好，电机接线盒接线无松脱，无破损，无烧损、放电痕迹	目视 手动	10		
	28	控制风缸及弹停风缸	风管无泄漏，塞门位置正确	目视 手动	5		
	29	第四牵引风机	安装螺丝无松动，接线盒内部导线无烧损、放电痕迹，接线良好	目视 手动	5		
	30	防滑电磁铁	电源线无烧损、放电痕迹，接线良好。空气管路无泄漏	目视 手动	5		
	31	第五牵引风机	安装螺丝无松动，接线盒内部导线无烧损、放电痕迹，接线良好	目视 手动	5		
	32	防滑电磁铁	电源线无烧损、放电痕迹，接线良好。空气管路无泄漏	目视 手动	5		
	33	空气干燥系统	空气干燥系统无泄漏，电线路无烧损，各塞门位置正确，高压安全阀动作灵活	目视 手动	5		
	34	总风缸	管路接头无漏风，排水阀位置正确	目视 手动			
	35	复轨器、止轮器	安装牢固，螺丝紧固	目视 手动	5		

续表

部位	序号	部件名称	检查内容及要求	方法	标准	次数	扣分
机械间检查	36	防滑电磁铁	电源线无烧损、放电痕迹，接线良好。空气管路无泄漏	目视 手动	5		
	37	空气制动管路柜	管路柜各模块塞门位置正确，风表仪表玻璃无破损，表针显示正确，表验日期有效，电源接线无断线、烧损现象，管路接头无漏风，辅助压缩机油位正常	目视 手动			
	38	第六牵引风机	安装螺丝无松动，接线盒内部导线无烧损、放电痕迹，接线良好	目视 手动	10		
	39	机械室门	门开关灵活，关闭严密	目视 手动	5		

三、机车Ⅱ端、Ⅰ端司机室外部的检查内容和要求（见表 7-7）

表 7-7　机车Ⅱ端、Ⅰ端司机室外部的检查内容和要求

部位	序号	部件名称	检查内容及要求	检查方法	标准	次数	扣分
Ⅱ端司机室外侧正面	1	上部	大灯、前窗玻璃、雨刷、路徽无破损、开焊、丢失、变形	目视	5		
	2	中部	副灯、标志灯、玻璃完整，灯泡良好。扶手无开焊	目视	5		
	3	重联插座	外观完好，插座及盖作用良好。插座清洁、牢固	手动 目视	5		
	4	制动管软管、总风联管软管、制动平均管软管	各折角塞门手柄动作灵活，接头无泄漏，安装座 U 形卡子良好，螺丝紧固。 软管无硬化、老化、破裂和凸凹现象，水压试验不过期，软管安装卡子完好，螺丝紧固，软管连接器无开焊、裂纹，软管皮圈无断裂，软管角度正确，放风试验，风管畅通。 软管试压为 3 个月。软管安装角度为 45°	目视 测量 手动	10		
	5	车钩	提杆座牢固，无开焊，钩提杆无弯曲、变形，在防跳槽内不得旷动，钩尾扁销及钩身托板螺栓齐全紧固。均衡梁与吊杆不得有变形弯曲。钩头、钩舌锁铁、钩舌、钩耳、钩舌销孔、钩耳销孔不得有裂纹，尺寸符合要求。 钩舌销无断裂、弯曲，车钩“三态”作用良好，开锁闭锁作用灵活，符合限度。 钩头与冲击座间隙为 80 mm，车钩中心水平线与轨面高度为 815～890 mm，车钩开度开钩为 220～250 mm，合钩为 110～130 mm	目视 测量 手动	10		

四、Ⅱ端走行部右侧的检查项目和要求（见表 7-8）

表 7-8　Ⅱ端走行部右侧的检查项目和要求

部位	序号	部件名称	检查内容及要求	方法	标准	次数	扣分
车体右侧	1	车体外观	车体侧面平整，无变形、损伤，车体吊装孔盖齐全，安装良好。后视镜安装牢固，无破损	目视	5		
	2	排障器内侧	机车自动信号装置及自动过分相装置，安装架螺丝紧固，接线无松脱。 排石器安装良好，符合标准，胶皮无破损。 排石器距轨面高 70～80 mm，扫石胶皮距轨面 10～15 mm	目视 测量	10		
	3	司机室扶手、脚梯	扶手、脚梯安装牢固，无变形、开焊	目视 手动	5		
	4	右四砂箱	砂箱安装牢固，箱体无变形、开焊。砂箱盖完整无损，扣锁良好，关闭严密。箱内砂子干燥，无异物，颗粒均匀下砂，砂箱加热装置外观良好，电线无断线，管路外观良好，无堵塞，不偏斜，距轨面高度，符合标准。 撒砂胶皮管距轨面高不得低于 25 mm	目视 手动	10		
	5	右六动轮	轮盘式制动单元安装牢固，螺丝无松动，单元制动缸无泄漏，制动盘不得有明显的台阶沟槽、拉伤。制动盘热裂纹长度不超过 65 mm，摩擦面磨伤深度不超过 1 mm，凹面不超过 2 mm。闸瓦与制动盘缓解间隙为 3 mm。 制动盘的摩擦面的摩擦限度为每侧 5 mm（注：检查时不得敲打制动盘的任何部位）。 停放制动单元安装牢固，空气管路无泄漏。 踏面清扫制动装置，安装螺丝牢固，制动器外观良好，闸瓦无裂纹、偏磨，不到限，闸瓦穿销的开闭销良好。 右六动轮踏面无剥离、擦伤，轮箍无裂纹、弛缓，轮辐、轮辋无裂纹，轴箱状态良好，内外螺丝牢固，无漏油，无裂纹。 轴箱拉杆连体状态良好，橡胶关节无老化、裂纹和挤出，前后弹簧装置无裂纹。 轴箱接地线无断股、松脱现象。断股不超过 10%。 轴箱油压减振器无漏油，安装螺丝牢固。轴箱温度正常，不超过 80 °C。轴箱端盖安装螺栓齐全，无松动。 轮缘滑条支架安装牢固，滑条压力均匀，无卡滞现象。 制动指示器、弹停指示器安装及管接头良好，显示正确	目视 锤检 耳听	5		
	6	垂直油压减振器	套筒及座无裂纹，无漏油，安装螺丝齐全紧固	目视 手动	5		
	7	高圆弹簧及垫片	无裂纹、移动、脱落	目视 锤检 耳听	5		

续表

部位	序号	部件名称	检查内容及要求	方法	标准	次数	扣分
车体右侧	8	右二侧向限制器	安装螺丝无松动，限制器座无开焊	目视	5		
	10	右五动轮	参照前述检查内容及要求	目视 锤检 耳听	5		
	11	第二转向架右侧侧梁上接线及管路、接地线	构架上接线无破损、松断，接头无松动，管路无泄漏，卡子紧固。 接地线无断股、松脱现象	目视 手动	5		
	12	右四动轮	参照前述检查内容及要求	目视 锤检 耳听	5		
	13	右三砂箱	参照前述检查内容及要求	目视 锤检 耳听	5		
	14	主电路、控制电路插座	安装座无开焊，螺丝紧固，压盖严密，座芯洁净，无烧损。接线无破损、松脱	目视 手动	5		
	15	变压器储油箱	箱体无开焊，无变形，无泄漏。管路安装螺丝紧固，油箱外部状态良好，管路、管接头无漏油，放油阀手轮铁丝无断开，油流继电器指针位置正确，盖无丢失	目视 锤检	5		
	16	右二砂箱	参照前述检查内容及要求	目视 手动	5		
	17	右三动轮	参照前述检查内容及要求	目视 锤检 耳听	5		
	18	第二转向架右侧侧梁上接线及管路	构架上接线无破损、松断，接头无松动，管路无泄漏，卡子紧固	目视 手动	5		
	19	右二动轮	轮缘滑条支架安装牢固，滑条压力均匀，无卡滞现象	目视 锤击 耳听	5		
	20	垂直油压减振器	参照前述检查内容及要求	目视	5		
	21	右一侧向限制器	参照前述检查内容及要求	目视	5		
	22	高圆弹簧及垫片	参照前述检查内容及要求	目视 锤检 耳听	5		
	23	右一动轮	参照前述检查内容及要求	目视 锤检 耳听	5		
	24	行灯插座	安装座无开焊，螺丝紧固，压盖严密，座芯洁净，无烧损。接线无破损、松脱	目视 手动	5		
	25	右一砂箱	参照前述检查内容及要求	目视 手动 锤检	10		

五、Ⅰ端走行部左侧的检查项目和要求（见表7-9）

表7-9　Ⅰ端走行部左侧的检查项目和要求

部位	序号	部件名称	检查内容及要求	方法	标准	次数	扣分
车体左侧	1	车体外观	参照前述检查内容及要求	目视 测量	10		
	2	排障器内侧	机车自动信号装置及自动过分相装置，安装架螺丝紧固，接线无松脱。 排石器安装良好，符合标准，胶皮无破损。 排石器距轨面高为70～80 mm，扫石胶皮距轨面为10～15 mm	目视 测量	10		
	3	司机室门窗	门、窗完整无变形。 扶手、脚梯安装牢固，无变形、开焊	目视 手动	5		
	4	左一砂箱	参照前述检查内容及要求	目视 锤检 测量	10		
	5	左一动轮	参照前述检查内容及要求	目视 锤检 耳听 测量	10		
	6	垂直油压减振器	参照前述检查内容及要求	目视 手动	5		
	7	高圆弹簧及垫片	参照前述检查内容及要求	目视 锤检 耳听	5		
	8	左一侧向限制器	参照前述检查内容及要求	目视	5		
	9	左二动轮	参照前述检查内容及要求	目视 锤检 耳听	5		
	10	第一转向架右侧上部侧梁上接线及管路	构架上接线无破损、松断，接头无松动，管路无泄漏，卡子紧固	目视 手动	5		
	11	车体与转向架接地线	接地线无断股、松脱现象	目视	5		
	12	左三动轮	参照前述检查内容及要求	目视 锤检 耳听			
	13	左二砂箱	参照前述检查内容及要求				
	14	主、辅助电路库用插座	安装座无开焊，螺丝紧固，压盖严密，座芯洁净，无烧损。接线无破损、松脱	目视 手动			
	15	变压器储油箱	箱体无开焊，无变形，无泄漏。管路安装螺丝紧固， 油箱外部状态良好，管路、管接头无漏油，放油阀手轮铁丝无断开，油流继电器、油温表指针位置正确，盖无丢失	目视 锤检	5		

续表

部位	序号	部件名称	检查内容及要求	方法	标准	次数	扣分
车体左侧	16	左三砂箱	参照前述检查内容及要求	目视 锤检	5		
	17	左四动轮	参照前述检查内容及要求	目视 手动	5		
	18	第二转向架左侧上部侧梁上接线及管路	构架上接线无破损、松断，接头无松动，管路无泄漏，卡子紧固	目视 手动	5		
	19	左五动轮	参照前述检查内容及要求	目视 锤检	5		
	20	高圆弹簧及垫片	参照前述检查内容及要求	目视 锤检 耳听	5		
	21	垂直油压减振器	参照前述检查内容及要求	目视 手动	5		
	22	左二侧向限制器	参照前述检查内容及要求	目视 手动	5		
	23	行灯插座	参照前述检查内容及要求	目视	5		
	24	左六动轮	轮盘式制动单元安装牢固，螺丝无松动，单元制动缸无泄漏，缓解良好，活塞杆复位时，不得有卡滞现象，单元制动缸间隙调整器良好，制动盘不得有明显的台阶沟槽、拉伤。 踏面清扫制动装置，安装螺丝牢固，制动器外观良好，闸瓦无裂纹、偏磨，不到限，闸瓦穿销的开闭销良好。 制动盘的摩擦面的摩擦限度为每侧 5 mm（注：检查时不得敲打制动盘的任何部位）。 动轮踏面无剥离、擦伤，轮箍无裂纹、弛缓，轮辐、轮辋无裂纹，轴箱状态良好，内外螺丝牢固，无漏油，无裂纹。 轴箱拉杆连体状态良好，橡胶关节无老化、无裂纹和挤出，前后弹簧装置无裂纹，速度传感器大线无破损、松脱现象。 油压减振器套筒及座无裂纹，无漏油，安装螺丝齐全紧固	目视 锤检 耳听	5		
	25	左四砂箱	参照前述检查内容及要求	目视 锤检	5		
	26	司机室扶手、脚梯	扶手、脚梯安装牢固，无变形、开焊、缺损	目视 手动	5		
	27	主、控制电路插座	参照前述检查内容及要求。	目视 手动	5		
	28	排障器内侧	参照前述检查内容及要求	目视 手动	5		

六、机车车底检查项目和内容（见表 7-10）

表 7-10　机车车底检查项目和内容

部位	序号	部件名称	检查内容及要求	方法	标准	次数	扣分
车底	1	Ⅱ端车钩下部及缓冲装置	钩体托板及缓冲器托板螺栓紧固，弹簧箱冲击座、钩尾框无裂纹，从板摩擦部分不缺油和无非正常磨损	目视 锤触	5		
	2	排障器	安装螺丝牢固，无开焊裂纹。排障器距轨面的高度为 110 mm	锤检			
	3	车底照明灯	安装牢固，玻璃罩完好，灯泡良好	目视			
	4	车钩前部管路	总风管、列车管、平均管各管路接头无漏风，塞门位置正确，橡胶无老化、裂纹痕迹，安装牢固	目视 锤触			
	5	横向油压减振器	套筒及座无裂纹，无漏油，安装螺丝齐全紧固。油压减振器座焊缝无开焊	目视			
	6	牵引梁前部	检查各紧固件螺栓无松动、防缓线无位移。牵引销、橡胶关节及托板状态良好，“O”形圈没有磨损、不超限	目视	5		
	7	自动信号接收线圈及自动过分相装置	各安装螺丝紧固，各部无破损，插座、接线良好	目视 手动	5		
	8	排石器	安装牢固，排石器无开支架、无开焊，螺丝紧固，胶皮完整，高度符合标准。 扫石胶皮距轨面高 10～15 mm	目视 测量	10		
	9	左右第四砂箱背部	箱体完整，无开焊，安装座牢固，螺丝不松动，撒砂阀良好，砂管支架安装牢固，砂管角度不偏斜	目视 锤触	5		
	10	第六动轮轮盘制动单元及弹停设置背部	制动器外部状态良好，安装螺丝紧固，来风管及接头无泄漏和裂纹。轮盘式制动单元安装牢固，螺丝无松动，单元制动缸无泄漏，缓解良好，活塞杆复位时，不得有卡滞现象，制动盘不得有明显的台阶沟槽、拉伤。闸瓦吊杆、支架无开焊、裂纹。弹停拉钩灵活。 制动盘的摩擦面的摩擦限度为每侧 5 mm（注：检查时不得敲打制动盘的任何部位）	目视 锤触	10		
	11	第二转向架后部	构架无裂纹、变形、开焊，各风管及卡子无松动，无破损漏风	目视 手动	10		
	12	第六动轮轮对	轮辐无裂纹。 踏面擦伤深度不大于 0.7 mm，缺陷或剥离长度不超过 40 mm，深度不大于 1 mm，轮缘垂直磨耗锥形踏面向上 11.25 mm 处测量 33～23 mm。 轮箍无裂纹，轮缘符合标准，无碾堆，轮箍、轮心结合良好，无移位。 牵引电机大线无磨耗，定位紧固。 轮缘厚度为 23～33 mm	目视 测量	5		

续表

部位	序号	部件名称	检查内容及要求	方法	标准	次数	扣分
车底	13	第六动轮齿轮箱	箱体安装螺丝无松动，箱体无开焊、裂纹、漏油、变形，油封无漏油，油位符合标准，油堵不漏油，安装紧固	目视手动锤触	5		
	14	第六轮对踏面清扫装置	踏面清扫制动装置，安装螺丝牢固，制动器外观良好，闸瓦无裂纹、偏磨，不到限，闸瓦穿销的开闭销良好	目视手动	5		
	15	第六牵引电机	电机风道干净，无油泥，电机内部检查无转子杆的松动，短路环、保持环及定子、绝缘外皮无损伤，各紧固螺栓无松动。电机油堵无松动、丢失	目视手动	5		
	16	第六牵引电机悬挂装置	悬挂座无裂纹、开焊，连接杆、吊杆无裂纹，橡皮垫无裂纹，下部螺母开口销安装紧固、齐全，防落板无断裂、变形	目视锤触	5		
	17	第二转向架牵引销座	同 6 项	目视锤触	5		
	18	第五动轮轮盘制动单元背部	制动器外部状态良好，安装螺丝紧固，来风管及接头无泄漏和裂纹。 轮盘式制动单元安装牢固，螺丝无松动，单元制动缸无泄漏，缓解良好，活塞杆复位时，不得有卡滞现象，制动盘不得有明显的台阶沟槽、拉伤。闸瓦吊杆、支架无开焊、裂纹。制动盘的摩擦面的摩擦限度为每侧 5 mm（注：检查时不得敲打制动盘的任何部位）	目视锤触	5		
	19	第五动轮轮对	同 12 项		5		
	20	第五动轮齿轮箱	同 13 项		5		
	21	第五轮对踏面清扫装置	同 14 项	目视锤触	5		
	22	第五牵引电机	同 15 项		5		
	23	第五牵引电机悬挂装置	同 16 项		5		
	24	第四动轮轮盘制动单元背部	同 18 项				
	25	第四动轮轮对	同 12 项		5		
	26	第四动轮齿轮箱	同 13 项		5		
	27	第四牵引电机	同 15 项		5		
	28	第四牵引电机悬挂装置	同 16 项		5		
	29	第二转向架前部	同 11 项	目视手动	5		

续表

部位	序号	部件名称	检查内容及要求	方法	标准	次数	扣分
车底	30	横向油压减振器	同 5 项	目视			
	31	车底照明灯	同 3 项	目视			
	32	第四轮对踏面清扫装置	同 14 项		5		
	33	左右第三砂箱背部	同 9 项		5		
	34	监控装置支架	安装牢固，无开焊				
	35	各风管、接头及电线路	各风管及接头无裂漏，卡子紧固，电线路无松脱、断裂和破损，安装牢固	目视 手动	5		
	36	变压器油箱底部	箱体无开焊，无变形，无泄漏。管路安装螺丝紧固。 油箱外部状态良好，管路、管接头无漏油，放油阀手轮铁丝无断开	目视 锤触	5		
	37	横向油压减振器	同 5 项	目视			
	38	车底照明灯	同 3 项	目视			
	37	左右第二砂箱	同 9 项		5		
	38	左右第三轮对踏面清扫装置	同 14 项		5		
	39	第一转向架后部	同 11 项		5		
	40	第三牵引电机悬挂装置	同 16 项	目视 锤触	5		
	41	第三牵引电机	同 15 项		5		
	42	第三动轮轮对	同 12 项		5		
	43	第三动轮齿轮箱	同 13 项		5		
	44	第三动轮轮盘制动单元背部	同 18 项				
	45	左右第二轮对踏面清扫装置	同 14 项		5		
	46	第二牵引电机悬挂装置	同 16 项		5		
	47	第二牵引电机	同 15 项		5		
	48	第二动轮轮对	同 12 项		5		
	49	第二动轮齿轮箱	同 13 项		5		
	50	第二动轮轮盘制动单元背部	同 18 项				
	51	左右第一轮对踏面清扫装置	同 14 项	目视 锤触	5		

续表

部位	序号	部件名称	检查内容及要求	方法	标准	次数	扣分
车底	52	第一转向架牵引销座	同 6 项	目视 锤触	5		
	53	第一牵引电机悬挂装置	同 16 项	目视 锤触	5		
	54	第一牵引电机	同 15 项	目视 手动	5		
	55	第一动轮轮对	同 12 项		5		
	56	第一动轮齿轮箱	同 13 项		5		
	57	第一转向架前部	同 11 项	目视 锤触	5		
	58	第一动轮轮盘制动单元背部	同 10 项	目视 锤触	5		
	59	左右第一砂箱	同 9 项	目视 锤触	5		
	60	排石器	安装牢固，无开焊，螺丝紧固，胶皮完整，高度符合标准。 扫石胶皮距轨面高为 10～15 mm	目视 锤触 测量	10		
	61	横向油压减振器	套筒及座无裂纹，无漏油，安装螺丝齐全紧固。油压减振器座焊缝无开焊	目视			
	62	车底照明灯	安装牢固，玻璃罩完好，灯泡良好	目视			
	63	排障器	安装螺丝牢固，无开焊裂纹。排障器距轨面的高度为 110 mm	锤检			
	64	自动信号接收线圈及自动过分相	各安装螺丝紧固，各部无破损，插座、接线良好	目视 手动	5		
	65	Ⅱ端车钩下部及缓冲装置	钩体托板及缓冲器托板螺栓紧固，弹簧箱冲击座、钩尾框无裂纹，从板摩擦部分不缺油和无非正常磨损	目视 锤触			
	66	车钩前部管路	总风管、列车管、平均管各管路接头无漏风，塞门位置正确，橡胶无老化、裂纹痕迹。安装牢固	目视 锤触			
	68	自动信号接收线圈及自动过分相装置	各安装螺丝紧固，各部无破损，插座、接线良好	目视 手动			
	69	Ⅰ车钩下部及缓冲装置	钩体托板及缓冲器托板螺栓紧固，弹簧箱冲击座、钩尾框无裂纹，从板摩擦部分不缺油和无非正常磨损	目视 锤触	5		

七、机车车顶检查项目和内容（见表 7-11）

表 7-11　机车车顶检查项目和内容

部位	序号	部件名称	检查内容及要求	方法	标准	次数	扣分
Ⅰ端车顶	1	脚梯	安装牢固，无开焊，无断裂	目视手动	5		
	2	车顶门	车顶门开合阻力要小，搭扣作用良好，门合页无开焊，无断裂和变形	目视手动	5		
	3	Ⅰ端风笛前灯	安装牢固，无损伤，前灯罩无变形，灯玻璃无破损	目视手动	5		
	4	百叶窗	窗结构无损伤、无开焊，窗叶整齐、坚固				
	5	Ⅰ端受电弓	受电弓各铰链部分转动灵活，受电弓风箱和空气管路部分无泄漏现象，各紧固件紧固到位，各编织线不应有断裂破损现象，滑条板不得有严重缺损，安装牢固，接缝处应平整、密贴滑板托及诱导角无裂纹，顶面平整，不得有锈蚀，导角与滑板条间应平稳过渡，间隙不得超限，弹簧无裂损、锈蚀。瓷瓶光洁，无裂纹，安装牢固，软线安装牢固，无断股	目视手动	5		
	6	瓷瓶及导电杆、软线	瓷瓶光洁，无裂纹，安装牢固，导电杆安装牢固。软线安装牢固，无断股	目视手动	5		
	7	受电弓隔离开关	瓷瓶无裂纹，无放电痕迹，表面清洁。转动瓷瓶灵活	目视手动			
	8	主断路器及支持瓷瓶	所有固定螺丝无松动，瓷瓶无裂纹、无放电痕迹，表面清洁。各编织线不应有断裂破损现象	目视手动	5		
	9	高压电压互感器	绝缘瓷瓶不得破损，表面清洁，安装螺丝牢固				
	10	避雷器	同 9 项				
	11	导电杆、瓷瓶、软线	安装牢固，位置适当，各编织线不应有断裂破损现象		5		
Ⅱ端车顶	12	导电杆、瓷瓶、软线	同 11 项	目视手动	5		
	13	受电弓隔离开关	同 7 项	目视手动	5		
	14	Ⅱ端受电弓	同 5 项	目视手动	5		
	15	Ⅰ端风笛前灯	同 3 项		5		
	16	百叶窗	同 4 项		5		

第五节　电力机车乘务员自检自修

机车乘务员自检自修是做好修养并重，提高机车质量，减少机车机破、临修的重要内容，也是减少机车配件非正常破损，提高机车文明状态的重要内容。因此，机车乘务员除了要熟悉机车各部件的作用原理和结构外，还要不断学习和提高自检自修能力，提高应急处理水平。

一、机车乘务员自检自修范围

电力机车乘务员的一般自检自修作业范围包括以下几个方面：

（1）更换烧损灯泡（异状烧损报修），更换熔断器（功补柜、整流柜上除外），更换保险丝，调整头灯焦距。

（2）使用一般性工具及机车上配备的专用工具，紧固对方 36 mm（包含 36 mm）以下的螺母或螺栓（继电器、接触器、电子插件上的报修）。

（3）更换一般穿销、开口销、垫圈。

（4）更换不良闸瓦，调整闸瓦与轮对踏面间隙。

（5）排除机车各风缸积水。

（6）在段外更换车钩的钩舌和钩舌销。

（7）清理机车砂管通路，调整撒砂量。

（8）长期不回段在段外整备更换牵引电机炭刷。

（9）辅、小修及扩大小时，擦拭探伤处所的油垢。

（10）运行中更换列车软管及均衡风缸管（在段外必要时），调整各调压阀整定值，检查 SS_4 改机车抱轴瓦毛线卷状态。

（11）机车全面清扫。

（12）机车给油。

二、自检自修作业

1. 更换车钩钩舌

（1）工具：克丝钳、小撬棍、手锤。

（2）拆卸不良钩舌：将车钩置于锁闭位，用克丝钳将钩舌销下方开口销合并，然后用小撬棍及手锤将其打出，取出钩舌销，手提钩，手扶钩舌，使钩舌转出，将其取下。

（3）装新钩舌：装新钩舌之前应使钩锁铁位于钩体上，然后装上新钩舌，使钩舌上的孔与钩体耳销孔对正，然后将钩舌置于锁闭位，装上钩舌销及开口销。

（4）检查车钩开锁、闭锁状态，动作是否灵活，钩舌开度是否符合要求。

2. 更换机车闸瓦，调整闸瓦间隙

（1）使用工具：小撬棍、手锤。

（2）注意事项。

操作前，首先确认机车受电弓降下，断开主断路器，然后将大闸、小闸手柄至于运转位，并缓解机车。待机车缓解后，关闭相关转向架制动缸折断塞门，使非更换闸瓦的转向架施行制动或拧紧人力制动机，并在制动机手柄上挂好禁动牌，方可进行作业。

（3）操作程序。

① 拆不良闸瓦：一手推或拉脱钩杆，使棘钩脱离棘轮轮齿，然后旋转手轮（逆时针），使闸瓦间隙退至最大位置；取下闸瓦钎子下方的挡销及闸瓦钎子；用小撬棍撬下不良闸瓦，注意防止砸伤。

② 装新闸瓦：闸瓦有圆弧的一面贴靠轮缘一侧，穿上闸瓦钎子，注意上下两块均要穿好；装好侧瓦钎子下方挡销；调整闸瓦间隙为 3 ~ 9 mm。

③ 机车制动：检查新换闸瓦制动、缓解状态是否正常。

3. 更换机车制动软管

（1）使用工具：管钳子、胶带。

（2）操作程序。

① 拆旧软管：确认折角塞门关闭后，打开防尘堵，用扳手松下制动软管，检查折角塞门接口螺纹是否良好。

② 装新软管：确认新管水压试验日期及螺纹符合要求后，在螺纹上绕上胶带，将新管拧上，斜度为 45°，接口向内应垂直，装好防尘堵，开放折角塞门，试验有无泄漏。

（3）注意事项。

① 装新管时，不得紧过劲再回扣。

② 不要用力过猛，防止拧崩。

③ 以不松、不漏、角度符合要求为宜。

4. 清扫撒砂通路

（1）使用工具：扳手、管钳、铁丝、手锤捧。

（2）操作程序。

① 清扫风路：司机协助踩撒砂器，如风量小，应调整风量；如无风，则卸下风路清扫堵，用铁丝疏通，使其风路畅通。

② 清扫砂管：先用手锤轻轻敲击砂管，然后用粗铁丝由喷嘴将砂管内部疏通，再轻轻敲击砂管，这样反复几次即可将堵塞的冰块、冻泥等物排出。

③ 清扫撒砂器：可先将大螺塞卸下，用粗铁丝分别疏通撒砂器进砂及出砂口，再将小螺塞卸下，用细铁丝疏通吹砂的通路，清扫后将大小螺塞分别装好。

④ 清扫砂箱：如较大的石块堵塞或砂子过分潮湿掂实结块，则应用扳手将放砂堵卸掉，待砂子放完后，装好排砂堵，重新装入质量良好的砂子。

5. 更换排水阀

（1）使用工具：尺寸适宜的管钳或扳手。

（2）操作程序。

① 先将有关风路塞门关闭，放净余风及油水。

② 将损坏的排水阀卸下。

③ 将新排水阀螺丝扣上涂以铅油，并缠以麻丝后拧紧。

④ 开放塞门，进行排水试验，检查有无漏风。

6. 更换电空阀

（1）使用工具：8 mm、12 mm 扳手。

（2）操作程序。

① 关闭风路塞门。

② 断开电源开关。

③ 用 8 mm 扳手松下接线螺丝。

④ 用 12 mm 扳手松下安装座螺丝，取下电空阀。

⑤ 检查垫圈有无破损，若垫圈破损，应更换新垫圈。

⑥ 将新电空阀装上，先紧固安装座螺丝，再将接线紧固。

⑦ 开放风路塞门，闭合电源开关，检查工作正常并无泄漏。

7. 更换机车上的连接软管

（1）使用工具：尺寸适宜的扳手或管钳。

（2）操作程序。

① 关闭相关折断塞门，排净各相连管路中的压缩空气。

② 拆软管，一般先拆软管与用风部件相连的一端，再拆与风源相连的一端。

③ 换上符合要求的软管，将连接螺母拧紧。

④ 开放有关塞门，检查是否漏风。

8. 高压电器线路的连接和切断

在机车上进行高压线路的接线，因其电压高、电流大，一般均需螺栓固定连接，并需拧紧以防接触不良而发热或放电。

切断时，一般只需拆掉螺栓。切断导线的端子要用绝缘材料绑扎在适当地点。如果该导线端子带电，则应用绝缘材料将接线端子包扎数层，以保证绝缘。同时应注意使导线的接线端子与相邻导线或支架之间保持一个适当的安全距离。

9. 低压电器线路的接线和切断

在进行低压线路接线和切断时，应尽可能在接线端子上进行，或者用带绝缘胶套的克丝钳剪断，但应包扎绝缘。

如将两导线连接，可先用电工刀将导线的绝缘层剥掉，然后将裸体导线连接，并用绝缘带包扎。

10. 更换牵引电机炭刷

（1）使用工具及材料：活扳手、开口扳手、专用扳手、螺丝刀、砂布、塞尺。

（2）操作程序。

① 扣开电机检查孔盖，检查炭刷，电刷高度应不超过规定限度，接触面不少于 80%，刷盒底面相对换向片的平行度不应大于 0.5 mm，刷盒底面与换向器表面距离应在 2 ~ 3 m 范围内。

② 用扳手或螺丝刀松开电刷刷辫的紧固螺钉，取出电刷，装上同牌号电刷。新换上的电刷用砂布紧贴换向器表面研磨，使之与换向器弧面配合，两者接触面不少于 80%。

③ 将新换炭刷在刷盒孔内上下移动几次，除去炭粉和其他杂物，以保持电刷活动自如。用塞尺检查电刷与刷盒孔的间隙在 0.05 ~ 0.2 mm 范围内，注意刷辫不要碰上换向器的升高片。

④ 用弹簧秤检查电刷压力应在（30 ± 3）N 范围内，同一刷盒内电刷不应相差 3 N。

⑤ 用专用扳手松动胀紧螺栓、锁紧螺母，用专用工具转动刷圈，更换其余各组电刷。注意同一电机使用的电刷高度不应相差 5 mm，同一电刷的二分裂电刷高度不应相差 0.5 mm。

⑥ 更换电刷完毕，将刷架圈转回原中性位置，并胀紧。

第六节　HXD_3 型电力机车主要部件的保养

机车经过一段时间的运用后，由于各种原因，往往会造成部件损坏，直接影响到牵引任务的完成和机车的使用寿命。因此，加强机车保养工作，对提高机车质量，减少或避免机车故障、破损和临修，加速机车周转，保证铁路运输秩序和安全生产具有十分重要的意义。因此，为了提高机车的运用效率和使用寿命，机车乘务员也应该认真学习并掌握机车保养知识和技能，不断积累保养经验，提高机车质量，为铁路运输安全正点提供质量可靠的牵引动力。本节主要以 HXD_3 型电力机车为例，介绍机车主要部件的保养工作。

一、机车保养工作的要求及注意事项

（1）认真做好机车交接班和运行中的检查，及时消除并处理机车的常见故障，防止机车“带病”运行。

（2）经常清扫机车，保持良好的清洁状态。清洁机车最好使用棉布，以防棉丝头乱掉，引起电器部件接触不良或火灾。清扫的重点是各瓷瓶、高压电器和连接的绝缘部分及各油位表、轮箍和轮辐等。

（3）油润状态应重点检查日常给油处所、有油位表的定期给油处所、变压器、齿轮箱、抱轴承及压缩机，看其是否有漏油现象。

（4）禁止使用不合格的熔断器。

（5）电力机车的大部分电器工作在高电压、大电流情况下，对电器部件的触头系统，重点检查其开距、超程、接触压力、触头状态；对电器传动系统应重点检查其传动是否可靠、

准确，有无卡滞现象；对电器连接系统应重点检查有无断股、过热变色及安装松动等现象。

（6）车顶作业，必须办妥停电手续，挂好接地线方可进行。上车顶作业时应站稳抓牢，防止跌落和摔伤，作业完毕必须确认车顶无异物、人员后，方可关车顶门。

（7）各部件检查保养处理完后，应及时复位。

（8）机车上严禁抽烟。

（9）易燃物品应放在固定安全的地点，禁止在机车取暖设备上烤棉丝等物品。司机室无人时，严禁开启取暖设备。

（10）机车上的灭火器具应配备齐全，定期检查，确保作用良好。

（11）寒冷地区，应根据气候特点，做好机车防寒措施，加强防寒检查，消灭机车空气管路及阀门冻结现象。

二、DSA200 受电弓的保养

（1）区段往返后，受电弓支持绝缘子和拉杆表面必须进行维护保养，在车顶无电状态下，用带有干净汽油或酒精的白布擦抹绝缘子表面。

（2）应使用弹簧秤经常性对正常工作高度下受电弓的接触压力做检测，如有异常，须及时修理、调整或更换滑板，并重新测定和调整接触压力，使之符合要求。

（3）保持活动框架、转轴、铰链部分清洁，可用沾有汽油或酒精的白布擦抹，并定期用汽油清洗铰接部分，然后用白布擦净并涂以适量润滑脂。

（4）运行中如发现受电弓有强大火花、不正常的上举和上下降情况，必须进行调整。

（5）阀板上的滤清器应定期清洗，其周期由压缩空气供应装置的情况决定，特别是空气的污染程度。建议一开始 1 周检查一次，随着时间延长而延长检查周期。

（6）每 1 个月进行一次整个受电弓检查。若存在损坏的绝缘子、破损的软编织线、损坏的滑动轴承和变形的部件，都应更换。若滑板磨损到限，也得更换。每 6 个月进行一次接触压力检测（包括整个受电弓功能检测），软连线外观检测，弓头功能检测。每 1 年进行一次螺栓连接的检测：必须注意拧紧螺母和螺纹接头，特别注意滑板弹簧系统处的螺钉连接。

（7）更换软连线，维修周期为 4 年；更换轴承，维修周期为 8 年。

（8）当炭滑板残余炭高度为 5 mm 时，发生刻痕或剥落，由于电弧而出现变形或缺陷，炭滑板松动或渗水等情况，必须更换炭滑板。

如果只需更换一块炭滑板，要保证该炭滑板与另一炭滑板的高度差不超过 3 mm。如果需要更换两块炭滑板，拧开底部的 4 个 M8 螺母便可拆下炭滑板。

（9）受电弓不使用而需存放时，应对受电弓进行一次全面检查，若有零部件缺损、绝缘子裂纹、涂层脱落、水泥胶合剂脱落、紧固件松动等，都应进行更换、修整。

三、BVAC.N99 真空主断路器保养

1. 外观检查

进行断路器的外观检查、绝缘子（更专业的）检查（A）（裂纹或瓷釉损害）和 BTE 接

地开关连接装置的检查（B），如图 7-5 所示。用软制品或布把断路器外部清理干净。绝缘子的外部可以用硅树脂油脂进行清洗。发现外观有裂纹或绝缘子的瓷釉和密封件有损坏或接地绝缘子（参考易损件）的连接件有（触头弹簧）损坏时应及时更换。要特别注意的是，禁止使用任何含有氟酸盐或氯酸盐成分或钠硅酸盐产品清洗部件。

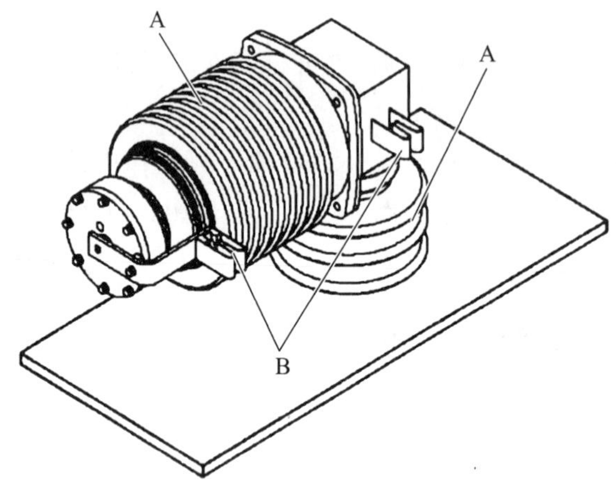

图 7-5 BVAC.N99 断路器的视图

2. 用力矩扳手检查扭紧力矩（见图 7-6）

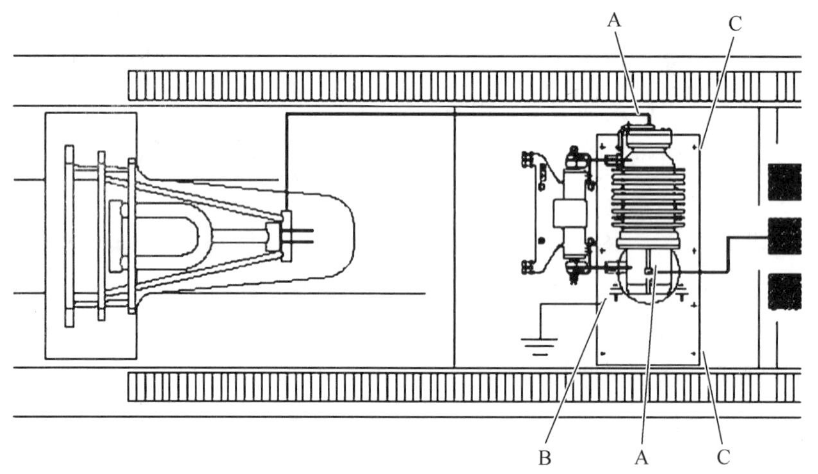

图 7-6 装有 BVAC.N99 断路器的车顶视图

A、B、C 三部件的扭力矩应满足表 7-12 的要求。

表 7-12 拧紧力矩参数表

部　件	检　查	扭力矩/N
A	高压连接部分	67
B	接地连接部分	50
C	断路器固定螺栓	67

3. 气路检查

为了保证气路元件的正常动作，必须找到机车上管路中容易积水的调压阀、BVAC 储风缸等器件，并定期排除积水；必须检查连接断路器的主要管道的密封性，包括连接器的密封件、塞门密封件和软管。

四、BTE25040L1A2B02 型高压接地开关的保养

（1）安装法兰与车顶盖之间密封良好，不得漏雨。

（2）所有紧固件应紧固到位。

（3）接地电缆和铜编织线应安装良好，无断裂或破损现象。

（4）闸刀应能准确滑入主断路器的触头弹簧片内，传动机构动作灵活，锁组装连锁可靠。

（5）检查闸刀和触头弹簧片的外观、磨损和清洁度。闸刀受损或触头弹簧片变形或断裂，或磨耗较大，应及时更换。若发现闸刀和触头弹簧片之间有污物时，必须及时彻底清理并涂少许美孚 SHC100 润滑脂。

五、主变压器的保养

（1）检查潜油泵、油配管、压力释放阀、油流继电器、通风机、接线端子等是否完好。

（2）观察储油柜油面，油位应在规定范围内，温度计应指示正常。

（3）检查所有蝶阀都应在开启状态。

（4）高压 25 kV 绕组在 1 V 端接地应良好。

（5）检查变压器是否漏油，油路系统各部件、接头应无裂损及渗漏现象。

（6）发现主变压器外表有涂料剥落和金属表面生锈的现象时，应除去锈痕、污物和剥落涂料并补刷漆。

六、变流装置的保养

（1）外观检查有异常立即维修，不能维修时应及时更换。

（2）绝缘电阻阻值不符合要求时，检修或更换有故障的部件。电线出现老化或损坏等异常情况时，应立即更换。接线端子、端子排有变形时应及时维修，有变色、裂纹时应更换。

（3）配管部分出现泄漏冷却液的部分时应增加紧固。增加紧固也不能修改时，则需更换衬垫、密封带。

（4）逆变器、整流器单元，外观有异常情况时需修理，不能修理时则需更换。门极放大器出现老化或焊点开裂等异常情况时，需更换。

七、司机控制器的维护与保养

（1）司机控制器的名牌及标识符号应齐全、完整、清晰、正确。

（2）司机控制器各部件应清扫干净，绝缘性能良好，对外连接插座连接正确，零部件齐

全完整。

（3）各紧固件齐全，紧固状态良好。

（4）控制手柄在各个挡位之间应转动灵活，无机械卡阻，相邻两挡位之间不应出现停滞现象。

（5）换向手柄在各个挡位之间应转动灵活，无机械卡阻，相邻两挡位之间不应出现停滞现象。且手柄在“0”位时，应顺利卸下。

八、车钩保养要求

（1）检查车钩“三态”作用必须良好。

（2）车钩在锁闭后，钩舌尾部与锁铁垂直面的接触高度、钩舌与锁铁的间隙、钩锁铁垂直活动量，均须符合限度规定。钩体防跳凸台的作用面须垂直，钩舌与钩体的上下承力面接触良好。

（3）钩舌销与钩耳孔、钩舌销与钩舌孔、钩舌与上钩耳之间的间隙，车钩的开度，车钩的中心高度，钩尾销尺寸及钩尾销与钩尾销孔的间隙等须符合限度规定。

（4）车钩复原装置作用良好，均衡梁与吊杆不得有裂纹。

（5）车钩各零部件不得有裂纹，下列情况禁止焊修，必须更换新的部件。

①钩体上有横向裂纹时，销孔向尾端有发展的裂纹时，钩耳销孔处有超过断面 40%的裂纹时；

② 钩舌有裂纹时，锁铁及钩舌锁铁有裂纹时；钩舌销有裂损。

（6）钩尾扁销及螺栓、钩身托板及螺栓等齐全紧固。

九、牵引缓冲装置保养要求

（1）前、后磨耗板有裂纹及变形时需整修。

（2）从板座缓冲器与从板座及尾框各工作面必须接触，其组装中心偏差、尾框厚度及尾框安装从板处的磨合量，均须符合限度规定。

（3）车钩尾框上的裂纹及销孔向前延伸的裂纹禁止焊修。

（4）各零件摩擦面必须涂润滑油。

十、空气制动机保养要求

（1）空气制动阀、IPM、RIM 及 EPCU 上的各模块性能良好，并应进行制动试验。

（2）止回阀、调压阀、紧急放风阀、总风缸安全阀均须符合要求和限度。

（3）各止回阀动作可靠，不得泄漏。

（4）各折断塞门灵活，开闭位置正确、无泄漏，各管道固定良好，接头不得松脱。

（5）制动软管、连接器无裂损、变形，丝扣完好。制动软管定修时，应进行风压、水压试验，无泄漏，局部不得膨出，外径胀大量不得超过 10 mm。

（6）制动系统内部的各部件间的连接线良好，不得松动。

（7）定期检查风缸、管路清洁程度，不得有积水和锈蚀现象。

十一、主压缩机保养要求（SL22-47 或 TSA230-AVI）

（1）每工作 100 h，进行油面、真空指示器、油滤指示器检查。

（2）每工作 300 ~ 500 h 后，如空气过滤器的真空指示器显示红色时，清洁空气过滤元件，或更换；检查油位，进行补油；如油滤指示器为红色时或满 500 h 时应更换新滤芯；检查安全阀动作是否灵敏；检查温度开关动作是否灵敏；检查气、油路系统各接头有无松动、锈蚀。

（3）每工作 1 000 h 或一年后需要更换空气过滤器、清洗冷却器，如油过滤器上压差指示为红色时，更换油过滤器滤筒，并化验润滑油。

（4）每工作 1500 ~ 2 000 h 或两年后，更换新油，更换油细分离器，检查温度开关、压力维持阀是否正常工作，检查压力开关、进气阀是否正常工作。

十二、砂箱及扫石器维护保养

（1）砂箱无破损，砂箱支座无裂纹，扫石器支架无裂纹，安装螺栓紧固可靠。

（2）砂箱盖及卡子齐全，作用良好，砂管畅通。

（3）砂管距轨面及踏面的距离应符合规定，排石器胶管距轨面的距离应符合规定。

第七节　电力机车故障应急处理

一、故障应急处理的意义

机车故障应急处理：在机车运行中发生故障时，用最简便的办法、最短的时间，将故障排除或将故障部分切除，以防止故障扩大，维持故障运行。

故障运行：在故障状态下，经应急处理后，维持到终点站或车站的运行。

二、正确进行故障应急处理的要求

正确进行故障应急处理，首先要弄清楚机车故障过程的全部现象，司机台信号灯及各仪表的显示，然后对故障现象进行正确地分析、判断后，采取相应的措施，妥善实施处理。

机车运行中发生电气故障，往往采用“手动”和“短接”两种方法强迫某个故障电器动作（仅适用于控制电路或高压电器的低压部分）。使用“手动”方法，要熟悉故障电器所处的具体位置、功用、结构和电压等级，要合理、准确、迅速，否则误触电气高压部分将造成触电，其他部件受损或触电的焊接拉弧等以致烧损电器。还应考虑强迫闭合时司机手柄的配合操作。“短接”方法处理故障要慎重，认清线号和端子，要接好短接线，以免发生窜电现象扩大故障。

三、机车部分设备故障应急处理方法

1. 受电弓部分故障应急处理

（1）一台受电弓滑板或导弧角损坏或刮弓损坏后，若没接地，又不超限，则换弓维持运行；若超限或接地时，请求停电，在得到电调命令后挂好接地线，上车顶处理。

（2）一台受电弓降不下来，若属于受电弓本身故障，可暂不处理，维持回段处理。如遇临时降弓信号，应立即停车，问明情况，适当处理；万不得已时，应请求停电，挂好地线，上车顶处理后，换弓继续运行。

（3）受电弓升起，车顶有放电响声时，若只响一次，又不影响接触网供电，可维持运行；若连续响时，应请求停电，挂好接地线，上车顶检查处理后，继续运行。

2. 主断路器部分故障应急处理

（1）主断路器不闭合时，确认是主断路器本身故障，可将调速手柄放到“0”位，并确认受电弓降下后，拉回电钥匙，手按合闸电磁铁衔铁杆或用螺丝刀扳动转动瓷瓶下方转轴，强迫闭合。过绝缘分相段时不断开主断路器，降弓通过。

（2）如果是转动瓷瓶或转轴断裂，一般请求救援；特殊情况下，请求停电，挂好地线，上车顶强迫闭合。

（3）主断路器断不开时，如无其他故障，可不处理，过分相绝缘段时切除牵引力，关闭全部辅助机组，降弓过分相绝缘段。若有其他故障显示，应对应处理。

3. 劈相机部分故障应急处理

（1）一台劈相机接地或烧损。当接触器无焊接时，将相应的故障隔离开关置故障位，用另一台劈相机维持运行；SS_4 改型电力机车则用通风机组电动机电容分相启动，代替劈相机维持运行。若接触器焊接，则应断电后撬开触头，再切除故障劈相机。

（2）两台均烧损时，一般请求救援。

（3）劈相机启动电阻折断或烧损时，用启动电阻转换开关换至另一组电阻。

4. 压缩机部分故障应急处理

（1）一台压缩机电机烧损或不启动，可用相应的故障隔离开关切除该电机，使用另一台压缩机维持运行。

（2）两台均烧损时，则请求救援。若是两个接触器故障不吸合，来不及处理时，检查主触头系统良好，可人为闭合接触器打风，维持回段。

5. 通风机组部分故障应急处理

（1）当牵引通风机故障时，断开相应的故障隔离开关切除故障风机，并切除故障通风机供风冷却的牵引电机，打开平波电抗器下面的小门，维持运行或要求减吨运行。

（2）制动风机或励磁风机损坏或制动电阻带烧损时，禁止使用电阻制动。

（3）潜油泵烧损或不启动，可用油泵隔离开关切除维持运行，但必须监视变压器油温不得超过 90 °C；超过 90 °C 时，应在车站停车冷却后继续运行。

6. 两位置转换开关部分故障应急处理

（1）前、后工况不转换时，电力机车要停车断电后方可处理或人工转换；人工转换后同时关闭相关塞门，维持运行。

（2）牵引、制动工况不转换时，可在运行中降弓断电的情况下，确认励磁接触器释放后，人工转换维持运行。

7. 固定分路电阻部分故障应急处理

当某个固定分路电阻烧损或折断时，在牵引状态下，给定Ⅰ级磁场削弱维持运行；在制动状态下，控制住励磁电流维持运行。但需处理好故障处所，保证不放电、不接地。

8. 接触器部分故障应急处理

（1）当接触器焊接时，断电后将其撬开，根据焊接情况进行打磨或整修处理。

（2）当接触器烧损时，断电后将各触头断开，停止使用，然后按相关电机故障应急处理办法处理维持运行。

（3）接触器线圈烧损时，又必须使用相关的电机电器时，可将其顶死维持运行，过分相绝缘段后，合闸前，需将顶死的接触器放开，待劈相机重新启动完成后，才可再次顶死维持运行，以免相关的电机单相烧损。

9. 主回路接地故障部分故障应急处理

（1）运行中发生接地时，应立即进行检查，未发现异状时，可试合一次闸，若还跳闸，则将主接地装置闸刀开关放到故障位，加强走廊巡视，维持运行，停站时视情况处理。

（2）主回路发生接地后，一般停止使用电阻制动。

（3）主回路发生接地引起网侧过流继电器动作，检查无异状后可再闭合一次主断路器，若还动作，则请求救援。

10. 辅助回路接地部分故障应急处理

若发现故障机组时，按该机组故障运行办法处理；若未发现故障处所时，可将辅助电路接地开关断开，加强走廊巡视，维持运行。

四、SS_4改型电力机车常见故障及其处理

1. 运行中某节车控制电源故障（电压达不到110 V）的检查处理

现象：某节车控制电源电压表只显示蓄电池电压，达不到110 V。

检查处理：

（1）将该节车电源柜转换开关转至另一组，若恢复正常，可维持运行。

（2）检查自动开关600QA跳开时，重新合上。

（3）以上处理无效时，可将该节的668QS打到重联位，同时断开666QS、667QS，维持运行。

2. 断主断路器或主断路器跳闸时，受电弓自动落下的检查处理

现象：列车自然制动，显示屏全部熄灭，受电弓落下，控制电压表显示为0。

检查处理：

（1）检查自动开关601QA跳开时，重新合上。

（2）处理无效时，可将该节的668QS打到重联位，同时断开666QS、667QS，维持运行。

3. 运行中，受电弓自动落下的检查处理

现象：主断路器跳开，显示屏显示“零压”，受电弓落下。

检查处理：

（1）换弓运行。

（2）换弓无效时，检查两节车保护阀，仍不吸合，则人工闭合保护阀BHF，维持运行。

4. 主断路器合不上的检查处理

现象：闭合主断路器扳钮全车无合闸声音，显示屏“主断”不灭，辅助电压表指示为零。

检查处理：

（1）检查调速手柄不在零位时，将其移回零位。

（2）处理后仍不能合闸时，可采用人工合主断路器，关辅机降弓过“分相”的方法，维持运行。

5. 闭合劈相机扳钮，主断路器即跳的检查处理

现象：闭合劈相机扳钮主断路器即跳，某节显示屏显示“零压”，劈相机不启动。

检查处理：将故障节零压故障隔离开关236QS置于“故障位”维持运行，此时全车零压保护仍起作用。

6. 闭合劈相机扳钮，无任何声音的检查处理

现象：闭合劈相机扳钮，两台劈相机均不启动，各辅机时间继电器均未吸合。

检查处理：

（1）检查操纵节自动开关605QA跳开时，重新合上。

（2）将自起劈相机隔离开关591QS置于“自动位”，恢复正常，维持运行。

（3）若不行，可更换劈相机扳钮。

7. 闭合劈相机扳钮，某节劈相机无启动声音的检查处理

现象：闭合劈相机扳钮，某节显示屏劈相机灯未显示亮后灭，各辅机时间继电器吸合正常。

检查处理：

（1）检查劈相机启动电阻接触器213KM未吸合时，可人工闭合213KM，待劈相机启动3～5 s后松开。

（2）将故障节劈相机开关242QS置于“通风机位”，296QS置于“电容位”，改用一位牵引风机电容分相启动，在网压不低于22 kV时，即可投入其他辅机运行。

（3）SS_{4B}型机车，将故障节劈相机1隔离开关242QS置于“2”位。

8. 闭合压缩机扳钮，两台压缩机均不启动的检查处理

现象：闭合压缩机扳钮，总风缸压力不低于 750 kPa，两台压缩机均不启动。

检查处理：

（1）闭合强泵风扳钮，若两台压缩机启动正常时，可维持运行。

（2）闭合强泵风扳钮后两台压缩机仍不能启动，且牵引风机等其他辅机也不能启动时，可短接劈相机时间继电器 533KT 常闭触头（561#～577#）。但应注意：只有劈相机启动正常后，才能闭合其他辅机扳钮，启动辅机。

（3）闭合强泵风扳钮后，两台压缩机仍不能启动，且牵引风机等其他辅机也不能正常启动时，SS_{4B} 机车可短接劈相机 2 的时间继电器 534KT（576#～577#）常闭触头。注意：只有在劈相机启动正常后，才能闭合其他辅机。

9. 闭合牵引风机扳钮，某节牵引风机不启动的检查处理

现象：闭合牵引风机扳钮，某节两台牵引风机均不启动，其余各辅机启动正常。

检查处理：

（1）将故障节牵引风机故障隔离开关 575QS 置于“故障位”，若第二台牵引风机启动正常时，可维持运行。切除牵引风机时，应同时切除相应的牵引电机，并加强走廊巡视。

（2）575QS 置于“故障位”后第二台牵引风机仍不能启动时，应将 575QS 恢复至“正常位”，短接劈相机启动中间继电器 566KA（578#～579#）常开触头，维持运行。

10. 操纵司机控制器换向手柄，一节车或两节车两位置转换开关“前”“后”“牵引”“制动”均不转换

现象：

（1）两节车均不转换。

（2）一节车不转换。

检查处理：

（1）两节车均不转换，检查自动开关 604QA 跳开时，重新合上。若未跳，短接电钥匙 570QS 联锁（465#～401#）维持运行。

（2）一节车不转换，可人为顶住零位中间继电器 588KA 进行转换。

上述故障均可人工转换，维持运行。

11. 两节车预备灯灭，一节车有电流，另一节车无电流的检查处理

现象：两节车预备灯灭，提手柄一节车牵引电机电流表有电流显示，另一节车牵引电机电流表指示为零。

检查处理：

（1）检查重联插座，松时插紧。

（2）若无效，可将零位时间继电器 532KT 顶在得电位或短接 532KT（531#～503#），常开触头，但此时应特别注意以下两点：

① 将 532KT 顶在得电位或短接前，要先确认两位置开关转换到位后，方可进行。

② 此时即使调速手柄在零位，12KM、22KM、32KM、42KM 将仍处在吸合状态，因此

机车换向运行时（特别是非操纵机车），必须松开 533KT 或拆除短接线。

12. 两节车预备灯灭，但全车无电流无电压的检查处理

现象：两节车预备灯灭，提手柄两节车的电流电压表均指示为零。

检查处理：

（1）检查非操纵节电钥匙 570QS 在“1”位时，恢复正常运行。

（2）转换两节车电子柜转换开关，若正常，维持运行。

（3）用副台操纵正常，维持运行（此时级位只能达 4 级），有时间时可将非操纵节主台司机控制器转换到操纵节，继续运行。

（4）短接操纵节预备中间继电器 566KA 常开触头（577#～558#）恢复正常，维持运行。

（5）短接操纵节 569KA 常闭触头（401#～419#）恢复正常，维持运行。

13. 操纵节故障失去牵引力，甩单节仍用该节车操纵机车的方法

（1）操纵节应具备的条件。

① 具有控制电源；

② 司机控制器作用正常；

③ 有关电子插件工作正常；

④ 制动机控制作用正常；

⑤ 两节车间重联装置正常。

（2）方法。

① 将操纵节做以下处理：

a. 零压隔离开关 236QS 置于“故障”位。

b. 劈相机开关 242QS 置于“中间试验”位。

c. 确认主断已断开，将主断隔离开关 586QS 置于“故障”位。

d. 若因故障引起保护性跳闸，还应对有关保护电器解锁，并用对应隔离开关切除该保护系统。

e. 人为闭合预备中间继电器 556KA。

f. 操纵节电子柜转换扳钮打到中间位。

② 将故障节控制电源重联闸刀 668QS 置于“重联”位。

③ 甩单节时，应切除相应的线路接触器，以免在换向运行时发生逆电操作。

④ 牵引吨位多，单节无法维持时，请求救援。

14. 运行中，主断路器跳闸，并显示“主电路接地”的检查处理

现象：主断跳开，主台显示器显示前或后“主接地”副台显示屏显示相应节“主接地 1”或“主接地 2”。

检查处理：

（1）重合主断，若恢复正常，可继续运行。

（2）主断合不上，其显示屏仍显示原接地处所时，可根据显示屏显示处所采用将两台牵引电机故障隔离开关分别置于“中间”位的方法，找出并切除故障电机，维持运行。

电机故障隔离开关置于“中间”位切除故障电机后，电阻制动将无法使用，此时长大下坡道可使用空气制动放坡，但应加强双机配合并严格执行空气制动放坡的有关规定。

15. 运行中，主断路器跳闸，并显示“辅接地”的检查处理

现象：主断跳开，主台显示屏显示前或后节“辅助回路”故障；副台显示屏显示相应节“辅接地”。

检查处理：

（1）重合主断若恢复正常，可维持运行。

（2）主断合不上，显示屏仍显示该故障时，可断开所显示节的所有辅助设备（电炉、窗加热、壁炉等）的隔离开关及其自动开关，再合主断恢复正常时，可继续运行。

（3）重合主断，在某一台辅机一启动主断跳开且显示“辅接地”时，可将该辅机的故障隔离开关置于“故障”位，切除故障辅机，维持运行。

切除牵引风机时，应同时切除相应的牵引风机，并加强走廊巡视。切除制动风机后，禁止使用电阻制动。

16. 运行中，某台牵引电机过流，主断跳开的检查处理

现象：主断跳开，主台显示屏显示前或后节“牵引电机”故障；副台显示屏显示“牵引电机 X”故障。

检查处理：

（1）重合主断及给流，若恢复正常，可继续运行。

（2）重合主断，给流后主断跳开并显示“牵引电机故障”时，应根据显示屏的显示，将相应的牵引电机的故障隔离开关置于“中间”位，切除故障电机，维持运行。

（3）若主断一合即跳，并显示“牵引电机故障”时，应根据显示屏的显示，检查相应的牵引电机直流电流传感器，将其三根连线拆除，并用绝缘胶布包扎固定好，维持运行。

17. 闭合劈相机扳钮，劈相机启动声音异常的检查处理

现象：劈相机启动声音异常。

检查处理：

（1）立即断开劈相机扳钮。

（2）检查确认启动电阻接触器 213KM 不能正常吸合时，可在启动劈相机 3 ~ 5 s 后，人工闭合劈相机启动中间继电器 566KA。

（3）检查确认劈相机启动电阻烧损时，可换接另一组。

（4）若不行，将劈相机开关 242QS 置于“通风机”位，296QS 置于“电容位”，改用一位牵引风机电容分相启动，在网压不低于 22 V 时，即可投入其他辅机运行。

18. “电空位”故障改用“空气位”操纵的转换方法及注意事项

（1）转换方法。

① 将操纵节空气制动阀上的“电-空”转换钮置于“空气位”。

② 将操纵节空气制动屏上的“电-空”转换阀 153 置于“空气位”，并断开自动开关 615QA。

③ 将操纵节空气制动阀手柄移至“缓解位”。

④ 将操纵节空气制动阀的调压阀 53 调整至规定压力。

⑤ 如非操纵节转“空气位”或处于“电空位”无电空控制电源，应将非操纵节的中继阀座下方的制动管塞门 115 关闭。

（2）“空气位”操纵的注意事项。

① 需单独缓解机车制动时，应下压空气制阀的手柄。

② 需要施行紧急制动时，可按下紧急制动按钮或迅速打开手动放风阀，并将空气制动阀的手柄推向“制动位”。

③ “空气位”操纵时，没有加速充气作用，应适当降低缓解速度。

④ “空气位”操纵时，制动管若有泄漏会得到“补风”而发生自然缓解，应密切注意速度变化及进行追加减压。

⑤ 单机运行动车前，必须确认均衡风缸及制动管已充风至规定压力。缓解时，应将单阀手柄放在缓解位缓解机车制动。

19. 制动管过量供给的消除方法

现象：均衡风缸及制动管过量，超过规定压力，甚至与总风缸压力一致。

处理：

（1）发现制动管过量供给时，应立即关闭 157 塞门并转“空气位”操纵（此时应将操纵节空气制动阀的调压阀调整至过量供给后的压力值）。

（2）利用途中调速或停站时机，按“减二充一”的方法消除过量供给。具体方法为：每次施行 200 kPa 的减压，将调压阀调整至大于均衡风缸减压后的压力值 100 kPa 后，调压阀调至均衡风缸的规定压力为止。

20. 因中继阀总风遮断阀故障，制动管无法充风的检查处理

现象：均衡风缸充风正常，制动管无法充风且无大排风声音。

检查处理：

（1）确认中立电空阀 253 不释放时，可关闭 157 塞门，松开 253 电空阀的管接头，转“空气位”运行。

（2）确认 253 电空阀正常后，轻击总风遮断阀，使其复位。

五、HXD_3型电力机车常见故障及处理

1. 受电弓故障

现象：升不起弓或自动降弓。

处理方法：

（1）检查升弓气路风压是否高于 600 kPa。如低于此值，应按压一下辅助压缩机按钮 SB95（在控制电器柜上），使用辅助压缩机泵风，当风压达到 735 kPa 时，辅助压缩机自动停机。

（2）检查控制电器柜上的各种电器开关位置，应置于正常位置。如有跳开现象，应检查

确认后，重新闭合开关。

（3）换弓升弓试验。

（4）若机车运行中自动降弓，停车确认受电弓损坏程度，记录刮弓的地点。通过低压电器柜上的开关 SA96，控制隔离开关 QS1 或 QS2 隔离损坏的受电弓。可以换弓继续运行。若刮弓导致受电弓破损严重，需要登车顶作业，请求停电，应做好必要的安全防护。

（5）若故障在乘务员接乘时出现，检查管路柜内蓝色钥匙，应处于竖直位，即开放状态。

（6）故障在接乘时出现，可以使用正常的受电弓运行，也可以按照下面的步骤查找故障受电弓的问题。

① 检查升弓塞门 U98，应置于打开位置（顺位开通）。

② 主断控制器，将其上面的开关置于“停用”位置，如能升起弓，说明主断控制器有故障。

2. 主断合不上

处理方法：

（1）检查气压正常，不低于 650 kPa（保证风压继电器 KP58 闭合）。

（2）检查司控器主手柄处于“0”位。

（3）检查两端司机室操纵台上的紧急制动按钮，应该在弹起位。

（4）半自动过分相按钮在正常弹起位。

（5）过分相后合不上主断，关闭全自动过分相装置。

（6）若故障在接乘时发生，检查各相应的塞门开关。检查主断气路塞门 U94 置于开启位（顺位开通）。检查 CI 试验开关 SA75 置于“正常”位。

3. 提牵引主手柄，无牵引力

处理方法：

（1）确认各风机启动完毕（换向后，风机启动）。

（2）确认停车制动在缓解位，制动缸压力小于 150 kPa 时，操纵台停车制动红色指示灯应熄灭。

（3）确认制动系统 CCB-Ⅱ显示幕不显示动力切除状态。

（4）监控未发出卸载信号。

（5）通过 TCMS 显示屏查看机车部件的状态，发现异常，到低压电器柜检查对应的自动开关是否处于闭合位。

4. 主变流器故障

现象：跳主断，故障显示灯亮，计算机显示主接地、牵引电机过流、主变压器牵引绕组过流、中间回路过电压、网压异常等信息。

处理方法：

（1）将司控器手柄回“0”位，按操纵台“复位”按钮，再合主断提手柄试验。此时注意 TCMS 提示的内容，包括故障信息和电机牵引力情况。

（2）如合不上主断，或提手柄后就跳主断，应根据提示隔离相应的主变流器，然后再合主断试验牵引。隔离操作需要在计算机屏上手触进行。隔离切除后，机车损失部分动力。

注：当故障严重时，在司机室有可能听到机械间里有很大的“放炮”声音，并可能有冒烟现象，司机室计算机屏显示相应的主变流器故障。

5. 辅助变流器故障

现象：跳主断，故障显示灯亮，计算机显示辅助变流器输入过流、辅助回路过载、中间回路过电压、辅助回路接地等故障信息。

处理方法：

（1）辅助变流器有两组，当一组出现故障时，计算机会自动转换。此时通过计算机显示屏查看信息，KM20 应闭合。

（2）若计算机转换异常，可以手触显示屏“开放”故障的一组辅助变流器，让 TCMS 切除转换；也可以断合低压电器柜上的辅助变流器自动开关 QA47 进行复位转换。

（3）若还不能正常转换，需要停车降弓，断开蓄电池总电源 30 s 以上进行复位。

注：当切除一组辅助变流器后，牵引风机将全速运转，只有一台空压机投入工作。

6. 油泵故障

现象：机车降 1/2 功率，计算机显示信息，故障显示灯亮。

处理方法：

（1）当两个油泵有一个故障时，先断合几次故障油泵的空气自动开关（QA21、22），如能恢复，则继续运行。

（2）如仍有故障，TCMS 检测到信号后会自动将相应的三组主变流器隔离，即切除一个转向架的动力。在可能的情况下，维持运行至前方站，再做处理。

7. 主变油温高故障

现象：跳主断，继电器 KP52 动作，计算机显示信息。

处理方法：

（1）在停车状态下，用手触摸油箱检查油温，观察机车右侧油温表是否异常，不能高于 90 °C。若油温高，油温高继电器动作，不允许机车运行，否则影响变压器绝缘、氮气保有量等，需请求救援。

（2）断合总电源复位，若故障消除继续运行。无效，则请求救援。

8. 牵引风机故障

现象：机车降 1/6 功率，故障显示灯亮，计算机显示风机故障或风速故障。

处理方法：

（1）当一组风机故障时，可断合几次相应的空气自动开关（低压电器柜上）。

（2）若故障无法恢复，TCMS 会自动将相对应的一组 CI 切除，也可在计算机屏手触切除，即主变流器 6 组中有一组不工作，机车保持 5/6 的牵引力，可维持运行。

9. 冷却塔风机故障处理

现象：故障显示灯亮，计算机显示冷却塔风机或风速故障。

处理方法：

（1）当一组冷却塔风机故障时，可断合几次相应的空气自动开关（QA17、18）。

（2）如确实故障，只在 TCMS 显示器上报故障，机车仍能继续牵引。

注意：虽然能正常工作，但变压器油温会逐渐升高，最终会因为油温高而停止动力输出。司机可根据牵引吨位、行走路程，判断是否前方站停车，也可以征求技术人员意见做出判断。

10. 空转故障

现象：空转故障显示灯亮，计算机显示电机空转。

处理方法：

（1）按压“复位”按钮，适当降低牵引级位，人工撒砂。

（2）若某个电机持续空转，通过计算机屏切除相应的主变流器。机车损失 1/6 动力。

11. 110 V 充电电源（PSU）故障

现象：计算机显示 PSU 故障。

处理方法：

（1）PSU 有两组，当有一组出现故障时，计算机会自动转换。

（2）若计算机没有转换，尽量在前方站停车，输入检修密码“000”，修改日期，如今天是 6 月 1 日，改成 6 月 2 日或 5 月 30 日等，以此类推，即改变日期的奇偶数，断合总电源复位，计算机重启将 PSU 转换到另外一组工作。

12. 控制回路接地

现象：操纵台控制回路接地故障显示灯亮，控制回路接地开关 QA59 跳开。

处理方法：

（1）检查低压电器柜上的各开关，是否有跳开（除 QA59）。

（2）若有跳开，查看其对应的功能，尝试重新闭合。

13. 原边过流故障

现象：主断跳开，故障显示灯亮，计算机显示信息。

处理方法：

（1）手柄回零，按“复位”按钮，重新闭合主断试验牵引。

（2）若无效，则请求救援。

14. 各种电气故障不能复位、不能解决的处理

本机车是计算机控制机车，多数故障计算机系统能自动进行转换处理，并提示相关的信息。

若计算机系统没有处理或转换异常，而现存故障又严重影响机车牵引时，需要停车降弓，断开蓄电池电源 30 s 以上（QA61），让计算机系统重启复位。

特别注意：机车在断开蓄电池总电源后，列车管压力将以常用最大减压量减到 0。

15. 制动机系统故障产生的惩罚制动

现象：机车实施常用或紧急制动，制动显示屏显示惩罚制动、显示器识别错误等信息。

处理方法：

（1）通过变换制动机手柄位置，尝试恢复。

（2）停车降弓，断开蓄电池总电源 30 s 以上，再重新闭合。

（3）这种故障一般只在一个操纵端出现。乘务员换成后端操纵，二人配合，一人控制机车，一人在前端瞭望，将列车维持进前方站后，请求救援。

16. 弹停风管破损

现象：“停车制动”指示灯亮，TCMS 主画面显示全车功率输出为 0。

处理方法:

（1）将制动柜上的弹停塞门关闭。

（2）将检查发现裂漏的弹停风管拆下。

（3）将车体下第 1 或第 6 轴上方并排安装的 3 根同规格软管中，除最右边软管之外的另两根软管（撒砂与砂加热软管）之一拆下，替换拆下裂漏的弹停软管。

（4）弹停软管恢复后，重新打开弹停塞门，并做制动缓解试验，动作正常即可继续牵引列车。

17. 制动屏突然黑屏

现象：制动屏突然黑屏，列车管自动减压而停车。

处理方法：

（1）断电降弓，断开蓄电池开关 QA61，30 s 以上再复位，制动屏显示正常后恢复运行。

（2）断电复位仍无效时，将前后端显示屏倒换，操纵端显示正常后恢复运行。

18. 大闸运转位列车管不充风

现象：制动屏上有“动力切除”显示。

处理：

（1）大闸手柄置于“抑制”位或“重联”位，等待“动力切除”消失后，回运转位充风。

（2）大闸非常制动或列车分离，使用放风阀、紧急停车按钮后，列车管排为 0，大闸手柄需在非常位停留 60 s 后，再回运转位充风。

（3）如动力切除不消失，应在 LCDM 上按 F3 键，查看制动机设置信息，并确认设置为操纵端和投入状态。

【本章小结】

本章主要介绍了电力机车乘务员应该掌握的基本知识和基本技能，包括电力机车检查基本知识、SS_4 改型电力机车及 HXD_3 型电力机车检查顺序及要求、HXD_3 型电力机车主要部件的保养、电力机车故障处理基本知识、SS_4 改型电力机车及 HXD_3 型电力机车常见故障处理等。

机车乘务员要熟练掌握机车检查、给油、保养以及故障处理的基本知识、基本技能要点和规范。运行中，机车如果发生故障，在不扩大事故后果的原则下，能够根据故障特征、机车线路特点、列车质量等，准确地判断和处理故障，从而维持列车运行。这就要求乘务员在实际工作中多学习理论，注意观察分析和总结，不断积累经验，才能确保在工作中得心应手，快速判断处理，保证列车安全正点运行。

【事故案例】

“8·28”京哈列车冲突重大事故

一、事故概况

1997年8月28日，沈阳铁路局长春机务段DF_4型7465号机车，司机齐某、副司机刘某，担当长春至四平间3312次货物列车（编组44辆，总重3 352 t，换长55.80）牵引任务。列车运行至K671 m+948 m处，因机车故障，司机到机械间处理故障，列车自然停车并向后溜逸，副司机未采取停车措施，与后续472次旅客列车冲突。造成472次列车的本务机车和二位宿营车脱轨，3312次货物列车机后36～38位颠覆，41～44位脱轨。旅客死亡2人、轻伤9人，乘务员死亡2人，中断上行线行车11小时50分，构成行车重大事故。

二、事故原因

运行途中机车发生故障后，司机擅自离开岗位到机械间处理故障，使列车处于失控状态，列车自然停车继而向后溜逸，副司机没有采取制动措施。

三、事故教训

（1）现场作业控制不力。对乘务员运行中离岗的违章违纪问题处理不严，致使安全措施没有得到很好落实，现场控制和防范不到位。

（2）人员的技术业务素质不过硬。副司机不会处理本职应知、应会的机车故障，在司机违章作业离开岗位处理故障、列车向后溜逸的紧急情况下，没能采取制动措施，而去机械间找司机，反映出个别乘务员在非正常情况下处理问题的能力低下。

（3）机车检修质量不过硬。段内检修不细，运行中机车故障频繁发生给运输安全带来极大隐患。

（4）干部作风不实。部党组提出的干部包保班组，路局虽然有明确的指导意见，分局也制定了细化措施，但长春机务段对7465号机车组，没有派得力干部包保，只派一名没有乘务经验的统计员去包保，没有起到包保班组的作用，使包保工作流于形式。

（5）考核的导向不利于安全。机务段为防止机车途中故障，影响运输秩序，规定了机车停在区间内，将给予运用车间、车队和机班严厉的经济处罚，并打消该机班的“百安赛”。因而，该机班在运行中只顾处理故障，忽视了行车安全。

【复习思考题】

1. 电力机车检查的目的是什么？
2. 电力机车检查的方法有哪些？
3. 电力机车检查的注意事项有哪些？
4. 电力机车检查如何分工？

5. 电力机车给油的方法和注意事项有哪些？

6. 总结 SS_4 改型电力机车检查顺序及各部分检查要求。

7. 总结 HXD_3 型电力机车检查顺序及各部分检查要求。

8. 受电弓的保养内容有哪些？

9. 主断路器的保养内容有哪些？

10. 主变压器的保养内容有哪些？

11. 避雷器的保养内容有哪些？

12. 主变流器的保养内容有哪些？

13. 高压接地开关的保养内容有哪些？

14. 司机控制器的保养内容有哪些？

15. 车钩缓冲装置的保养内容有哪些？

16. 空气制动机的保养内容有哪些？

17. 电力机车故障应急处理的意义和要求有哪些？

18. 分析 SS_4 改、HXD_3 型电力机车常见故障的原因及其处理办法。

19. 在 SS_4 改、HXD_3 型电力机车机车模拟、仿真装置上进行相应的故障设置和处理练习，掌握故障处理的流程和方法。

第八章　电力机车乘务员一次乘务作业过程

机车乘务员是铁路运输的主要技术工种，担负着驾驶机车，维护列车安全正点的责任。机车乘务员的基本任务是：正确操作，爱护机车，合理利用机车功率，安全正点，多快好省地完成客货运输及站段调车任务。运输任务完成的质量好坏，与机车乘务员技术水平的高低、乘务作业过程的规范化关系很大。

为了保证列车安全正点运行，机车乘务员除不断提高操纵技术外，还要加强安全生产知识和规章制度的学习，乘务工作中严格执行《铁路技术管理规程》和《铁路机车操作规则》等有关规章命令；熟悉工作规律，熟悉线路特点和气候情况，根据线路的纵断面，结合季节气候特点，按要求正确操纵机车。

机车乘务员一次乘务作业过程标准化，是机务部门确保铁路运输安全正点、优质服务的一项重要措施。历史的经验和血的教训证明：只有一丝不苟地执行一次乘务作业过程标准化程序，才能消灭行车事故，确保工作时的人身安全，才能有力地保证实现安全、正点、优质、低耗。为使机车乘务员操纵列车规范化、标准化，原铁道部制定了《铁路机车操作规则》，该规则是机车乘务员乘务作业的标准，是机车乘务员正确驾驶、精心保养机车和平稳操纵列车的依据。所以，机车乘务员和各级机务管理人员必须认真学习和严格执行本规则的规定，树立良好的职业道德，做到遵章守纪、爱护机车、平稳操纵、安全正点。

第一节　出勤与接车

一、出　勤

机车乘务员出勤前应做到以下要求：

（1）出乘前必须充分休息，严禁饮酒（出乘前 10 h 严禁饮酒），按规定着装，准时出勤。

（2）按出勤时间提前到机务派班室（机车调度员处）报到，接受指纹影像识别、酒精测试，并领取司机报单、联控信息卡，阅读运行提示及有关文电。

（3）按规定着装，携带有关规章及有效证件（技规、行规、事规、操规、运规、故障运行办法、列车时刻表、驾驶证、培训合格证）。根据担当列车种类，结合天、地、人、车、时、运行图及有关电文要求，开好小组会，做好预想，制定安全措施。

（4）出勤时，机车乘务员单班横队、多班纵队，并使用标准用语报告出勤，将司机手账递交出勤调度员审核签章，认真听取出勤调度员传达相关行车要求。

（5）司机领取运行揭示条，确认内容无误后，向调度员进行回签登记。并将 IC 卡交于出勤调度员进行写卡，实行出勤机班与出勤调度员双审核、双确认，共同核对内容正确后，到指定地点接车。

二、接　车

（1）乘务员持司机报单按规定领取随乘工具备品、机车钥匙、便携式电台、行车安全设备合格证（检测时间不超过 24 h）。

（2）认真了解机车状况，检查、试验机车信号、无线调度通信设备、列尾装置司机控制盒、监控装置。

（3）及时将 IC 卡内容转入监控装置，按规定输入相关内容，二人确认内容无误后，监控装置转至“出库”位。

（4）按规定程序检查试验机车。

（5）出段前将连挂端机车车钩置于全开位。多机重联时，须确认车钩连挂、风管连接、折角塞门开放状态。

三、机车检查的项目和标准

（1）SS_4 改型电力机车检查项目（见表 8-1）。

（2）HXD_3 型电力机车检查项目。

① 机车走行部项目（见表 8-2）。

② 机车底部项目（见表 8-3）。

③ 机车中部项目（见表 8-4）。

④ 机车车顶项目（见表 8-5）。

表 8-1　SS_4 改型电力机车检查项目

序　号	部　件
1	行车安全装备
2	机车轴温报警装置
3	走行部（包括车底部）
4	基础制动装置和牵引装置
5	空气压缩机和制动机及撒砂装置
6	硅整流和电阻制动装置
7	各电气柜
8	各辅助机组
9	主断路器及附属装置
10	主变压器及附属装置
11	互感器及平波电抗器
12	接线端子、插头、插座及电子板插件
13	蓄电池组
14	照明装置和信号标志
15	受电弓和各绝缘瓷瓶
16	各监督计量器具
17	信号旗（灯）及防护用品
18	人力制动机紧固器、复轨器及止轮器

表 8-2　HXD3 型电力机车走行部项目

序号	部　件
1	头灯、副灯、标志灯、前窗玻璃、标志标记
2	扶手、脚踏板、重联插座、排障器、平均软管、总风软管、制动软管
3	车钩各部、车钩三态
4	车体侧墙
5	司机室门扶手、脚蹬、主电路插座、控制电路插座
6	机车信号、自动过分相、扫石器
7	砂箱、砂管、撒砂器、牵引杆固定
8	动轮、轴箱、基础制动装置及指示件、轮缘润滑装置
9	二系悬挂装置、减振器、高圆弹簧、侧挡
10	变压器油箱各部及安装固定
11	辅助电路库用插座、转向架端梁、变压器油路
12	检查各轴箱轴承测温试纸温度显示符合要求

表 8-3　HXD_3 型电力机车底部项目（实行专检专修的除外）

序号	部　件
1	车钩下部及缓冲装置
2	排障器、扫石器、车底照明灯具
3	总风管、列车管、平均管管路
4	横向油压减振器、牵引杆固定
5	信号接收线圈、自动过分相
6	动轮及基础制动装置各单元、牵引电机及悬挂装置（其余各轮对检查同此项）
7	变压器油箱底部

表 8-4　HXD_3 型电力机车中部项目

序号	部　件
1	司机室各仪表、司机操纵控制手柄、各扳钮开关、电子制动阀 EBV、紧急放风阀、接线端子柜、保安设备、司机室各辅助设备
2	各牵引通风机、复合冷却通风机组
3	机械间门，各电器柜门，主、辅变流器柜及外观
4	TCMS、ATP 装置，电器控制箱，受电弓、主断功能模块，自动过分相装置
5	空气压缩机、空气干燥系统、空气管路柜、各风缸
6	信号、防护用具及随车工具

表 8-5 HXD3 型电力机车车顶项目（实行专检专修的除外）

序号	部 件
1	受电弓、主断路器及接地开关、车顶其他设备

四、机车试验项目和标准

（1）SS_4改型电力机车高低压试验程序（见附录一）

（2）HXD_3型电力机车高低压试验程序（见附录二）。

（3）DK-1 型电空制动机“五步闸”检查方法（见表 8-6）。

（4）CCBⅡ制动机“五步闸”检查方法（见表 8-7）。

附录一　SS_4改型电力机车高低压试验程序及内容

低压试验

一、准备工作

（1）关闭两节车车顶门及高压室门；

（2）各管路塞门在正常工作位；

（3）总风压力在 700 kPa 以上，闸缸压力为 300 kPa；

（4）闭合 666QS、667QS；

（5）闭合全部自动开关，屏内电压表及副台电压表显示不少于 90 V；

（6）逆变电源置于 A 或 B 组，看 15 V、24 V、48 V 信号灯亮；主台显示屏“前节车”“后节车”“预备”“主断”“零压”灯亮。

（7）两节车电子柜转换开关均置于“A”组；

（8）将两节车零压隔离开关 236QS 置于“故障”位；

（9）全车各控制器均在“零”位，非操纵节 570QS 在断开位；

（10）合 412SK，检查信号灯。

二、钥匙试验

（1）合 570QS。

① 听：门联锁动作声、287YV 吸合。

② 看：“零位”灯亮、568KA 吸合。

③ 558KA、539KT、528KT、284KE、569KA、665KA 同时吸合。

④ 如 592QS 在重联位，则 545-548KA 吸合。

（2）断 570QS。

① 听：门联锁释放排风声，287YV 释放。

② 看：“零位”灯灭，568KA 释放。

③ 558KA、539KT、528KT、284KE、569KA、665KA 同时释放。

④ 如 592QS 在重联位，则 545-548KA 释放。

（3）合 570QS：[现象同（1）项]。

三、主断路器试验

（1）合 401SK。

① 听：主断闭合声。

② 看：“主断”灯灭，“零压”灯灭。

③ 自复后，“零压”灯亮。

（2）合 400SK。

① 听：主断断开声。

② 看：“主断”灯亮。

（3）合 401SK。

① 现象同（1）项。

② 反复断合 2～3 次，检查 145#塞门是否关闭。

四、劈相机试验

（一）手动试验

（1）合 404SK。

①“劈相机”灯亮，567KA 吸合。

②533KT、213KM、201KM、526KT、527KT、535KT、536KT 同时吸合。

③10 s 后，283AK 自动吸合（注：大同机车厂机车必须人为闭合 283AK），使 566KA 吸合，“劈相机”灯灭。

④533KT、213KM、527KT 同时释放。

（2）合 400SK。

① 听：主断断开声。

② 看：“主断”灯亮。

（二）自动试验

（1）将 591QS 置于“自动位”。

（2）合 401SK。

① 主断闭合，“主断”灯灭。

② 1 s 后，528KT 释放，劈相机自起，现象与手动位相同。

（3）断 404SK，恢复 591QS 于手动位。

（三）牵引风机 1 代替劈相机试验

（1）将 242QS 置于“1FD”位，296QS 置于“电容”位。

（2）合 404SK。

① 205KM 吸合，“劈相机”“辅助回路”“牵引风机 1”灯亮。

② 10 s 后，283AK 吸合后，“劈相机”灯不灭。

（3）断 404SK：恢复 242QS 于“1PX”位，296QS 于“电阻”位。

（4）重新闭合 404SK。

五、压缩机试验

（1）闭合 405SK（当总风压力高于 750 kPa 时，闭合 408SK）， 203KM 吸合。

（2）断 405SK 或 408SK，203KM 释放。

六、牵引风机试验

（1）合 406SK。

① 205KM 吸合，“辅助回路”“牵引风机 1”灯亮。

② 3 s 后，535KT 释放，206KM 合，“牵引风机 2”灯亮。

③ 又 3 s 后，536KT 释放，211KM、212KM 吸合，“泵”灯亮。

（2）断 406SK：现象与合位相反。

七、制动风机试验

（1）合 407SK。

① 209KM 吸合，“辅助回路”“制动风机 1”灯亮。

② 3 s 后，526KT 释放，210KM 吸合，“制动风机 2”灯亮。

（2）断 407SK：现象与合位相反。

八、换向及牵引试验

（一）手柄置“后”位

（1）107QPBW、108QPBW、107QPT、108QPT 吸合，使 556KA 吸合，“预备”灯灭。

（2）主手轮 1.5 级以上“零位”灯灭，532KT、525KT、549KA、12KM、22KM、 32KM、42KM 吸合，牵引风机自起（现象与手动位相同）。

（3）25 s 后，525KT 释放，使 556KA 释放，“预备”灯亮。

（4）将 573QS、574QS、589QS、590QS 均置于“故障”位后，使 530KT、556KA 吸合，“预备”灯灭。

（5）主手轮回“0”，“零位”灯亮。

（6）合断 406SK。

（二）手柄置“0”位

404 号线失电，使 556KA 释放，“预备”灯亮。

（三）手柄置“制”位

（1）560KA、561KA、530KT、107QPB、108QPB 吸合。

（2）合 407SK，闸缸缓至 150 kPa 以内。

（3）主手轮离“0”，“零位”灯灭、牵引风机自起，532KT、12KM、22KM、 32KM、42KM、91KM、92KM 吸合，“预备”灯灭，“电制动”灯亮。

（4）闸缸增至 150 kPa 以上，91KM、92KM 释放，电制动失效，“预备”灯亮，“电制动”灯灭。

（5）主手轮回“0”，“零位”灯亮。

（6）断 407SK，合断 406SK。

（四）手柄置“前”位

（1）107QPF、108QPF、107QPT、108QPT、556KA 吸合，“预备”灯灭。

（2）主手轮离“0”“，“零位”灯灭。

（3）主手轮 6 级以上，牵引风机自起。

（4）手柄置Ⅰ级：17KM、27KM、37KM、47KM 吸合。

Ⅱ级：18KM、28KM、38KM、48KM 吸合。

Ⅲ级：Ⅰ级和Ⅱ级同时吸合。

（5）手柄回“前”位，手轮回“0”“，零位”灯亮，手柄回“0”，“预备”灯亮。

（6）合断 406SK。

九、辅台试验

（一）“前”位试验

（1）手柄置“前”位，进级 1.5 级以上，牵引风机自起，“零位”“预备”灯灭。

（2）手柄取出，“零位”“预备”灯亮。

（3）合断 406SK。

（二）“后”位试验

（1）现象与“前”位相同。

（2）合断 406SK。

（3）断开 404SK。

十、保护试验

（1）手动 285KE，主断跳闸，“主断”“辅助回路”“辅接地”灯亮。

重新合 401SK，“主断”“辅助回路”“辅接地”灯灭。

（2）手动 557KA，主断跳闸，“主断”“牵引电机”灯亮。

重新合 401SK，“主断”“牵引电机”灯灭。

（3）手动 564KA，主断跳闸“主断”“辅助回路”“辅过流”灯亮。

重新合 401SK，“主断”“辅助回路”“辅过流”灯灭。

（4）手动 565KA，主断跳闸，“主断”“原边过流”灯亮。

重新合 401SK，“主断”“原边过流”灯灭。

（5）手动 594SB，主断跳闸，紧急停车，并自动撒砂。

重新恢复 594SB。

十一、结束：恢复试验前状态

高压试验

一、准备工作

（1）低压试验良好，各机械、电器作用良好；

（2）车顶作业、隔离开关作业完毕，锁好车顶门；

（3）各开关、闸刀、塞门均在正常工作位；

（4）A、B 节各室及地沟无人，无工具、杂物，锁闭各室门，拉下锁闭杆；

（5）人员齐全，均处于安全位置，操纵台无禁动牌；

（6）总风压力为 700 kPa 以上，闸缸压力为 300 kPa。

二、高压试验程序

1．闭合 570QS

听：门联锁动作声。

看：“零位”灯亮。

注意确认主断路在断开位，“主断”灯亮。

2．升弓

（1）闭合后弓按键 402SK。

看：受电弓升起时间不大于 8 s，无冲网现象，网压表显示 19～29 kV。

注意：升弓前必须高声呼唤××道××机车升弓，并鸣笛一长声方可升弓；升、降必须二人确认升、降到位。

（2）断开 402SK。

看：降弓时间不大于 7 s，无砸车顶现象，网压表降 0。

（3）断开 402SK。

同后弓，试验正常后升起双弓。

3．闭合主断路器按键 401SK

听：主断路器闭合声，主变压器交流声。

看：主台“主断”“零压”灯灭，辅助电压表显示 310～460 V，辅台控制电压表显示上升至 110 V。

注意：合闸后，司机确认呼唤辅助电压，副司机确认呼唤控制电压。如辅助电压低于 310 V 时，应立即断电、降弓，反复断合几次主断路器，再升弓、合闸，以防主断路器主触头闭合不到位引起瓷瓶爆炸。合闸后，如听到主变压器交流声不正常，应立即断电、降弓，检查辅机接触器有无焊接现象，主变压器是否有异状，未查明原因，不得盲目试验。

4. 起劈相机

闭合劈相按键 404SK，另一手扶 400SK 按键。

听：劈相机启动正常。

看：辅助电压表针波动 30～60 V，“劈相机”灯亮又灭。

注意：合主断路器，等辅助电压稳定后，再起劈相；发现异常，立即断电。

5．闭合压缩机按键 405SK（风压高于 700 kPa 时，闭合 408SK）

听：247YV 排风声，3 s 后停止，压缩机启动正常。

看：网压波动 30～40 V，总风压力达到 900 kPa 时自动停止泵风，如合 408SK 总风压力达到 950 kPa 时，安全阀喷气，此时应关闭 408SK。

注意：

（1）启动各辅机时，亦应一手扶 400SK，发现异常，立即断电。

（2）副司机走廊巡视检查两台压缩机，油压表指示 250 kPa 以上，如新车或修程车还应看转向是否正确。

注意，接下来进行制动试验。

6．电制动试验

（1）听：通风机 1、2，变压器风机，油泵依次启动正常。

看：主台“辅助回路”，副台“牵引风机 1”亮又灭，3 s 后，“辅助回路”“牵引风机 2”亮又灭，再 3 s 后，“辅助回路”“油泵”灯亮又灭。

（2）闭合 407SK。

听：制动风机 1、2 顺序启动正常。

看：“辅助回路”“制动风机 1”亮又灭，隔 3 s 后，“辅助回路”“制动风机 2”亮又灭。

接新造车或修程车，启动通风机或制动风机时，应注意观察风向是否正确。

（3）换向手柄置“制”位，闸缸压力缓至 100 kPa 左右，调速手轮离 0，移至“制”区。

听：91KM、92KM 线路接触器吸合声。

看：主台“电制动”灯亮，“零位”“预备”灯灭；励磁电流逐渐上升至 930 A，电机加馈电流上升至 50 A。

注意：闸缸压力不得降 0，以防加馈流，引起机车后溜。

（4）断开 406SK。

听：牵引风机 1、2，变压器风机及油泵停转。

看：“预备”灯亮，励磁电流、电机电流降 0。

因 560KA 制位吸合，常闭打开，530KT 又因风机关闭失电，故预备电路被切断。正常后重新闭合 406SK。看预备灯灭，励磁电流逐渐升至 930 A，加馈电流为 50 A。

（5）断开 407SK。

听：制动风机 1、2 停转。

看：“预备”灯亮，励磁电流、电机电流降 0。

正常后，闭合 407SK，看“预备”灯灭，励磁电流逐渐升至 930 A，加馈电流为 50 A。

（6）小闸制动 300 kPa

听：91KM、92KM 释放声。

看：“预备”灯亮，“电制动”灯灭，励磁电流、电机电流降 0。

正常后，小闸缓至 100 kPa，看“预备”灯灭，“电制动”灯亮，励磁电流逐渐升至 930 A，加馈电流为 50 A，

（7）正常后调速手轮回“0”，关闭 406SK、407SK，小闸制动 300 kPa。

7．牵引试验

（1）换向手柄置“前”位，调速手轮进 1 级。

听：两位置开关转声，线路接触器吸合声。

看：“预备”“零位”灯灭，8 台电机电流均升至 150 A。

注意：试验前必须确认闸缸压力为 300 kPa，移动调速手轮时，另一手扶 400SK，发现电流非正常上窜，立即断电。

（2）调速手轮回“0”。

听：线路接触释放声。

看：“零位”灯亮，电机电流降 0。

（3）后位试验。

同前位。

（4）辅台试验。

与主台同。

注意：辅台手柄行程短，操纵时应缓慢移动，以防窜车。

8．B 组试验

（1）将两节电子柜 A、B 组转换开关均置于 B 组，注意转换时应在“零”位停留 3 s 以上，禁止快速转换。

（2）牵引试验方法同前。

（3）电阻试验，试风道继电器作用时，励磁电流不宜过大，200 A 左右即可，B 组无加

馈电流。

（4）试验正常后，两节车电子柜A、B组选择开关重新恢复A组。

9．保护试验

（1）紧急制动。

自动选择切除“牵引力”方法是：手轮离零位，大闸置非常位，此时“主断”应断开，列车管压力急剧降零。

（2）自动停车。

① 闭合自动信号开关，听警铃响7 s后，紧急放风阀排风，主断跳闸。看列车管压力急剧降0，“主断”“零压”灯亮。

② 大闸放至重联位解锁，15 s后缓解，再合“主断”。

③ 试验正常后，关闭自动信号开关。

（3）按紧急按钮。

① 听：紧急放风阀排风，列车管压力急剧降零，主断跳闸。

看：列车管压力急剧降零，“主断”“零压”灯亮。

② 大闸放至“重联位”解锁，15 s后缓解，合“主断”。

（4）失压保护。

降下前、后受电弓。

① 看：网压降零，“零压”“主断”灯亮。

听：劈相机停转2 s后，“主断”跳闸声。

② 最后关闭“PX”扳钮，取出电源钥匙，试验完毕。

附录二　HXD$_3$型电力机车高、低压试验程序

低压试验

一、准备工作

（1）确认车顶门、控制电器柜门锁闭良好，高压接地开关在“运行”位（两把黄色钥匙插入）；蓝色钥匙插入制动控制柜锁孔，开通受电弓风路（蓝色钥匙呈垂直状态）。

（2）确认各风路塞门在正常工作位置（空气制动柜：总风塞门A24、踏面清扫塞门B50.02、弹停塞门B40.06、撒砂塞门F41.02、制动缸塞门Z10.22在开放位；干燥器下：控制风缸塞门U77在开放位，总风缸排水塞门A12在关闭位；压缩机与Ⅰ端变流柜间侧墙：Ⅱ端受电弓塞门U98在开放位；压缩机与Ⅰ端变流柜间小地板下：弹停风缸排水塞门A14、控制风缸排水塞门U88均在关闭位；控制电器柜与Ⅱ端变流柜间侧墙：主断路器塞门U94，Ⅰ、Ⅱ端受电弓高压隔离开关塞门U95，Ⅰ端受电弓塞门U98均在开放位）。

（3）确认总风缸风压不低于750 kPa；机车控制电路电压不低于96 V。

（4）确认控制电器柜上的自动开关位置正确（除直流加热及自动过分相自动开关在“断开”位外，其余自动开关均在“闭合”位）。

（5）实施弹停制动。

（6）司机室各控制器在“0”位，打开机械室门。

二、试验顺序及要求

1．机车照明试验

依次闭合仪表、司机室、走廊、车底、前（副）照灯、标志等照明灯开关，检查各照明灯照明良好、逻辑控制关系正确。

2．辅机系统试验

检查遮阳帘、风扇、刮雨器工作状态良好，功能与控制开关指示位置相符合。

3．机车电钥匙试验

（1）机车电钥匙置“合”位。

观察制动显示屏启动正常，检查制动显示屏各数据、参数设置正确。

（2）将自动制动手柄置“抑制”位1 s后回“运转”位、单独制动手柄置“全制”位。

观察制动显示屏“动力切除”消除，制动显示屏均衡风缸、列车管风压显示600（500）kPa，机车制动缸风压显示300 kPa。

4．计算机显示屏试验

（1）状态指示屏“微机正常”“主断分”“零位”“欠压”“辅变流器”“水泵”“停车制动”灯亮。

（2）按下状态指示屏自检按钮，所有状态指示灯亮。

（3）确认计算机显示屏显示正常，其网压、控制电路电压显示与仪表模块显示一致。

（4）主、辅变流器切除试验。利用计算机显示屏触摸开关，分别将主变流器、辅变流器

切除、恢复一次。

5．弹停装置试验

（1）弹停转换开关置“缓解”位。

确认弹停制动缓解，状态指示屏“停车制动”红灯灭。

（2）弹停转换开关置“制动”位。

确认弹停装置制动，状态指示屏“停车制动”红灯亮。

6．主变流器试验。

将主变流器试验开关（SA75）置“试验”位，进行以下试验：

（1）断路器试验。

① 将主断路器扳键开关（SB43 或 SB44）置“主断合”位。

听主断路器闭合声；看状态指示屏“主断分”灯灭，计算机显示屏显示“主断合”。

② 将主断路器扳键开关（SB43 或 SB44）置“主断分”位。

听主断路器断开声；看状态指示屏“主断分”灯亮，计算机显示屏显示“主断分”。

（2）牵引试验。

①“前”位牵引试验。

a. 换向手柄置“前”位。

听充电、工作接触器动作声，看计算机显示屏方向指示与手柄位置一致。

b. 缓慢将调速手柄由“0”推向“牵引”区最大位。

看状态指示屏“零位”灯灭，计算机显示屏级位显示从 0.0 升至 13.0，各轴扭矩输出显示由 0 升至约 95 kN。

c. 缓慢将调速手柄退至“0”位。

看计算机显示屏级位和牵引力显示逐步回“0”状态指示屏“零位”灯亮。

d. 换向手柄置“0”位。

听工作接触器断开声。

②“后”位牵引试验。

试验内容同“前”位牵引试验。

（3）电制动试验。

① 换向手柄置于“前”位，将调速手柄拉向“制动区”并逐渐推至最大位。

看状态指示屏“零位”灯灭，“电制动”灯亮；听制动系统短暂排风声（机车制动缸有风时）；看计算机显示屏手柄级位由 11.9 到 1 级变化。

② 调速手柄退回“0”位。

看状态指示屏“电制动”灯灭，“零位”灯亮。

③ 缓解机车制动，大闸置“初制动”位，将调速手柄置“制动区”。

看状态指示屏“零位”灯灭，“电制动”灯亮；观察机车制动缸缓解。

④ 调速、换向手柄回“0”。

（4）试验完毕，主变流器试验开关（SA75）恢复至“0”位。

7．撒砂试验

分别将换向手柄置“前”“后”位，脚踩撒砂开关 SA83（SA84），确认撒砂装置作用良好。

8．警惕装置试验

在计算机显示屏牵引/制动画面按点击“检修状态”→输入密码“000”→点击“确认”“状态”“信号信息”→进入信号信息画面→点击“DI2”→进入 DI2 画面第一页，手按警惕按钮或脚踩警惕开关，看 521 线底色变绿；松开后，底色恢复黑色。

高压试验

一、准备工作

（1）确认机车各闸刀、试验开关、故障转换开关、风路塞门、车顶门、各屏柜门均在正常位。

（2）确认总风风压不低于 700 kPa，机车制动缸风压不低于 300 kPa。

（3）检查控制电路电压不低于 96 V。

（4）通过计算机显示屏将主变流器 CI1～CI6 全部切除。

（5）将非操纵端自动制动手柄锁定在“重联”位，单独制动手柄置“全制”位，锁闭非操纵端司机室门窗。

（6）确认操纵端司机控制器手柄在“0”位、机车电钥匙在“0”位。

（7）确认机车停留在有电区且接地线已撤除，隔离开关已闭合，机车两端地面防护牌、信号旗（信号灯）已撤除，机车周围无闲杂人员且均处于安全区域，高压试验人员均在司机室。

二、试验顺序及要求

1．机车电钥匙置“合”位

（1）确认制动显示屏启动正常，检查制动显示屏各数据、参数设置正确。

（2）将大闸置“抑制”位 1 s 后回“运转”位，小闸置“全制”位，确认制动显示屏“动力切除”消除，制动显示屏均衡风缸、列车管风压显示 600（500）kPa、机车制动缸风压显示 300 kPa。

2．升降弓试验

（1）后弓试验。

① 将受电弓扳键开关 SB41（SB42）置“后受电弓”位。

a. 听升弓电磁阀得电充风声；

b. 观察受电弓上升正常，无冲网现象，升弓时间不得大于 5.4 s（从弓头动作时起）；

c. 确认网压表及计算机显示屏网压显示正常、状态指示屏“欠压”灯灭。

② 将受电弓扳键开关 SB41（SB42）置“0”位。

a. 观察受电弓下降正常，无砸车顶现象，降弓时间不得大于 4 s（从弓头动作时起）；

b. 确认网压表及计算机显示屏显示网压低于 5 kV、状态指示屏“欠压”灯亮。

（2）前弓试验。

试验内容同后弓试验。

（3）升起后弓。

3．主断路器试验

将主断路器扳键开关 SB43（SB44）置“主断合“位。

① 听主断路器闭合声及辅变流器 2（APU2）启动后，水泵、辅变流器风机、油泵投入工作声；

② 看机车状态指示屏“主断分”“辅变流器”“水泵”灯灭；

③ 进入计算机显示屏“风机状态”画面，确认变压器油泵 MA21、MA22 及水泵 MA27、MA28 投入工作；

④ 进入微机显示屏“辅助电源”画面，看辅变流器 2（APU2）输出频率为 50 Hz ± 1 Hz；

⑤ 观察控制电路电压表及计算机显示屏，看控制电路电压显示 110 V；

⑥ 进入机械室确认冷却系统水流量计显示流量正常（黑色指针在 200 左右）。

4．压缩机试验

（1）总风风压低于 750 kPa（0001～0640 号机车）或 680 kPa（0641 号机车之后）时，将压缩机扳键开关 SB45（SB46）置“压缩机”位。

① 听空气压缩机 1、2 间隔 3 s 依次启动；

② 进入计算机显示屏“空制状态”画面，看压缩机 CMP1、CMP2 正常投入工作；

③ 当总风风压升至 900 kPa 时，压缩机 1、2 同时停止工作。

（2）当总风缸风压高于 750 kPa 但又低于 825 kPa 时（0001～0640 号机车）或当总风缸风压高于 680 kPa 但又低于 750 kPa 时（0641 号机车之后），将压缩机扳键开关 SB45（SB46）置“压缩机”位，此时，仅操纵端压缩机投入工作，当总风风压达到 900 kPa 时自动停止工作。

（3）将压缩机扳键开关 SB45（SB46）置“强泵风”位不松手。

①看操纵端压缩机投入工作，总风风压升至 950 kPa 时，听高压安全阀喷气声；

②松开压缩机扳键开关 SB45（SB46），操纵端压缩机停止工作。

5．换向手柄“前”位试验

（1）换向手柄置“前”位。

① 听辅变流器 1（APU1）启动后，牵引及复合冷却风机启动。

② 进入计算机显示屏“风机状态”画面，确认牵引风机 MA11～MA16 启动正常。

③ 进入计算机显示屏“辅助电源”画面，看辅变流器 1（APU1）输出频率升至 33 Hz。

（2）换向手柄回“0”位。

待 1 min 之后，听各牵引、复合冷却风机停止工作。

6．电制动试验

（1）换向手柄置“前”位、调速手柄离开“0”位至“制”区最大。

① 看机车状态指示屏“零位”灯灭；

②进入计算机显示屏“辅助电源”画面，看辅变流器 1（APU1）输出频率升至 50 Hz ±1 Hz；

③看计算机显示屏显示级位由 11.9 级到 1 级间变化。

（2）调速手柄回“0”位。

看机车状态指示屏“零位”灯亮。

7．牵引试验

（1）弹停转换开关置“缓解”位，看机车状态指示屏“停车制动”红灯灭。

（2）通过计算机显示屏触摸开关恢复主变流器 CI1～CI3，看状态指示屏“预备”灯亮。

（3）将调速手柄置“牵引”位。

①看机车状态指示屏“零位”“预备”灯灭；

②计算机显示屏显示“1.0”级，牵引电机 M1～M3 输出扭矩显示 13 kN 左右。

（4）调速手柄退回“0”位。

①机车状态指示屏“零位”“预备”灯亮；

②看计算机显示屏牵引电机 M1～M3 输出扭矩变为 0、手柄级位显示“0”级。

（5）通过微机显示屏触摸开关切除主变流器 CI1～CI3、恢复主变流器 CI4～CI6，将调速手柄置“牵引”位。

①看机车状态指示屏“零位”“预备”灯灭；

②计算机显示屏显示“1.0”级、牵引电机 M4～M6 输出扭矩显示 13 kN 左右。

（6）调速手柄退回“0”位。

①机车状态指示屏“零位”“预备”灯亮；

②看微机显示屏牵引电机 M4～M6 输出力矩变为 0、手柄级位显示“0”级。

（7）换向手柄置“0”位，通过计算机显示屏触摸开关切除主变流器 CI4～CI6。

8．辅变流器故障切换试验

（1）断开主断路器，通过 TCMS 屏“开放状态”栏手动切除 APU1，看 APU1 栏变红。重新闭合主断，听 APU2 启动声，各风机启动运行，通过 TCMS 屏“机器状态”栏“风机状态”界面，确认 WP1～WP2 水泵、MA21～MA22 油泵工作正常，MA11～MA16 牵引风机、MA17～MA18 复合冷却风机启动正常。

（2）通过 TCMS 屏“机器状态”栏“辅助电源”界面看 APU2 输出电源频率为 50 Hz，看 PSU1（PSU2）装置投入工作，观察控制电压表及 TCMS 屏显示控制电压 110 V。

（3）断开主断路器，恢复 APU1，切除 APU2 试验（试验内容及步骤同上）。

9．PSU 装置转换试验

（1）断电降弓拉回电钥匙开关，通过 TCMS 屏确认试验时正常工作的 PSU 单元，并通过 TCMS 屏检修模式修改系统日期，修改完毕后脱开蓄电池开关，30 s 后恢复蓄电池开关。

（2）重新升弓闭合主断，确认控制电压表及 TCMS 显示屏显示控制电压 110 V，通过 TCMS 屏“辅助电源”界面，确认另一组 PSU 投入工作。

（3）断开主断路器，采用手动转换 PSU 单元，将 PSU 装置柜侧面转换开关转至另一组 PSU 单元，重新闭合主断，确认控制电压表及 TCMS 显示屏显示控制电压 110 V，通过 TCMS

屏“辅助电源”界面，确认另一组 PSU 投入工作。

DK-1 型电空制动机“五步闸”检查方法如表 8-6 所示。

表 8-6　DK-1 型电空制动机“五步闸”检查方法

<table>
<tr><td rowspan="2">序号</td><td colspan="6">电空制动控制器</td><td colspan="4">空气制动阀</td><td rowspan="2">检查要求
（制动管定压 500 kPa）</td></tr>
<tr><td>过充位</td><td>运转位</td><td>中立位</td><td>制动位</td><td>重联位</td><td>紧急位</td><td>缓解位</td><td>运转位</td><td>中立位</td><td>制动位</td></tr>
<tr><td>第一步</td><td colspan="6"> 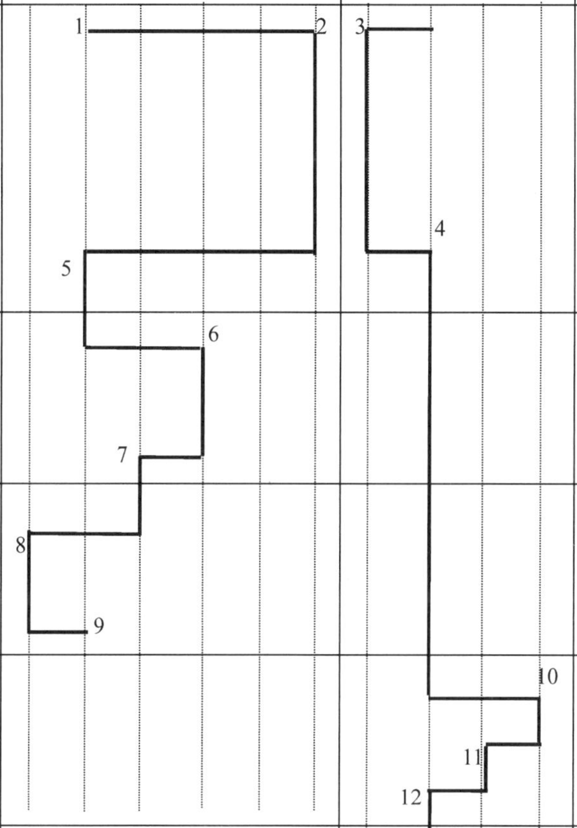1　2　5</td><td colspan="4">3　4</td><td>1. 制动管、均衡风缸、总风缸均为规定压力；制动缸压力为 0；
2. 制动管压力 3 s 内降为 0；制动缸压力 5 s 内升至 400 kPa，最高压力达到 450 kPa；自动撒沙；有级位时切除主断；
3. 同时下压手柄，制动缸压力应能缓解到 0；
4. 制动缸压力不得回升；
5. 制动管充至 480 kPa 的时间在 9 s 内</td></tr>
<tr><td>第二步</td><td colspan="6">6　7</td><td colspan="4"></td><td>6. 均衡风缸常用最大有效减压量的时间为 5～7 s，制动缸压力升至 340～380 kPa 的时间为 6～8 s；
7. 均衡风缸、制动管的泄漏量分别不大于 5 kPa/min、10 kPa/min</td></tr>
<tr><td>第三步</td><td colspan="6">8　9</td><td colspan="4"></td><td>8. 均衡风缸压力为定压，制动管压力为过充压力（定压 30～40 kPa），制动缸压力不变；
9. 120～180 s 过充压力消除，制动管恢复定压，制动缸压力应缓解为 0</td></tr>
<tr><td>第四步</td><td colspan="6"></td><td colspan="4">10　11　12</td><td>10. 制动缸压力由 0 升至 280 kPa 的时间在 4 s 内，最终达到 300 kPa；
11. 制动缸压力不变；
12. 制动缸压力由 300 kPa 降至 40 kPa 的时间不大于 5 s</td></tr>
<tr><td>第五步</td><td colspan="6">空气位操作程序：
1. 将电空转换扳钮扳至“空气位”；
2. 将调压阀 53 调至定压；
3. 空气位试验完毕后将电空转换扳钮复位至“电空位”</td><td colspan="4"> 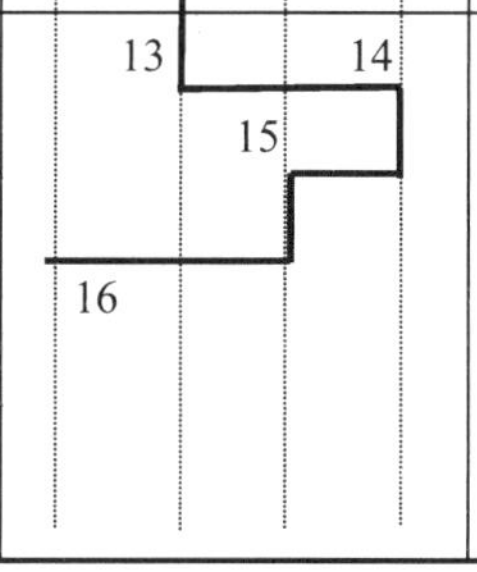13　14　15　16</td><td>13. 同时下压手柄，制动管、均衡风缸皆为定压，制动缸压力为 0；
14. 均衡风缸减压 140 kPa 的时间为 5～7 s；
15. 均衡风缸、制动管、制动缸的泄漏量分别不超过 5 kPa/min、10 kPa/min、10 kPa/min；
16. 均衡风缸、制动管恢复定压</td></tr>
</table>

CCBⅡ制动机“五步闸”检查方法如表 8-7 所示。

表 8-7 CCB Ⅱ制动机“五步闸”检查方法

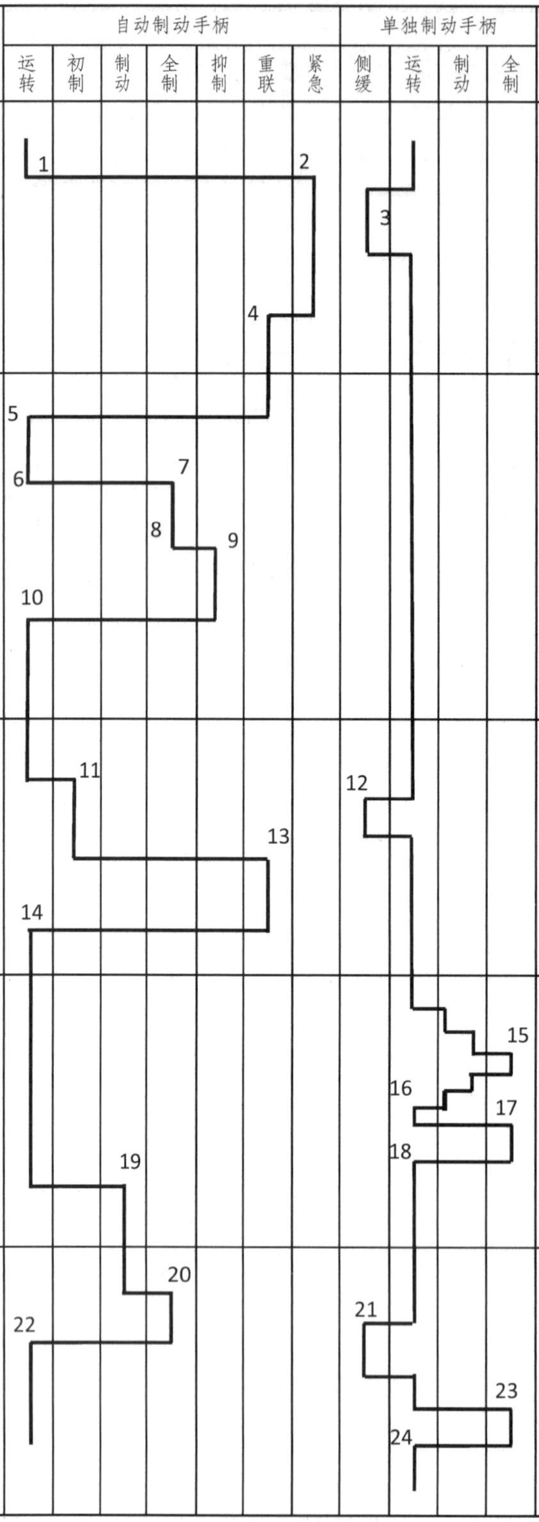

步骤	设置	自动制动手柄							单独制动手柄				检查内容
		运转	初制	制动	全制	抑制	重联	紧急	侧缓	运转	制动	全制	
1	本机/不补风	1					4	2	3				1. 总风压力为 750~900 kPa，制动缸压力为 0，均衡风缸压力为 500 kPa，列车管压力为 500 kPa； 2. 列车管压力在 3 s 内降为 0，制动缸在 3~5 s 内升至 200 kPa，并继续增压至 450 kPa，均衡风缸压力降为 0，紧急制动倒计时 60 s 开始； 3. 制动缸压力下降为 0，手柄复位后制动缸压力恢复； 4. 60 s 倒计时结束后操作，列车管、均衡风缸、制动缸压力不变
2	本机/不补风	5 6 10			7 8	9							5. 均衡风缸增压至 500 kPa，列车管增压至 480 kPa 不大于 9 s，制动缸压力下降为 0； 6. 等 60 s 使系统各风缸充满风； 7. 均衡风缸在 5～7 s 减压到 360 kPa，列车管减压到均衡风缸压力±10 kPa，制动缸 6～8 s 增压到 360 kPa； 8. 保压 1 min，均衡风缸压力泄漏不大于 7 kPa，列车管压力泄漏不大于 10 kPa，制动缸压力变化不大于 25 kPa； 9. 各压力无变化； 10. 均衡风缸增压至 500 kPa，列车管压力为 500 kPa，制动缸压力下降为 0
3	本机/不补风	14	11				13		12				11. 充满风后，均衡风缸减压 50 kPa，列车管减压到均衡风缸压力的±10 kPa，制动缸增压到 70～110 kPa； 12. 制动缸压力下降为 0，手柄复位后制动缸压力不恢复； 13. 均衡风缸以常用制动速率降为 0，列车管减压至 55～85 kPa 后保持，制动缸增压至 450 kPa； 14. 均衡风缸增压至 500 kPa，列车管压力为 500 kPa，制动缸压力下降为 0
4	本机/不补风			19						16 18		15 17	15. 阶段制动，制动缸压力阶段上升，全制动制动缸压力为 300 kPa； 16. 阶段缓解，制动缸压力阶段下降，运转位制动缸压力下降为 0； 17. 制动缸在 2～3 s 上升到 280 kPa，最终为（300±15）kPa； 18. 制动缸压力在 3～5 s 降到 35 kPa 以下； 19. 均衡风缸减压 100 kPa，列车管减压到均衡风缸压力的±10 kPa，制动缸增压到 230～250 kPa
5	单机	22			20				21	24		23	20. 均衡风缸减压 140 kPa，列车管压力保持不变，制动缸压力保持不变； 21. 制动缸压力下降为 0，手柄复位后制动缸压力不恢复； 22. 均衡风缸增压至 500 kPa，列车管压力保持不变，制动缸压力保持不变； 23. 制动缸压力在 2～3 s 上升到 280 kPa，最终为 300 kPa； 24. 制动缸压力在 3～5 s 降到 35 kPa 以下

注：试验完毕，机车恢复本机/不补风状态设置。

第二节　出段与挂车

一、出段作业

机车整备完毕，机班全员上车后，要道准备出段。

（1）确认调车信号或股道号码信号、道岔开通信号、道岔表示器显示正确，厉行确认呼唤（应答），鸣笛动车（限鸣区段除外，下同）。确认呼唤（应答）标准见第七节。

（2）移动机车前，应确认相关人员处于安全处所，防溜撤除，注意邻线机车、车辆的移动情况。段内走行严守速度规定。

（3）出库走行及连挂作业时，应在运行方向前端司机室使用副台（动力制动时除外）操纵。双机或多机出段连挂、转线作业时，应在运行方向前端机车前司机室操纵。更换司机室操纵时保证机车制动，并做好防溜。

（4）机车到达站、段分界点一度停车，学习司机（随乘司机）持报单下车签认出段时分（单班单司机签点办法由铁路局规定），了解挂车股道和经路，执行车机联控，按信号显示出段。

二、挂车时的要求

进入挂车线后，应严格控制机车速度，执行“十、五、三车”和一度停车规定，确认脱轨器、防护信号及停留车位置。

（1）距脱轨器、防护信号、车列 10 m 前必须停车。

（2）确认脱轨器、防护信号撤除后，显示连挂信号，以不超过 5 km/h 的速度平稳连挂。

（3）连挂时，根据需要适量撒砂，连挂后要试拉。

三、挂车后的要求

连挂妥当后，机车保持制动。司机进行换端操作，并关闭（固定重联机车）非操纵端无线调度通信设备、监控装置等。换端后，将（固定重联机车操纵端）无线调度通信设备、机车信号、监控装置开关置于开放位，机车信号上下行开关置于相应位置，司机确认机车与第一位车辆的车钩、软管连接和折角塞门状态。多机重联时，机车与车辆连挂状态的检查由连挂司机负责；列车本务司机应复检机车与第一位车辆的车钩、软管连接和折角塞门状态。重联机车自阀手柄应按规定置“重联”位，二人确认监控装置转至“补机”位。

（1）正确输入机车综合无线通信设备（以下简称“CIR”）、LKJ 有关数据，采用计算机控制制动系统的机车，核对制动机设定的列车种类。向运转车长或车站值班员（助理值班员）了解编组情况、途中甩挂计划及其他有关事项。

（2）货运票据、列车编组顺序表需由机车乘务组携带时，应按规定办理交接，并妥善保管。

（3）司机应在列车充风或列车制动机试验时，检查本务机车与列尾装置主机是否已形成“一对一”关系。

（4）制动主管达到定压后，司机按规定及检车人员的要求进行列车制动机试验，装有防折关装置的机车应确认制动主管贯通情况。

（5）发现充、排风时间短等异常或制动主管泄漏每分钟超过 20 kPa 时，及时通知检车人员（无检车人员时通知车站值班员）。

（6）制动关门车辆数超过规定时，发车前应持有制动效能证明书。

（7）列车制动机进行持续一定时间的保压试验，应在试验完毕后，接收制动效能证明书。

（8）司机接到制动效能证明书后，应校核每百吨列车质量换算闸瓦压力，不符合《铁路技术管理规程》及本区段的规定时，应向车站值班员报告。

（9）直供电列车连挂后，司机拔出供电钥匙与客列检（或车辆乘务人员）按规定办理交接、供电手续，电力机车还需断开主断路器。

四、列车制动机试验

1. 全部试验

列检作业场无列车制动机的地面试验设备或该设备发生故障时，机车对列车充满风后，司机应根据检车员的要求进行试验。

（1）自阀减压 50 kPa（编组 60 辆及以上时为 70 kPa）并保压 1 min，对列车制动机进行感度试验，全列车必须发生制动作用，并不得发生自然缓解，司机检查制动主管泄漏量，每分钟不得超过 20 kPa；手柄移至运转位后，全列车须在 1 min 内缓解完毕。

（2）自阀施行最大有效减压（制动主管定压 500 kPa 时为 140 kPa，定压 600 kPa 时为 170 kPa），对列车制动机进行安定试验，以便检车员检查列车制动机，要求不发生紧急制动，并检查制动缸活塞行程或制动指示器是否符合规定。

2. 简略试验

制动主管达到规定压力后，自阀减压 100 kPa 并保压 1 min，检查制动主管贯通状态，检车员、车站值班员或车站有关人员检查确认列车最后一辆车发生制动作用；司机检查制动主管泄漏量，每分钟不得超过 20 kPa。

3. 持续一定时间的保压试验

在长大下坡道前方的列检作业场需进行持续一定时间的保压试验时，应在列车制动机按全部试验方法试验后，自阀减压 100 kPa 并保压 3 min，列车不得发生自然缓解。

列车制动机试验时，司机应确认并正确记录充、排风时间，检查制动主管压力的变化情况，并作为本次列车操纵和制动机使用的参考依据。装有列尾装置的列车，进行列尾风压查询；装有防折关装置的机车，注意观察其状态；CCBⅡ、法维莱等计算机控制的制动机，注意观察显示屏上充风流量信息。

第三节　发车准备与开车

一、发车准备

司机应该根据发车时间，做好发车准备工作。

（1）货物列车起动困难时，可适当压缩车钩，但不应超过总辆数的2/3。

（2）压缩车钩后，在机车加载前，不得缓解机车制动。

二、开车工作

起动列车前，必须两人及以上（单司机值乘区段除外）确认行车凭证、发车信号显示正确，准确呼唤应答，执行车机联控，鸣笛起动列车。

（1）起动列车前，使用列尾装置检查尾部制动主管压力是否与机车制动主管压力基本一致。

（2）列车起动时，应检查制动机手柄是否在正常位置及各仪表的显示状态，做到起车稳、加速快，防止空转。

（3）内燃机车提手柄，电力机车进级时，应使柴油机转速及牵引电流稳定上升。当列车不能起动或起动过程中空转不能消除时，应迅速调整主手柄位置，重新起动列车。

（4）列车起动后，应进行后部瞭望确认列车起动正常。单司机单班值乘的不进行后部瞭望。

（5）运行至规定地点及时按压监控装置“开车键”。

第四节　途中运行

机车途中运行作业，是机车乘务组一次乘务作业过程中的主要阶段，它包括司机依照列车操纵示意图操纵列车安全运行、调车作业、呼唤应答及学习司机的走廊巡视等作业内容。这一阶段的作业好坏直接关系到列车的安全和正点。所以机车乘务员要熟悉各种规章及业务，遇事不慌乱，正确及时处理各种问题，确保行车安全。

一、列车操纵示意图、操纵提示卡

机务段应根据担当的牵引区段、使用机型、牵引定数、区间运行时分等编制列车操纵示意图、列车操纵提示卡。在编制过程中，应利用LKJ运行数据对其进行校核优化。

1. 列车操纵示意图

列车操纵示意图应包括以下内容：

（1）列车速度曲线；

（2）运行时分曲线；

（3）线路纵断面和信号机位置；
（4）站场平面示意图；
（5）提、回手柄地点；
（6）动力制动使用和退回地点；
（7）空气制动减压量和缓解地点及速度；
（8）区间限制速度及区段内各站道岔的限制速度；
（9）机械间、走廊巡视时机；
（10）接触网分相区地点；
（11）各区间注意事项。

2. 列车操纵提示卡

铁路局按照列车操纵示意图相关内容，针对担当区段的安全关键，编制操纵提示卡，明确区间公里、运行时分、平均速度、具体提回手柄地点、提回手柄级位或柴油机转速、制动机使用操作、电力机车过分相操作、特殊困难区段操作，以及含到发线有效长度、道岔限速、站中心公里、股道有无接触网等内容的中间站站场示意图等内容和安全注意事项。

下面以“天龙—新平坝”上行方向的操纵提示卡为例，了解操纵提示卡的内容。

示例：列车操作提示卡（上行：天龙—新平坝）

区间：天龙（K2 069 + 571 m）—新平坝（K2 059 + 921 m）间

线路状况：距离 9.65 km，区间半径最小 $R600$，最大 $R7000$，最大下坡道 11.7‰。

信号机位置如下：天龙出站信号机位置：K2 069 + 110 m；新平坝进站信号机位置：K2 060 + 700 m 天龙至新平坝通过信号机位置：K2 067 + 199 m（通过信号机），K2 065 + 940 m（通过信号机），K2 064 + 610 m（通过信号机），K2 063 + 300 m（通过信号机），K2 062 + 100 m（通过信号机），K2 060 + 700 m（天龙进站信号机）。

机车操纵：天龙出站后，按规定在下坡道位置不超 60 km/h，进行贯通检查，区间下坡道使用电阻制动，进站前坡道大，带闸看信号时列车必须充满风。

线路速度：

① 区间最大容许速度：80 km/h；

② 天龙、新平坝站内股道限速：30 km/h；

③ 区间运行时分：运行时分 6 min，区间平均速度 68.2 km/h。

二、列车操纵与安全注意事项

（1）机车司机在运行中必须严格执行“彻底瞭望、确认信号、准确呼唤、手比眼看”的“十六字令”，依照机车乘务员一次出乘作业标准、《列车操纵示意图》《列车操纵提示卡》正确操纵列车，并规范执行确认呼唤（应答）和车机联控制度。

严格遵守每百吨列车质量换算闸瓦压力限制速度，列车限制速度，线路、桥隧、信号容许速度，机车车辆最高运行速度，道岔、曲线及各种临时限制速度，以及 LKJ 速度控制模式设定的限制速度的规定。

列车运行中，当列尾装置主机发出电池欠压报警、通信中断等异常情况时，司机应及时通知就近车站值班员或列车调度员，旅客列车应同时通知车辆乘务员。

（2）设有两端司机室的机车，司机必须在运行方向前端司机室操纵（调车作业推进运行时除外）。机车信号转换开关置于正确位置。非操纵端与行车无关的各开关均应置于断开位并锁闭，取出制动机手柄或置于规定位置；列车无线调度通信设备和列尾装置司机控制盒置于关闭位。安装双套 LKJ 主机的机车，非操纵端 LKJ 应关闭。

（3）操纵机车时，未缓解机车制动不得加负荷（特殊情况除外）；运行中或未停稳前，严禁换向操纵。设有速度工况转换装置的机车，车未停稳时，不得进行速度工况转换。

机车负载运行中，内燃机车提手柄，电力机车进级时，应使柴油机转速及牵引电流稳定上升，遇天气不良时应实施预防性撒砂，当机车出现空转不能消除时，应及时调整主手柄位置；具有功率自动调节控制功能的和谐型机车运行在困难区段出现空转时，不得盲目退回手柄。

（4）内燃机车提、回手柄应逐位进行，使牵引电流、柴油机转速稳定变化。负载运行中，当柴油机发生喘振、共振时，司机应及时调整主手柄位置。退回手柄时，主手柄回至“1”位时需稍作停留再退回“0”位。

主手柄退回的过程中，若柴油机转速不下降，为防止柴油机“飞车”，禁止手柄回“0”位，立即采取停止燃油泵工作、打开燃油系统排气阀、按下紧急停车按钮等措施。

三、电力机车运行中的注意事项

电力机车运行中应注意以下事项：

（1）根据列车速度，选择适当的手柄位置。牵引电动机电压、电流不得超过额定值。

（2）解除机车牵引力时，牵引手柄要在接近“0”位前稍作停留再退回“0”位。

（3）使用磁场削弱时，要在牵引电机端电压接近或达到额定值，电流还有相当余量时，逐级进行。

（4）通过分相绝缘器时严禁升起前后两受电弓，一般不应在牵引电动机带负荷的情况下断开主断路器。按“断”“合”电标，断开、闭合主断路器（装有自动过分相装置除外）。货物列车若通过分相绝缘器前，列车速度过低时（速度值由铁路局规定），允许快速退回牵引手柄。

（5）遇接触网故障或挂有异物，降、升受电弓标或临时降、升弓手信号时，及时降下或升起受电弓。

（6）接触网临时停电或异常时，要迅速断开主断路器、降下受电弓，立即采取停车措施，检查弓网状态。装有车顶绝缘检测装置的机车，司机要检查确认机车绝缘情况，确认机车绝缘装置故障或绝缘不良时，不得盲目升弓。

（7）运行中应确认制动缸压力表压力。装有 EL-14 型制动机的机车，应在列车起动前，以及每运行 1 ~ 3 个区间和施行制动前，使用自阀瞬间缓解；单阀缓解每个区间不得少于 1 次。

（8）装有列尾装置的列车出发前、进站前、进入长大下坡道前和停车站出站后，应使用列尾装置对制动主管的压力变化情况进行检查，发现制动主管的压力异常时，应立即停车，停车后，查明原因妥善处理，并通知就近车站值班员或列车调度员。

（9）施行常用制动时，应考虑列车速度、线路坡道、牵引辆数和吨数、车辆种类以及闸瓦压力等条件，保持列车均匀减速，防止列车冲动。进入停车线停车时，提前确认 LKJ 显示距离与地面信号位置是否一致，准确掌握制动时机、制动距离和减压量，应做到一次停妥，牵引列车时，不应使用单阀制动停车，并遵守以下规定：

① 初次减压量，不得少于 50 kPa。长大下坡道应适当增加初次减压量，具体减压量由铁路局制定。

② 追加减压一般不应超过两次；一次追加减压量，不得超过初次减压量。

③ 累计减压量，不应超过最大有效减压量。

④ 单阀缓解量，每次不得超过 30 kPa（CCBⅡ、法维莱型制动机除外）。

⑤ 减压时，自阀排风未止不应追加、停车或缓解列车制动。

⑥ 货物列车运行中，自阀减压排风未止，不得缓解机车制动。

⑦ 禁止在制动保压后，将自阀手柄由中立位推向缓解、运转、保持位后，又移回中立位（牵引采用阶段缓解装置的列车除外）。

⑧ 货物列车速度在 15 km/h 以下时，不应缓解列车制动。长大下坡道区段因受制动周期等因素限制，最低缓解速度不应低于 10 km/h。重载货物列车速度在 30 km/h 以下，不应缓解列车制动。

⑨ 少量减压停车后，应追加减压至 100 kPa 及以上。

⑩ 站停超过 20 min 时，开车前应进行列车制动机简略试验。

（10）施行紧急制动时，应迅速将自阀手柄推向紧急制动位，并立即解除机车牵引力，期间柴油机不得停机，电力机车不得断主断路器、降弓，动力制动应处在备用状态。列车未停稳，严禁移动自阀、单阀手柄（投入动力制动时，单阀除外）。无自动撒砂装置或自动撒砂装置失效时，停车前应适当撒砂。

（11）单机（包括双机、专列回送的机车，下同）在自动闭塞区间紧急制动停车后，具备移动条件时司机须立即将机车移动不少于 15 m，再按照先防护后报告的原则，在轨道电路调谐区外使用短路铜线短接轨道电路，然后向就近车站值班员或列车调度员报告停车位置和原因。

单机被迫停在调谐区内时，司机须立即在调谐区外使用短路铜线短接轨道电路，然后向就近车站值班员或列车调度员报告停车位置和原因。

（12）列车运行中，发现制动主管压力急剧下降、波动，空气压缩机不工作或长时间泵风不止，列尾装置发出制动主管压力不正常报警等异常情况时，应迅速停止向制动主管充风，解除机车牵引力，及时采取停车措施。

（13）列车停车再开车后，应选择适当地点进行贯通试验。司机确认制动主管排风结束、列车速度下降方可缓解，同时司机应注意风表压力及列车充、排风时间（万吨及以上重载列车除外）；装有列尾装置的列车还应使用列尾装置查询列车尾部制动主管风压。

（14）装有动力制动装置的机车在列车调速时，要采用动力制动为主、空气制动为辅，相互配合使用的方法，并应做到以下几点：

① 内燃机车在提、回动力制动手柄时，要逐位进行，至“1”位时应稍作停留。电力机车给定制动励磁电流时，电流的升、降要做到平稳。

② 制动电流不得超过额定值。

③ 动力制动与空气制动配合使用时，应将机车制动缸压力及时缓解为 0（设有自动控制装置的机车除外）。

④ 需要缓解时，应先缓解空气制动，再解除动力制动。

⑤ 多机牵引使用动力制动时，前部机车使用后，再通知后部机车依次使用；需要解除动力制动时，根据前部机车的通知，后部机车先解除，前部机车后解除（装有重联线和同步装置机车运行时除外）。

（15）当发现列车失去空气制动力或制动力减弱危及行车安全时，紧急制动可以同步投入动力制动的机车，司机应立即使用紧急制动，并将动力制动投入达到最大值，在确认动力制动发挥作用后，使用单阀缓解制动缸压力至 150 kPa 以下（设有自动控制装置的机车可不进行单阀缓解操作）。有运转车长（车辆乘务人员）值乘的列车，司机应迅速通知运转车长（车辆乘务人员），使用车辆紧急制动阀停车；装有列尾装置的列车，司机应采取列尾装置主机排风制动措施，使列车停车，停车前适量撒砂。

（16）装有动力制动的机车在使用动力制动调速过程中发生紧急制动或需紧急制动时，司机应保持机车动力制动，同时立即用单阀缓解机车制动缸压力至 150 kPa 以下（设有自动控制装置的机车可不进行单阀缓解操作）。

（17）列车或单机停留时，不准停止柴油机、劈相机及空气压缩机的工作，并保持制动状态。

① 进站停车时，应注意车站接车人员的手信号。

② 货物列车应保压停车，直至发车前出站（发车进路）信号机开放或接到车站准备开车的通知后，方能缓解列车制动。

③ 夜间等会列车时，应将机车头灯灯光减弱或熄灭。

④ 中间站停车，有条件时应对机车主要部件进行检查。

⑤ 机车乘务员必须坚守岗位，不得擅自离开机车。

（18）内燃、电力机车在附挂运行中，换向器的方向应与列车运行方向相同，主接触器在断开位。禁止进行电气动作试验。

（19）机车各安全保护装置和监督、计量器具不得盲目切（拆）除及任意调整其动作参数。内燃、电力机车各保护电器（油压、水温、接地、过流、柴油机超速、超压等保护装置）动作后，在未判明原因前，不得强迫启动柴油机及切除各保护装置。机车保护装置切除后，应密切注视机车各仪表的显示，加强机械间的巡视。

（20）运行中，应随时注意机车各仪表的显示。发现机车故障处所和非正常情况，要迅速判明原因及时处理，并将故障现象及处理情况填记“机车运行日志”。

牵引直供电、双管供风旅客列车时，运行中应注意确认列车供电电压及电流、列车总风管压力的显示，发现异常情况时应及时通知车辆乘务员，按其要求运行或维持到前方车站停车处理，并报告列车调度员或车站值班员。

旅客列车在区间发生故障需双管改单管供风时，司机应掌握安全速度（最高不超过 120 km/h）运行至前方站后进行。跨局旅客列车改为单管供风后，司机应报告车站值班员转报列车调度员。因列车总风管压力泄漏不能维持运行时，应立即停车，关闭机车后部折角塞门判断机车或车辆原因，属车辆原因应立即通知车辆乘务员处理。

（21）遇恶劣天气，应加强瞭望和鸣笛，信号机显示距离不足 200 m 时，应立即报告车站值班员或列车调度员。

四、运行中的安全注意事项

（1）不得超越机车限界进行作业，电气化区段严禁攀登机车、车辆顶部，途中停车检查时，身体不得侵入临线限界。

（2）电力机车乘务员需要登机车顶部检查弓网状态或处理故障时，应断开主断路器，降下受电弓，同时必须向车站值班员或列车调度员申请办理登顶作业，接到列车调度员发布接触网已停电允许登顶作业的调度命令并验电、接地后方准作业。

（3）外走廊式的内燃机车运行中不得在走廊上作业。

（4）严禁向机车外部抛撒火种，机械间严禁吸烟。

（5）列车在区间被迫停车后不能继续运行时，司机应立即使用列车无线调度通信设备通知两端站、列车调度员及运转车长（无运转车长时为车辆乘务员），报告停车原因和停车位置，根据需要迅速请求救援并按规定设置防护。机车故障后 10 min 内不能恢复运行时，司机应迅速请求救援。

（6）遇天气不良、机车牵引力不足等原因，列车在困难区段可能发生坡停或严重运缓时，司机应提前使用列车无线调度通信设备通知两端站或列车调度员。

（7）单机进入区间担当救援作业，在自动闭塞区间正方向运行时，应使 LKJ 处于通常工作状态，严格按分区通过信号机的显示要求行车；在自动闭塞区间反方向、半自动闭塞区间及自动站间闭塞区间运行时，应使 LKJ 处于调车工作状态。在接近被救援列车 2 km 时，按规定严格控制速度。

（8）运行途中突发难于抵抗的身体急症时，要立即报告列车调度员或车站值班员，不能维持驾驶操纵的要立即采取停车措施。

五、多机牵引、补机推送及附挂机车

（1）多机牵引时应遵守下列规定：

① 机车重联后，相邻机车之间连接状态的检查，由相邻机车乘务员实行双确认，共同负责。

② 机车操纵应由行进方向的前部机车负责。重联机车必须服从前部机车的指挥，并执行有关鸣笛及应答回示的规定。

③ 设有重联装置的机车，其装置作用必须良好，重联运行时应接通重联线。其他各有关装置及制动机手柄的位置按“重联机车制动机手柄位置处理表”执行。

④ 电力机车重联运行中，前部机车应按规定鸣示降、升弓信号，后部机车必须按前部机

车的指示，立即降下或升起受电弓。

⑤ 中部、尾部挂有补机的列车，其具体操纵及联系办法由铁路局规定。

（2）组合列车前部、中部机车必须装有同步操纵装置并保持通信设备良好，其具体操纵及联系办法由铁路局规定。

（3）附挂（重联）机车连挂妥当后，附挂（重联）司机按规定操作制动机、弹停装置、电气设备等，操作完毕、具备附挂（重联）运行条件后，通知本务机车司机。

附挂（重联）机车需与本务机车或前位机车摘开时，必须恢复机车牵引条件后（闭合蓄电池开关、开启 LKJ、升弓或启机、空压机工作、总风缸压力达到定压、机车处于制动状态），方可通知前位机车进行摘挂作业。

无动力回送机车按规定开放无火回送装置，操作有关阀门。

六、旅客列车的操纵

（1）牵引旅客列车在确保安全正点的同时，应做到运行平稳、停车准确。

① 起车时，全列起动后再加速。

② 进站停车时，应采取保压停车，按机车停车位置标一次稳准停妥。

（2）列车运行中施行常用制动时，应遵守以下规定：

① 机车呈牵引状态，柴油机转速控制在 550 r/min 左右或牵引电流控制在 1 000 A 左右；电力机车的牵引电流控制在 200 A 以下。停车制动，自阀减压时，列车产生制动作用并稳定降速（时间原则上应控制在 5 s 以上）后，再解除机车牵引力。特殊情况由铁路局规定。

② 自阀减压前，应单独缓解机车，使列车制动时机车呈缓解状态。

③ 制动时，追加减压量累计不应超过初次减压量。

（3）列车运行中应根据线路纵断面及限速要求，尽可能不中断机车牵引力。在起伏坡道区段或较小的下坡道运行时，应采用低手柄位或低转速的牵引，尽量避免惰力运行。

（4）列车在长大下坡道运行中，应采用空气、动力制动配合使用的操纵方法，做到以下几点：

① 列车进入下坡道时，投用动力制动，待列车继续增速的同时，再逐步增加制动电流。

② 当动力制动不能满足控制列车运行速度的要求时，采用空气制动调整列车运行速度。无动力制动或动力制动故障时的空气制动操纵办法，由铁路局制定。

③ 缓解列车制动时，应在缓解空气制动后，再逐步解除动力制动。

七、各种坡道隧道及严寒地区的操纵

1. 各种坡道上的操纵

（1）在较平坦的线路上，列车起动后应强迫加速，达到运行时分所需速度时，适当调整机车牵引力，使列车以均衡速度运行。

（2）在起伏坡道上，应充分利用线路纵断面的有利地形，提早加速，以较高的速度通过坡顶。

（3）在长大上坡道上，应采用“先闯后爬，闯爬结合”的操纵方法。进入坡道前应提早增大机车牵引力，储备动能；进入坡道后应进行预防性撒砂，防止空转，并注意牵引电流不得超过持续电流。

2．隧道地区的操纵

列车在隧道地区牵引运行时，接近隧道前，应提早增大机车牵引力，提高列车速度。

3．严寒地区操纵及注意事项

在防寒过冬期间，段内接班后除执行铁路机车操作规则的规定外，还应检查机车有无冻结处所，暖气阀是否按规定开放，防寒罩是否齐全。

（1）内燃机车关闭门窗，调整百叶窗开度并装好防寒被，应适时使用非操纵端热风机。打开预热锅炉循环水系统止阀，以防止水管路及预热锅炉冻结。

（2）内燃机车柴油机故障无法再启动时，要及时放尽柴油机、冷却单节、热交换器及管路内的冷却水。

（3）遇雾雪天气受电弓或接触网被冰雪包裹，在站内停留如发现弓网产生打火放电现象时，站内启动列车，应控制牵引电流不得过大，避免受电弓与接触网间产生拉弧导致烧网。

（4）机车检查、保养以及操作的具体注意事项，由铁路局制定。

八、机械间巡视

1．检查时机

电力机车机械间及走廊巡视检查，由非操纵司机或学习司机负责，并按下列要求执行：

（1）始发列车出站后；

（2）发生异音、异状时。

2．检查项目

各辅助机组运转是否正常；各部件有无异音、异状；有无放电和电气绝缘烧损的气味；主变压器油温、油位是否正常，牵引及辅助变流器工作状态，各保护继电器和指示灯、指示件有无异状或动作显示。

九、机车行车安全装备

（1）机车出段前，必须确认 LKJ、机车信号、列车无线调度通信设备、列尾装置司机控制盒、平面灯显接口设备、防折关装置、警惕报警装置、机车走行部监测装置等行车安全装备检测合格证签发符合规定。出段必须开机，按规定正确操作使用，严禁擅自关机。

不得使用列车无线调度通信设备进行与行车无关的通话，并应遵守保密规定。

（2）列车途中在本务机车前部加挂补机、更换本务机车或机车因故不能继续运行请求救援时，司机应在停车后并在制动主管减压的情况下，解除列尾装置主机记忆的本务机车号码，加挂机车、更换后机车及救援机车连挂车列后担当本务时，重新建立“一对一”关系。

第五节　调车作业

一、调车作业概述

1．调车作业定义

在铁路运输生产过程中，除列车在车站的到达、出发、通过以及在区间内运行外，凡机车车辆进行一切有目的移动统称为调车，如为解体、编组列车，摘挂、转场、整场、调移、取送车辆以及机车的对位、转线、出入段等目的而使机车车辆在站线或其他线路上移动的作业。

2．调车作业种类

（1）按调车目的不同分为解体调车、编组调车、摘挂车辆的调车、取送调车。

（2）按所用设备和作业方法分为牵出线调车（包括推送调车和溜放调车两种）、驼峰调车（分为挂车、推峰、溜放、整理4个环节）。

3．调车作业领导与指挥

调车作业是一项多工种联合进行的复杂作业，为了安全、协调、迅速地进行工作，按时完成调车任务，必须实行统一领导（领导者为车站调度员，但未设该岗位的车站为车站值班员）、单一指挥（指挥者为调车长，利用本务机车调车作业时为车站值班员或助理值班员）。

4．调车作业计划

调车作业都是通过调车作业计划来实现的，所以对于调车作业来说调车作业计划是进行调车作业的凭证与根据。

调车作业计划是指调车工作的有关领导人（车辆调度员或行车值班员）向调车作业人员以书面形式下达或口头布置方式的调车作业通知，内容包括起止时间、担当列车（机车）作业顺序、股道号、摘挂辆数（编组车号或车位）、安全注意事项等。

二、调车作业技术要求

1．基本要求

（1） 调车机车乘务员要熟悉《车站行车工作细则》及有关规定，熟记站内线路（包括专用线）、信号机以及各种标志等站场情况，严格执行《技规》调车工作有关规定。

（2）采用无线调车灯显设备进行调车时，应使LKJ处于调车工作状态，与无线调车灯显设备配合使用，并根据信号显示和作业指令的要求进行作业。

（3）中间站利用本务机车调车时，对附有示意图的调车作业通知单的内容和注意事项必须掌握清楚。作业前，应使LKJ处于调车工作状态。

（4）在中间站不得利用单司机单班值乘列车的机车进行调车作业，遇特殊情况，必须利用该本务机车对本列进行调车作业时，相关作业人员应加强安全控制。

2．车站交接班注意事项

在车站交接班时，交、接班乘务员应认真对机车走行部、基础制动装置、牵引装置、制动机性能进行重点检查；注意检查调整制动缸活塞行程和闸瓦与轮箍踏面的缓解间隙。作业间歇时，应对其他部件进行检查。停留较长时间后再次作业前，应对制动机机能进行试验。

3．技术要求

（1）调车作业中，应彻底瞭望，确认信号，正确执行信号显示的要求和呼唤应答制度，没有信号不准动车，信号中断或不清应立即停车。穿越正线调车作业时，必须执行车机联控制度。

（2）连挂车辆时，严格按“十、五、三车”距离和信号要求控制速度，接近被连挂车辆时，速度不得超过 5 km/h。

（3）按《站细》规定连接软管后，动车前应进行制动机简略试验。

（4）单机连挂车辆时，应注意确认车辆停留和脱轨器位置，必须执行“一度停车”制度。

（5）当调车指挥人显示溜放信号时，司机应“强迫加速”满足作业要求；显示减速或停车信号时，应迅速解除机车牵引力，立即制动。

（6）认真执行驼峰调车作业的规定，连挂车列后试拉时，注意不得越过信号机或警冲标。推峰时，要严格按信号的要求控制速度。

（7）电力机车调车时，机车距接触网终点标应有 10 m 的安全距离，防止进入无电区。

第六节　终点站与退勤作业

当列车到达终点站后，途中运行作业即为结束，转入终点站作业（到达交班）及退勤作业。这个阶段的作业容易出现马虎和急躁，机车乘务员要坚持良好的精神状态，认真完成各项作业，保证机车能正常再出段。

一、终点站作业

（1）到达终点站后，摘解机车前不得缓解列车制动。若地面无列车制动机试验设备或该设备临时发生故障时，司机应根据检车员的要求，试验列车制动机。牵引制动主管定压为 600 kPa 的货物列车到达机车换挂站后，应对制动主管实施最大有效减压量（减压 170 kPa）。

（2）直供电列车到达后，应保持供电，接到车辆乘务员通知后方可停止供电，拔出供电钥匙，按规定与车辆乘务员办理交接。

（3）机车不能及时入段时，将机车移动至脱轨器外方、信号机前或警冲标内方。机车乘务员应及时检查轴温（装有轴温检测装置的除外）。LKJ 转入调车状态，按调车信号显示运行。

（4）机车到达站、段分界点处时应停车，签认入段时分，了解段内走行经路。

（5）确认入段信号、股道号码信号、道岔开通信号、道岔表示器显示正确，厉行确认呼唤（应答），鸣笛动车入段，按规定速度控制运行。

（6）有运用干部添乘在列车终到前，司机应出示添乘指导簿（添乘指导簿），添乘运用干部填写本趟添乘指导意见。

二、入段作业

（1）电力机车进整备线，在隔离区防护信号前停车，确认隔离区防护信号开放后再动车。

（2）在转盘及整备线停留时，机车必须制动。上、下转盘时，确认开通位置，严守速度规定。转盘转动时，司机不得离座，不得换端及做其他工作，并须做到以下两点：

① 内燃机车主手柄置于“0”位，换向手柄置于“中立”位，机车控制开关置于“断开”位。

② 电力机车断开主断路器，降下受电弓，牵引手柄置于“0”位。

（3）机务段应根据使用机型、乘务方式和段内技术作业时间，制定机车检查、给油、保洁等工作范围和标准。

① 交班司机应将机车运用状态，在机车运行日志上做出记录，按规定做好防溜，与接车人员办理交接。

② 轮乘制司机应向接车人员详细介绍机车运用状态、机车运行日志记录等情况，与有关人员办理燃油、耗电、工具备品以及机车行车安全装备的交接。

③ 检查机车时，发现故障处所及时处理或报修。

三、中途继乘站换班

（1）出勤时，按本章第一节出勤作业的规定执行。出勤后按时到达指定地点接班。

（2）中间站换班应实行对口交接。

① 司机交接燃料、耗电、机车运用状态等。

② 学习司机（非操纵司机）检查机车行车安全装备，办理工具备品等交接班后，按照各型机车中间站换班站检查项目进行。SS_4 型机车按照表 8-8、HXD_3 型机车按照表 8-9 的规定检查。

表 8-8 SS_4 型电力机车换班站检查项目

职　名	部　位	检查内容
本务司机	上部	目测受电弓、牵引控制柜、高压电器柜、硅整流柜工作状态，主变压器油温、油位和行车安全装备
学习司机（非操纵司机）	下部	轮对弛缓标记，轴箱温度、闸瓦与轮对踏面的缓解间隙，闸瓦及穿销，车钩及列车管连接、折角塞门状态

表 8-9　HXD_3型电力机车换班站检查项目

职　名	部　位	检查内容
本务司机	上部	目测受电弓、控制电器柜、空气制动柜、各辅助机组、空气压缩机工作状态，各保护电器开关位置及行车安全装备
学习司机（非操纵司机）	下部	轴箱温度、轮缘润滑装置、轴箱弹簧、制动盘可见部分、砂箱、轴箱拉杆、牵引杆吊索处在松缓状态，车钩及列车管的连接、折角塞门状态

四、外段（折返段）交接班

外段（折返段）交接班应做到下列事项：

（1）电力机车交班机班应按本段接车作业的规定项目对机车进行检查，填写机车运行日志。

（2）电力机车的接班司机应按本段接车作业的规定项目对机车进行检查。学习司机（非操纵司机）对机车下部进行复检。

（3）制动机试验，内燃机车的电气动作试验电力机车的高、低压试验按相应的试验程序进行。

（4）其他未尽事宜，按机务本段、外段（折返段）有关规定办理。

五、退勤作业

（1）退勤前，司机用 IC 卡转储 LKJ 运行记录文件，正确填写司机报单，并对本次列车的安全正点情况进行分析做出记录。

（2）退勤时，进行酒精测试，向退勤调度员汇报本次列车安全及运行情况，对运行中发生的非正常情况按规定填写“机调-10”，对 LKJ 检索分析的问题及超劳、运缓等情况做出说明，交还列车时刻表、司机报单、司机手册、添乘指导簿后，办理退勤手续。

第七节　机车乘务员呼唤应答标准

呼唤应答是机车乘务工作中协同动作、紧密配合、互相监督、确保安全的有效制度。它将行车工作和规章制度有机地结合起来，贯穿整个乘务工作过程，是确保行车安全的一项重要工作，因此机车乘务员在作业中必须认真执行。

一、确认呼唤（应答）的基本要求

（1）一次乘务作业全过程必须认真执行确认呼唤（应答）制度。

（2）确认呼唤（应答）必须执行“彻底瞭望、确认信号、手比眼看、准确呼唤”，并掌握“清晰短促、提示确认、全呼全比、手势正确”的作业要领。

（3）列车运行中必须对所有地面主体信号显示全部进行确认呼唤（应答），自动闭塞区段分区通过信号显示绿灯，值乘速度 120 km/h 及以上客运列车时，只手比不呼唤（带有三斜杠标志预告功能的分区通过信号机除外）。

（4）遇有显示须经侧向径路运行的信号时，在呼唤信号显示的同时，必须呼唤侧向限速值。

二、信号确认呼唤时机和手比姿势

1．信号确认呼唤时机

应遵循“信号好了不早呼、信号未好提前呼”的原则。瞭望条件良好时，进站（进路）信号不少于 800 m；出站、通过、接近、预告信号不少于 600 m；信号表示器不少于 100 m。

2．手比规范

（1）信号显示要求通过（显示绿灯、绿黄灯）时：右手伸出食指和中指并拢，拳心向左，指向确认对象。

（2）信号显示要求正向径路准备停车（显示黄灯）时：右手拢拳伸拇指直立，拳心向左。

（3）信号显示要求侧向径路运行（显示双黄灯、黄闪黄）时：右手拢拳伸拇指和小指，拳心向左。

（4）信号显示要求停车 （显示红灯，包括固定和临时）时：右臂拢拳，举拳与眉齐，拳心向左，小臂上下摇动 3 次。

（5）注意警惕运行时：右臂拢拳，大小臂成 90°，举拳与眉齐，拳心向左。

（6）确认仪表显示时：右手伸出食指和中指并拢，拳心向左，指向相关确认设备。

（7）确认非集中操纵道岔、各类手信号、防护信号（脱轨器）时：右手伸出食指和中指并拢，拳心向左，指向确认的非集中操纵道岔、各类手信号、防护信号（脱轨器）。

（8）列车运行中，LKJ 提示前方列车运行限制速度有变化时，司机必须在变速点前，对变化的速度值及时进行确认呼唤；确认呼唤时，右手伸出食指和中指并拢，拳心向左，指向 LKJ 显示部位。

（9）手比以注意警惕姿势开始和收回，手比动作稍作停顿。

三、机车乘务员（单岗值乘）确认呼唤（应答）标准用语

1．出段至发车

出段至发车阶段呼唤应答标准用语如表 8-10 所示。

表 8-10　出段至发车呼唤应答标准用语

序号	呼唤时机	呼唤项目	确认呼唤标准用语
1	电力机车升弓	升弓作业	升弓注意，升弓好了
2	整备完毕，人员就岗	出段准备作业	出段准备好了
3	出段前	还道信号及出段手信号显示（非集中操纵道岔）	××道，出段手信号好了

续表

序号	呼唤时机	呼唤项目	确认呼唤标准用语
4	出段前	出段信号显示（含出段简易信号）	出段信号，白（绿）灯 出段信号，蓝（红）灯停车
5	经过非集中操纵道岔前	道岔开通位置	道岔开通正确
6	经过其他要道还道地点前	还道信号及道岔开通手信号显示	一度停车 ××道，手信号好了
7	行至站段分界点	站段分界点（或一度停车牌）	一度停车
8	调车信号前	调车信号显示	调车信号，白灯 调车信号，蓝（红）灯停车
9	调车复示信号前	调车复示信号	复示信号，白灯 复示信号，注意
10	换端作业时	制动防溜	注意防溜
11	进入挂车线	脱轨器	脱轨器，撤除好了，（红灯、红牌）停车
12	连挂车时	连挂距离	十辆、五辆、三辆，停车
13		防护信号	防护信号，撤除好了 防护信号，注意
14	列车制动机试验时	列车制动机试验作业	制动、缓解 试风好了
15	发车前	行车安全装备设置作业	LKJ 设置，设置好了 CIR（或通信装置）设置，设置好了 列尾装置设置，设置好了 机车信号确认，确认好了
16		出站（发车进路）信号显示一个绿灯	绿灯，出站（发车进路）好了
17		出站（发车进路）信号显示两个绿灯	双绿灯，××（线、站）方向出站好了
18		出站（发车进路）信号显示一个绿灯一个黄灯	绿黄灯，出站（发车进路）好了
19		出站（发车进路）信号显示一个黄灯	黄灯，出站（发车进路）好了
20		非正常行车确认行车凭证时	确认行车凭证，路票正确 确认行车凭证，绿色许可证正确 确认行车凭证，红色许可证正确 确认行车凭证，调度命令正确
21		进路表示器显示	进路表示器，××（线、站）方向好了 进路表示器，正、反方向好了

续表

序号	呼唤时机	呼唤项目	确认呼唤标准用语
22	发车前	发车信号	一圈、两圈、三圈，发车信号好了 联控发车好了
23		发车表示器	发车表示器白灯
24	起动列车后	确认开车时刻	正点（或晚点××分）开车
25		监控装置对标点及道岔限速	对标好了，道岔限速××km/h
26	出站后	操纵台各仪表、指示灯、机车计算机工况屏显示	各仪表（网压）显示正常

2．途中运行

途中运行阶段呼唤应答标准用语如表 8-11 所示。

表 8-11　途中运行呼唤应答标准用语

序号	呼唤时机	呼唤项目	确认呼唤标准用语
1	贯通试验或试闸点	贯通试验或试闸作业	贯通试验，贯通试验好了 试闸，试闸好了
2	查询列尾时	列尾查询作业	列尾查询，尾部风压××km/h
3	接近慢行地段限速标	慢行标识及限速值	慢行限速××公里
4	慢行减速地点（始端）标	慢行减速地点（始端）标位置	慢行开始
5	慢行减速地点（终端）标	慢行减速地点（终端）标位置	严守速度
6	越过减速防护地段终端信号标	减速防护地段终端信号标位置	慢行结束
7	乘降所	乘降所	××乘降所停车
8	分相前	分相位置	过分相注意
9	禁止双弓标前	禁止双弓标	单弓好了
10	断电标前	断电标（T 断标）	断电好了
11	越过合电标后	合电标	闭合好了
12	准备降弓标	准备降弓标	准备降弓
13	降弓标前	降弓标	降弓好了
14	越过升弓标后	升弓标	升弓好了
15	遮断信号	遮断信号显示	遮断信号，红灯停车，无显示

续表

序号	呼唤时机	呼唤项目	确认呼唤标准用语
16	半自动闭塞区段进站（进路）信号机处 自动闭塞区段进站信号前一架通过信号机、进站（进路）信号机处	监控距离与地面信号机实际距离核对	确认车位，车位正确 确认车位，校正好了
17	进站、接车进路复示信号	复示信号显示	复示信号，直向、侧向 复示信号，注意信号
18	出站、发车进路复示信号	复示信号显示	复示信号，好了 复示信号，注意信号
19	通过手信号	通过手信号显示	通过手信号，好了（站内停车）
20	防护信号前	防护信号	防护信号，红灯（红旗）停车、火炬停车，撤除好了
21	预告信号前	预告信号显示	预告信号，好了，注意信号
22	CIR 接收接车进路预告信息时	进路预告信息内容	××站（线路所）××道通过（停车）、机外停车
23	接收临时调度命令时	调度命令号及内容	确认调度命令，确认好了
24	通信模式转换时	模式转换	通信转换注意，转换好了
25	机车信号转换时	机车信号转换	机车信号转换，转换好了
26	接近信号前	接近信号显示	绿灯 绿黄灯 黄灯减速
27	进站（接车进路）信号前	进站（进路）信号机显示一个绿灯	绿灯，正线通过
28		进站（进路）信号机显示一个绿灯一个黄灯	绿黄灯，正线通过，注意运行
29		进站（进路）信号机显示一个黄灯	黄灯，正线停车
30		进站（进路）信号机显示两个黄灯	双黄灯，侧线，限速××km/h
31		进站（进路）信号机显示黄闪黄	黄闪黄，侧线，限速××km/h
32		进站（进路）信号机显示红灯	红灯，机外停车
33		非正常行车确认行车凭证时	一红一白，引导信号好了 黄旗、黄灯，引导手信号好了 绿旗、绿灯，特定引导手信号好了 机外停车

续表

序号	呼唤时机	呼唤项目	确认呼唤标准用语
34	出站（发车进路）信号前	出站（发车进路）信号显示一个绿灯	绿灯，出站（发车进路）好了
35		出站（发车进路）信号显示两个绿灯	双绿灯，××（线、站）方向出站好了
36		出站（发车进路）信号显示一个绿灯一个黄灯	绿黄灯，出站（发车进路）好了
37		出站（发车进路）信号显示一个黄灯	黄灯，出站（发车进路）好了
38		出站（发车进路）信号显示一个红灯	红灯，站内停车
39		非正常行车确认行车凭证时	确认行车凭证，路票正确 确认行车凭证，绿色许可证正确 确认行车凭证，红色许可证正确 确认行车凭证，调度命令正确
40	进路表示器前	进路表示器显示	进路表示器，××（线、站）方向好了 进路表示器，正、反方向好了
41	确认仪表时	操纵台各仪表、指示灯、机车计算机工况屏显示	各仪表（网压）显示正常
42	自动闭塞区段闭塞分区通过信号前	闭塞分区通过信号显示	绿灯 绿黄灯 黄灯减速 红灯停车
43	线路所通过信号机前	线路所通过信号显示	通过信号， 绿灯，（××方向好了） 绿黄灯，（××方向好了） 黄灯减速，（××方向好了） 侧线限速××km/h，××方向好了 机外停车
44		非正常行车确认行车凭证时	确认行车凭证，凭证正确
45	列车运行限制速度变速点前（由高速变低速）	变速点低速值	前方限速××km/h，注意控速
46	输入侧线股道号	侧线股道号	××道输入好了
47	输入支线号	支线号	支线号输入好了
48	接近限制鸣笛标前	限制鸣笛标	进入限鸣区段
49	接近防洪地点标前	防洪地点标	防洪地点，注意运行
50	接近道口前	道口位置	道口注意
51	列车客运停点、终到	报点	正点（晚点或早点××分）到达（通过、开车）

3. 到达至入段

到达及入段阶段呼唤应答标准用语如表 8-12 所示。

表 8-12　到达及入段呼唤应答标准用语

序号	呼唤时机	呼唤项目	确认呼唤标准用语
1	列车终到后	行车安全装备设置	LKJ 设置，设置好了 CIR（或通信装置）设置，设置好了 列尾装置设置，设置好了
2	调车转线作业	调车信号显示	调车信号，白灯 调车信号，蓝（红）灯停车
3	调车复示信号前	调车复示信号	复示信号，白灯 复示信号，注意
4	行至站段分界点	站段分界点（或一度停车牌）	一度停车
5	入段前	还道信号及入段手信号显示(非集中操纵道岔)	××道，入段手信号好了
6		入段信号显示（含简易信号显示）	入段信号，白（绿）灯 入段信号，蓝（红）灯停车
7	经过非集中操纵道岔前	道岔位置	道岔开通正确
8	经过其他要道还道地点前	还道信号及道岔开通手信号	一度停车 ××道，手信号好了
9	换端作业时	制动防溜	注意防溜
10	进入段内尽头线或有车线	确认停车距离	十辆、五辆、三辆，停车
11	整备线防护信号前	防护信号显示	防护信号，撤除好了 防护信号，(红灯、蓝灯、红旗、红牌)停车

四、机车乘务员（双岗值乘）确认呼唤（应答）标准用语

1. 出段至发车

出段至发车阶段呼唤应答标准用语如表 8-13 所示。

表 8-13　出段至发车呼唤应答标准用语

序号	呼唤时机	呼唤		应答		复诵	
		呼唤者	标准用语	应答者	标准用语	复诵者	标准用语
1	电力机车升弓	操纵司机	升弓	学习司机 非操纵司机	升弓注意	操纵司机	升弓好了
2	整备完毕，人员就岗	学习司机 非操纵司机	出段准备	操纵司机	准备好了		

续表

序号	呼唤时机	呼唤		应答		复诵	
		呼唤者	标准用语	应答者	标准用语	复诵者	标准用语
3	出段前	学习司机 非操纵司机	还道信号 出段信号（非集中操纵道岔呼唤内容）	操纵司机	××道出段手信号好了	学习司机 非操纵司机	××道出段手信号好了
4		学习司机 非操纵司机	出段信号	操纵司机	白（绿）灯、蓝（红）灯停车	学习司机 非操纵司机	白（绿）灯、蓝（红）灯停车
5	经过非集中操纵道岔前	学习司机 非操纵司机	道岔注意	操纵司机	道岔开通正确	学习司机 非操纵司机	道岔开通正确
6	经过其他要道还道地点前	学习司机 非操纵司机	一度停车 还道信号 道岔开通信号	操纵司机	一度停车××道手信号好了	学习司机 非操纵司机	××道 手信号好了
7	行至站段分界点（或一度停车牌）	学习司机 非操纵司机	一度停车	操纵司机	一度停车		
8	调车信号前	学习司机 非操纵司机	调车信号	操纵司机	白灯、蓝（红）灯停车	学习司机 非操纵司机	白灯、蓝（红）灯停车
9	调车复示信号前	学习司机 非操纵司机	复示信号	操纵司机	白灯注意信号	学习司机 非操纵司机	白灯 注意信号
10	换端作业时	学习司机 非操纵司机	注意防溜	操纵司机	注意防溜		
11	进入挂车线	学习司机 非操纵司机	脱轨器注意	操纵司机	撤除好了 （红灯、红牌）停车	学习司机 非操纵司机	撤除好了 （红灯、红牌）停车
12	连挂车时	学习司机 非操纵司机	十辆、五辆、三辆，停车	操纵司机	十辆、五辆、三辆，停车		
13		学习司机 非操纵司机	防护信号	操纵司机	撤除好了 注意信号	学习司机 非操纵司机	好了 注意
14	列车制动机试验时	学习司机 非操纵司机	制动、缓解 试风好了	操纵司机	制动、缓解 试风好了		
15	发车前	学习司机 非操纵司机	确认行车安全装备	操纵司机	LKJ 设置好了，CIR（或通信装置）设置好了，列尾装置设置好了， 机车信号确认好了	学习司机 非操纵司机	LKJ 设置好了，CIR（或通信装置）设置好了，列尾装置设置好了， 机车信号确认好了

续表

序号	呼唤时机	呼唤		应答		复诵	
		呼唤者	标准用语	应答者	标准用语	复诵者	标准用语
16	发车前	学习司机 非操纵司机	出站（发车进路）信号	操纵司机	绿灯，出站（发车进路）好了， 双绿灯，××（线、站）方向出站好了， 绿黄灯，出站（发车进路）好了， 黄灯，出站（发车进路）好了	学习司机 非操纵司机	绿灯，出站（发车进路）好了， 双绿灯，××（线、站）方向出站好了， 绿黄灯，出站（发车进路）好了， 黄灯，出站（发车进路）好了
17		学习司机 非操纵司机	确认路票 确认绿色许可证 确认红色许可证 确认调度命令	操纵司机	路票正确 绿色许可证正确 红色许可证正确 调度命令正确	学习司机 非操纵司机	路票正确 绿色许可证正确 红色许可证正确 调度命令正确
18		学习司机 非操纵司机	进路表示器	操纵司机	××（线、站）方向好了， 正、反方向好了	学习司机 非操纵司机	××（线、站）方向好了， 正、反方向好了
19		学习司机 非操纵司机	发车信号	操纵司机	一圈、两圈、三圈，发车信号好了， 联控发车好了	学习司机 非操纵司机	一圈、两圈、三圈，发车信号好了， 联控发车好了
20		学习司机 非操纵司机	发车表示器	操纵司机	发车表示器白灯	学习司机 非操纵司机	发车表示器白灯
21	起动列车后	学习司机 非操纵司机	确认开车时刻	操纵司机	正点（或晚点××分）开车	学习司机 非操纵司机	好了
22		学习司机 非操纵司机	注意对标	操纵司机	对标好了 道岔限速××km/h	学习司机 非操纵司机	好了 道岔限速××km/h
23		学习司机 非操纵司机	后部注意	操纵司机	后部好了	学习司机 非操纵司机	后部好了
24	出站后	学习司机 非操纵司机	仪表注意	操纵司机	各仪表（网压）显示正常		

2. 途中运行

途中运行阶段呼唤应答标准用语如表 8-14 所示。

表 8-14　途中运行呼唤应答标准用语

序号	呼唤时机	呼唤		应答		复诵	
		呼唤者	标准用语	应答者	标准用语	复诵者	标准用语
1	机械间巡视及巡视后	学习司机 非操纵司机	机械间检查各部正常	操纵司机	注意安全好了	学习司机 非操纵司机	加强瞭望
2	贯通试验或试闸点	学习司机 非操纵司机	贯通试验或试闸	操纵司机	贯通试验好了或试闸好了	学习司机 非操纵司机	好了

续表

序号	呼唤时机	呼唤		应答		复诵	
		呼唤者	标准用语	应答者	标准用语	复诵者	标准用语
3	查询列尾时	学习司机 非操纵司机	列尾查询	操纵司机	尾部风压××kPa	学习司机 非操纵司机	好了
4	接近慢行地段限速标	学习司机 非操纵司机	慢行注意	操纵司机	限速××km/h	学习司机 非操纵司机	限速××km/h
5	慢行减速地点（始端）标	学习司机 非操纵司机	慢行开始	操纵司机	慢行开始		
6	慢行减速地点（终端）标	学习司机 非操纵司机	严守速度	操纵司机	严守速度		
7	越过减速防护地段终端信号标	学习司机 非操纵司机	慢行结束	操纵司机	慢行结束		
8	乘降所	学习司机 非操纵司机	××乘降所	操纵司机	停车	学习司机 非操纵司机	停车
9	接近分相前	学习司机 非操纵司机	过分相注意	操纵司机	注意	学习司机 非操纵司机	注意
10	禁止双弓标前	学习司机 非操纵司机	禁止双弓	操纵司机	单弓好了	学习司机 非操纵司机	好了
11	断电标（T断标）前	学习司机 非操纵司机	断电	操纵司机	断电好了	学习司机 非操纵司机	好了
12	越过合电标后	学习司机 非操纵司机	闭合	操纵司机	闭合好了	学习司机 非操纵司机	好了
13	准备降弓标前	学习司机 非操纵司机	准备降弓	操纵司机	准备降弓		
14	降弓标前	学习司机 非操纵司机	降弓	操纵司机	降弓好了	学习司机 非操纵司机	好了
15	越过升弓标后	学习司机 非操纵司机	升弓	操纵司机	升弓好了	学习司机 非操纵司机	好了
16	遮断信号前	学习司机 非操纵司机	遮断信号	操纵司机	红灯停车，无显示	学习司机 非操纵司机	红灯停车，无显示
17	半自动闭塞区段进站（进路）信号机处； 自动闭塞区段进站信号前一架通过信号机、进站（进路）信号机处	学习司机 非操纵司机	确认车位	操纵司机	车位正确 校正好了	学习司机 非操纵司机	车位正确 好了
18	进站、接车进路复示信号前	学习司机 非操纵司机	复示信号	操纵司机	直向、侧向或注意信号	学习司机 非操纵司机	直向、侧向或注意信号

续表

序号	呼唤时机	呼唤		应答		复诵	
		呼唤者	标准用语	应答者	标准用语	复诵者	标准用语
19	出站、发车进路复示信号前	学习司机 非操纵司机	复示信号	操纵司机	复示好了，注意信号	学习司机 非操纵司机	复示好了，注意信号
20	通过手信号	学习司机 非操纵司机	通过手信号	操纵司机	手信号好了 站内停车	学习司机 非操纵司机	手信号好了 站内停车
21	防护信号前	学习司机 非操纵司机	防护信号	操纵司机	红灯（红旗）停车 火炬停车 撤除好了	学习司机 非操纵司机	红灯（红旗）停车 火炬停车 撤除好了
22	预告信号前	学习司机 非操纵司机	预告信号	操纵司机	预告好了 注意信号	学习司机 非操纵司机	预告好了 注意信号
23	CIR 接收接车进路预告信息时	学习司机 非操纵司机	确认进路预告信息	操纵司机	××站（线路所）××道通过（停车），机外停车	学习司机 非操纵司机	××站（线路所）××道通过（停车），机外停车
24	接收临时调度命令时	学习司机 非操纵司机	确认调度命令	操纵司机	调度命令确认好了	学习司机 非操纵司机	调度命令确认好了
25	通信模式转换时	学习司机 非操纵司机	通信转换注意	操纵司机	转换好了	学习司机 非操纵司机	好了
26	转换机车信号时	学习司机 非操纵司机	机车信号转换注意	操纵司机	转换好了	学习司机 非操纵司机	好了
27	接近信号前	学习司机 非操纵司机	接近信号	操纵司机	绿灯 绿黄灯 黄灯减速	学习司机 非操纵司机	绿灯 绿黄灯 黄灯减速
28	进站（接车进路）信号前	学习司机 非操纵司机	进站（进路）信号	操纵司机	绿灯，正线通过； 绿黄灯，正线通过，注意运行； 黄灯，正线， 双黄灯，侧线，限速××km/h； 黄闪黄，侧线，限速××km/h； 红灯，机外停车	学习司机 非操纵司机	绿灯，正线通过； 绿黄灯，正线通过，注意运行； 黄灯，正线， 双黄灯，侧线，限速××km/h； 黄闪黄，侧线，限速××km/h； 红灯，机外停车
29		学习司机 非操纵司机	引导信号 引导手信号 特定引导手信号 机外停车	操纵司机	一红一白，引号信号好了， 黄旗、黄灯，引导手信号好了， 绿旗、绿灯，特定引导手信号好了， 机外停车	学习司机 非操纵司机	一红一白，引号信号好了， 黄旗、黄灯，引导手信号好了， 绿旗、绿灯，特定引导手信号好了， 机外停车

续表

序号	呼唤时机	呼唤		应答		复诵	
		呼唤者	标准用语	应答者	标准用语	复诵者	标准用语
29	出站（发车进路）信号前	学习司机 非操纵司机	出站（发车进路）信号	操纵司机	绿灯，出站（发车进路）好了， 双绿灯，××（线、站）方向出站好了， 绿黄灯，出站（发车进路）好了， 黄灯，出站（发车进路）好了， 红灯，停车	学习司机 非操纵司机	绿灯，出站（发车进路）好了， 双绿灯，××（线、站）方向出站好了， 绿黄灯，出站（发车进路）好了， 黄灯，出站（发车进路）好了， 红灯，停车
30		学习司机 非操纵司机	确认路票 确认绿色许可证 确认红色许可证 确认调度命令	操纵司机	路票正确 绿色许可证正确 红色许可证正确 调度命令正确	学习司机 非操纵司机	路票正确 绿色许可证正确 红色许可证正确 调度命令正确
31	进路表示器前	学习司机 非操纵司机	进路表示器	操纵司机	××（线、站）方向好了， 正、反方向好了	学习司机 非操纵司机	××（线、站）方向好了， 正、反方向好了
32	确认仪表时	学习司机 非操纵司机	仪表注意	操纵司机	各仪表（网压）显示正常		
33	自动闭塞区段闭塞分区通过信号前	学习司机 非操纵司机	通过信号	操纵司机	绿灯 绿黄灯 黄灯减速 红灯停车	学习司机 非操纵司机	绿灯 绿黄灯 黄灯减速 红灯停车
34	线路所通过信号机前	学习司机 非操纵司机	通过信号 确认行车凭证	操纵司机	绿灯（××方向好了）， 绿黄灯（××方向好了）， 黄灯减速（××方向好了）， 侧线限速×× km/h，××方向好了， 机外停车， 线路所凭证正确	学习司机 非操纵司机	绿灯（××方向好了）， 绿黄灯（××方向好了）， 黄灯减速（××方向好了）， 侧线限速×× km/h，××方向好了， 机外停车， 线路所凭证正确
35	列车运行限制速度变速点前（由高速变低速）	操纵司机	前方限速×× km/h	学习司机 非操纵司机	注意控速	操纵司机	注意控速
36	交会列车时	学习司机 非操纵司机	会车注意	操纵司机	注意		
37	输入侧线股道号	学习司机 非操纵司机	输入侧线股道号	操纵司机	××道输入好了		

续表

序号	呼唤时机	呼唤		应答		复诵	
		呼唤者	标准用语	应答者	标准用语	复诵者	标准用语
38	输入支线号	学习司机 非操纵司机	输入支线号	操纵司机	支线号输入好了		
39	接近限制鸣笛标前	学习司机 非操纵司机	进入限鸣区段	操纵司机	限制鸣笛	学习司机 非操纵司机	限制鸣笛
40	接近防洪地点标	学习司机 非操纵司机	进入防洪地点	操纵司机	注意运行	学习司机 非操纵司机	注意运行
41	接近道口前	学习司机 非操纵司机	道口注意	操纵司机	注意		
42	途中换班时	接班司机	换班注意	交班司机	加强瞭望，（前方有限速），注意安全	接班司机	明白

3. 到达至入段

到达至入段阶段呼唤应答标准用语如表 8-15 所示。

表 8-15　到达至入段阶段呼唤应答标准用语

序号	呼唤时机	呼唤		应答		复诵	
		呼唤者	标准用语	应答者	标准用语	复诵者	标准用语
1	列车终到后	学习司机 非操纵司机	确认行车安全装备	操纵司机	LKJ 设置好了，CIR（或通信装置）设置好了，列尾装置设置好了	学习司机 非操纵司机	LKJ 设置好了，CIR（或通信装置）设置好了，列尾装置设置好了
2	调车转线作业	学习司机 非操纵司机	调车信号	操纵司机	白灯、蓝（红）灯停车	学习司机 非操纵司机	白灯、蓝（红）灯停车
3	调车复示信号前	学习司机 非操纵司机	复示信号	操纵司机	白灯 注意信号	学习司机 非操纵司机	白灯 注意信号
4	行至站段分界点(或一度停车牌)	学习司机 非操纵司机	一度停车	操纵司机	一度停车		
5	入段前	学习司机 非操纵司机	还道信号 入段信号（非集中操纵道岔呼唤内容）	操纵司机	××道 入段手信号好了	学习司机 非操纵司机	××道 入段手信号好了
6		学习司机 非操纵司机	入段信号	操纵司机	白（绿）灯 蓝（红）灯停车	学习司机 非操纵司机	白（绿）灯 蓝（红）灯停车
7	经过非集中操纵道岔前	学习司机 非操纵司机	道岔注意	操纵司机	道岔开通正确	学习司机 非操纵司机	道岔开通正确

续表

序号	呼唤时机	呼唤		应答		复诵	
		呼唤者	标准用语	应答者	标准用语	复诵者	标准用语
8	经过其他要道还道地点前	学习司机 非操纵司机	一度停车 还道信号 道岔开通信号	操纵司机	一度停车 ××道 手信号好了	学习司机 非操纵司机	××道 手信号好了
9	换端作业时	学习司机 非操纵司机	注意防溜	操纵司机	注意防溜		
10	进入段内尽头线或有车线	学习司机 非操纵司机	十辆、五辆、三辆，停车	操纵司机	十辆、五辆、三辆，停车		
11	整备线防护信号前	学习司机 非操纵司机	防护信号	操纵司机	撤除好了 （红灯、蓝灯、红旗、红牌）停车	学习司机 非操纵司机	撤除好了 （红灯、蓝灯、红旗、红牌）停车

【本章小结】

电力机车乘务员一次乘务作业过程标准化程序，是电力机车乘务员执行机车乘务作业的标准，作业程序涉及的知识、技能点非常多，要认真学习和掌握。尤其是直接影响行车安全的关键作业环节，要特别重视和学习总结。在掌握熟练作业程序的基础上，同时还要熟悉和掌握机车综合无线通信设备（CIR）、LKJ2000 型列车运行监控装置机车及列车尾部安全检测装置、机车走行部监测装置等行车安全装备的功能、基本使用方法和故障处理方法，充分发挥这些设备对行车安全的保障作用。

【事故案例】

“9·2”北京铁路局湖东机务段列车溜逸冲突事故

一、事故概况

1996 年 9 月 2 日，北京铁路局湖东机务段 SS_4 型 0166 号机车，司机朱某，副司机赵某、张某，担当大同至湖东间 2258 次货物列车（编组 54 辆，总重 4 522 t，换长 59.6）牵引任务。列车运行至大同南至湖东间 K8 + 668 m（下坡道）处，司机操纵牵引手柄退级，列车惰力运行。此时，该机车组 3 人全部进入睡眠状态，列车失去控制，在 K15 + 408 m 处列车自然停车。因全列车停于 4‰的上坡道上，2 min 后全列车向后溜逸 1 665 m，在大秦线御河大桥上与后续的新湖 3856 次货物列车相撞。新湖 3856 次 SS_4 型 0179 号机车 B 节车体掉下大桥，前转向架被撞入下行线，中断上行线行车 25 小时 13 分，中断下行线行车 24 小时 20 分，SS_4 型 0179 号机车司机、副司机死亡，构成行车重大事故。

二、事故原因

机车乘务员运行中睡觉。

三、事故教训

（1）出乘前在公寓休息不足。该机班 9 月 1 日 18 时 20 分入大新公寓，22 时驻点干部检查休息情况时，经督促该班才休息，2 日零时 10 分叫班，在公寓时间 6 小时 30 分，实际休息时间只有 2 小时 10 分。

（2）乘务员严重超劳。该机班从出勤至发生事故时止，连续工作时间已达 12 小时 37 分。值乘超劳后，未及时提出换班，致使在大同南至湖东间运行中机班人员全部昏睡。

（3）湖东机务段领导干部作风不实，未能严格执行干部“五定三率”安全管理工作制度；机车乘务员“两纪”松弛，对危及行车安全的关键问题管理失控；驻公寓干部未认真履行职责，严重失职，对机车乘务员在公寓休息时间检查督促不力，发现未按规定休息时，未能及时采取措施制止其出乘，且在事故发生后谎报情况。

（4）大同分局调度所不按列车运行图组织行车，编制日、班及阶段修正计划，严重违反《铁路运输调度工作规则》和路局有关规定。规定日班车次在夜班计划中下达，临时变更计划时，未按规定向机务段（折返段）传达；实际列车开行车次与计划开行车次不符时，又未发布调度命令，造成机务段仍以班计划叫班。分局调度所交班不彻底，当班调度员不掌握乘务员工作时间，对超劳机班未采取相应解决措施。

（5）大同分局有关领导对行车安全管理不力，没有把防止和减少机车乘务员超劳作为一项重要工作来抓，对不按图行车、运输组织和调度指挥中存在的问题未及时发现和纠正，致使机车乘务员超劳问题长期得不到有效解决。

【复习思考题】

1．机车乘务员严格执行一次乘务作业过程标准化程序对铁路行车安全有什么重要意义？

2．机车乘务员在出勤作业中应确认哪些内容？

3．机车乘务员出勤时携带哪些规章及有效证件？到何处报到？领取哪些行车资料和备品？

4．接车时，乘务员持司机报单领取哪些工具备品？对机车哪些行车安全装备进行检查和交接？行车安全装备合格证有效期为多长时间？

5．出勤接车后，学习司机应确认什么内容？

6．熟悉机车低压、高压试验程序及要求。

7．熟悉“DK-1”型、“CCBⅡ”型制动机“五步闸”检查试验程序及要求。

8．在出段过程中，机车乘务员应做到什么？

9．机车到达站段分界点时有什么作业要求？

10．机车进入挂车线后，应做到什么？

11．简述列车中机车与第一辆车连挂的规定和分工。

12．挂车后司机应该做哪些操作？

13．列车制动机试验的程序和要求有哪些？

14．起动列车前机车乘务员应该注意哪些事项？

15．列车起动时操纵机车的注意事项有哪些？

16．机车乘务组以外人员登乘机车有什么规定？

17．电力机车运行中，机车乘务员应遵守哪些安全注意事项？

18．电力机车学习司机进行机械间巡视的时机、检查项目各是什么？

19．列车操纵及安全注意事项有哪些？

20．坡道、隧道、严寒地区有哪些操纵注意事项？

21．调车作业，在连挂车辆时应做到什么？

22．总结终点站作业内容及要点。

23．入段作业的内容有哪些？

24．中途继乘站换班接班乘务员应做好哪些工作？

25．简述外段（折返段）交接班作业要求。

第九章　行车安全装备

铁路机车行车安全装备是指装设于机车、动车以及自轮运转特种设备上，用于直接防止列车运行事故或辅助机车乘务员提高操纵列车运行安全能力的装备。机车上的行车安全装备主要包括机车信号、机车综合无线通信设备 CIR、LKJ2000 型列车运行监控记录装置、列车尾部安全防护装置以及机车走行部安全检测装置，是保证列车安全运行的重要设备。机车乘务员应熟悉设备的基本操作方法和故障护理办法。

第一节　机车信号装置

一、机车信号的作用

机车信号又称为机车自动信号，设在机车司机控制室内，用来自动反映运行条件，指示机车运行。为实现机车信号而设置的整套技术设备称为机车信号设备。机车信号能复示地面信号机的显示，克服天气影响和地形影响，改善司机瞭望条件，能够提前预告司机机车所接近的地面信号显示情况，因此机车司机能够在任何条件下从容地驾驶机车或及时采取制动措施，防止发生列车冒进、越出信号机的情况，提高列车运行的安全性。但是机车停车位置，应以地面信号机或有关停车标志为依据。

二、机车信号装置设备

机车信号装置由机车信号主机、机车信号机、双路接收线圈等结构组成。

接收线圈安装在机车转向架前端，通过与钢轨的电磁耦合接收钢轨上的信号，然后传送给机车信号主机。接收线圈内部为双余线圈。

机车信号主机从接收线圈接收移频信号，通过对接收的信号警醒处理、解调、译码得到机车信号信息，并把机车信号信息输出到双面八显示机车信号机显示给司机，同时把机车信号信息输出到监控装置作为控制列车运行的基本条件。

三、机车信号机的分类

机车信号机分为连续式、接近连续式和通用式机车信号机 3 种。

1. 连续式机车信号机

连续式机车信号机使用在自动闭塞区段。由于自动闭塞区段每个闭塞分区都装设轨道电路，并通过轨道电路不断地将地面色灯信号机的显示信息向机车传送，使机车信号机可以连续地复示出地面信号机的显示状态。

2. 接近连续式机车信号机

接近连续式机车信号机使用在非自动闭塞区段，是指当机车到达进站信号机或线路所通过信号机前方的接近区段，才能向轨道电路发送连续的信息电码，并将地面信号的显示状态反映到机车信号机上。在无电码的地段，机车信号机则不能复示地面信号机的状态。由于它接近车站或线路所通过信号机才有显示，而且具有一旦显示又连续不间断的特点，所以称为接近连续式。

3. 通用式机车信号机

通用式机车信号机包括微机控制通用式机车信号机或兼容式机车信号机和数字化通用式机车信号机。机车信号随闭塞方式的不同而不同，解决了机车长交路运行时机车信号显示与列车运行控制的问题，能自动识别不同轨道电路信息，正确显示相应的色灯信号。

4. 机车信号应满足的技术条件

任何机车信号都必须满足故障导向安全原则的要求；应装有足够显示数目的机车信号机，以直观地反映地面信号机的显示，并配合有音响信号，在机车信号变化为较限制显示时鸣响，使司机更加注意，同时设备工作稳定可靠，受天气、环境干扰影响小，且不得超出机车车辆限界。

5. 机车信号的使用

列车运行速度不超过 120 km/h 的区段，机车信号与列车运行监控记录装置结合使用；列车运行速度在 120 km/h 以上至 160 km/h 的区段，具有条件的应采用主体机车信号与列车运行监控记录装置结合使用，或采用列车超速防护系统；列车运行速度超过 160 km/h 的区段，应采用无地面信号机的列车超速防护系统。

第二节　机车综合无线通信设备（CIR）

一、调度命令无线传送系统的功能

（1）调度员向辖区内的运行列车发送调度命令等信息，并在 CTC 区段发送行车凭证、调车作业通知单等信息。

（2）车站值班员向辖区内的运行列车发送行车凭证、调车作业通知单等信息。

（3）自动向辖区内的运行列车发送列车接车进路预告信息。

（4）机车装置向车站发送调车请求信息。

（5）机车装置能向发送人终端发送自动确认和签收信息。

（6）TDCS 设备和机车装置应存储调度命令并记录操作过程。

（7）系统中各终端应具有文字提示功能，机车装置还应具有语音提示功能。

二、系统组成（见图 9-1）

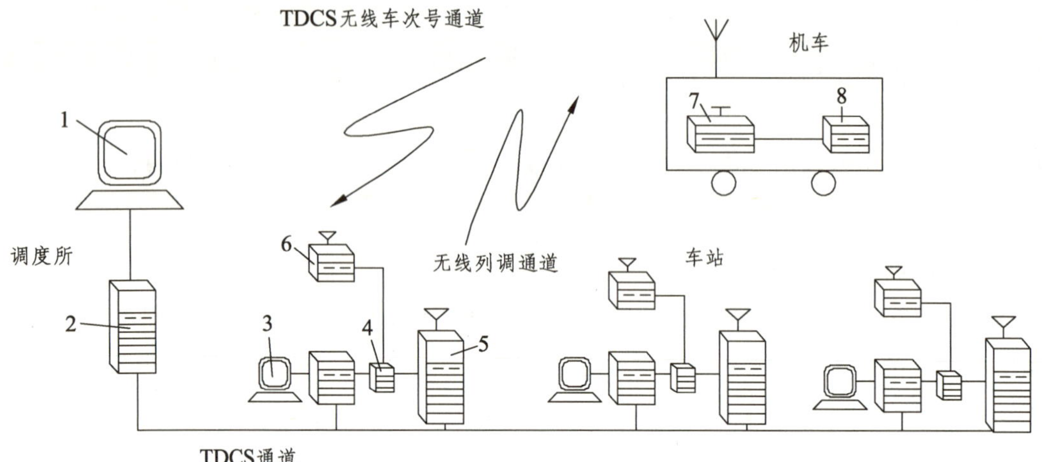

图 9-1　机车综合无线通信设备系统的组成

1—行车调度台；2—TDCS 总机；3—TDCS 车站设备；4—车站转换器；5—无线列调车站台；
6—车次号解码器；7—CIR；8—监控装置

1. 机车综合无线通信设备（CIR，见图 9-2）

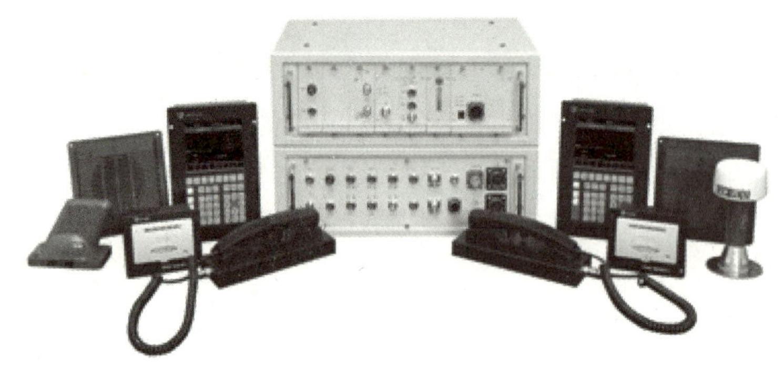

图 9-2　机车综合无线通信设备系统的组成

（1）机车综合无线通信设备（CIR）的主要功能。

① GSM-R 调度通信：基于 GSM-R 的数据业务（调度命令、车次号、列尾风压、调车监控）。

② 450 MHz 调度通信：基于 450 MHz 的数据业务（调度命令、车次号、列尾风压）。

③ 800 MHz 列尾及预警功能。

（2）机车综合无线通信设备（CIR）的组成。

CIR 由主机、MMI、送（受）话器、打印机、扬声器、天线、电缆等组成。

CIR 按主机类型分为标准型 CIR 和小型化 CIR，标准型 CIR 用于新型新造机车及动车组，小型化 CIR 用于既有机车。

（3）主机单元说明。

① 主控单元：实现对各模块单元的控制。

② 电源单元：为设备提供供电电源。

③ 电池单元：在外界直流供电切断后为 CIR 进行 GSM-R 注销提供备用电源。

④ 卫星定位单元：提供公用位置信息，其中时钟信息作为设备的标准时钟。在 GSM-R 区段，当卫星定位信息有效时，卫星定位单元能够输出前方、后方车站值班台的 ISDN 号码和本调度区段调度台的 ISDN 号码。

⑤ GSM-R 话音单元：在主控单元的控制下完成 GSM-R 调度通信功能。

⑥ GSM-R 数据单元：在主控单元的控制下完成数据的收发（支持 GPRS 方式、电路连接方式）。

⑦ 高速数据单元：支持无线宽带数据传输功能。

⑧ 记录单元：具有对话音、承载业务信息及操作过程等记录和话音回放的功能。

⑨ 接口单元：连接设备内部有关单元，并为数据、话音应用业务提供接入接口。

⑩ 450 MHz 机车电台单元：在主控单元的控制下，完成 450 MHz 调度通信所规定的机车电台功能及承载的数据传输功能。

⑪ 800 MHz 车载电台：实现《800 MHz 列尾和列车安全预警系统主要技术条件（暂行）》规定的车载电台功能。

（4）MMI 面板说明（见图 9-3）。

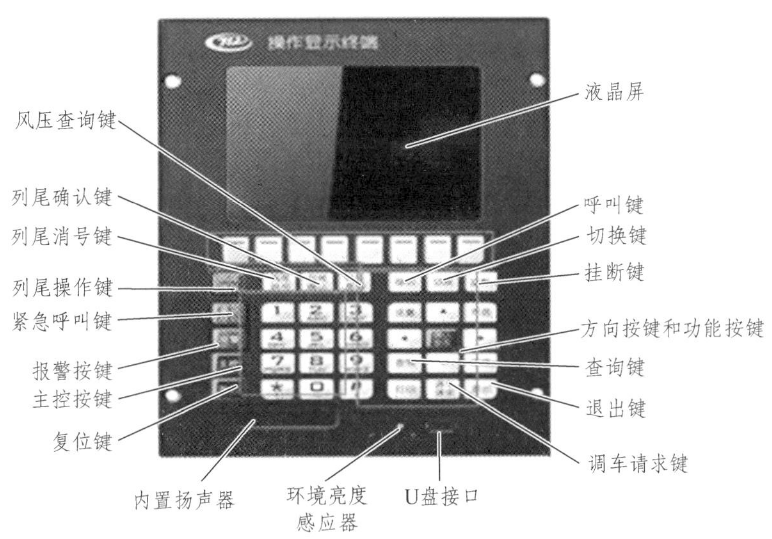

图 9-3 机车综合无线通信设备系统的组成

“呼叫”按键有两种功能：在 GSM-R 模式下拨号后按该键进行呼叫；实现两个 MMI 之间的呼叫。

“切换”按键在 GSM-R 模式下，用于切换处于通话中与等待中的电话。

“挂断”按键用于挂断 GSM-R 通话。

“数字及字母”键用于拨号、输入车次号、输入机车号等。

"设置"按键用于进入设置界面。

"界面"按键用于界面之间的切换。

"确认/签收"按键用于确定选择信息、调度命令签收等。

"查询"按键用于查询调度命令等。

"回格"按键用于删除已输入的字符。

"打印"按键用于打印调度命名。

"调车请求"按键用于发送调车请求信息。

"退出"按键用于返回上级界面。

"←""↑""→""↓"按键用于移动光标、调节音量、调节屏幕亮度、翻页等。

"列尾排风""列尾消号""列尾确认""风压查询"按键用于列尾规定的功能。

8 个可配置式按键根据工作模式定义按键，用于调度通信的呼叫：450 MHz 通信状态主要定义为"调度""隧道车站""隧道司机""平原车站""平原司机"，并按相应键完成呼叫。

2. 辅助设备简介

（1）打印机。

（2）送（受）话器（见图 9-4）。

（a）通用式送（受）话器

（b）紧凑型送（受）话器

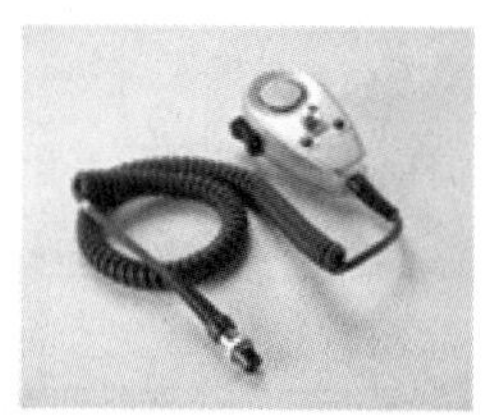

（c）送话器

图 9-4　送（受）话器

三、CIR 操作使用说明

1. 开　机

打开主机上的电源开关，加电后半分钟左右，MMI 根据上次关机时的状态进入 450 MHz 模式或 GSM-R 模式主界面。当 MMI 处于副控状态时，按住"主控"键 3 s 即可以将 MMI 切换到主控状态。

2. 显示界面

MMI 主控时，可配置按键区文字高亮显示，MMI 副控时，可配置按键区无文字显示。

3. 亮度、音量调节

按"设置"键进入设置界面，将光标移动至"4. 扬声器音量调整""5. 听筒音量调整"或"9. 屏幕亮度调整"选项上按"确认"键，即可以用"←""→"方向键进行相应内容的调整。

4. 工作模式选择。

① 自动选择线路。

依次选择“设置”“运行区段”“自动模式”，此时 CIR 设置为线路自动切换模式。

CIR 将根据位置信息自动在 450 MHz 和 GSM-R 两种工作模式间切换。在 450 MHz 模式下可自动转换工作制式和频点；在 GSM-R 模式下可自动变换功能按键显示区的车站名称。

② 手动选择线路。

依次选择“设置”“运行区段”“路局名”“线路名”，即可转到相应的工作线路。

手动选择线路后，即使卫星定位信息有效，工作模式也不随位置信息自动变化，但 GSM-R 模式下的车站名依然可随位置信息自动变换。

③ 指定运行线路的自动方式。

当 MMI 发出语音提示“通信转换，请选择线路”时，司机可按“切换”键调出线路选择界面，选择运行线路。

5. 车次号自动注册/注销

GSM-R 模式下，当满足以下条件时，CIR 自动向网络注册（或注销）车次功能号，并以语音和文字提示注册结果。注册成功时，在 MMI 上显示当前注册的车次号。

① TAX 箱由非监控状态转为监控状态（自动注册）；

② TAX 箱由监控状态转为非监控状态（自动注销）；

③ TAX 箱输出的车次号改变（自动注销已注册的车次功能号并注册新的车次功能号）；

④ 机车综合无线通信设备由 GSM-R 线路转为 450 MHz 线路（自动注销）；

⑤ 机车综合无线通信设备由 450 MHz 线路转为 GSM-R 线路（自动注册）；

⑥ 机车综合无线通信设备关机（自动注销）；

⑦ 当 CIR 通过 TAX 箱获得的机车号与存储的不一致时，MMI 上显示的机车号变为红字闪烁，并发出“注意机车号”的提示音。

6. 车次号手动注册/注销

GSM-R 模式下，司机可手动注册车次号，操作过程如下：

① 在主界面按下“设置”键，进入设置界面。将光标移动至“1. 车次功能号注册”选项上并按“确认”键。在屏幕下方的提示符后，手动输入车次号，输入完毕按“确认”键。

② 从随后弹出的选择机车牵引任务状态界面上选择“本务机”或“补机”，再次按下“确认”键。

③ CIR 即向网络注册车次功能号。

7. 注销车次号

GSM-R 模式下，在主界面按下“设置”键，进入设置界面。将光标移动至“1. 车次功能号注销”选项上并按“确认”键。MMI 屏幕下方显示是否确认注销的提示，再次按“确认”键，CIR 即向网络注销车次功能号。

8. GSM-R 通话

机车综合无线无线通信设备处于 GSM-R 工作方式下时，可以进行个别呼叫、组呼、MMI 内部通话和多优先级通话等功能。

① 单键呼叫。

GSM-R 调度通信的基本显示界面下方的 8 个可配置式按键定义为单键呼叫功能，依次被定义为“前方调度”“调度”“前站”“本站”“后站”“车长”“邻站组呼”和“站内组呼”。按呼叫类型可分为与调度员通话、与车站值班员通话、与运转车长通话、邻站组呼、站内组呼、紧急呼叫和广播；按发起方式可分为单键呼叫、拨号呼叫和通讯录呼叫。通话结束可以挂机或按“挂断”键。

② 拨号呼叫。

先拨号然后再按“呼叫”键即可进行拨号呼叫。需要重新呼叫上次的拨号呼叫对象时可直接按“呼叫”键，界面会显示上次的拨号号码，可通过“回格”键进行修改，再次按“呼叫”键即对显示的号码进行呼叫。通话结束可以挂机或按“挂断”键。

③ 来呼。

呼入时调度通信状态显示区显示“XXXXXX 呼入”，并在扬声器中听到振铃。摘机后可与对方进行通话，调度通信状态显示区显示“↙ XXXXXX”。

如果来呼时已处于摘机状态，则可以按“呼叫”键或按一下话机上的“PTT”键与对方进行通话。通话结束可以挂机或按“挂断”键。

④ 邻站组呼、站内组呼。

在主界面下按“邻站组呼”或“站内组呼”键可以发起相应的组呼，在通话过程中，需要讲话时按“PTT 键。当看到屏幕显示送受话器图标时即可讲话，送受话器图标显示不可用时不能讲话。

有组呼呼入时，CIR 自动加入通话，此时屏幕显示组呼呼入信息，扬声器播放话音。

⑤ 铁路紧急呼叫。

司机按下“紧急呼叫”键，发起铁路紧急呼叫。若此时 CIR 处于其他通话状态，则退出正在进行的通话并优先发起铁路紧急呼叫。

有紧急呼叫进入时，CIR 自动加入通话，此时屏幕显示呼入信息，扬声器播放话音。在通话过程中的操作与组呼相同。铁路紧急呼叫为最高优先级的组呼，接收方不能自己退出，除非呼叫发起方主动结束呼叫。

⑥ 广播。

有广播呼入时，CIR 自动加入通话，此时屏幕显示广播呼入信息，扬声器播放话音。广播过程中，只能收听不能讲话。

9. 接收调度命令

①调度命令显示界面如图 9-5 所示，CIR 接收到一条新的调度命令时，显示屏将自动进入调度命令显示界面，显示该调度命令的详细内容，包括调度命令名称、发令人、调度命令编号、下达时间、接收时间、受令车次号、受令机车号和调度命令正文等。与此同时，扬声

器每隔几秒发出一次阅读提示语音。

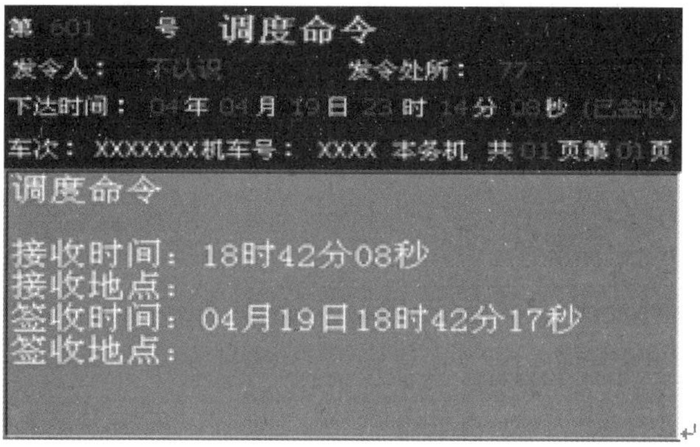

图 9-5　调度命令显示界面

② 阅读完调度命令后，请务必按“签收”键（即“确认/签收”按键）签收该调度命令，CIR 将语音提示“已签收”，并将签收信息发送给发令人。

③ 如果按下“签收”键后，设备语音提示“请阅读完再签收”，说明调度命令正文超过 1 页。此时可以按“↑”或“↓”键翻页阅读，等到显示最后一页时再按“签收”键。

④ 需要时可以按“打印”键，打印机将打印出屏幕当前显示的调度命令详细内容。

⑤ 如果需要查询以前收到的调度命令，可以按下 MMI 的“查询”键，查询时，用“↑”和“↓”键选择某个命令类型后按“确认”键，MMI 将显示最近 10 条命令的索引，并显示这些命令的发送日期、时间、命令类型、命令编号等信息。

在 MMI 显示界面中，操作人员可以用“↑” 和“↓”键选择需要查看的命令，然后按“确认”键，MMI 将显示该调度命令的详细内容。操作人员也可以继续翻页显示更早收到调度命令的索引信息，然后再查看命令的详细内容。

10. *注意事项*

CIR 无线电台加电后，请确认 CIR 设备是否运行正常，若发现异常，请按以下步骤操作：

① 常按 CIR 显示器“复位”键（左下角黑色按钮）3 s；

② 呼叫时按下“握柄”键，显示器发射红灯亮后呼叫；

③ A、B 室更换操作时，无人驾驶室握柄必须处于挂机状态，在有人驾驶室常按 3 s 主控键，方可转入主用状态。

第三节　LKJ2000 型列车运行监控记录装置

列车运行监控记录装置（LKJ）是由中国技术人员自主研发的以保障列车运行安全为主要目的的列车速度控制装置。该装置在实现安全速度控制的同时，采集记录与列车安全运行有关的各种机车运行状态信息，促进了机车运行管理的自动化，并且随着运输需求的发展，监控装置逐渐成为列车车载运行不可或缺的部分。

我国列车速度控制技术开发是从 20 世纪 90 年代初开始的，期间经历了 JK-2H 型和 LKJ-93 型监控装置两次发展过渡。目前在全路内电力机车上安装使用的监控装置（LKJ2000）为第三代产品，该装置是在吸取了第一、二代产品成功经验的基础上，由原铁道部统一组织研制开发成功的，其推广使用对全路安全生产有序可控产生了巨大的推动作用，运行范围遍及所有国铁运营线路。

一、LKJ2000 型列车运行记录监控装置功能简介

LKJ2000 型列车运行监控记录装置是在 LKJ-93 型监控装置成功运用的基础上，借鉴国内外先进列车超速防护及列车控制技术而研究开发的新一代列车超速防护设备，是采用了先进的 32 位微处理器技术、安全性技术以及数字信号处理技术等来保证列车行车安全的控制装置。它既有列车行车安全设备的升级换代产品，又具有列车运行监控功能、语音提示功能、降级控制、列车运行数据记录功能。它除了具有数码显示器的输入查询外，还可以实时显示列车当前位置、前方限速、线路情况、信号机位置和车站等情况，使机车乘务员能非常全面直观地了解列车运行情况，实现对列车更加安全平稳的操纵。

二、LKJ2000 型列车运行记录监控装置设备介绍

LKJ2000 型列车运行记录监控装置包括主机和显示器两部分。

1. 主机部分

主机内部有 A、B 两组完全相同的控制单元（分别称为 A 机、B 机），每组有 8 个插件位置。主机前面板布局如图 9-6 所示。

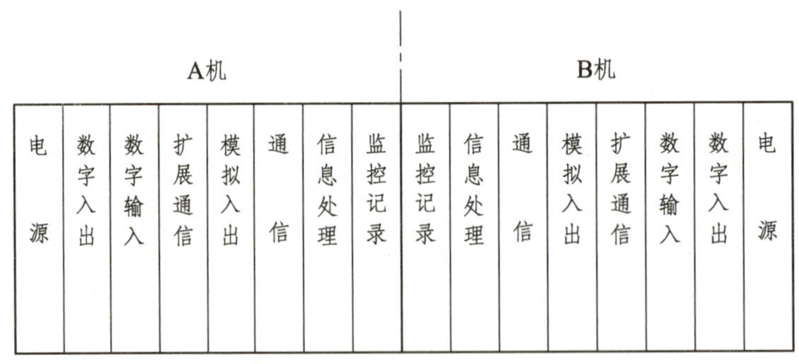

图 9-6 LKJ2000 列车运行记录监控装置显示界面

2. 显示器

显示器由 10 英寸 TFT 高亮度彩色液晶显示屏、21 个薄膜按键和大容量 IC 卡读卡器组成。

（1）LKJ2000 型列车运行记录监控装置显示界面（见图 9-7）。

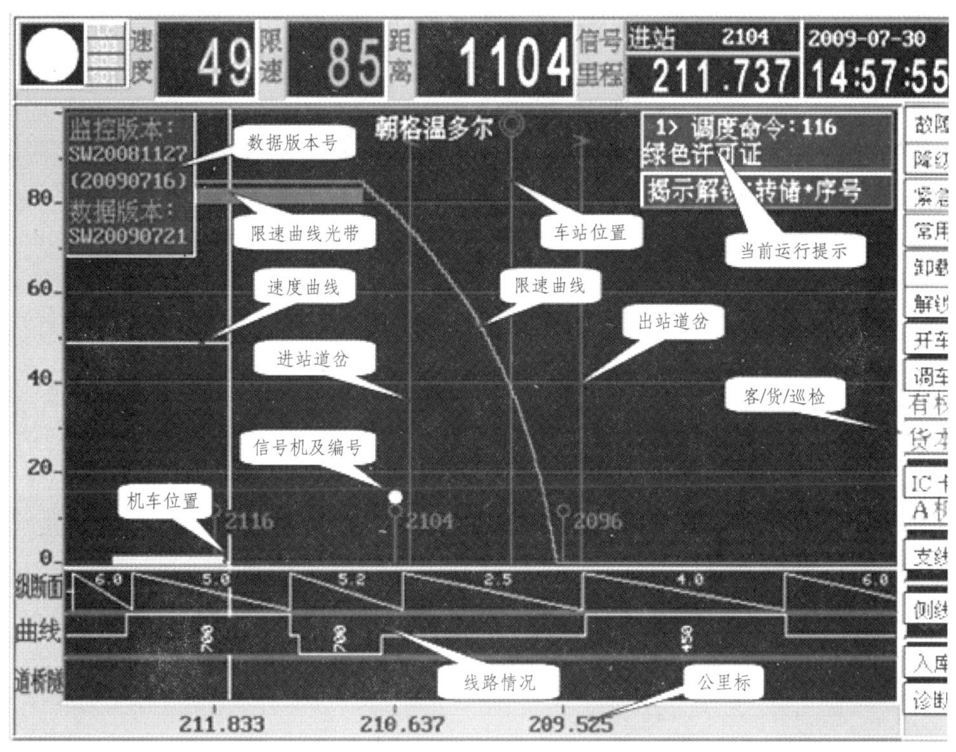

图 9-7 LKJ2000 型列车运行记录监控装置显示界面

屏幕最上方显示的数据窗口从左至右依次为：色灯、速度等级、列车运行速度、限速、距前方信号机距离、前方信号机编号、前方信号机类型、日期和时间。

屏幕右边显示系统状态，自上到下依次为：故障、降级、紧急、常用、卸载、解锁、允许开车、调车状态、控制权、巡检、IC 卡、A/B 机状态、允许支线输入、允许侧线输入。

屏幕中间为速度曲线和限速曲线的显示窗口，同时在背景上显示运行线路的信号机、道岔、车站中心及相应站名、电分相等数据。下方的 3 个小窗口依次为线路纵断面、线路曲线和道桥隧。整个曲线显示的约 1/5 处有一条垂直分隔线，表示此处为列车当前位置，显示一个列车图标，其长度为按照计长换算的列车实际长度。

屏幕最下方为信号机处的公里标坐标值。

状态指示含义如下：

故障：在 CAN 总线故障时，点亮此指示灯。

紧急：装置处于紧急制动工况时，点亮此指示灯。

降级：装置处于降级工况时，点亮此指示灯。

卸载：装置处于卸载工况时，点亮此指示灯。

常用：装置处于常用制动工况时，点亮此指示灯。

解锁：解锁成功后，点亮此指示灯。

开车：开车条件满足，允许按压“开车”键时，点亮此指示灯。

调车：装置处于“调车”状态时，点亮“调车”指示灯。

控制权：指示本端显示器是否有权（有权、无权）。

巡检指示：在按“巡检”键后，此指示灯点亮 4 s。

IC 卡：IC 卡插入到位时，该指示灯点亮。

A/B 机：指示当前工作主机是 A 机还是 B 机。

支线：当允许支线输入时，该灯点亮，输入支线号，主机确认后，显示所输入的支线号。

侧线：当允许侧线输入时，该灯点亮，输入侧线号，主机确认后，显示所输入的侧线号。

（2）按键功能。

按键为带背光薄膜按键，在光线变暗时，按键上的字可自动透光，使夜晚或过隧道时，乘务人员能清晰地识别按键上的字符。按键共有 21 个，0 ~ 9 共 10 个键为复合键，其他为单功能键。

按键布局示意如图 9-8 所示。

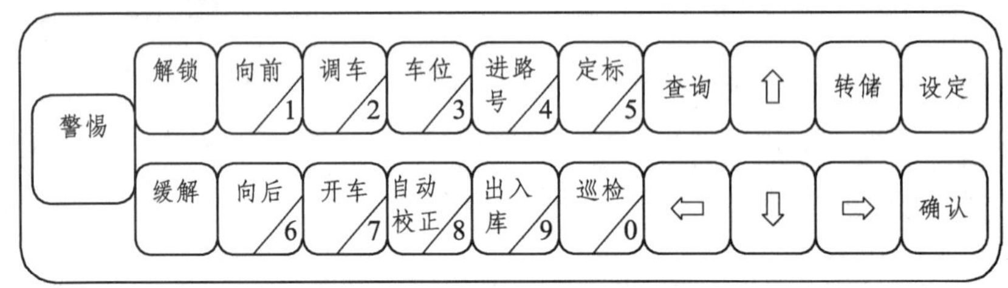

图 9-8　按键位置布置图

大多数按键在不同的控制状态下有不同的功能，具体见操作说明。

① 复合键。

带有数字的键，在监控状态下作功能键使用，在参数修改状态下作数字键使用。

“巡检/0”键：按该键执行副司机机械间巡视记录操作。

“向前/1”键：配合“车位”键进行滞后误差调整。

“向后/6”键：配合“车位”键进行超前误差调整。

“自动校正/8”键：按该键自动调整滞后或超前误差。

“调车/2”键：按该键进入或退出“调车”工作状态。

“车位/3”键：配合“向前/1”键或“向后/6”键进行距离误差调整。

“进路号/4”键：当支线号或侧线号允许输入时，按该键进入“支线号”或“侧线股道号”，输入操作状态。

“开车/7”键：按该键执行对标开车操作。

“出入库/9”键：按该键作机车出入库时间记录用。

“定标/5”键：线路坐标打点记录；确认信号。

② 功能键。

“设定”键：进入或退出参数设定操作。

“转储”键：进入文件转储操作状态；运行中按压该键 + 数字键解除临时限速控制。

“警惕”键：降级工作状态下暂停报警，解除防溜报警等。

“缓解”键：常用制动后的缓解操作。

“查询”键：进入信息查询操作状态。

“确认”键：参数设定或修改有效，保存退出；确认操作。

“→”“←”“↑”“↓”键：在参数设定状态或查询状态，按压这些键，可以改变光标的位置；在输入数字时，“←”键作退格键用。

3．查询/选择显示

按压面膜上的“查询”键，屏幕中间将弹出“查询选择”窗口（见图 9-9），其有 6 个项目可供查询/选择显示。可以使用“↑”“↓”“→”“←”4 个方向键，将光标移动到所需查询项目，按压“确认”键进入相应的查询窗口。

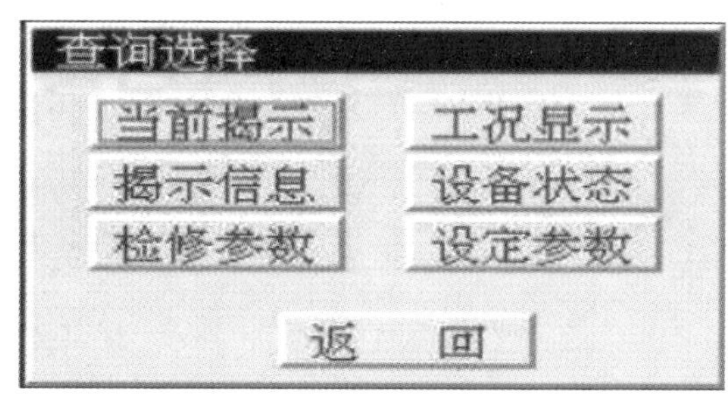

图 9-9　查询选择界面

4．机车乘务员的操作

（1）人机对话键盘操作。

按压 LKJ2000 型屏幕显示器面板上的按键，可进行相应参数设定操作及各种查询操作。在输入参数等操作中，可以使用“↑”“↓”“→”“←”四个方向键将光标移动到所需位置，然后用 0～9 数字键输入数据，如果输入错误，用向左键“←”删除前一个字符，最后按压“确认”键确认输入。

在输入“机车类型”等有下拉菜单的项目时，按压“↓”向下键为展开该项目的选单，然后用“↑”“↓”键上下移动光标到所要输入的类型，按压“确认”键选定。

（2）显示器操作权的转换。

装有双端显示器的机车，在哪端显示器先按“开车”键进入通常工作状态，则该端有操作权（显示屏操作权显示窗口显示“有权”），另一端显示器无操作权（操作权显示窗口显示“无权”，只能进行一些“查询”功能的操作，无语音提示）。在降级、调车工作状态下，两个显示器都有权，均可进行参数设定等操作。

若必须转换显示器的操作权，停车时，在“有权”显示器按“调车”键进入调车工作状态，“无权”端显示器按“调车”键退出调车工作状态，完成操作权的转换。

（3）参数设定及修改操作。

将已写入 LKJ 临时数据的 IC 卡正确插入屏幕显示器 IC 卡座内，显示屏右边状态窗口的“IC 卡”指示灯点亮。按压“设定”键，装置将卡内的 LKJ 临时数据读入，并弹出“参数设定”窗口（见图 9-10），其中的司机号、区段号、车站号、车次、编组等数据为 IC 卡中预先写入的参数（如果读入的司机号、区段号、车站号、车次、列车编组等数据与实际不符，通过参数修改方法对不正确项进行修改），选择车速等级，确认无误后，再次按“设定”键退出，此时显示屏显示读入揭示条数窗口，按“确认”键显示屏显示“请查询揭示!”，拔出 IC 卡，按“确认”键进入“全部揭示查询”窗口，按规定与交付揭示核对，逐条确认无误后将光标移到“0 返回”位置，按“确认”键退出。

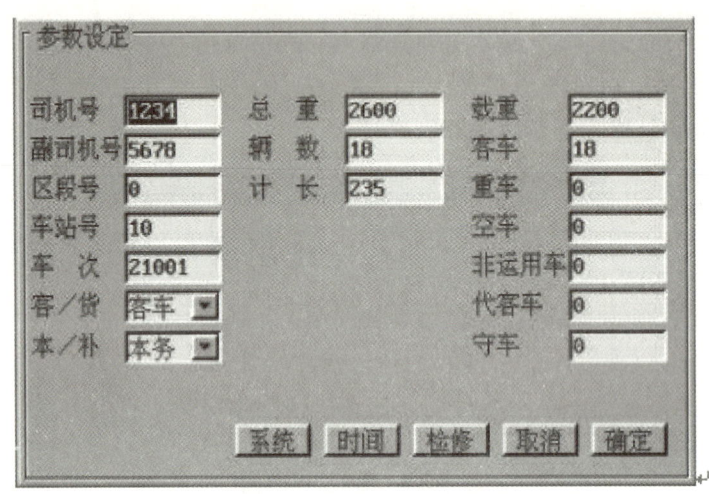

图 9-10　参数设定界面

参数修改完毕后，将光标移到“确定”按钮，按“确认”键或直接按“设定”键退出参数设置状态。

（4）进入/退出调车工作状态。

① 进入：停车时，按一次“调车”键，进入调车工作状态，“调车”状态指示灯点亮。

② 退出：在调车工作状态下，按一次“调车”键，“调车”状态指示灯灭，返回进入调车工作状态之前的状态（通常为工作或降级工作状态）。

（5）出入库、挂车。

① 除另有规定外，机车出库时，应使装置进入调车工作状态。在闸楼处按“出入库”键使显示屏“出段”灯亮。

② 始发站挂车完毕，退出调车工作状态（“出段/入段”灯亮时，先按“出入库”键，再按“调车”键退出调车工作状态），并根据列车编组单确认输入的列车编组数据等参数。

③ 列车到达终点站，机车入库时，按规定将装置转入调车工作状态。在闸楼处按“出入库”键使显示屏“入段”灯亮。

（6）开车对标。

参数设置正确后，装置进入降级工作状态，确认显示屏“开车”指示灯亮，列车开车后，机车经过规定的对标点时，按“开车”键，装置进入通常工作状态（监控状态），此时显示屏上方数据窗口显示实际速度、限制速度、距离、前方信号机种类、里程等相应的数据，中央显示速度、限速曲线和信号机位置，下方显示线路纵断面数据。

（7）修正过机误差。

列车运行中，显示屏距离显示区以不断递减的数字显示距下一架信号机的距离，机车越过信号机瞬间显示的距离与机车实际位置的误差称为过机误差。

① 过机误差分类。

a. 滞后误差：机车越过信号机时距离显示仍有余量，经过一段距离后才到 0。这种 0 显示出现在信号机位置之后的过机误差称为滞后误差。

b. 超前误差：机车距信号机还有一段距离，但距离显示值提前到 0。这种 0 显示出现在信号机位置之前的过机误差称为超前误差。

② 手动修正过机误差的操作方法。

a. 车位向前：出现滞后误差时，在接近信号机位置按“车位”键 1 次，在机车越过信号机时再按“向前”键 1 次，装置清除剩余距离，调出当前分区距离。

b. 车位向后：出现超前误差小于 300 m 时，在接近信号机位置按“车位”键 1 次，在机车越过信号机时再按“向后”键 1 次，装置将重新调用当前分区的距离。

c. 车位对中：当超前误差或滞后误差距离小于 300 m 时，在信号机位置，按压“自动校正”键，此时不论是滞后还是超前误差，装置将自动进行校正。

（8）侧线股道号输入。

输入方法：进站（进路）信号机前，机车信号为双黄灯时，显示屏状态栏“侧线 127”指示灯亮，语音提示“输入侧线股道号”，并自动弹出“输入进路号”窗口，窗口弹出未进行输入操作，15 s 后窗口将自动消失（当距前方信号机距离 500 m 时再次弹出）。在“输入进路号”窗口通过数字键输入侧线股道号，然后按“确认”键。此时，显示屏状态栏“侧线”亮并显示输入的侧线股道号。

遇车机联控不通等原因，进站前无法取得股道号时，不得进行股道号输入，应严格控制列车速度，防止过岔超速，进入站内确认所进股道后再准确输入股道号。

除机车信号为双黄灯时自动弹出“输入进路号”窗口外，其他情况下均需通过按“进路号”键调出。

（9）支线号输入。

支线号输入功能只对货物列车（指设定参数时列车种类为“货车”）有效。

输入方法：列车接近支线分支地点，显示屏状态栏“支线 00”指示灯亮，显示屏下方显示支线号和支线方向，语音提示“输入支线号”。按“进路号”键，弹出“输入进路号”窗口。利用数字键输入支线号，正确无误后按“确认”键。此时，显示屏状态栏“支线”亮并显示输入的支线号，若输入的是过渡支线号，显示屏左侧将以红底黄字提示“过渡支线”。

（10）中间站调车。

机车在中间站进行调车作业时，列车停妥后，按规定将装置转入调车工作状态。

调车作业完毕，及时退出调车工作状态。继续担当列车牵引时，若列车编组发生变化必须修改列车编组数据。

（11）巡检操作。

巡检开始前，在操作端显示器按“巡检”键 1 次；巡检到机车另一端后，在非操作端显示器按“巡检”键 1 次；返回到操作端后，再按 “巡检”键 1 次，完成 1 次巡检记录。当按“巡检”键有效时，显示器“巡检”指示灯点亮，4 s 后自动熄灭。

（12）“警惕”操作。

① 进站确认。

装置在通常工作状态，当显示器显示的前方信号机为进站、进出站信号机，且其次一信号机为出站或进出站信号机时，语音提示“请确认信号”两遍。在机车越过信号机前，要按压 1 次警惕按钮（按下并松开），否则越过信号机后，监控装置启动“警惕控制过程”。

② 周期警惕。

装置在通常工作状态，速度大于 5 km/h 时启动周期警惕，并开始计时，若计时达到 120 s，则启动“警惕控制过程”。在计时过程中，应注意以下两点：

a. 列车实施制动（列车管减压 50 kPa 及以上或者闸缸压力大于等于 50 kPa）终止计时，缓解后重新开始计时；

b. 主手柄状态发生变化（零位、非零位状态变化）重新计时。

监控装置启动“警惕控制过程”后，显示屏弹出“警惕”提示窗口，并从 20 s 开始倒计时，倒计时到 10 s 时伴以“呜呜”报警声，若倒计时到 0 时则实施制动控制。在报警声出现之前司机应按压 1 次警惕按钮。

（13）定标打点。

在机车运行中按“定标”键，装置记录此刻的线路里程及时间，作为运行记录数据处理时查找的标记。

（14）制动试验。

操作目的：检查装置工作状态和制动输出状况，包括对 A 机和 B 机常用制动和紧急制动试验。

操作方法：速度为 0 时，按压一次“查询”键，进入“查询选择”对话框。将光标移到“库内试验”上按“确认”键或直接按数字键“7”，弹出库内测试窗口，直接按压相应的数字键进行制动试验，试验结束后，按“0”键退出。按钮上的 A 和 B 表示 A 机和 B 机。

（15）使用 IC 卡转储记录数据文件。

转储步骤：插入 IC 卡→按“转储”键→选择转储文件→按“转储”键，具体操作如下：

① 速度为 0 时，将 IC 卡插入显示器 IC 卡插槽，显示器中“IC 卡”指示灯亮。

② 按“转储”键，2 ~ 3 s 后进入文件查询/选择窗口。

屏幕下边是功能选择按钮，将光标移到相应按钮上按“确认”键（或按功能按钮指示的数字键），就可以执行相应的功能。屏幕上边为文件目录栏，绿色的文件是已经转储过的文件，蓝色是选中的文件。目录栏下方有一个滚动条，指示目前显示的位置。按钮依次如下：

“1 选择文件”：进行手工文件选择，此时文件目录栏内出现一个光标条，可以用 4 个方向键移动光标条到欲转储文件，并按“确认”键选中这个文件。选中后光标条移到下一个文件，同时选中文件变成蓝色。如果想取消已经选中的文件，只需将光标条移到所选文件，再次按“确认”键即可取消这个文件的选择。

“2 选择未转”：选中全部尚未转储过的文件。

“3 全部选择”：选中全部文件。

“4 撤销选择”：撤销全部选择。

“6 开始转储”：开始转储选择的文件到 IC 卡。

“7 无线转储”：安装无线传输设备的机车，开始通过无线传输设备传输到地面计算机。

“8 卡上文件”：查看 IC 卡上的文件目录。

“0 返回”：退出转储窗口。

③ 选中要转储的文件，将光标移到“开始转储”，按“确认”键（或直接按“6”键）开始转储。在转储过程中，会弹出一个指示转储情况的窗口，上面是当前正在转储的文件名，下面的两个进度条分别指示整个转储的进度、当前文件进度。转储完毕会出现转储成功或失败的提示，按“确认”键返回文件选择窗口，此时可以选择退出或继续进行下次转储。

（16）常用制动缓解操作。

当常用制动动作后，列车运行速度下降到一定值时，语音提示“允许缓解”，此时乘务员按“缓解”键即可缓解，并有语音提示“缓解成功”。注意：在语音提示“允许缓解”以前，按“缓解”键无效。

（17）显示屏亮度调整。

用“↑”“↓”方向键可调整屏幕亮度。按“↑”键增加亮度，按“↓”键减小亮度。

（18）音量调节。

连续按“→”键可逐步增加音量，连续按“←”键可逐步减小音量（部分早期出厂的显示器无此功能）。

第四节　列车尾部安全防护装置

列车尾部安全防护装置（简称列尾装置）是用于动车组以外的列车的重要行车安全设备。它由固定在机车司机室的司机控制盒和安装在列车尾部的列尾主机组成，并与列车无线调度电话相连配合使用，是保证列车安全运行不可缺少的重要设备。它可以使机车乘务员随时准确掌握列车尾部风压，确认列车完整。当车辆折角塞门被意外关闭时，司机可直接操纵列尾装置使其尾部强行排风，从而使列车制动停车。此处，该装置还可起列车尾部标志的作用。

一、组　成

列尾装置由固定在机车司机室的司机控制盒和安装在列车尾部的列尾主机组成，并与列车无线调度电话相连配合使用，如图 9-11 所示。

司机控制盒

列尾主机

列尾主机的安装

图 9-11　列尾装置

二、功　能

司机通过按压司机控制盒上的按键经由列车无线调度电话发出无线电信号，列尾主机接收到相应无线电信号指令，而做出相应的反应，并用语音告知司机。

三、司机控制盒各按键的功能

（1）查询列车尾部制动管风压。

列车输号成功后，按压绿键，控制盒绿灯亮后，装置发出“××××机车尾部风压×××kPa”语音提示，表示控制盒与列尾主机装置之间已形成“一对一”的关系。在始发站查询，即判断司机输号是否正确成功。

（2）红键：排风键。

打开防护盖，按压一次控制盒信号灯亮，列尾主机装置自动排风 60 s，并有语音提示。遇列车需进行简略试验必须进行列尾排风试验时，司机必须按压红色键一次进行排风机能试验，以确认列车管贯通及列尾主机遥控排风状态。使用排风键时具体操作：列车试风保压 1 min 后，打开防护盖，按压红色键（列调发车语音：“××××机车排风”）。如列尾主机无风压信号反馈，司机可进行查询，如反馈风压与司机室风表显示不一致时，则可判定列车制动管折角塞门关闭。此时应立即报告车站值班员组织检查。如在运行途中应立即采取停车措施，同时按压红色键使列尾主机排风，从而使列车停车。

（3）黑键：机车号输入键。

始发站。列尾主机装置语音提示“20××××号请输号”，司机在 30 s 内，制动管风压在 460 kPa 以下时，按“黑”键输号即可（通常始发站已在主机上把机车号输好）。

在中间站更换机车的操作方法如下：

① 中间站如需要更换机车（解释几种更换原因），由被更换机车在减压 460 kPa 以下时，按“黑 + 绿”键消号即可。

②更换机车制动管风压在 460 kPa 以下时，听到主机语音反馈“20××××号请输号”的提示后，按“黑”键输号（语音提示“××××机车输号成功”）即可。

③如果更换机车忘记(未)消号时，机班应通知车站值班员到尾部将列尾主机断电后，再通电。主机报“20××××号请输号”，乘务员在 30 s 内，制动管风压在 460 kPa 以下时，按“黑”键输号即可。

④中间站联系用语。

值班员：“×××××车次司机尾部主机 20××××号请核对”。

司机应答后，确认值班员所报车次无误后，在 30 s 内，风压在 460 kPa 以下时按“黑”键输号。

（4）黑键+绿键：机车消号。

终点站到达后或中间站更换本务机车，列车在制动状态制动管风压 460 kPa 以下时，按“黑键+绿键”即可。

四、故障处理

（1）列尾装置途中无电时，装置会发出“××××机车电压不足”的报警，列尾装置自动关闭，此时报警红灯长亮。

（2）列尾装置查询无反应时，可换室查询。仍无反应时，可试用无线调度通信设备，若正常，可更换一室或二室司机控制盒。查询 3 次以上，如仍无效时，则判断列尾主机故障。发生以上故障时，司机应通知车站并取得调度命令后，按规定运行。

五、列车运行中制动主管折角塞门关闭制动失灵时的处理方法

（1）装有列尾装置的货物列车，立即使用列尾控制盒上的红色排风按钮，采用列尾装置主机排风，对后部车辆实施制动。

（2）附挂（后部补机）机车应立即使用紧急制动停车。

（3）司机应用列车无线调度通信设备通知前方站或列车调度员，同时鸣示紧急停车信号，由运转车长通知其采取停车措施。

（4）停车后，司机应立即通知车站人员（运转车长），共同对列车制动系统进行检查。

第五节　机车走行部安全检测装置

一、概　述

随着铁路跨越式发展的推进，列车的速度在不断提高，机车大多在长交路模式下运用，确保机车走行部的安全可靠问题更加突出。

JK00430 型机车走行部监测装置可以实时监测机车牵引电机轴承、抱轴轴承、轴箱轴承、传动齿轮、轮对踏面的工作状况，它不仅能够对轴承的温度进行监测，而且能够对运行过程

中的轴承、齿轮的接触工作面的故障和轮对踏面损伤进行监测诊断，为机车走行部关键部件的安全提供可靠保障。

二、JK00430 型机车走行部监测装置的结构

JK00430 型机车走行部监测装置每台机车一套，每套装置由车上和车下两部分构成。车上部分包括装置主机 1 台、装置副机 1 台或 2 台、TAX2 轴承监测插卡、相关车上布线 1 套；车下部分包括接线盒原则上每根轴 1 个、复合传感器每个测点 1 个、相关传感器转接线、接线盒连接线等，如图 9-12 所示。

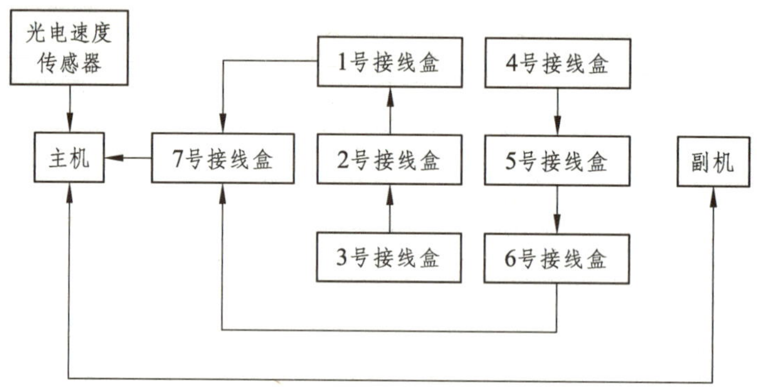

图 9-12　JK00430 型机车走行部监测装置的结构图

运行中，乘务员要随时注意监视监测装置中各测点温度显示和报警提示；遇有报警或温度上升时，根据报警级别或温度上升情况，相应采取如下方式：

当监测装置出现轴承Ⅰ级报警（主机面板的“报警Ⅰ”和副机测点故障黄色指示灯亮，显示屏报警信息提示区有相应的提示）时，乘务员应根据提示信息关注运行情况，并进行后部瞭望、走廊巡视，确认有无异状、异音、异味，随时关注报警级别的发展趋势，并在前方停车站停车时进行相应的轴温检查确认。回段提“机统-6”活票，交检修部门查明原因，视情修理。

当监测装置出现齿轮、踏面Ⅱ级报警（主机面板的“报警Ⅱ”和副机测点故障红色指示灯亮，显示屏报警信息提示区有相应的提示）时，乘务员应根据提示信息密切关注运行情况，并进行后部瞭望、走廊巡视，确认有无异状、异音、异味、异常振动，在前方站停车进行相应的轴温、踏面检查、确认，并将检查情况与故障信息向调度值班人员汇报。若能继续运行，则降低运行速度，回段扣车处理。

当监测装置出现轴承超温（温升 55 K 或温度 90 °C）报警时，乘务员要立即对测点温度的正确性进行判断。如果测点温度是持续变化上升，而不是突变、忽高忽低或固定在某一高温值长时间不变化，应立即采取减速措施并进行后部瞭望、走廊巡视。若轴承温度不再上升且后部瞭望、走廊巡视无烟雾、异状、异音、异味时，可维持运行并密切关注报警轴承温度变化趋势，同时运行至前方站停车检查报警轴承温度。若后部瞭望、走廊巡视发现烟雾、异状、异音、异味或温度持续上升时，应立即停车检查，并通知前、后方车站及后部追踪列车，

同时将检查情况和轴承报警信息向调度值班人员汇报，依据实际情况决定是否继续运行；如不能继续运行，要立即请求救援。

当监测装置出现轴承Ⅱ级报警（主机面板的“报警Ⅱ”和副机测点故障红色指示灯亮，主、副机的蜂鸣器同时鸣响，显示屏报警信息提示区有相应的提示）时，乘务员应立即减速进行后部瞭望、走廊巡视，观察有无烟雾、异状、异音、异味，并根据情况运行至前方站停车，对报警处所温度进行人工确认。如不影响运行，则回段查明原因，彻底处理；如有持续的报警产生，检查时又有烟雾、异状、异味等时，则将情况向调度值班人员汇报，立即请求救援。

【本章小结】

电力机车乘务员一次乘务作业过程标准化程序，是电力机车乘务员执行机车乘务作业的标准，作业程序涉及的知识、技能点非常多，要认真学习和掌握。尤其是直接影响行车安全的关键作业环节，要特别重视和学习总结。在掌握熟练作业程序的基础上，同时还要熟悉和掌握机车综合无线通信设备（CIR）、LKJ2000 型列车运行监控装置机车、列车尾部安全检测装置、机车走行部监测装置等行车安全装备的功能、基本使用方法和故障处理方法，充分发挥这些设备对行车安全的保障作用。

【事故案例】

“5·22”柳州铁路局金城江机务段货物列车冲突重大事故

一、事故概况

1996 年 5 月 22 日，柳州铁路局金城江机务段 DF 型 1547、1571 号机车，本务机车司机刘某、副司机张某，第二位重联机车司机罗某机班，担当 1401 次货物列车牵引任务，由练习操纵的副司机张某操纵机车，自动停车装置在始发后第一站和第二站因报警不止而擅自关闭。当列车行至关东车站预告信号机前，司机刘某开始打盹，操纵副司机张某在进站过岔时也开始打盹，造成机车在 14 级牵引手柄情况下，处于无人控制驾驶状态(补机司机罗某也在睡觉)，越过关闭的出站信号机与正在进站的 1422 次货物列车发生侧面冲突，中断行车 13 小时 19 分，构成行车重大事故。

二、事故原因

（1）列车运行中本务和重联机车乘务员打盹睡觉。

（2）学习操纵的副司机操纵列车，司机未按规定监督指导。

（3）列车运行中机车自停装置擅自关机。

三、事故教训

（1）刘某机班当日 20:00 到达待乘室，23:00 叫班，休息不足 4 h，导致乘务员在运行中精神不振。

（2）路局《运规补充规定》第37条规定“学习操纵的副司机要与指导操纵的司机签订师徒合同，有条件的可单独学习操纵，因条件限制需顶副司机岗位时，必须按规定行使副司机职责。”该机班司机在指导操纵时，没有认真监督指导，反而自己打盹睡觉。

（3）安全管理失控。操纵副司机曾有过在值乘中打盹现象，但指导组、车队和车间未能及时将其列为关键人，并采取有效的防止措施。

（4）自停装置由于质量原因途中故障，自停装置故障需关机运行时乘务员未按有关规定向调度员报告，并请求调度命令。

（5）重联机车乘务员运行中打盹睡觉。

【复习思考题】

1. 简述LKJ-2000型列车运行监控记录装置基本操作的基本要求。

2. 如何进行列车尾部安全检测装置查询尾部风压、遥控操作列车尾部排风停车、尾部主机遥控改号等操作？

3. “司机报单”如何填写？其检查内容有哪些？

参考文献

[1] 中国铁路总公司．铁路技术管理规程（普速铁路部分）[M]．北京：中国铁道出版社，2014.

[2]《技规》条文说明编写组．《铁路技术管理规程》（普速铁路部分）条文说明[M]．北京：中国铁道出版社，2014.

[3] 中华人民共和国铁道部．铁路机车运用管理规程[M]．北京：中国铁道出版社，2000.

[4] 中华人民共和国铁道部．铁路机车操作规则[M]．北京：中国铁道出版社，2013.

[5] 中华人民共和国铁道部．铁路交通事故调查处理规则[M]．北京：中国铁道出版社，2007.

[6] 中华人民共和国铁道部．铁路交通事故应急救援规则[M]．北京：中国铁道出版社，2007.

[7] 中华人民共和国铁道部．铁路机车行车安全装备管理规则[M]．北京：中国铁道出版社，2012.

[8] 郑州铁路局．LKJ2000 型列车运行监控装置操作手册[M]．北京：中国铁道出版社，2007.

[9] 陆超，曾伯荣．电力机车运用与规章[M]．成都：西南交通大学出版社，2015.

[10] 吴明华，宫士乡．电力机车规章与运用[M]．北京：中国铁道出版社，2014.

[11] 铁道部安全监察司．铁路行车事故案例选编[M]．北京：中国铁道出版社，1999.

[12] 林瑜筠．铁路信号工程设计[M]．北京：中国铁道出版社，2015.

[13] 魏宇，宫艳芳．铁路信号与通信设备运用[M]．北京：中国财富出版社，2014.

[14] 郭进．铁路信号基础[M]．北京：中国铁道出版社，2011.